Hochqualifizierte externe Mitarbeiter in gemischten Projektteams

Forschung und Praxis zukunftsfähiger Unternehmensführung

Herausgegeben von Stephan Kaiser

Band 7

PL ACADEMIC RESEARCH

Inga Rössing

HOCHQUALIFIZIERTE EXTERNE MITARBEITER IN GEMISCHTEN PROJEKTTEAMS

Interaktionsparameter, Diversitätseffekte und Führungsherausforderungen

PL ACADEMIC RESEARCH

Bibliografische Information der Deutschen Nationalbibliothek
Die Deutsche Nationalbibliothek verzeichnet diese Publikation in der Deutschen Nationalbibliografie; detaillierte bibliografische Daten sind im Internet über http://dnb.d-nb.de abrufbar.

Zugl.: München, Univ. der Bundeswehr, Diss., 2013

Diese Dissertation ist im Rahmen des Forschungsvorhabens „FlinK – Freelancer im Spannungsfeld von Stabilisierung und Flexibilisierung" (www.flink-projekt.de) entstanden. FlinK wurde aus Mitteln des Bundesministeriums für Bildung und Forschung und aus dem Europäischen Sozialfonds der Europäischen Union gefördert (Förderkennzeichen 01FH10001).

GEFÖRDERT VOM
Bundesministerium für Bildung und Forschung

ESF Europäischer Sozialfonds für Deutschland

EUROPÄISCHE UNION

DLR Deutsches Zentrum für Luft- und Raumfahrt e.V. Projektträger im DLR

Arbeiten – Lernen – Kompetenzen entwickeln

D 706
ISSN 2190-7501
ISBN 978-3-631-64373-0 (Print)
E-ISBN 978-3-653-04016-6 (E-Book)
DOI 10.3726/978-3-653-04016-6

PL Academic Research ist ein Imprint der Peter Lang GmbH.

Peter Lang – Frankfurt am Main · Bern · Bruxelles · New York · Oxford · Warszawa · Wien

Diese Publikation wurde begutachtet.

www.peterlang.com

Meinen Eltern

Für Wurzeln und Flügel

Danksagung

Endlich geschafft! Eine „lang(jährige)" Wissensreise wie eine Dissertation hat immer auch viel zu tun mit eigener Projektplanung, kreativen Ideen, Disziplin (und sich daran immer auch mal wieder erinnern!) und interne und externe Perspektivenerweiterung zu tun. Ich hatte das Glück, viele liebe Menschen um mich zu haben, die mich auf dieser Reise begleitet haben – unterstützt, gefördert und immer wieder im besten Sinne gefordert haben. Kurzum, ohne die dieses Buch nicht hätte entstehen können!

An erster Stelle ist hier sicherlich mein Doktorvater und Erstgutachter Prof. Dr. Stephan Kaiser zu nennen. Ihm danke ich für seine wertvollen inhaltlichen Anregungen, die Flexibilität und den Freiraum, den er mir in inhaltlicher wie zeitlicher Hinsicht während der Bearbeitung gewährte und seinen stets wohlwollend-konstruktiven Rat. Nicht zuletzt durch ihn habe ich von meiner Diplomarbeitszeit an über die verschiedenen Stationen der Aufbauarbeit neu besetzter Lehrstühle die Neugier am Forschen gelernt.

Frau Prof. Dr. Sonja Sackmann danke ich für die Übernahme des Zweitgutachtens und den damit verbundenen konstruktiven inhaltlichen Impulsen aus organisationspsychologischer Perspektive.

In inhaltlicher Hinsicht hat besonders Dr. Robert Paust mit wertvolle Anregungen zur Reifung und Präzisierung dieses Projektes beigetragen. Ihm danke ich für die gemeinsam durchlebten Lehrstuhlprojekte, kreative Brainstormings und immer wieder aufmerksames Hinterfragen und „Querdenken".

Für konstruktiven Input und anregende Diskussionen ist meinen Kolleginnen und Kollegen am Lehrstuhl, sowohl in Lahr als auch in München wie in Kolloquien der HHL, zu danken. Insbesondere sind in dieser Hinsicht auch Alexandra Wanda sowie Dr. Wendelin Schmid und seine Kollegen vom Nachbarlehrstuhl zu nennen, die quasi Tür an Tür „dissertierten" und die nicht nur stets zur Stelle waren für inhaltliche und formale Hinweise, sondern auch für die überlebenswichtigen kulinarischen Denk-Pausen. Gerade Alexandra hat mir nicht zuletzt im Endspurt moralischen und operativ unterstützenden Rückhalt gegeben.

Gerade in stetiger operativer Unterstützungsarbeit danke ich auch dem Lehrstuhlsekretariat Christine Barth sowie den studentischen Hilfskräften Leutnants Wolfgang Steinbrunner und Michael Fuchs, die mich durch sorgfältige Literaturarbeit und effiziente wie flexible Hilfe bei den statistischen Auswertungen tatkräftig unterstützt haben.

Mein herzlicher Dank gebührt auch meinen Interviewpartnern, die mich trotz ihrer vollen Terminkalender mit großer Offenheit an ihren Erfahrungen in Projekten zwischen internen und externen Mitarbeitern teilhaben ließen und so erst dieser Arbeit ein tatsächliches Andocken an die Praxis ermöglicht haben.

Ein wichtiger Gesprächspartner war für mich auch Dr. Daniel Spiecker, mit dem mich seit dem Studium eine lange Freundschaft verbindet und der immer wieder durch kluge, kritische Fragen und anregende Diskussionen bei Spontanbesuchen gezeigt hat, dass man etwas immer auch von einer anderen Seite betrachten kann.

Für das Vorantreiben gemeinsamer Projektarbeit und in diesem Rahmen „flinke" Unterstützung bei wissenschaftlichen Fragen resp. „Nicht-Weiter-Wissen" und Antworten danke ich ganz besonders auch Dr. Shiva Sayah. In ihr habe ich dank gemeinsamer Projektarbeit und Forschungsreisen nicht nur eine aufmerksame und konstruktiv-kritische Sparringspartnerin für wissenschaftliche Fragen und Antworten, sondern auch eine gute Freundin gefunden. Gleiches gilt für meine Studienmädels Sirke Schönberger, Julia Rüping, Stefanie Kroth, Kerstin Zirwes, Julia Ziesemer und Nicole von Lauffenberg-Ernesti, für stetige Ermutigung, Ablenkung und Meilenstein-Feiern – toll, dass wir auch nach diesen vielen Jahren eine Verbindung haben, die uns Kilometer und Jahre regelmäßig vergessen lassen!

Schließlich möchte ich betonen, dass dieses „gute Wegstück Arbeit" nicht ohne die Unterstützung meiner Familie möglich gewesen wäre. Auch meiner Cousine Michaela, mit der ich auf dieses Werk leider nicht mehr gemeinsam mit einem guten Tropfen Rotwein anstoßen kann. Insbesondere gilt dieser Dank meinen Eltern, die mich über diese lange Wissensreise liebevoll ermuntert und bedingungslos unterstützt haben, gerade wenn ich einmal den Wald vor lauter Bäumen, hinter denen sich manchmal der Sinn eines jahrelangen Projektes versteckte, sehen konnte.

Euch widme ich diese Arbeit.

München, im Februar 2014 Inga Rössing

Geleitwort

Aufgrund von Dynamik und Wettbewerbsdruck haben sich Unternehmen zunehmend flexibilisiert. Insbesondere im Softwarebereich und IT-Abteilungen gewinnt dabei die Zusammenarbeit mit hochqualifizierten Freelancern und anderen externen Mitarbeitertypen an Bedeutung. Diese professionellen, in der Regel hoch spezialisierten Fachkräfte werden meist auf Projektbasis für begrenzte Zeiträume eingesetzt. Zumindest für einige wichtige Arbeitskontexte gilt, dass sie in die betriebliche Wertschöpfung integriert werden und dabei mit internen „Normalbeschäftigten" zusammenarbeiten. Trotz der praktischen Relevanz steckt die Forschung zum Einsatz hochqualifizierter externer Mitarbeiter in den Kinderschuhen. Besonders wenig Aufmerksamkeit der Forschung hat bis dato die Zusammenarbeit in und Führung von gemischten Teams aus internen und externen Mitarbeitern. Dies bildet gleichsam die zentrale Forschungslücke, die Inga Rössing mit ihrer Arbeit schließt. Konkret untersucht sie dabei folgende Fragen: Welche Parameter bestimmen die Zusammenarbeit in intern-extern gemischten Projektteams? Welche funktionalen und dysfunktionalen Effekte hat der Einsatz hochqualifizierter externer Mitarbeiter auf die Zusammenarbeit in gemischten Projektteams? Welche zentralen Herausforderungen lassen sich für die Führung intern-extern gemischter Projektteams ableiten?

Inga Rössing hat mir ihrer Arbeit Neuland betreten. Das Merkmal der Externalität in gemischten Teams wurde in dieser Form bisher noch nicht betrachtet. Dadurch leistet sie nicht nur einen Beitrag zur Erforschung neuer Beschäftigungsformen, sondern liefert auch einen Input zum Forschungsfeld der Diversität, denn sie führt die Externalität als eine in ihrem Zusammenhang wichtige Dimension der Diversität ein und kann zeigen, welche funktionalen bzw. dysfunktionalen Effekte dies haben kann. Als Resultat zeigt sich, dass Führung im Kontext intern-extern gemischter Teams als situationsbasiert und individualisiert konzipiert werden kann, ja muss. Nur so können unterschiedliche Gruppen von Teammitgliedern mit ihren Persönlichkeiten und Bedürfnissen sowie das diversitätsinduzierte Spannungsfeld intern-extern gemischter Teams ausbalanciert werden.

Es ist der vorliegenden Arbeit zu wünschen, dass sie von den Akteuren und Entscheidern in der Unternehmenspraxis und von Forschern in diesem Bereich aufgegriffen wird. Inga Rössing legt mit ihrer Arbeit einen wertvollen Grundstein, um ein überaus komplexes Phänomen der modernen Arbeitswelt besser zu verstehen und darauf aufbauend Gestaltungsempfehlungen vorzuschlagen. Somit leisten die Arbeit und ihre Verfasserin in dieser Reihe einen wichtigen Beitrag zur Forschung und Praxis zukunftsfähiger Unternehmensführung.

München, im Januar 2014 Professor Dr. Stephan Kaiser

Management Summary

Die vorliegende Arbeit nimmt sich mit der Thematik des Einsatzes hochqualifizierter externer Mitarbeiter im Team mit internen Beschäftigten eines betriebswirtschaftlich bislang wenig erforschten, jedoch gerade im Softwareentwicklungsbereich immer häufiger auftretenden Phänomens an. Vor dem Hintergrund zunehmender organisatorischer Flexibilisierungstendenzen und einer verstärkten Nutzung unternehmensexterner Leistungspotenziale können tiefgreifende Veränderungen in der Personalstruktur vieler Unternehmen beobachtet werden. Als Ausdruck einer verstärkt eingesetzten Strategie der externern Flexibilisierung besetzen Unternehmen – gerade in technisch komplexen, wissensintensiven Bereichen wie der Softwareentwicklung – Projektteams mit hochqualifizierten externen Mitarbeitern wie z. B. Freelancern oder bei einem Dienstleister angestellte IT-Spezialisten. Auf diese Weise entstehen gemischte Projektteams aus internen und externen Mitarbeitern.

Überraschenderweise hat die *Zusammenarbeit in und Führung von gemischten Teams* in der betriebswirtschaftlichen Forschung bislang erst geringe Aufmerksamkeit erlangt. Als zentrale *Forschungslücken* können eine geringe Fokussierung auf hochqualifizierte Externe, wechselseitige Interaktionsprozesse und Führungsaspekte in gemischten Teams sowie die organisationale Zugehörigkeit von Teammitgliedern im Rahmen der Teamdiversität diagnostiziert werden. Die vorliegende Arbeit greift diese auf und leistet einen Beitrag zur Führungs- und Diversitätsforschung, indem sie hochqualifizierte externe Mitarbeiter als Teil der neuen Beschäftigungsformen in den Fokus rückt und unter dem Blickwinkel der Teamdiversität mögliche Effekte im Rahmen des Einsatzes hochqualifizierter externer Mitarbeiter als Teammitglieder und daraus resultierende spezifische Führungsherausforderungen identifiziert.

Ziel der Arbeit ist es, ein detailliertes Verständnis für die Besonderheiten intern-extern gemischter Projektteams zu schaffen. Insbesondere gilt es, zentrale Parameter der Interaktionen sichtbar zu machen, Effekte der unterschiedlichen organisationalen Zugehörigkeit im Team offenzulegen und Herausforderungen für die Führung zu identifizieren. Dazu werden zunächst im Rahmen einer *theoretischen Grundlegung* die Interaktionsperspektive der Teamarbeit als Ausgangspunkt und Bezugsgröße für diese Arbeit skizziert und ein personales Führungsverständnis zugrunde gelegt. Mit Hilfe der Spezifika der Projektarbeit werden relevante Situationsbedingungen für die Führung von Teams in temporären Systemen erarbeitet. Mit der Vorstellung des hochqualifizierten externen

Mitarbeiters wird mit Blick auf seinen Einsatz im Team der Aspekt der Teamdiversität relevant. In diesem Zuge wird die organisationale Zugehörigkeit als zentrale strukturelle Diversitätsdimension präsentiert. Als Zusammenfassung der bisherigen Erkenntnisse und Ausgangspunkt für die nachfolgende empirische Untersuchung wird ein konzeptioneller Denkrahmen entwickelt. Anschließend erfolgt eine *explorativ angelegte empirische Studie* zum Einsatz hochqualifizierter externer Mitarbeiter in gemischten Projektteams. Eine qualitative Interviewstudie mit Mitgliedern und Führungskräften aus sieben realen Projektteams, welcher eine quantitative Online-Befragung zur Gewinnung eines ersten Überblicks über relevante Parameter und potenzielle Spannungsfelder vorangestellt ist, bildet den Schwerpunkt des zweistufigen, sequenziellen Forschungsdesigns. Untersuchungsgegenstand sind Softwareentwicklungsteams, in denen hochqualifizierte externe Mitarbeiter besonders häufig eingesetzt werden.

Als *zentrale Erkenntnis* wird gezeigt, dass sich intern-extern gemischte Projektteams vor dem spezifischen Kontext zeitlich befristeter Zusammenarbeit in einem speziellen Spannungsfeld von funktionalen und dysfunktionalen Diversitätseffekten bewegen. Durch die Präsenz Externer im Team finden Interaktionen zwischen Produktivitäts-, Kreativität-, Motivations- und Lerneffekten einerseits sowie Neid, Vorbehalten, mikropolitischem Verhalten, Demotivation und der Bildung von Subgruppen andererseits statt. Hieraus lässt sich als *praktische Implikation* eine adäquate Steuerung des skizzierten Spannungsfelds als *die* zentrale Herausforderung für die Führung gemischter Teams ableiten. Mit einer wertschätzenden Führung als Fundament sowie den beiden Stellhebeln eines phasenbasierten, professionellen Projektmanagements und der situationsangepassten Gestaltung der Zusammenarbeit werden konkrete Handlungsempfehlungen abgeleitet. Als wesentliche *wissenschaftliche Implikationen* werden erstens Schlussfolgerungen für eine verstärkte wissenschaftliche Rezeption neuer Beschäftigungsformen und hochqualifizierter externer Mitarbeiter in gemischten Projektteams gezogen. Zweitens wird die Diskussion um Teamdiversität um die organisationale Zugehörigkeit als relevante Diversitätsdimension erweitert und die Notwendigkeit einer integrierten Perspektive funktionaler und dysfunktionaler Diversitätseffekte aufgezeigt. Drittens legen die Erkenntnisse eine erweiterte Perspektive in der Führungsforschung als situationsbezogene und individualisierte Führung im Kontext gemischter Projektteams nahe.

Inhaltsverzeichnis

Dieses Werk enthält zusätzliche Informationen als Anhang. Sie können von unserer Website heruntergeladen werden: Die Zugangsdaten entnehmen Sie bitte der letzten Seite der Publikation.

Abbildungsverzeichnis

Abkürzungsverzeichnis

Anm. d. V.	Anmerkung der Verfasserin
ANOVA	Einfaktorielle Varianzanalyse
BGB	Bundesgesetzbuch
CEM	Categorization-Elaboration-Model
CIT	Critical-Incident-Technique
Herv. i. O.	Hervorhebung im Original
EXT	Externer Mitarbeiter
FK	Führungskraft
Gem.	Gemäß
HR	Humanressourcen
INT	Interner Mitarbeiter
MW	Mittelwert
LMX	Leader-Member-Exchange
NAV	Normalarbeitsverhältnis
NIH	Not invented here
PL	Projektleiter
SE	Softwareentwicklung
SIT	Social Identity Theory/ Theorie der sozialen Identität

Einführende Bemerkungen

Problemstellung

„Mixed Teams sind ein eindeutiger Produktivitätstreiber"
(Hays AG 2007, S. 8)

Fach- und Methodenwissen transferieren, teaminterne Probleme erkennen und tragfähige Lösungsansätze entwickeln – „Mixed Teams" zeichnen sich durch besondere, produktivitätsrelevante Stärken gegenüber ihren rein intern besetzten Pendants aus.[1] Dies postuliert zumindest eine deutschlandweite Studie des Personaldienstleisters Hays aus dem Jahr 2007: In ihrem Mittelpunkt standen gemischte Projektteams, in denen festangestellte interne Mitarbeiter eines Unternehmens gemeinsam mit hochqualifizierten externen Spezialisten an innovativen Projekten arbeiten.

Die Kernaussagen der Studie spiegeln dabei den Trend vieler Unternehmen wider, dem allgegenwärtigen Imperativ nach Flexibilität, Innovation und Kreativität zu entsprechen, indem sie ihre internen Strukturen, Beschäftigungskonzepte und Kooperationsformen flexibler gestalten. Flexiblere Beschäftigungsverhältnisse und projekt- wie teambasierter Arbeitsmodelle[2] werden auf diese Weise zu branchenübergreifend eingesetzten Konzepten, um komplexe und innovative Aufgaben besser bewältigen zu können.[3] Eine Reaktion auf die gestiegenen Arbeitsanforderungen im 21. Jahrhundert ist auch eine stärkere Nutzung *hochqualifizierter externer Mitarbeiter*. Denn auf der Suche nach neuartigem Wissen erschließen Unternehmen zunehmend innovative Ressourcenpotenziale

1 Vgl. Hays AG 2007, S. 8 und Rump 2008. In der Studie wurden insgesamt 489 strategische und operative Entscheidungsträger von Unternehmen befragt. Gut 65% von ihnen attestierten gemischten Teams einen eindeutigen Produktivitätsvorteil. Eine aktuelle Studie, in denen festangestellte hochqualifizierte Fachkräfte befragt wurden, kommt zu vergleichbaren Ergebnissen hinsichtlich Produktivitätsvorteil (vgl. Rump et al. 2011, S. 20f.).

2 Vgl. z. B. Picot et al. 2003; Miles et al. 1997. Eine Studie der „Deutsche Bank Research" aus dem Jahr 2007 bspw. geht davon aus, dass sich bis 2020 der Anteil der Projektwirtschaft an der deutschen Wertschöpfung mehr als versiebenfachen wird (vgl. Deutsche Bank Research 2007, S. 23).

3 Vgl. Nonaka/ Takeuchi 1995. Gann/ Salter 2000 postulieren in diesem Kontext sogar eine innovationsgetriebene Abhängigkeit von unternehmensexternen Ressourcen.

außerhalb der vormals eng definierten Unternehmensgrenzen. Die Relevanz unternehmensexterner Ressourcen wird dabei vor allem im Wissensmanagement unter dem Begriff der „absorptive capacity"[4] als unternehmerische Fähigkeit zur Identifizierung und Nutzung externen Wissens diskutiert, oder im strategischen Management bzgl. der verstärkten Einbindung externen Wissens in Innovationsaktivitäten.[5] Insofern konstatiert Picot, dass die klassischen Unternehmensgrenzen nicht nur zu verschwimmen begännen, sondern grundsätzlich durchlässiger würden[6]– sowohl für Produkte und Personen als auch für Wissen, Ideen und individuelle Fähigkeiten.[7] Auf organisationsweiter Ebene äußert sich dies etwa in strategischen Allianzen mit Wettbewerbern, Forschungsnetzwerken und unternehmensübergreifenden Kooperationen.[8]

Diese Entwicklung zu einer zunehmend wissensbasierten und grenzpermeablen Perspektive von Unternehmen führt zu tiefgreifenden Veränderungen in der Personalstruktur. Das feste Stammpersonal wird reduziert und durch eine größere Peripherie flexibler Formen der Beschäftigung und externer Personalressourcen ergänzt.[9] Zu dieser häufig auch als atypische oder „Neue Beschäftigungsformen"[10] bezeichneten Peripherie zählen z. B. Teilzeit-Beschäftigte, Subunternehmer, Leiharbeiter oder Freelancer.[11] Die empirisch

---

4 Vgl. Cohen/ Levinthal 1990; Zahra/ George 2002.

5 Die Integration externen Wissens wird in diesem Rahmen vor allem im Bereich der Open Innovation betrachtet (vgl. Chesbrough 2003).

6 Vgl. Picot et al. 2003, S. 2.

7 Matusik/ Hill 1998 betonen vor allem den Zugang zu externem Wissen (S. 680). Damit verschieben sich die wissensbezogenen Grenzen von Unternehmen (vgl. zu diesem sog. „Boundary-Spanning- Konzept" auch Leonard-Barton 1995 oder Katz/ Kahn 1966).

8 Vgl. bspw. Sydow 1992 oder Buckley et al. 2009.

9 Diese Kombination aus Kern und Peripherie beschreibt das Modell der sog. „flexible firm" (vgl. Atkinson 1984).

10 Das „Neue" wird diesen Beschäftigungsformen hinsichtlich ihrer erheblichen Ausbreitung auf dem Arbeitsmarkt sowie ihre zunehmende Verwendung im Zuge veränderter Organisations- und Personalstrategien attestiert (vgl. Martin/ Nienhüser 2002, S. 5f.; Felfe et al. 2008, S. 81).

11 Beispielhaft für die Vielfalt neuer Beschäftigungsformen sei an dieser Stelle auf Polivka/ Nardone 1989 oder Matusik/ Hill 1998 sowie die Ausführungen in Abschnitt 1.2.1 verwiesen. Mit der Formulierung *atypischer* oder prekärer Erwerbsformen wird hauptsächlich ein Bezug zu eher geringqualifizierten Formen und prekären Verhältnissen hergestellt (vgl. auch Keller/ Seifert 2007), der in dieser Arbeit nicht im Vordergrund steht. *Freelancer* als sog. „Solo-Selbstständige" (Selbstständige ohne Angestellte) sind im Gegensatz zu den anderen beispielhaft genannten Formen keine

beobachtbare Ausbreitung flexibler Beschäftigungsverhältnisse markiert gleichermaßen die kontinuierliche Abkehr vom sog. „Normalarbeitsverhältnis" i. S. einer dauerhaften Bindung zwischen Arbeitnehmer und Unternehmen.[12] Ihre steigende Relevanz in den letzten Jahren ist Ausdruck einer von vielen Unternehmen verfolgten Strategie der *externen Flexibilisierung*, durch welche die unternehmerische Anpassungsfähigkeit erhöht, Kosten reduziert und Strukturen verschlankt werden sollen.[13] Diese flexiblen Beschäftigungsformen ermöglichen einen bedarfsgerechten Zugriff auf i.d.R. zeitlich begrenzte und zunehmend externe Leistungspotenziale, so dass Unternehmen, wie Kaiser 2011 betont, zu *offenen und atmenden* Organisationen werden.[14] Vor allem auch im immer häufigeren Einsatz von externen Spezialisten, die projektbezogen für Unternehmen tätig werden, manifestiert sich die temporäre, flexible Arbeitswelt. Nicht zuletzt das laut Medienberichten[15] jüngst geplante Konzept des internationalen IT-Konzerns IBM – die als revolutionäres Beschäftigungsmodell „Liquid Challenge" kontrovers diskutierte Idee eines Minimalkerns an Festangestellten mit einem Heer sich auf einer Online-Plattform um Projekte bewerbenden freier Mitarbeiter – zeigt die neue Dimension gelockerter Bindungen zwischen Organisation und Individuum.[16]

Bereits derzeit besetzen Unternehmen vor allem in wissensintensiven Bereichen wie der IT-Branche, in denen die Halbwertszeit von Wissen besonders gering ist und Innovationen von externen Ressourcenlieferanten abhängen[17], innovative Projektteams mit *hochqualifizierten externen Mitarbeitern*.[18] Dies können bspw. selbstständig tätige Freelancer oder auch bei einem externen Dienstleister beschäftigte Spezialisten sein. Diese hochqualifizierten Externen

---

abhängig „Beschäftigten" und insofern genau genommen auch *separat* von den atypischen Beschäftigungsformen aufzuführen (vgl. Statistisches Bundesamt 2009, S. 5). In der wissenschaftlichen Literatur findet sich jedoch tw. eine Subsummierung von Freelancern zu den atypischen Beschäftigungsverhältnissen (vgl. bspw. Kaiser et al. 2012b, S. 7). Dieser Auffassung wird in dieser Arbeit gefolgt und daher auf eine Abgrenzung diesbzgl. verzichtet.

12 Vgl. etwa Keller/ Seifert 2007; Kaiser et al. 2012b, S. 7 oder Hipple 2001, S. 4.

13 Vgl. Keller/ Seifert 2007, S. 15ff.

14 Vgl. Kaiser 2011, S. 48.

15 Vgl. Dettmer/ Dohmen 2012; Hus 2012.

16 Mayrhofer/ Meyer 2002 sprechen in diesem Zusammenhang auch von einer *neuen Kopplung* zwischen Organisationen und Individuen, die anstatt auf eine kontinuierliche Mitgliedschaft auf temporären Beziehungen basiert.

17 Vgl. Matusik/ Hill 1998, Vanselow 2001 sowie allgemein Gann/ Salter 2000.

18 Vgl. Ang/ Slaughter 2001, Rump 2008.

sind zwar ein zahlenmäßig kleiner, jedoch äußerst zentraler Teil der neuen Beschäftigungsformen. Storey et al. 2002 konstatieren bspw., dass *„the most rapidly increasing component part of the trend to contingent work is that comprised of professional and technical labor"*.[19] Durch das *„workforce blending"*, also die Durchmischung interner und externer Humanressourcen, entstehen *intern-extern gemischte Projektteams*: interne, i.d.R. festangestellte Mitarbeiter arbeiten dann temporär mit hochqualifizierten externen Mitarbeitern gemeinschaftlich an der Leistungserstellung. Dies können z. B. innovative Aufträge wie die Entwicklung einer Software und ihre Anpassung an unternehmensspezifische Bedürfnisse sein. Externe Mitarbeiter werden projektbezogen für ihre Auftraggeber tätig und sind – im Gegensatz zu „Normalbeschäftigten" – nicht zu einem arbeitsvertraglich geregelten Fixgehalt festangestellt.[20] Ungeachtet unterschiedlicher Unternehmenshintergründe und Praxiserfahrungen haben Externe i. d. S. gemein, dass sie mit ihrem meist spezialisierten, unternehmensintern nicht verfügbaren Wissen[21] ein Projektteam verstärken sollen. Die hohe Komplexität und Interdependenz, die derartigen innovativen Projekten immanent ist, erfordert dabei einen intensiven Informationsaustausch und eine regelmäßige, enge Interaktion zwischen internen und externen Mitarbeitern.[22]

Die Zusammenarbeit und Führung dieser gemischten Projektteams hat in der betriebswirtschaftlichen Forschung bislang erst geringe Aufmerksamkeit erlangt. Eine der wenigen empirischen Studien, die explizit die Produktivität von sog. „Mixed Teams" im Vergleich zu rein intern besetzten Teams belegen konnte, ist die bereits angeführte Studie des Personaldienstleisters Hays.[23] Fraglich bleibt allerdings, wie genau diese postulierte Vorteilhaftigkeit zu erklären ist.

---

19 Storey et al. 2002, S. 5. Vgl. zur Relevanz des Einsatzes externer Spezialisten, etwa anhand von Zahlen zu hochqualifizierten IT-Freelancern, auch Hays AG 2009 oder Lüdendonk 2009.

20 Vgl. etwa Polivka/ Nardone 1989, S. 10; Polivka 1996, S. 3 oder Hipple 2001, S. 4.

21 Vgl. Mayrhofer/ Meyer 2002, S. 605; Gallagher/ McLean Parks 2001, S. 200 oder Barley/ Kunda 2006.

22 Vgl. auch Rössing/ Kaiser 2012, S. 152. An dieser Stelle sei hinzuweisen, dass hochqualifizierte externe Mitarbeiter im Verständnis dieser Arbeit selbstverständlich keine „Mitarbeiter" im herkömmlichen Sinne sind, einhergehend mit i.d.R. festem Arbeitsvertrag und mehr oder weniger fixem Gehalt. Jedoch legt ihre „Mitarbeit" an konkreten Projektaufträgen ebenso wie die teilweise realiter praktizierte Gleichbehandlung im Unternehmensalltag, die die Ausführungen in Abschnitt 1.2.2.1 noch zeigen werden, eine derartige Formulierung als angemessen nahe.

23 Vgl. Rump 2008.

Unter Rückgriff auf die lange Tradition der Diversitätsforschung lässt sich die Annahme stützen, dass divers zusammengesetzte Teams mit einem breiteren Spektrum an unterschiedlichem Wissen und speziellen Fähigkeiten ausgestattet sind, deren synergetische Zusammentragung zu einer erhöhten Kreativität und Innovationskraft beitragen kann. Dies ist kongruent mit der weit verbreiteten „value in diversity"-Annahme, d.h. der Annahme eines *Mehrwerts* durch Verschiedenartigkeit.[24] Insofern könnte aufgrund seiner spezifischen Eigenschaften und Fähigkeiten von einem positiven Beitrag Externer zur gemischten Teamarbeit ausgegangen werden.

Doch der heterogene Charakter dieser Mixed Teams stellt das Management vor besondere *Herausforderungen*. So erscheint es denkbar, dass gemischte Teams ihr Potenzial nicht zur Gänze ausnutzen können, da unterschiedliche Störfaktoren auftreten können. Zum einen ist denkbar, dass Externe spezifische kompetenzbasierte und motivationale *Eigenschaften* aufweisen, so dass herkömmliche Managementmethoden u.U. nur unzureichenden Zugriff gewährleisten können. Gemäß einer Studie von Kunda et al. 2002 bspw. wählen hochqualifizierte Freelancer den Weg in die Selbstständigkeit auch aufgrund eines Bedürfnisses nach Autonomie und Zeitsouveränität und zur Vermeidung bestimmter als negativ empfundener Aspekte abhängiger Beschäftigung (z.B. Kontrollmechanismen oder „politische Spielchen").[25] Eine Kontrolle von Arbeitsweise oder Anwesenheitszeiten zur Motivation von Seiten des Managements dürfte insofern erschwert sein. Damit wird auch deutlich, dass sich die Teammitglieder in intern-extern gemischten Teams in wesentlichen Aspekten unterscheiden können, insbesondere hinsichtlich einer anderen *organisationalen Zugehörigkeit* (unternehmensintern versus -extern) und den damit ggf. auch verbundenen Persönlichkeits- und Verhaltensunterschieden. Die aus der Teamforschung bekannten Phänomene der sozialen Kategorisierung, Angst vor Fremden oder Vorurteile der jeweiligen Teammitglieder, die auf (wahrgenommenen) Unterschieden basieren, dürften eine konstruktive Zusammenarbeit erheblich erschweren.[26] Wenn Teammitglieder bspw. ihre Kollegen als „fremdartig" wahrnehmen, könnte dies ihre Bereitschaft, zu kooperieren und Wissen weiterzugeben, reduzieren und damit den interaktiven Prozess der Leistungserstellung

---

24 Stellvertretend für zentrale Konzepte und Erkenntnisse der Diversitätsforschung vgl. bspw. van Knippenberg/ Schippers 2007 oder Horwitz/ Horwitz 2007.

25 Entsprechend werden gerade IT-Freelancer häufig mit einer Perspektive eines „Free Agents" assoziiert, der Freelancing als eine Form der Befreiung von abhängiger Beschäftigung sieht (vgl. auch Barley/ Kunda 2006, S. 46ff.).

26 Vgl. etwa van der Vegt/ Bunderson 2005, S. 533 oder Kunda/ Spencer 2003.

insgesamt behindern. Insofern dürfte der Aspekt der temporären versus permanenten Mitgliedschaft der Teammitglieder in der Interaktion eine nicht unerhebliche Rolle spielen. Hinzu kommt noch die *zeitliche Begrenzung* von ebendiesen Projekten, sodass gewöhnliche Methoden des Managements den Spezifika gemischter Projektteams nur unzureichend gerecht werden können.

Die Ausführungen lassen deutlich werden, dass intern-extern gemischte Projektteams ein *betriebswirtschaftlich relevantes, bislang wenig erforschtes Praxisphänomen* sind, das sich in einem Spannungsfeld von besonderen Leistungspotenzialen und gleichermaßen dysfunktionalen Effekten bewegt. Dieses Spannungsfeld erfordert neue Führungsperspektiven. Daher ist eine fundierte Auseinandersetzung mit diesem Phänomen erforderlich, um sowohl das Verständnis des Phänomens gemischter Projektteams theoretisch fundiert zu erweitern als auch mittels empirisch gewonnener Erkenntnisse Handlungsempfehlungen für die adäquate Führung solcher Teams zu extrahieren.

Forschungslücke und Erkenntnisinteresse

Das Explorationspotenzial intern-extern gemischter Projektteams lässt sich insbesondere aus drei zentralen Forschungslücken ableiten: Die Betrachtung *hochqualifizierter* externer Mitarbeiter (a), eng damit verknüpft ihr Einsatz im Team und damit die *gruppendynamische* Betrachtung dieser Blended Teams (b) sowie die Berücksichtigung der *Externalität* als Diversitätsvariable (c).

(a) Im Rahmen der neuen Beschäftigungsformen kann der Untersuchungsgegenstand „hochqualifizierter externe Mitarbeiter" als ein noch relativ junges Forschungsfeld angesehen werden. Vor allem mit Blick auf numerische Flexibilisierungsaktivitäten von Unternehmen standen tendenziell eher *Geringqualifizierte* im Mittelpunkt: Leiharbeit oder befristete Beschäftigung („temporary") als generische Strategie zur Erhöhung unternehmerischer Flexibilität und Kostensenkung, oder grundsätzliche Entscheidungsprozesse bzgl. der Externalisierung von Aufgaben („Make-or-Buy").[27]

Dabei gilt mittlerweile ein wachsender Teil der neuen Beschäftigungsformen als *hochqualifiziert.*[28] Dieser wird zwar verstärkt wissenschaftlich reflektiert[29],

27 Vgl. Kaiser et al. 2007, S. 41ff. Weiterhin für den Fokus auf tendenziell unsichere, geringqualifizierte Beschäftigungsverhältnisse vgl. Keller/ Seifert 2006 oder Kalleberg 2000.

28 Vgl. z. B. Storey et al. 2002; Barley/ Kunda 2006; vgl. Gallagher/ McLean Parks 2001, zit. nach Felfe et al. 2008; Kaiser/ Paust 2004; Matusik/ Hill 1998, S. 680; Pearce 1993.

29 Vgl. bspw. Barley/ Kunda 2006; Kunda et al. 2002 oder Mallon/ Duberley 2000.

die explizite Betrachtung hochqualifizierter Externer erfolgt jedoch häufig sehr *selektiv bzgl. einzelner Gruppen von Externen* und *singulären Aspekten*. Eine ganzheitlichere Betrachtung fehlt. So thematisieren Beiträge einzelne Gruppen von Externen und spezifische Verhaltens- oder Persönlichkeitsaspekte, z. B. Typologien von IT-Freelancern[30] oder ihr Commitment zu Arbeitgebern und Kunden.[31] Im Besonderen wird auch auf (z. B. verhaltensbezogene oder motivationale) Unterschiede zwischen den einzelnen flexiblen Beschäftigungsformen und Festangestellten abgestellt. Wie etwa in der Studie von Felfe et al. 2008 erfolgt dies auf Basis der vertraglichen Grundlage, weniger hingegen der Qualifizierung als Unterscheidungsmerkmal. Mallon/ Duberley 2000 fokussieren als eine der ersten in ihrer Studie Hochqualifizierte als „the elite of the contingent workforce" (S. 33) und rücken explizit die Berücksichtigung der Wahrnehmungen von Externen als Notwendigkeit für das Personalmanagement in den Mittelpunkt.

(b) Die bereits skizzierte unternehmerische Realität einer „blended workforce", d. h. der Mischung der Belegschaft in Form unterschiedlicher Beschäftigtengruppen[32], manifestiert sich auch auf Teamebene in sog. *„blended teams"*. So wird in IT-Großprojekten die Bearbeitung standardisierter Teilmodule offshore an „subcontractors" ausgelagert;[33] Teams in der Unternehmensberatung oder Kundenbetreuung können in „client-service provider projects teams" (Webber 2008), in denen Mitarbeiter von Kunden- wie Anbieterseite in ein Team integriert sind, gemeinsam eine Leistung ko-produzieren.[34] Vor diesem Hintergrund erstaunt eine bislang geringe Forschungsaufmerksamkeit für den Einsatz hochqualifizierter externer Mitarbeiter im „interesting ‚hybrid model'" (Pearce 1993, S. 1083)[35] *intern-extern gemischter Projektteams*.

30 Vgl. Urspruch 2007 oder Borchert/ Urspruch 2007.

31 Vgl. George/ Chattopadhyay 2005, Coyle-Shapiro/ Kessler 2002 oder Süß 2006. Für einen Überblick über verschiedene thematische Bezüge in empirischen Studien vgl. Connelly/ Gallagher 2004.

32 Vgl. bspw. Pearce 1993; Smith 2001; weiterhin auch Voelz 2010 oder Lautsch/ Kossek 2011.

33 Insbesondere aufgrund steigenden Kosten- und Wettbewerbsdrucks werden zunehmend Arbeitsprozesse in Niedriglohnländer ausgelagert, insbesondere (teil-) standardisierte IT-Dienstleistungen der Wartung, Programmierung oder Help-Desk-Aufgaben. „Offshoring" wird dabei mit entfernterem Ausland (z. B. Indien), „nearshoring" mit dem näheren Ausland (z. B. Osteuropa) assoziiert (vgl. z. B. Apte/ Mason 1995 oder Ruiz Ben/ Claus 2005).

34 Vgl. die Ausführungen zur Koproduktion in der Leistungserstellung in Abschnitt 1.2.3.1.

35 Vgl. weiterhin Williamson 1991.

Im Kontext der Neuen Beschäftigungsformen spiegelt sich zwar ein steigendes Forschungsinteresse in Studien zu (häufig negativen) *Effekten flexibler Beschäftigung auf Festangestellte* sowie *Verhaltens- und Einstellungsunterschieden zwischen traditionellen und neuen Beschäftigungsformen* auf organisationsweiter Ebene.[36] Jedoch kann mit Ang/ Slaughter 2001 konstatiert werden, dass bisher nur vereinzelt empirische Ergebnisse zu Aspekten des organisationalen Verhaltens im Zusammenhang mit dem Einsatz von hochqualifizierten Externen existieren.[37] Im Vordergrund stehen häufig eher *geringqualifizierte Externe* und spezifische *psychologische Auswirkungen ihres Einsatzes* auf die Stammbelegschaft, z.B. hinsichtlich Loyalität und Fluktuation[38] oder Einstellungen und Verhalten von Festangestellten.[39] Thematisiert werden auch Schwierigkeiten der Zusammenarbeit, z.B. aufgrund interner Zurückhaltung oder Widerstände,[40] oder die Wahrnehmung von temporär Beschäftigten als Bedrohung.[41] Insgesamt bleibt die Unterscheidung von *temporär und permanent* Arbeitenden im Gesamtunternehmen im Vordergrund[42], weniger das konkrete Beziehungsgefüge, Interaktionen und Effekte durch hochqualifizierte Externe in Blended Teams. Als eine der wenigen Ausnahmen[43] untersuchen Broschak/ Davis-Blake 2006 Konsequenzen des Einsatzes von temporär und Teilzeitbeschäftigten für die Beziehung von Teammitgliedern zu ihren Führungskräften und Kollegen. Im Bereich *Hochqualifizierter* untersuchen Ang/ Slaughter 2001 die Effekte gemischt zusammengesetzter Teams auf intern Angestellte und beschäftigen sich mit der Frage, welche Unterschiede hinsichtlich Arbeitseinstellungen, Verhalten und Leistung zwischen temporär und permanent Beschäftigten bestehen. *Blended Teams* in Form einer Mischung interner und hochqualifizierter externer Projektmitarbeiter im Sinne dieser Arbeit sind in praxisorientierter Hinsicht durch die o.g. Hays-Studie[44] in den Fokus

36 Vgl. z.B. Gallagher/ Sverke 2005, S. 184.

37 Vgl. Ang/ Slaughter 2001, S. 323.

38 Vgl. Way et al. 2010 oder Davis-Blake et al. 2003. Letztgenannte Autoren konnten im Ergebnis durchaus Unterschiede zwischen „temporary" und „contract employees" identifizieren.

39 Vgl. das Review psychologischer Studien von de Cuyper et al. 2008.

40 Vgl. Barley/ Kunda 2004, S. 199ff.

41 Vgl. von Hippel/ Kalokerinos 2012.

42 Beispielhaft kann hier die Untersuchung von Unterschieden im Commitment zwischen Festangestellten und flexibel Beschäftigten genannt werden (vgl. bspw. Guest et al. 2006; Gallagher/ McLean Parks 2001 oder Felfe et al. 2008).

43 Vgl. hierzu auch Lautsch/ Kossek 2011, die Blended Teams mit Telearbeitern betrachten, sowie Amato-McCoy 2005.

44 Vgl. Rump 2008 sowie weiterhin Rump et a. 2011 und Stiehler 2012.

gerückt worden. Eine wissenschaftlich-empirische Spezifizierung der konkreten Interaktion zwischen Intern und Extern steht noch aus. Derzeit erscheinen Prozesse der gemeinsamen Leistungserstellung, die Führung gemischter Teams und die Effekte der Präsenz Externer im Team noch häufig als eine Art „black box".[45] Gemischte Teams als Schnittstelle zwischen Intern und Extern werfen jedoch insbesondere Fragen nach einer *wechselseitigen Beeinflussung* der Teammitglieder im Prozess der Zusammenarbeit auf. Fragen nach einer psychologischen Grenzziehung zwischen den Beschäftigtengruppen in einem Team werden damit zum zentralen Thema im Personalmanagement.[46] Kaiser et al. 2007 skizzieren die Zusammenarbeit in gemischten Projektteams als eines der zentralen Spannungsfelder des Managements externer Mitarbeiter. Die Betrachtung bleibt jedoch auf eher generischer Ebene, ohne den dynamischen Prozess der Teamarbeit zwischen Intern und Extern genauer zu spezifizieren. Eine ganzheitlichere Auseinandersetzung mit der Thematik, auch auf Teamebene, fehlt.

Mehr Aufmerksamkeit, insbesondere im betriebswirtschaftlichen Kontext, wird Fragen der unternehmensübergreifenden Projekt- und Teamarbeit gewidmet. Im Kontext der „Boundary Spanning"-Literatur erfolgt die Betrachtung von Individuen, die in grenzüberschreitenden Projekten zu innovativen Kooperationen beitragen, z. B. im Rahmen strategischer Allianzen auf unternehmensweiter Ebene.[47] Auf der Teamebene hat Stock 2003 den Begriff der *„Interorganisationalität"* von Teams geprägt: Unter gemischten Projektteams, die aus Mitgliedern von Kunden- und Anbieterunternehmen bestehen, subsumiert sie neben innovativen, kundenbezogenen Projektteams allerdings auch permanente Kundenbetreuungsteams und schließt die Möglichkeit, dass auch einzelne hochqualifizierte Spezialisten und Freelancer in gemischten Teams auftreten können, aus ihrer Betrachtung aus.[48]

(c) Die Erkenntnis, dass eine der größten Managementherausforderungen die zunehmend heterogen zusammengesetzte Belegschaft ist, spiegelt sich in der Erforschung von *Diversität* aus den unterschiedlichsten Blickwinkeln wieder. Der Diskurs um Teamdiversität ist bereits fortgeschritten und beinhaltet eine Vielzahl an konzeptionell wie empirisch überprüften Konstrukten, Dimensionen

45 Vgl. auch Ang/ Slaughter 2001, S. 322 und Pearce 1993, S. 1083.

46 Vgl. Kaiser/ Ringlstetter 2003.

47 Vgl. Pfeffer/ Salancik 1978; Picot et al. 2003; Aldrich/ Herkner 1977 oder Dahlander/ O'Mahony 2011.

48 Vgl. Stock 2003.

und funktionalen wie dysfunktionalen Wirkzusammenhängen.[49] Jedoch scheint die zunehmende praxisrelevante Unterschiedlichkeit von Teammitgliedern – auch jenseits detailliert erforschter Einflussvariablen wie Alter, Geschlecht oder interkulturellen Faktoren – noch in geringem Maße Eingang in die Forschung gefunden zu haben. Dies verwundert angesichts der Tatsache der bereits skizzierten starken Zunahme flexibler Beschäftigungsmodelle ebenso wie der Nutzung organisationsexterner Ressourcen. Entsprechend stellen Broschak/ Davis-Blake 2006 fest:

> "Despite the prevalence of nonstandard work arrangements and the conceptual potential for heterogeneity in employment arrangements to affect group members' attitudes and behaviors, researchers know relatively little about whether and how heterogeneity in employment arrangements affects members of work groups." (Broschak/ Davis-Blake 2006, S. 372)

Ein zunehmendes Forschungsinteresse im Hinblick auf die *„organisationale Zugehörigkeit"* von Teammitgliedern steckt noch in den Kinderschuhen. Im Top-Management-Bereich konnten positive Effekte unterschiedlicher Board-Zusammensetzung gezeigt werden.[50] Cummings 2004 fokussierte auf strukturelle Diversität und konnte positive Wirkungen auf Zusammenarbeit und Wissensteilung unter Teammitgliedern nachweisen, die sich bzgl. organisationaler Zugehörigkeit (z. B. zu einer Abteilung) unterschieden. Ein zunehmendes Forschungsinteresse an Teams, die aus Mitgliedern von Kunden- und Anbieterunternehmen zusammengesetzt sind, wurde mit Blick auf die Interorganisationalität von Teams bereits angesprochen. Auch in Beratungsorganisationen wurde Teamdiversität kürzlich als „blinder Fleck" diagnostiziert: Hansen und Kollegen betrachten in ihrem Beitrag die „Doppeldeutigkeit" von Diversität im spezifisch projektbasierten Kontext und dem Einsatz von Experten.[51] Eine differenzierte Kenntnis um die Besonderheiten hochqualifizierter externer Mitarbeiter aufgrund ihrer „Externalität", Wirkungszusammenhänge interner und externer Mitgliedschaft in gemischten Projektteams, auch mit Blick auf den Aspekt der Temporalität des Einsatzes Externer, und eine tiefergehende Auseinandersetzung mit ihren Effekten auf die Interaktion und Führung steht noch aus.

---

49 Vgl. für einen detaillierten Überblick bspw. van Knippenberg/ Schippers 2007 sowie die Ausführungen in Kapitel 1.3.

50 Vgl. Kosnik 1990 und weiterhin Milliken/ Martins 1996, S. 412.

51 Vgl. Hansen et al. 2009.

Zielsetzung und Forschungsfragen

Die vorangegangenen Ausführungen haben gezeigt, dass es noch ein erhebliches Explorationspotenzial im Hinblick auf den Einsatz hochqualifizierter externer Mitarbeiter in gemischten Projektteams gibt. Intern-extern gemischte Projektteams können damit als bedeutsames Phänomen betrachtet werden, für das jedoch bislang nur unzureichend konzeptionelle und empirische Ansätze aus dem betriebswirtschaftlichen Bereich vorliegen. Die vorliegende Arbeit greift diese Forschungslücke auf und möchte einen Beitrag zu einem ganzheitlicheren Verständnis um die Besonderheiten, Dynamiken und Verhaltensmuster liefern, die im Rahmen der Zusammenarbeit intern-externer gemischter Projektteams auftreten. Dies erscheint in Anbetracht der aufgezeigten Neuigkeit der Thematik und der Notwendigkeit der Schließung der Forschungslücken erforderlich.

Die wachsende Erkenntnis, dass die Zusammenarbeit in und Führung von Projektteams einer der entscheidenden Faktoren für ein erfolgreiches Projekt darstellt[52] – und dies insbesondere für Blended Teams gilt[53] –, wirft einige tiefergehende Fragen auf. Zum einen ist wenig erörtert, worin konkret die Besonderheiten dieser spezifischen Form der Projektarbeit liegen. Fraglich ist etwa, durch welche Interaktionen und Verhaltensweisen zwischen internen und externen Mitarbeitern die Zusammenarbeit determiniert wird und inwiefern die „Externalität" hochqualifizierter externer Mitarbeiter bzw. die organisationale Zugehörigkeit der Teammitglieder bei der Teamarbeit tatsächlich eine Rolle spielt. Zum anderen bieten die bisherigen theoretischen wie empirischen Befunde zwar u. a. Erklärungen für Teamarbeit im Allgemeinen, Projektteams oder Effekten von Diversität; Hinweise zu Einzelaspekten gemischter Teams wie die separierte Fokussierung auf „Externe" oder „Wirkungen von temporär Angestellten auf Festangestellte" oder „Mischung von Teams" lassen sich ebenso finden. Jedoch bieten die oben skizzierten Befunde aus der Forschung um Neue Beschäftigungsformen und (Projekt-) Teams kaum greifbare Hilfestellungen dafür, wie intern-extern gemischte Projektteams konkret gestaltet und geführt werden sollten.

Vor diesem Hintergrund lassen sich für das Erkenntnisinteresse vorliegender Dissertation die folgenden drei zentralen Forschungsleitfragen ableiten:

52 Vgl. beispielhaft Pinto/ Slevin 1998, S. 386 oder Thamhain 2004, S. 35 sowie die Ausführungen in Abschnitt 1.1.4.3 zu Erfolgsfaktoren von Projekten.

53 Vgl. bspw. Ang/ Slaughter 2001, S. 346.

Forschungsleitfrage 1 – Besonderheiten gemischter Projektteams
Welche zentralen Parameter bestimmen die Zusammenarbeit in intern-extern gemischten Projektteams?

Forschungsleitfrage 2 – „Externalität"
Welche funktionalen und dysfunktionalen Effekte hat der Einsatz hochqualifizierter externer Mitarbeiter als Teammitglieder auf die Zusammenarbeit in gemischten Projektteams?

Forschungsleitfrage 3 – Führungsherausforderungen
Welche zentralen Herausforderungen lassen sich für die Führung intern-extern gemischter Projektteams ableiten?

Insofern liegt der Arbeit zum einen ein *pragmatisches Anliegen* zugrunde. Sie zielt darauf ab, das Praxisphänomen gemischter Teams näher zu beleuchten und durch ein besseres Verständnis der Besonderheiten und zentralen Einflussfaktoren der Zusammenarbeit Steuerungsoptionen und Gestaltungsempfehlungen für das Management entwickeln und begründen zu können.

Zum anderen wird das *theoretische Anliegen* verfolgt, das zunehmend als betriebswirtschaftlich forschungsrelevante Feld der „neuen Beschäftigungsformen" in den Blickpunkt zu rücken und dabei die bisher häufige eher partikulare Perspektive auf externe Ressourcen zu erweitern.

Die Erkenntnis, dass neue Beschäftigungsformen unterschiedliche Formen umfassen, gilt auch für den hochqualifizierten externen Mitarbeiter im Sinne dieser Arbeit, der keine in sich homogene Gruppe ist. Aus Sicht des einsetzenden Unternehmens kann es einen Unterschied machen, ob Freelancer oder bei einem externen Dienstleister beschäftigte Spezialisten im Team tätig sind. Dies ist vor allem hinsichtlich arbeitsrechtlicher Restriktionen wie Scheinselbstständigkeit von Freelancern zu berücksichtigen.[54] Da die vorliegende Arbeit auf Aspekte der Zusammenarbeit und Führung fokussiert, in welcher die Involvierung einer unternehmensexternen Person ins Team zentral ist, erscheint eine integrative Betrachtung von Externen für die intendierte explorative Gesamtbetrachtung des Phänomens „gemischte Teams" sinnvoll. Die Heterogenität der Gruppe hochqualifizierter Externer ist hierfür zunächst von untergeordneter Bedeutung.

Damit möchte diese Arbeit vor allem einen Beitrag liefern zur Diversitäts- und Führungsforschung, indem sie die Perspektive einer „blended workforce" auf den Teamkontext transferiert und den Diskurs um Teamdiversität und Führungsherausforderungen erweitert.

---

54 Vgl. bspw. Panzer 2012.

Reflexion über Forschungsmethodik und -perspektive

Die Zielsetzungen dieser Arbeit sind auf eine möglichst ganzheitliche Betrachtung der Problematik gerichtet. Die Methodik sollte daher sowohl die unterschiedlichen Perspektiven der „Betroffenen" in intern-extern gemischten Projektteams als auch potenzielle, wechselseitige Beziehungen und Beeinflussungen berücksichtigen. Die skizzierte Neuartigkeit der Thematik legt dabei ein exploratives Forschungsdesign nahe, das eine theoretische Aufarbeitung bislang vorhandener Literatur mit explorativ angelegter Empirie zu verknüpfen sucht. Im ersten Schritt werden für eine Beschreibung des Phänomens theoretische Konzepte und empirische Befunde zur Zusammenarbeit in und Führung von Projektteams beleuchtet und anschließend unter der Berücksichtigung des spezifischen Kontextes des Einsatzes hochqualifizierter externer Mitarbeiter integriert. In einem zweiten Schritt erfolgt eine empirische Untersuchung. Sie dient der Identifizierung zentraler Einflussfaktoren, Zusammenhänge und Verhaltensmuster in der intern-extern gemischten Teamarbeit. Dabei wird ein Mixed-Method-Ansatz[55] verfolgt, der in Form eines zweistufig konzipierten Forschungsdesigns sowohl quantitative als auch qualitative Elemente enthält. Eine Online-Befragung zum Einsatz Externer in gemischten Teams soll zunächst einen breiten Überblick über wesentliche Interaktionsparameter in der Zusammenarbeit und relevante Führungsaspekte ermöglichen. Mit Hilfe einiger ex ante vorhandenen, grundsätzlichen Annahmen – jedoch mit Verzicht auf zu enggefasste theoriegeleitete Hypothesen, welche die Exploration wesentlicher Parameter ausschließen könnten – ist eine umfassende Perspektive auf den gewählten Untersuchungsgegenstand möglich.[56] Ein breit angelegter Feldzugang zu externen Spezialisten, internen Projektmitarbeitern sowie Projektverantwortlichen sichert dabei ein großes Spektrum an relevanten Faktoren und Meinungen. Hinweise auf relevante Einflussfaktoren, Diversitätseffekte und Wirkzusammenhänge dienen als Grundlage für die nachfolgende qualitative Interviewstudie. In diesem Rahmen werden insgesamt sieben Teams in innovativen Projekten der Softwareentwicklung als typische Beispiele für gemischte Teamarbeit zur Plausibilisierung der bisherigen Ergebnisse und zur Erweiterung der Wirkzusammenhänge untersucht. Dabei werden auch sog. kritische Teamsituationen berücksichtigt, aus denen persönlich erlebte Aspekte der Zusammenarbeit und Führung für die Entwicklung von Gestaltungsmaßnahmen genutzt werden können.

55 Vgl. z. B. Creswell/ Plano Park 2007 oder Tashakkori/ Teddlie 2003b.

56 Vgl. Nienhüser/ Krins 2005, S. 112ff.

Dieser Konzeption liegen dabei einige wesentliche *Prämissen* und Vorstellungen zugrunde, die der kurzen Erläuterung bedürfen.

Realitätsbezug

Die Forschungsfragen zielen auf eine ganzheitliche Erfassung des Phänomens intern-extern gemischter Projektteams. Dabei ist der Ausgangspunkt ein reales Problem aus der Unternehmenswirklichkeit, so dass dieser Arbeit ein hoher *Realitätsbezug* zugrundeliegt. Entsprechend stammen auch die Daten der empirischen Untersuchungen aus der organisationalen Realität und spiegeln die reale Umgebung gemischter Teams und der sie einsetzenden Unternehmen wider.[57] Dies bedeutet einen entscheidenden Erkenntnisfortschritt im Vergleich zu vielen anderen Studien, insbesondere aus der Teamforschung, die häufig im Rahmen von Laborstudien oder Untersuchungen von Studentengruppen als Stichprobe erfolgten. Gerade für den empirischen Teil dieser Arbeit bedeutet der Realitätsbezug aber ebenfalls, dass eine Erklärung der gewählten Realität der zu untersuchenden Teams notwendig ist. Da ein häufiger Einsatz von externen *IT-Spezialisten* in intern-extern gemischten Teams erfolgt, werden im Rahmen der empirischen Untersuchung Softwareentwicklungsteams als *pars pro toto* für innovative Projektteams aufgefasst. Damit folgt diese Arbeit einem üblichen Verständnis von Softwareentwicklungsprojekten als typische Beispiele für innovative, zeitkritische Projekte.[58] Gerade in der Softwareentwicklung zählen Mitarbeiter und ihre Zusammenarbeit zu den wichtigsten und gleichermaßen schwierig zu steuernden Einflussgrößen, wie Müller-Lindenberg 2004 konstatiert und gleichwohl zu bedenken gibt, dass Fragen der Mitarbeiterführung in diesem Bereich eher aus der Projekt- und Planungsperspektive erforscht seien.[59] Indem intern-extern gemischter Projektteams als reales, soziales Phänomen aufgegriffen werden, das für die Managementpraxis wie –forschung von Bedeutung ist, dienen die Erkenntnisse der Offenlegung zentraler Verhaltensmuster und sozialer Interaktionsprozesse dem theoretischen Anliegen eines breiteren Verständnisses und der Aufdeckung möglichen weiteren Forschungsbedarfs. Ebenso sollen die Erkenntnisse auch Ausgangspunkt für die Ableitung von konkreten Steuerungs- und Gestaltungsmaßnahmen sein und dienen insofern dem

57 Vgl. Miles/ Huberman 1994, S. 10, zit. nach Köppel 2008, S. 3.

58 Vgl. z. B. Müller-Lindenberg 2004, S. 4.

59 Vgl. Müller-Lindenberg 2004, S. 3 und die dort zitierte Literatur.

pragmatischen Anliegen. Damit kann die vorliegende Untersuchung der *phänomenbasierten Forschung* zugeordnet werden.[60]

Interdisziplinarität

Die Fokussierung auf *tatsächliche* Wirkungsgrößen im organisationalen Kontext bedingt die Erkenntnis, dass eine ganzheitliche Betrachtung unter ausschließlichem Bezug auf eine singuläre Forschungsdisziplin zu kurz greifen würde.[61] Gleichwohl die Arbeit aufgrund des spezifischen Untersuchungsgegenstands explorativer Natur ist, erweist sich der Rückgriff auf breit erforschte relevante Einzelaspekte, welche i.d.R. unterschiedlichen Forschungsströmungen entstammen, als möglich und fruchtbar. Insofern ist ein *interdisziplinärer Zugang* unabdingbar: Unter Zuhilfenahme von soziologischen bzw. psychologischen Ansätzen zum Verständnis der Teamprozesse und Wirkungszusammenhänge von Teamdiversität oder Literatur aus dem Dienstleistungsmanagement für die wissensintensive Leistungserstellung im Team sind verschiedene Forschungsdisziplinen und Ansätze zu integrieren. Da die wissenschaftliche Erforschung von Projektteams durch unterschiedlichste Disziplinen geprägt ist und nicht zuletzt ihren Ursprung im ingenieurswissenschaftlich-geprägten Projektmanagement-Ansatz technischer Großprojekte hat, sind ebenfalls Anleihen aus dem planungs- und steuerungsorientierten Projektmanagement notwendig.[62] Insofern basiert diese Arbeit auf der Annahme einer *grundsätzlichen Vereinbarkeit dieser verschiedenen Kontexte* hinsichtlich Prämissen und wesentlicher Aussagen. Legt

60 Die Erforschung praktisch wie theoretisch bedeutsamer und neuer Phänomene im Rahmen der sog. "phenomenon-based research" hat in der Management- und Organisationsforschung Tradition (vgl. bspw. Mintzberg 1978; Bartlett/ Goshal 1989), wird aber auch aktuell von Neuem gefordert (vgl. hierzu einen Call for Paper des Long Range Planning durch Baden-Fuller et al. 2008). Phänomene können dabei definiert werden als "regularities that are unexpected, that challenge existing knowledge (including the extant theory), and that are relevant to scientific discourse. Thus, the aim of phenomenon-based research is to capture, describe, and document, as well as conceptualize a phenomenon so that appropriate theorizing and the development of research designs can proceed" (von Krogh et al. 2012, S. 2). Die theoretische Erörterung der Thematik in dieser Arbeit wie insbesondere die Konzipierung der empirischen Untersuchung wird die Erfordernisse offener, explorativ geleiteter phänomenbasierter Forschung und Empfehlungen von von Krogh et al. 2012 diesbzgl. berücksichtigen.

61 Vgl. Köppel 2008, S. 5.

62 Für eine detaillierte Übersicht zu Ansätzen der Projektteamforschung, insbesondere dem Projektmanagement-Ansatz als Ursprung, vgl. Hüsgen 2005, S. 36ff.

man diese Auffassung zugrunde, scheint es legitim, gemischte Projektteams als „*Multi-Kontext-Phänomen*" zu charakterisieren, so dass sich Erkenntnisse aus der Sozial- wie Arbeits- und Organisationspsychologie ebenso wie aus der Projektmanagementforschung auf das Phänomen intern-extern gemischter Projektteams anwenden lassen.[63]

Mehr-Ebenen-Konzeption und Prozessperspektive

Die Multikontextualität und die Intention einer ganzheitlichen Betrachtung des Phänomens implizieren darüber hinaus auch die Notwendigkeit, unterschiedliche, ggf. sogar *konträre Perspektiven*, zu integrieren – oder doch zumindest in die Überlegungen einzubeziehen.[64] Dies bedeutet neben dem o.g. interdisziplinären Zugang theoretischer Ansätze insbesondere mit Blick auf die empirische Untersuchung gemischter Teams die Spezifika der Teamforschung zu berücksichtigen.

Die Fokussierung auf Teams impliziert, sich der regelmäßigen Betonung der besonders *weichen* und mit wissenschaftlichen Maßstäben *weniger greifbaren* Materie bewusst zu sein: "The result is the common impression that team research is soft, inconclusive, or weak" (McIntyre/ Sala 1995, S. 13). Umso mehr gilt es, das zu untersuchende Phänomen und Interaktionsmuster greifbar und sichtbar zu machen. Dazu werden die *unterschiedlichen Perspektiven* der handelnden Akteure explizit zu berücksichtigen sein: D.h. sowohl der Blickwinkel einsetzender Unternehmen und interner Projektmitarbeiter wie auch die externe Perspektive (Datenerhebung) als auch etwaige Wahrnehmungsunterschiede (Datenanalyse). Damit erfolgt im Rahmen der Diskussion um die Besonderheiten Externer und

63 Hintergrund dieser Auffassung ist der wissenschaftstheoretisch zugrundeliegende Begriff der Inkommensurabilität (vgl. Kuhn 1967). Die Kontexte unterschiedlicher Forschungsdisziplinen werden aufgrund kontextspezifischer Bedeutung von Terminologien, Aussagensysteme und Modellvorstellungen im Wesentlichen als „unvereinbar" betrachtet. Folgt man der Kirsch'schen Konzeption einer anwendungsorientierten Führungslehre, die zur Identifizierung und Handhabung komplexer Praxisprobleme die Existenz eines Pluralismus an potenziellen Kontexten und Paradigmen berücksichtigt (vgl. Kirsch/ Weber, S. 16 und allgemein Kirsch 1997), so können gemischte Teams als in multiple Kontexte eingebettetes soziales Phänomen betrachtet werden. Für ein vollständigeres Verständnis durch eine Annäherung aus verschiedenen Blickwinkeln kann insofern mit Gioia 1990, S. 588 und 595 argumentiert werden, dass Kontextgrenzen nicht prinzipiell unüberwindbar, sondern fließend sind. Mit Hilfe einer interkontextuellen „Brückenbildung" und Übersetzungsarbeit der jeweiligen Erkenntnisse und Argumentationslogiken ist damit ein Erkenntnisfortschritt möglich (vgl. zur „Multi-Paradigmen-Strategie" Scherer 1995, S. 135ff.).

64 Vgl. von Krogh et al. 2012, S. 7.

der o.g. multiplen Perspektiven der Akteure eine Betrachtung auf *Individualebene*. Wenngleich die betrachteten Teams aus verschiedenen Team*mitgliedern* – Individuen also – bestehen, liegt das wesentliche Erkenntnisinteresse darin, Schlussfolgerungen für die Menge an gemischten *Teams* und Gestaltungsoptionen für die Führung dieser Teams ableiten zu können. Die Erörterung der Beziehung zwischen den internen und externen Teammitgliedern, potenziellen Effekten, die der Einsatz Externer in der Zusammenarbeit auslöst (bzw. auslösen kann) setzt an der Betrachtung des Untersuchungsgegenstandes auf *Team-Ebene* an.[65] Insofern liegt dieser Arbeit eine *Mehr-Ebenen-Konzeption* zugrunde.

Versteht man Organisationen und das soziale Geschehen in ihnen gemäß der Auffassung von Kirsch als *„ongoing processes"*, d.h. als laufendes Geschehen oder (Handlungs- und Entscheidungs-)Episoden,[66] so liegt die Schlussfolgerung nahe, vor allem für die sozialen Prozesse und Verhaltensweisen in der Teamarbeit einen besonderen Fokus auf „zentrale Episoden" zu legen. Dieses Vorgehen scheint geeignet, um die Komplexität der Zusammenarbeit im Team in kleinere, *handhabbare* Einheiten zu gliedern:[67]

> „Eine Episode stellt gleichsam einen Ausschnitt aus dem nie endenden Kontinuum von Aktivitäten und Interaktionen der Mitglieder verschiedener Organisationen dar. Mit der Abgrenzung einer Episode richtet man gleichsam den Scheinwerfer auf einen für die Erklärung des Gesamtzusammenhangs besonders wichtigen Ausschnitt aus dem ‚Ongoing Process' [(…) des Systems]. Die nicht zur abgrenzenden Episode gerechneten Aktivitäten (also der Rest des ‚Ongoing Process') wird als Umfeld der Episode bezeichnet." (Kirsch 1997, S. 467f.)

Damit basiert die folgende Diskussion der Zusammenarbeit in und der Führung von gemischten Teams in besonderem Maße auf der *Relevanz zentraler Interaktionssituationen* zwischen internen und externen Teammitgliedern. Unter der Fokussierung auf diese Prozessperspektive wird zu zeigen sein, dass die erfolgreiche Gestaltung der gemischten Teamarbeit und der Schnittstelle zwischen internen und externen Mitarbeitern vor allem auf der situationsangepassten Gestaltung dieser Situationen aufbaut.

---

65 Vgl. zur Diskussion um Herausforderungen der Bestimmung der Analyseeinheit in der Teamforschung auch McIntyre/ Sala 1995, S. 11ff.

66 Vgl. Kirsch 1997, S. 464, zit. nach Schuster 2005, S. 87.

67 Gleichwohl ist anzumerken, dass eine genaue Abgrenzung, was exakt zu einem Ereignis oder einer Episode im Teamkontext zählt – vor allem vor dem Hintergrund einer „Historie", die Ereignissen immer vorausgeht –, in gewisser Weise willkürlich ist und in letzter Hinsicht je nach gewählter Zielsetzung dem Forscher überlassen bleibt (vgl. Kirsch 1997, S. 468).

Aufbau der Arbeit

Vor dem Hintergrund der zuvor dargestellten Zielsetzungen gliedert sich diese Arbeit mit den Einführenden Bemerkungen und der Schlussbetrachtung in fünf Teile.

In den *Einführenden Bemerkungen* wurde zunächst das Phänomen intern-extern gemischter Projektteams vorgestellt und die Relevanz einer konzeptionellen Aufarbeitung wie empirischen Betrachtung der Thematik aufgrund der skizzierten geringen Forschungsaufmerksamkeit dargestellt. Die abgeleiteten Zielsetzungen und Forschungsleitfragen dienen als Orientierung für die nachstehende Gliederung dieser Arbeit.

In *Teil I* erfolgt die theoretische Grundlegung der inhaltlichen Schwerpunktthemen. Hier wird zunächst in 1.1 die Zusammenarbeit im Team als Ausgangspunkt vorgestellt und im Rahmen einer theoretisch-konzeptionellen Aufarbeitung konkretisiert. Ebenfalls wird hier die Führung von Teams theamtisiert und ein Verständnis diesbezüglich für vorliegende Arbeit entwickelt, das auch die Besonderheiten von Projektteams berücksichtigt. In 1.2 werden hochqualifizierte externe Mitarbeiter als aktuelles Phänomen einer wissensbasierten Arbeitswelt und relevanter Teil der sog. „Neuen Beschäftigungsformen" vorgestellt. Durch ihren Einsatz im Team wird der Aspekt der Teamdiversität relevant, welcher anschließend für den vorliegenden Kontext erläutert wird (1.3). Abschließend steht die Entwicklung eines konzeptionellen Denkrahmens, der die bisherigen Erkenntnisse zusammenfasst und den Ausgangspunkt für die nachfolgende empirische Untersuchung darstellt (1.4).

In *Teil II* erfolgt eine explorativ angelegte empirische Untersuchung intern-extern gemischter Teams. Diese gliedert sich in eine zunächst vorangestellte quantitative Online-Befragung und eine qualitative Interviewstudie, welche den empirischen Schwerpunkt bildet. Dieses zweistufige Forschungsdesign spiegelt sich im Aufbau dieses Teils wieder: Nach der Einführung in Zielsetzung und Konzeption (2.1) und Gegenstand der Untersuchung (2.2) werden zunächst für die quantitative Teilstudie die spezifische Konzeption (2.3) sowie Ergebnisse (2.4) vorgestellt. Anschließend erfolgt die Darstellung der spezifischen Konzeption (2.5) und der Ergebnisse (2.6) der qualitativen Teilstudie. Die kritische Reflexion der Limitationen (2.7) bildet den Abschluss des zweiten Teils.

In *Teil III* werden die erzielten empirischen Ergebnisse der zwei Teilstudien zusammengeführt und mit Bezug zu den drei Forschungsleitfragen diskutiert (3.1). Darauf aufbauend gilt es, die Ergebnisse hinsichtlich ihrer Implikationen für Praxis (3.2) und Wissenschaft (3.3) kritisch zu reflektieren und in diesem

Rahmen auch Ansätze konkreter Gestaltungsmaßnahmen für die Führung intern-extern gemischter Teams zu skizzieren.

Die Arbeit endet mit einer *Schlussbetrachtung*. Hier werden vor dem Hintergrund der Zielsetzung und Einordnung dieser Arbeit abschließend die erzielten Ergebnisse rekapituliert. Ebenso wird unter Berücksichtigung der aufgezeigten Limitationen ein Ausblick auf zukünftige Praxistendenzen und weitere Forschungsmöglichkeiten gegeben. Der Aufbau dieser Arbeit ist nachstehend in Abbildung 1 visualisiert.

Abbildung 1: Aufbau der Arbeit

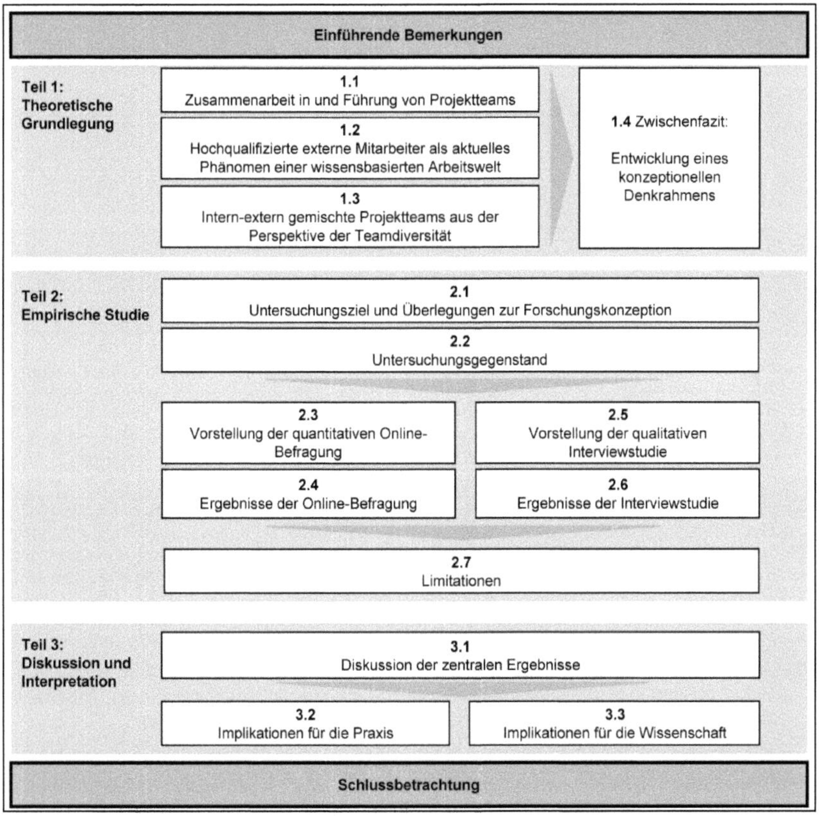

1. Theoretische Grundlegung: Gemischte Projektteams im Kontext des Phänomens hochqualifizierter externer Mitarbeiter

Im Folgenden ersten Teil dieser Arbeit geht es zunächst darum, eine fundierte Basis für ein grundlegendes Verständnis des Phänomens intern-extern gemischter Projektteams zu ermöglichen. Wie in den einführenden Bemerkungen dargelegt wurde, hat die wissenschaftliche Erforschung der Zusammenarbeit in und Führung von gemischten Teams vor dem Hintergrund neuer Beschäftigungsformen erst eine geringe Aufmerksamkeit erlangt. Daher gilt es, durch die Erläuterung der relevanten Begrifflichkeiten und theoretischen Konzepte zunächst einen Überblick über den derzeitigen Forschungsstand der zentralen Themen, welche die Schnittstelle intern-extern gemischter Teams bilden, darzulegen. Hierzu werden in Kapitel 1.1 zuerst in Rückgriff auf Erkenntnisse der Teamforschung die für diese Arbeit zentralen Begriffe der Zusammenarbeit und der Führung theoretisch fundiert. Dies erfolgt unter besonderer Berücksichtigung der Zusammenarbeit in und Führung von Projektteams als temporäre Systeme. In Kapitel 1.2 werden die bisherigen Erkenntnisse zur Teamarbeit für den vorliegenden spezifischen Kontext erweitert, indem hochqualifizierte externe Mitarbeiter als Teil der sog. „Neuen Beschäftigungsformen" und aktuelles Phänomen einer zunehmend wissensbasierten Arbeitswelt vorgestellt werden. Für eine Sensibilisierung für einen Einsatz in gemischten Teams werden anhand bestehender Literatur die charakteristischen Merkmale hochqualifizierter externer Mitarbeiter konkretisiert und ein erstes Verständnis seiner Besonderheiten für den weiteren Fortgang der Arbeit entwickelt.

Im Rahmen des Einsatzes hochqualifizierter externer Mitarbeiter als Teammitglieder mit internen Beschäftigten rücken Aspekte der Teamdiversität in den Vordergrund. Kapitel 1.3 widmet sich der gemischten Zusammensetzung von Teams. Für ein detailliertes Verständnis der Besonderheiten und Führungsherausforderungen intern-extern zusammengesetzter Teams werden hier die konzeptionellen Grundlagen aus der Teamdiversitätsliteratur rekapituliert, um diese auf den vorliegenden Kontext anwenden zu können. Im Vordergrund steht dabei der Fokus auf der besonderen Unterscheidung bzgl. der „organisationalen Zugehörigkeit" interner und externer Projektmitarbeiter.

Teil 1 schließt mit einer Zusammenführung der bisherigen theoretisch-konzeptionellen Erkenntnisse, welche mit zusätzlichen weiteren Überlegungen zu bislang offen gebliebenen Fragen einen konzeptionellen Denkrahmen konstitutieren (Kapitel 1.4). Dieser stellt das Zwischenfazit zur Zusammenarbeit in und Führung von intern-extern gemischten Projektteams dar und markiert damit den Ausgangspunkt für die nachfolgende empirische Untersuchung dieser Arbeit. Die Struktur dieses ersten Teils ist nachstehend zusammengefasst (vgl. Abbildung 2).

Abbildung 2: Übersicht über den Teil 1 dieser Arbeit

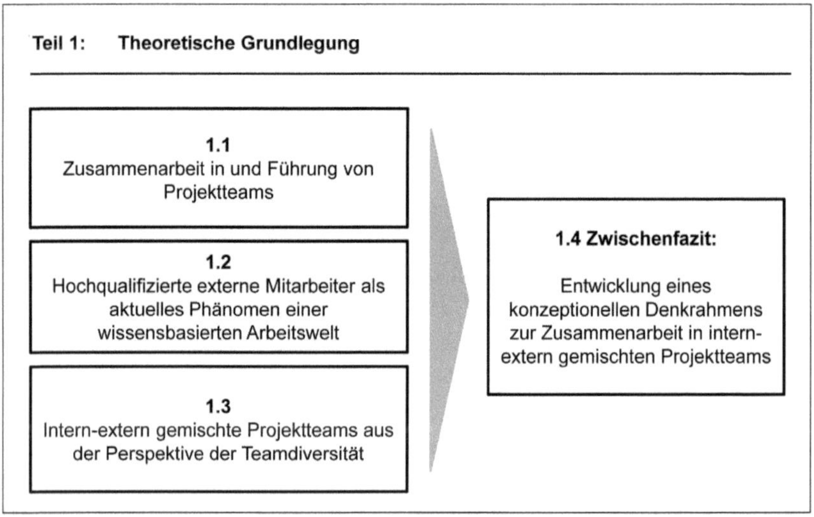

1.1 Zusammenarbeit in und Führung von Projektteams

In Organisationen existiert eine Vielzahl unterschiedlicher Arten von Teams und Arbeitsgruppen, von Qualitätszirkeln, Taskforces über Projektteams bis hin zu Top-Management Teams.[68] Projektteams als zeitlich befristete Einheiten, deren Mitglieder i.d.R. neuartige und komplexe Aufgaben bearbeiten, wie dies beim Einsatz externer Mitarbeiter der Fall ist, stellen den Bezugspunkt dieses Kapitels dar.

Für ein Verständnis der Besonderheiten der Zusammenarbeit im Team mit hochqualifizierten externen Mitarbeitern und der Führung dieser Teams stellt zunächst die Zusammenarbeit im Team den Ausgangspunkt in Abschnitt 1.1.1

68 Vgl. hierzu auch Hackman 1987, S. 315.

dar. Hier werden der Begriff und die Wesensmerkmale von Teams eingeordnet, die dieser Arbeit zugrundeliegende Interaktionsperspektive skizziert und die unterschiedlichen Phasen der Zusammenarbeit anhand der Modelle von Tuckman 1965 sowie Gersick 1988, 1989 vorgestellt. Anschließend wird anhand des Input-Process-Output-Modells von McGrath eine grundlegende Konzeption der Teamarbeit vorgestellt (1.1.2). In Abschnitt 1.1.3 steht die Führung im Team im Vordergrund. Hier wird im Rahmen der personalen Führung ein Verständnis von situativer Führung zugrundeleget, auf dessen Basis die wesentlichen Führungsfunktionen und -aktivitäten beleuchtet werden können. Abschließend werden diese Erkenntnisse unter besonderer Berücksichtigung der Zusammenarbeit in und Führung von Projektteams als temporäre Systeme ergänzt (1.1.4).

1.1.1 Zusammenarbeit im Team als Ausgangspunkt

Die Erforschung von Teams weist in verschiedenen Disziplinen mittlerweile eine lange Tradition auf. Insbesondere die Psychologie, die Soziologie und zunehmend die Betriebswirtschaftslehre halten eine Fülle an theoretisch-konzeptioneller Literatur und empirischen Studien vor.[69] Die teils heterogenen inhaltlichen Schwerpunkte und Blickrichtungen auf Teams und die damit verbundene Vielschichtigkeit an Perspektiven erfordert zunächst die Schaffung eines einheitlichen Begriffsverständnisses für den Rahmen dieser Arbeit. Nach einer Annäherung an den Begriff des Teams (1.1.1.1) wird die Zusammenarbeit im Team als Maß der Interaktion definiert (1.1.1.2). Anschließend werden mit Blick auf eine dynamische Betrachtung von (Projekt-)Teams in Phasen der Zusammenarbeit zwei Modelle der Teamentwicklung vorgestellt (1.1.1.3).

---

69 Während sich die Arbeiten aus der *Sozialpsychologie* schwerpunktmäßig mit der Entstehung von Beziehungen und Interaktionsverhalten von und zwischen Gruppen auseinandersetzt und somit für die Teamforschung mittlerweile zentrale Theorien zum Gruppenverhalten entwickelten, fokussiert die *Arbeits- und Organisationspsychologie* Gruppen im Kontext von Organisationen. Dabei spielen Fragen nach Leistung in Gruppen ebenso wie Wirkungszusammenhänge von Gruppenarbeit auf individuelle Einstellung und Befinden wie z. B. Zufriedenheit eine wichtige Rolle. Insbesondere in *betriebswirtschaftlichen* Forschungsaktivitäten ist zunehmend ein erhebliches Interesse an Gruppenarbeit insgesamt, verbunden mit speziellen Fragestellungen nach Einflussgrößen, Zusammenhängen zu Outputgrößen und Möglichkeiten der Beeinflussung von Unternehmensseite zu erkennen (vgl. für einen detaillierten Überblick über die unterschiedlichen Foki der genannten Forschungsdisziplinen Stock 2003, S. 22ff. sowie Fischer/ Wiswede 1997 und von Rosenstiel/ Nerdinger 2011, S. 2ff.).

1.1.1.1 Der Begriff des Teams

> "Groups do not become teams simply because that is what someone calls them. The entire workforce of any large and complex organization is *never* (Herv. i. O.) a team, but think about how often that platitude is offered up." (Katzenbach/ Smith 1993, S. 112)

Team, Teamarbeit, Teamwork – Begrifflichkeiten rund um den Ausdruck ‚Team' sind im alltäglichen Leben ebenso wie in der organisationalen Praxis in vielfältigster Form in Gebrauch. Insbesondere im Management haben sich nicht zuletzt durch den verstärkten Aufbau von Teamstrukturen infolge vilefacher Reorganisationsmaßnahmen Teams als ein „Modewort" etabliert, mit dem eine Vielzahl optimistischer Erwartungshaltungen an die Leistungsfähigkeit und ein harmonisches Miteinander der Mitarbeiter assoziiert werden – wenn nicht sogar ein Allheilmittel für unternehmerische Herausforderungen jedweder Art.[70] Jenseits dessen, dass *„we think the label is motivating and energizing"* (Katzenbach/ Smith 1993, S. 111) haften diesem vielzitierten Begriff eine gewisse „Unschärfe und Beliebigkeit" (Frenzen 2009, S. 15) an, die nicht zuletzt aus der vermeintlichen Bekanntheit und lockeren alltäglichen Nutzung herrühren dürfte.[71]

Auch die wissenschaftliche Annäherung an eine Spezifizierung offenbart ein breites Spektrum an Definitionen und Abgrenzungsversuchen, u. a. auch gegenüber (Arbeits-) Gruppen und verschiedenen Teamarten, die jeweils unterschiedliche Wesensmerkmale in den Fokus rücken: So definiert etwa Shaw 1981 eine Gruppe als *„two or more persons who are interacting with one another in such a manner that each person influences and is influenced by each other person"* (Shaw 1981, S. 8), während Brown 1988 betont, dass von einer Gruppe gesprochen werden kann, wenn zwei oder mehrere Personen *"define themselves as members of it and when its existence is recognized by at least one other member"* (Brown 1988, S. 3). Gruppen bestehen demnach nicht nur als Systeme in sich selbst, sondern vor allem *in Beziehung zu* anderen Gruppen. Als „eine Sonderform der *sozialen Gruppe* (Herv. i. O.)" (Hüsgen 2005, S. 13) lässt sich ein Team systemtheoretisch als komplexes, soziales System begreifen, das sich durch die Interaktionen und Beziehungen zwischen seinen Mitgliedern definiert.[72]

---

70 Vgl. hierzu Frenzen 2009, S. 15. Hinsichtlich der Diskussion um das „Modewort" erfolgt hier eine Anlehnung zu den Autoren Olson et al. 1995, S. 61 (*„Team is perhaps the hottest management buzzword of the early 1990s"*).

71 Vgl. hierzu u. a. Katzenbach/ Smith 1993, S. 111; Frenzen 2009, S. 15 sowie zum inflationären Gebrauch auch Hinkel 1989 und Martin 1998, S. 68.

72 Vgl. Arrow/ McGrath 1995, S. 374 sowie Hüsgen 2005, S. 15, der u. a. auf Wilke 2000, S. 70ff. referiert.

Deutlich wird in diesem Zusammenhang die Schwierigkeit einer präzisen Abgrenzung der Begriffe „Team" und „Gruppe". Diese wird immer wieder kontrovers diskutiert, ohne jedoch einen konsensualen Standard zu setzen.[73] Einer solchen Unterscheidung liegt die Vorstellung zugrunde, dass Teams mehr seien als Gruppen[74] und sich in bestimmten Merkmalen wie z. B. ihren Zielsetzungen unterscheiden oder eine stärkere Konnotation zu interaktionsorientierten Aspekten wie funktionierender Kooperation oder „Teamgeist" aufweisen.[75] Während in der (Klein-)Gruppenforschung zunächst eine weitgehend synonyme Verwendung beider Begriffe erfolgte,[76] konstatiert Högl 1998, dass sich der Begriff des Teams nicht nur in der Organisationslehre, sondern auch in der Praxis mittlerweile durchgesetzt habe.[77] Daher wird auch im Rahmen dieser Arbeit von *Teams* gesprochen.

An Stelle einer allgemein gültigen Definition tritt häufig eine Zusammenstellung der wesentlichen Merkmale. Von Rosenstiel bspw. zählt als *Bestimmungsmerkmale* folgende Aspekte auf, die ähnlich auch bei anderen sozial- und organisationspsychologischen Autoren zu finden sind:[78] Mehrzahl von Personen, unmittelbare Interaktion, zeitliche Dauer, Rollendifferenzierung, Entwicklung gemeinsamer Normen, Ziele und Werte sowie Wir-Gefühl.[79] Im Kern geht es darum, dass in Teams mehrere Personen gemeinsam an der Erfüllung einer bestimmten Aufgabe arbeiten. Zwar gibt es unterschiedliche Auffassungen, ob zwei oder drei Personen die Mindestanzahl von Teammitgliedern bestimmen. Jedoch kann etwa mit Guzzo/ Shea 1992 oder Nerdinger et al. 2008 argumentiert werden, dass wesentliche Gruppenprozesse wie die Bildung von Koalitionen oder komplexere Kommunikationsstrukturen für gewöhnlich erst ab einer Teamgröße von drei Personen beobachtbar seien und insofern eine Betrachtung

---

73 Vgl. Guzzo/ Dickinson 1996, S. 308f.; Kauffeld 2001, S. 14ff.

74 Vgl. Högl 1998, S. 13, ebenso z. B. Katzenbach/ Smith 1993, S. 112; Guzzo/ Dickinson 1996, S. 309; Antoni et al. 1996, S. 490.

75 Vgl. Antoni et al. 1996, S. 490; Högl 1998, S. 13.

76 Vgl. z. B. Armbruster 2005, S. 10.

77 Vgl. Högl 1998, S. 13.

78 Vgl. z. B. Forsyth 1999 oder in anderer Schwerpunktsetzung Antoni 1994.

79 Vgl. von Rosenstiel 2004, S. 397ff. Wie Nerdinger et al. feststellen, definieren ebendiese Merkmale auch Teams, *„weshalb eine sinnvolle begriffliche Unterscheidung zwischen Gruppe und Team kaum möglich ist"* (Nerdinger et al. 2008, S. 104). Insofern wird auch von einem „Gruppe-Team-Kontinuum" ausgegangen, in dem es graduelle Abstufungen Teams hinsichtlich der o. g. Einzelmerkmale gibt (vgl. Salas et al. 1992, S. 4; Cohen/ Bailey 1997, S. 241).

von Dyaden ausschließen.[80] In Anlehnung an Wiendieck 1992 kann ein Team entsprechend als *Kleingruppe* betrachtet werden, deren Mitglieder unmittelbar in Kontakt miteinander treten, um zielgerichtet eine gemeinsame Aufgabe zu erledigen.[81] Innerhalb eines Teams nimmt jedes Mitglied i.d.R. eine bestimmte *Rolle* ein und bearbeitet eine jeweilige Teilaufgabe. Für die Zielerreichung sind die Teammitglieder somit wechselseitig abhängig und müssen kooperativ interagieren. Zur Bewältigung dieser Ziele sind Teams in einen *organisationalen Kontext* eingebettet. Die Wahrnehmung als eigenständige Einheit innerhalb dieses strukturellen Rahmens setzt dabei voraus, dass gewisse Grenzen dieses Kollektivs zu seiner Umwelt bestehen, die sowohl von den Mitgliedern des Teams als auch von seiner Umgebung als solche wahrgenommen werden und entsprechend gemanagt werden müssen.[82] Die *Identifikation* als Team und die Herausbildung eines Zusammengehörigkeitsgefühls kann neben einer formalen organisatorischen Zuordnung vor allem auf den gemeinsamen Zielen, Aufgaben und Normen basieren.[83] Eine im wissenschaftlichen Diskurs akzeptierte Zusammenstellung[84] der wesentlichen Merkmale von Teams im organisationalen Kontext kann in Anlehnung an Hackman 1987, Alderfer 1987, Guzzo/ Shea 1992 und Wiendieck 1992 zusammenfassend erfolgen. Für das weitere Verständnis dieser Arbeit sei ein Team definiert als

- „Eine soziale Einheit von drei oder mehr Personen,
- deren Mitglieder von außen als solche erkannt werden und sich selbst als Mitglieder wahrnehmen (gemeinsame Identität),
- die eingegliedert in eine Organisation,
- durch unmittelbare Zusammenarbeit gemeinsame Aufgaben erledigen." (Gemünden/ Högl 2005, S. 8)[85]

80 Vgl. Guzzo/ Shea 1992, S. 273f. und Nerdinger et al. 2008, S. 105.

81 Vgl. Högl 1998, S. 10 und Wiendieck 1992, S. 2376. Für die nachfolgenden Ausführungen zu den Merkmalen von Teamarbeit vgl. insbesondere Högl 1998, S. 10ff.; Guzzo/ Shea 1992, S. 272; Hackman 1987, S. 322; Arrow/ McGrath 1995, S. 376; Cohen/ Bailey 1997, S. 241; Sundstrom et al. 1990.

82 Vgl. zur Umweltabhängigkeit von Gruppen als offenen Systemen auch Katz/ Kahn 1966, S. 14ff.

83 Hinsichtlich der gemeinsamen Zielrichtung und Verantwortlichkeit als Grundlage für die kollektive Leistungserbringung schlussfolgern Katzenbach/ Smith 1993, S. 112, dass die "essence of a team is a common commitment. Without it, groups perform as individuals; with it, they perform as powerful unit of collective performance."

84 Vgl. bspw. Sundstrom et al. 1990.

85 Wie Högl anmerkt, umfasst diese durchaus noch weite Definition diverse Teamformen wie Produktionsteams, Top-Management-Teams oder Teams in Forschung und

1.1.1.2 Zusammenarbeit als Maß der Interaktion im Team

Im vorangegangenen Abschnitt wurde von „Zusammenarbeit" in Teams und interagierenden Teammitgliedern als grundlegendem Wesensmerkmal von Teamarbeit gesprochen. Im Folgenden wird diese Betrachtung noch detaillierter vorgenommen, indem in Anlehnung an Högl 1998 Zusammenarbeit als Maß der Interaktion im Team betrachtet wird. Mit Hilfe von Überlegungen von Homans 1960 und der Theorie der Gruppeninteraktion (Thibaut/ Kelley 1969) wird Interaktion als wesentliches Element der Teamarbeit erarbeitet. Mit Blick auf die für diese Arbeit relevante Prozessperspektive der Teamarbeit kann dann im Anschluss das Input-Prozess-Output-Modell (McGrath 1964) als konzeptionelle Grundlage für ein Verständnis der Wirkungszusammenhänge zwischen Interaktionsprozessen, Teameffektivität und Inputfaktoren dargestellt werden.

Interaktion im Kontext intern-extern gemischter Teams kann als *„soziale Interaktion"*[86] verstanden werden. In Anlehnung an Wiswede 1998 bezeichnen soziale Interaktionen *wechselseitige Austauschprozesse*, deren soziale Perspektive auf das mehr oder weniger abgestimmte Verhalten zwischen den Interaktionspartnern deutet.[87] Als wesentliches Merkmal der Interaktion im Team wird insofern die *Interdependenz* der Teammitglieder deutlich, die wechselseitige Abhängigkeit.[88] Dies entspricht auch den Überlegungen von Wiendieck 1992 von Teams als „interagierender Gruppe" in Abgrenzung zu koagierenden und kontraagierenden Gruppen:[89] Erst durch die koordinierte Kombination der

---

Entwicklung (für einen detaillierten Überblick vgl. auch Cannon-Bowers et al. 1992, S. 356). Für einen Überblick über die wesentlichen Charakteristika sollen die bisherigen Ausführungen jedoch genügen; eine genauere Erläuterung der Spezifika von *Projektteams* erfolgt in Abschnitt 1.1.4.1.

86 Soziale Interaktion lässt sich als das Verhalten zueinander (Graumann 1972, S. 1109, zit. nach Layes 2000, S. 24) oder in Anlehnung an Homans 1960 als „In-Verbindung-Stehen" zwischen Individuen definieren. Sie bezeichnet nach Homans eines der drei zentralen Elemente des *sozialen Verhaltens*: Neben Gefühlen als nicht beobachtbare innere Zustände (wie Emotionen oder Motivation) und beobachtbaren Aktivitäten zählt hierzu die Interaktion (sowohl Häufigkeit als auch Intensität), unabhängig von den Aktivitäten, die zu dieser Verbindung geführt haben.

87 Vgl. Wiswede 1998, S. 150.

88 Vgl. Becker-Beck 1997, S. 21.

89 Vgl. Wiendieck 1992, S. 2375. Während bei koagierenden Gruppen die Gesamtleistung aus der Addition einzeln erbrachter Teilleistungen entsteht, welche keiner Koordination bedarf, stehen bei kontraagierenden Gruppen divergierende Interessen der

Individualleistungen der Teammitglieder entsteht ein ansonsten nicht erzielbares Gesamtergebnis; die Mitglieder stehen insofern zwingend in einer zielgerichteten Austauschbeziehung miteinander. Im Kern stellen Interaktionen im Team insofern soziales Handeln dar und bestehen aus Kommunikationssequenzen.[90] *Kommunikation* kann damit als Mittel zum Austausch von Informationen betrachtet werden.[91] Als „spezifische Form der Handlung" spielen sich Interaktionen in konkreten Situationen zwischen Individuen ab.[92]

Zur Erklärung für bestimmte Verhaltensweisen in dieser Austauschbeziehung kann die *Theorie der Gruppeninteraktion* auf Grundlage der Sozialen Austauschtheorie nach Thibaut/ Kelley 1969 herangezogen werden. Basierend auf der Annahme, dass Individuen in Austauschprozessen ihren eigenen Nutzen maximieren wollen, richten Teammitglieder ihr Verhalten nach möglichen Konsequenzen dieser Interaktion (Belohnung bzw. Nutzen oder Bestrafung bzw. Kosten) aus.[93] Die Autoren begründen eine positive Wirkung von Homogenität im Team mit der sozialen Ähnlichkeit der Mitglieder, die eine individuelle Belohnung in Form sozialer Bestätigung darstellt.[94] In dieser Betrachtung umfassen Interaktionen im Team im Wesentlichen die beiden Facetten des *Ausmaßes an Kommunikation/Kooperation* und des *Ausmaßes an Konflikten.*[95] Basierend auf der Annahme, dass Personen abhängig voneinander sind und demzufolge interagieren *müssen*, kann mit Thibaut/ Kelley 1969 die Essenz der Interaktion beschrieben werden:

Mitglieder im Vordergrund, die z. B. für einen gemeinsamen Beschluss koordiniert werden müssen.

90 Vgl. Algesheimer et al. 2006, S. 936.

91 Die Begriffe Kommunikation und Interaktion werden häufig synonym verwendet, wenngleich Wiswede 1998, S. 150 auf eine Deckungsungleichheit hinweist. Kommunikation könne z. B. über Medien auch einseitig erfolgen und bedürfe daher nicht zwangsläufig einer anschließenden Handlung eines Gegenübers. Damit ist Interaktion breiter gefasst als Kommunikation und umfasst ein Spektrum an reziproken Prozessen. Zur Problematik der Bestimmung der Relation von Interaktion und Kommunikation vgl. ausführlich Becker-Beck 1997, S. 21f.

92 Vgl. Layes 2000, S. 24.

93 Vgl. Thibaut/ Kelley 1969, S. 12.

94 Die Autoren weisen jedoch auf die Tendenz hin, dass dieser Nutzen mit zunehmender Homogenität abnimmt, ohne dies jedoch näher zu erläutern, wie Stock 2003, S. 53 festhält.

95 Vgl. Stock 2003, S. 53. Erstere trüge dazu bei, dass sich komplementäre Fähigkeiten der Mitglieder ergänzen; durch Konflikte hingegen würden die Kosten der Interaktion erhöht.

> "The essence of any interpersonal relationship is *interaction* (Herv. i. O.). (...) By interaction it is meant that they (two individuals, Anm. d. V.) emit behavior in each other's presence, they create products for each other, or they communicate with each other. In every case we would identify as an instance of interaction there is at least the possibility that the actions of each person affect the other." (Thibaut/ Kelley 1969, S. 10)

Hinsichtlich der Qualität der Arbeit von Teams trifft Högl 1998 in Anlehnung an Homans eine Unterscheidung zwischen interaktionaler und inhaltlicher Qualität der Arbeit von Teams. Entsprechend wird Teamarbeit als „Maß der Qualität der Interaktion in einem Team" (Högl 1998, S. 20) definiert, was als allgemeiner Begriff der Güte der Zusammenarbeit zu verstehen sei. Damit ist sowohl die Häufigkeit als auch die Intensität der Interaktion berücksichtigt. Interaktion wird dabei synonym für den Begriff der Zusammenarbeit genutzt. Dies soll auch für diese Arbeit gelten.

Dem Verständnis folgend, dass Interaktionen zwischen den einzelnen Mitgliedern der Kern der Teamarbeit sind, ist damit deutlich geworden, dass die *Prozessperspektive* für diese Arbeit den zentralen Ankerpunkt bildet. Interaktionen innerhalb intern-extern gemischter Teams, die in spezifischen Situationen des wechselseitigen Austausches ablaufen, stellen die Basis für ein Verständnis der Zusammenarbeit im gemischten Team und zur Ableitung von situationsbasierten Führungsherausforderungen.

1.1.1.3 Phasen der Zusammenarbeit

Die Entwicklung von Teams im Rahmen ihrer Aufgabenbewältigung ist Gegenstand vielfacher Forschungsuntersuchungen und Grundlage für Interventionsmaßnahmen in der betrieblichen Praxis. Eine Unterscheidung der theoretischen Ansätze erfolgt meist in zwei Kategorien: Die durch Linearität in der Entwicklung geprägten „stage models" auf der einen, wie in dem „Model of group development" nach Tuckman 1965 exemplifiziert, und Modelle wie das „Punctuated Equilibrium Model" nach Gersick 1988, 1989 auf der anderen Seite, die den abrupten Wechsel zwischen Stabilität und Veränderung fokussieren.[96] Da mit dem Modell nach Tuckman ein grundlegendes und in der Praxis beliebtes Teamentwicklungsmodell vorliegt und das Modell von Gersick insbesondere für die spezifischere Erklärung der Entwicklungsphasen von Projektteams herangezogen wird, werden beide Ansätze nachfolgend in ihren Grundsätzen skizziert und hinsichtlich ihrer Relevanz für die vorliegende Arbeit reflektiert.

---

96 Vgl. Chang et al. 2003, S. 106.

Modell der Teamentwicklung nach Tuckman (1965)
Grundlegende Vorstellung ist, dass jedes Team im Laufe der Zusammenarbeit seiner Mitglieder vier generelle Entwicklungsstufen durchläuft, wie sie in Abbildung 3 visualisiert sind: Forming, Storming, Norming und Performing.[97]

Abbildung 3: Modell der Teamentwicklung nach Tuckman

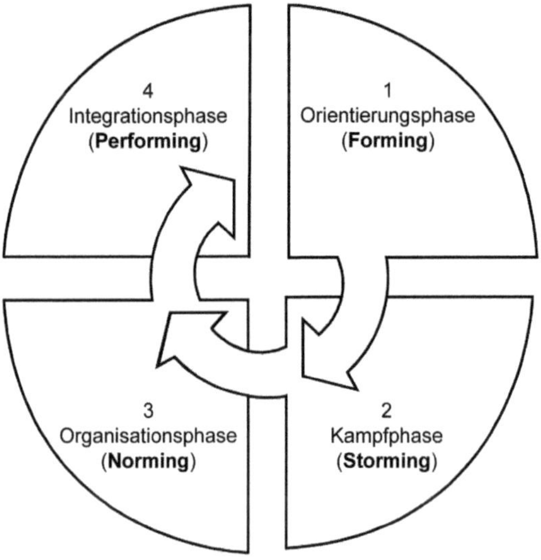

(Quelle: Eigene Darstellung in Anlehnung an Tuckman 1965)

Danach beginnen die Mitglieder eines Teams zunächst in der ersten Phase, einander kennen zu lernen, sich innerhalb des Teams und der Aufgabe zu orientieren und eine soziale Struktur zu entwickeln. Diese Findungsphase ist sowohl im Hinblick auf zwischenmenschliche wie aufgabenbezogene Verhalten relevant, da erste Grundregeln und der Umgang mit der Teamaufgabe festgelegt werden.[98] Die nachfolgende „Storming-Phase" ist durch Konflikte gekennzeichnet: Nach der ersten Orientierung werden die Regeln der Zusammenarbeit und hierarchische Strukturen in Frage gestellt, es entstehen Konflikte wie z. B. Rivalitäten

97 Hierfür und für die folgenden Ausführungen vgl. Tuckman 1965; Tuckman/ Jensen 1977.

98 Vgl. Tuckman 2001, S. 78.

auf zwischenmenschlicher Ebene oder Koalitionen. Die Austragung dieser Konflikte nimmt dabei Ressourcen in Anspruch, die nicht für die Bewältigung der ursprünglichen Aufgabe genutzt werden, so dass i.d.R. in dieser Phase eine niedrigere Leistung des Teams zu erwarten ist. Werden diese Konflikte langsam aufgelöst, entspannt sich die Teamsituation zugunsten einer konstruktiveren Zusammenarbeit. In der dritten sog. „Norming"-Phase werden bestimmte Verhaltensregeln für die Zusammenarbeit festgelegt, Rollen und Verantwortungsbereiche eingenommen, so dass sich ein zunehmend kohäsives Team entwickelt. Damit können die Kapazitäten des Teams wieder verstärkt für die Aufgabenbewältigung eingesetzt und das Team zu einer leistungsstarken Einheit werden („Performing").[99]

Kritik und Relevanz für vorliegende Arbeit

Wie Hertel/ Scholl 2006 betonen, wurde das Modell in neuerer Zeit als zu einfach kritisiert; nicht zuletzt bspw. durch die Vernachlässigung von Aufgabenunterschieden oder Gruppenstruktur habe es daher heute eher heuristischen Wert.[100] Auch mangels Berücksichtigung kontextueller Einflüsse wie bereits vorgegebene Normen und Regeln konnte der Ansatz empirisch bisher eher auf Laboruntersuchungen gestützt werden, so dass eine Generalisierung auf verschiedene „echte" Teams nur bedingt möglich scheint.[101] Neuere Entwicklungen wandeln die Linearität festgelegter Stufen zugunsten einer stärkeren Fokussierung zyklischer Komponenten ab, wie das nachfolgend skizzierte Modell nach Gersick zeigt. Als grundlegende Konzeption der Zusammenarbeit im Team als „Lebenszyklus" und der Schlussfolgerung, dass neu zusammengestellte Teams nicht sofort vollständig leistungsfähig sind, liefert Tuckman's Modell jedoch einen wertvollen Erkenntnisbeitrag für das Teamverständnis dieser Arbeit. Ebenfalls kann für die Führung abgeleitet werden, dass Teams in den verschiedenen Phasen ihrer Entwicklung ggf. unterschiedlich zu steuern sind.[102]

---

99 Als zusätzliche Phase haben Tuckman/ Jensen 1977 die weitere Stufe des „Adjourning" dem Modell hinzugefügt: Damit wird durch die Berücksichtigung der Auflösung des Teams nach erfülltem Auftrag auch dem zeitlich teilweise begrenzten Charakter von Teams, etwa in Projektteams, Rechnung getragen.

100 Vgl. Hertel/ Scholl 2006, S. 181ff.

101 Vgl. bspw. Högl 1998, S. 38 sowie Sundstrom et al. 1990, S. 127 oder Guzzo/ Shea 1992, S. 286. Dies läge nicht zuletzt, wie Tuckman/ Jensen 1977 selbst betonen, an der eher theoretischen Konzeptionalisierung, die durch eine starke Überrepräsentation von Therapie- und Trainingsgruppen im Datenmaterial geprägt sei (vgl. auch Simon 2003, S. 38f.).

102 Vgl. Stock-Homburg 2008, S. 497.

Modell der Teamentwicklung nach Gersick (1988, 1989)
Gersick (1988, 1989) nimmt in ihrem vielbeachteten „*Punctuated-Equilibrium-Model*“[103] auf der Basis von Feld- wie Laborstudien an, dass Teams nicht eine Abfolge universeller Stadien durchlaufen, sondern längere Phasen der Stabilität erleben, die durch Phasen des radikalen Umbruchs unterbrochen sind – und zwar nach etwa zur Hälfte der für die Aufgabenbewältigung zur Verfügung stehenden Zeit („Midpoint Transition“) und kurz vor Ende des Projektes („Completion“). Diese Transitionspunkte werden bedingt durch aufgabenbezogene Problemlösung und nicht durch teaminterne Dynamiken wie Rollen- oder Beziehungskonflikte, wie dies bei Tuckman der Fall war. Durch Untersuchung des Interaktionsverhaltens in mehreren Teams konnte die Autorin zeigen, dass

> "every group exhibited a distinctive approach to its task as soon as it commenced and stayed with that approach through a period of inertia that lasted for half its allotted time. Every group then underwent a major transition. In a concentrated burst of changes, groups dropped old patterns, reengaged with outside supervisors, adopted new perspectives on their work, and made dramatic progress. The events that occurred during those transitions, especially groups' interactions with their environments, shaped a new approach to its task for each group." (Gersick 1988, S. 16)

Somit überdachten und reflektierten die untersuchten Teams ihrer bisherigen Verhaltensmuster und Handlungsstrategien und versuchten, ihre Leistung zu steigern, um Projektziele besser erreichen zu können. Als Erklärung liefert Gersick die Vermutung, dass die Halbzeit wie eine Alarmglocke wirkt, durch die sich ein Team der noch zur Verfügung stehenden Zeit bewusst wird. Dadurch wird es stimuliert, ihren derzeitigen Stand mit den Zielvorgaben abzugleichen und die Gelegenheit für erhebliche Fortschritte in ihrer Aufgabenbearbeitung zu nutzen.[104] Dieser Wendepunkt ist für die weitere Entwicklung eines Teams von entscheidender Bedeutung, da er die Richtung für die nun folgende zweite Phase legt, die Gersick ebenfalls als „inertia movement“ bezeichnet. Um produktiv arbeiten zu können, legen Projektteams vielmehr im ersten Zusammentreffen den Rahmen ihrer Aufgabenbearbeitung und erleben anschließend Phasen der Stabilität bzw. „Trägheit“ („inertia“) von eher geringer Arbeitsanstrengung, Phasen des Umbruchs und anschließender Anpassung der Handlungsstrategien und des Verhaltens, die bis zum Projektende gilt (vgl. Abbildung 4).[105] Der Fortschritt

---

103 Für die weiteren Ausführungen vgl. Gersick 1988, S. 11ff.; Gersick 1989, S. 276ff. und Simon 2003, S. 46ff.

104 Vgl. Gersick 1988, S. 34.

105 Insofern schlussfolgern Chang et al. 2003, S. 107, dass Teams weniger linear durch zwei oder mehrere Stadien gehen, sondern zwei Phasen durchlaufen.

eines Teams wird somit durch das Bewusstsein um die zeitliche Begrenzung bzw. den finalen Abgabetermin eines Projektes ausgelöst, anstatt durch die absolute Menge abgeschlossener Aufgaben in einer bestimmten Phase.[106]

Abbildung 4: Modell der Teamentwicklung nach Gersick

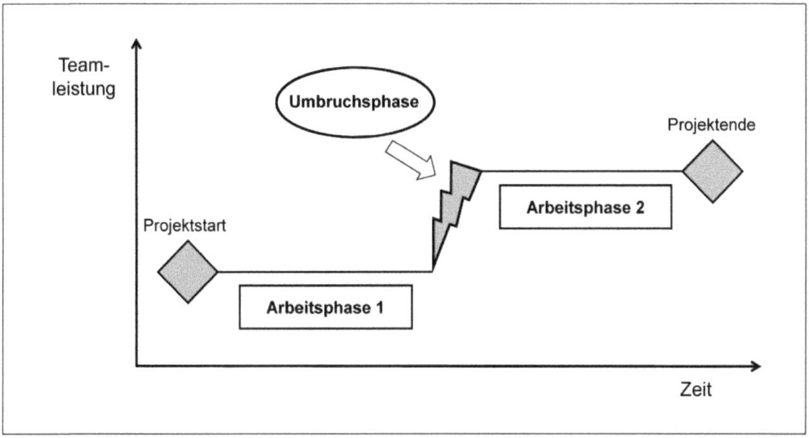

(Quelle: Eigene Darstellung in Anlehnung an Kraus 2008, S. 26)

Kritik und Relevanz für vorliegende Arbeit

Die Konzeption von Gersick ist für die vorliegende Arbeit nicht zuletzt deshalb von besonderem Interesse, da der Fokus explizit auf zeitlich befristeter Teamarbeit in Projekten liegt und der Zeitaspekt zentrales Element der Veränderung im Fortgang der Teamarbeit ist. Das generelle Verhaltensmuster in den untersuchten Projektteams – geringeres Tempo der Aufgabenbearbeitung vor und höheres Tempo bzw. erheblicher Fortschritt nach dem mittleren Transitionszeitpunkt – konnte durch Seers/ Woodruff 1997 bestätigt werden. Jedoch reflektieren die Autoren vor allem die Erkenntnisse und Analysemethoden Gersicks kritisch. Dabei schlussfolgern sie nicht nur, dass *Aufgabenbearbeitung* („task pacing") und *Gruppenentwicklung* („group development") als zwei separate Phänomene unterschieden werden können und das Modell insofern vielmehr einen Ansatz zur Untersuchung der Zielerreichung unter Zeitrestriktionen als zur Teamentwicklung darstelle.[107]

---

106 Vgl. Gersick 1989, S. 278.

107 Darüber hinaus weisen sie auch darauf hin, dass der beobachtete „Midpoint effect" einer größeren Anstrengung bei zeitlicher Annäherung an das (Zeit-)Ziel

Nichtsdestotrotz können die wesentlichen Überlegungen für diese Arbeit verwendet werden. Sie setzen den Erkenntnisgewinn aus der Konzeption gradueller Teamentwicklung nach Tuckman nicht außer Kraft, fügen für die folgende Diskussion dieser Arbeit jedoch das zentrale Element der Temporalität, das insbesondere für zeitlich befristet zusammenarbeitende Projektteams gilt,[108] hinzu und lassen die Unterscheidung in aufgabenbezogene und weniger aufgabenbezogene Gruppenentwicklung deutlich werden.[109] Berücksichtigt man den Einwand von Simon 2003, dass Veränderungen nicht immer genau zur Halbzeit eines Projektes auftreten müssen,[110] wird deutlich, dass der Formierungs- und Veränderungsprozess teamindividuell erfolgt. Inwiefern bei Projektteams, deren Mitglieder für die Problemlösung „neu zusammengewürfelt" wurden und sich folglich noch nicht untereinander kennen, wie dies z. B. bei intern-extern gemischten Teams der Fall sein kann, bereits nach dem ersten Zusammentreffen Verhaltensroutinen ausgebildet werden und zumindest eine Zeit lang stabil bleiben, bleibt fraglich.

Insofern scheinen gerade für die Betrachtung intern-extern gemischter Projektteams die Erkenntnisse *beider* theoretischer Ansätze eine sinnvolle Fundierung zum Verständnis der Entwicklung des Teams, der Beziehungen und Interaktionen untereinander und der Aufgabenbearbeitung zu sein.

1.1.2 Teameffektivität und Interaktionsprozesse in der Teamarbeit

Teams haben die Aufgabe, durch gemeinsame Arbeit der einzelnen Teammitglieder eine bestimmte Aufgabe zu erfüllen. Das Ergebnis dieser zielgerichteten

---

gleichermaßen für Teams und Individuen zutreffend sei, d. h. auch bei individueller Anstrengung ohne Teambezug möglich sei. Insofern ginge es vielmehr um das Phänomen zeitlich befristeter Zielerreichung, was eine Berücksichtigung der Psychologie der Zeit wie bei McGrath/ Rotchford 1983 passend erscheinen ließe (vgl. Seers/ Woodruff 1997, S. 184ff.).

108 Vgl. hierzu Abschnitt 1.1.4.

109 Insofern folgt diese Arbeit dem Verständnis von Chang et al. 2003, nachdem „Stage models", wie bei Tuckman exemplifiziert, und „Punctuated equilibrium models" der Teamentwicklung sich weniger ausschließen, sondern vielmehr komplementär zueinander sind, wenngleich anzumerken ist, dass Chang et al. die Konzeption linearer Teamentwicklung durch mehrere Stadien in Form des integrativen Modells von Wheelan 1994 betrachten.

110 Die Autorin konnte nachweisen, dass effektive Teams gerade so viel Stabilität in ihren Verhaltensweisen hatten, um vertraute Zusammenarbeit zu gewährleisten und gleichzeitig flexibel für notwendige Anpassungen zu bleiben (vgl. Simon 2002).

Zusammenarbeit, die Leistung bzw. der Output des Teams, wird häufig als *Teameffektivität* verstanden. Verbunden mit der Intention einer systematischen Einflussnahme auf den Teamerfolg existiert für die Modellierung der Teameffektivität eine Vielzahl konzeptioneller Erklärungsansätze im Bereich der Teameffektivitätsforschung.[111] Als *grundlegendes Modell* und konzeptioneller Bezugsrahmen für die Erforschung von Teameffektivität gilt das von McGrath 1964 entwickelte Modell.[112] Wenngleich vielfältige Weiterentwicklungen und andere Entwürfe bestehen, beschreiben McGrath und die Ergänzung durch Hackman zentrale Variablen der Zusammenarbeit im Team. In diesem Rahmen betonen sie Relevanz der Prozesskomponente, sodass die Konzeption über Inputs, welche die Outputs nicht direkt beeinflussen, sondern über *Interaktionsprozesse* wirken, nachfolgend als grundlegendes Paradigma für diese Arbeit beschrieben werden soll. Zunächst gilt es, Effektivität als Leistungsmerkmal von Teamarbeit zu definieren und das Modell nach McGrath vorzustellen (1.1.2.1). In diesem Rahmen werden anschließend die Input- (1.1.2.2) und insbesondere die Prozessebene (1.1.2.3) zu beschreiben sein.

1.1.2.1 Effektivität als Leistungsmerkmal und das Input-Prozess-Output-Modell nach McGrath (1964)

Das Ergebnis zielgerichteter Teamaktivitäten wird *„als Leistung verstanden, als absolute Größe, welche in Qualität oder Quantität zu bewerten ist“*, wobei als relative Größe in der Kleingruppenforschung die Effektivität herangezogen wird, *„welche die Leistung in Verbindung mit den Zielen setzt“* (Köppel 2008, S. 33). Teameffektivität kann damit als Grad der Zielerreichung verstanden werden, d. h. als Ausmaß, in welchem die Leistung des Teams der gewünschten Wirkung entspricht.[113] Einteilungen auf der Ergebnisseite erfolgen häufig auch in objektive und subjektive Leistungskriterien, wobei subjektive Aspekte wie z. B. die Zufriedenheit der Teammitglieder z. T. ebenfalls subsumiert werden.

---

111 In Projektteams und auch in Teams generell lassen sich statische Modelle, die Strukturen abbilden, von dynamischen Modellen unterscheiden, die auch Prozesse in die Betrachtung einschließen (vgl. Hüsgen 2005, S. 51).

112 Vgl. z. B. Hackman 1987, S. 317; Nielsen et al. 2005, S. 291.

113 Vgl. Köppel 2008, S. 33 und ebenfalls hierzu u. a. Simon 2002, S. 12. Nach Högl/ Gemünden 2005 lässt sich die Leistung eines Teams entsprechend in den beiden Dimensionen Effektivität sowie Effizienz und damit die Wirtschaftlichkeit beschreiben (vgl. Högl/ Gemünden 2005, S. 101f.).

Das Input-Prozess-Output-Modell nach (McGrath 1964)
Zur Systematisierung von Wirkungszusammenhängen stellt McGrath in seinem sog. Input-Prozess-Output-Modell (IPO-Modell) den Prozess der Interaktion im Team als „Mediator" zwischen Input und Output dar. Wesentliche Annahme ist, dass Inputfaktoren nicht direkt auf die Leistung eines Teams wirken, sondern die Interaktionsprozesse im Team beeinflussen, welche wiederum auf die Teamergebnisse wirken.[114]

- *Input-Größen* werden auf der individuellen (Wissen, Fähigkeiten, Persönlichkeitsmerkmale der Teammitglieder), der Team- (Zusammensetzung und Größe des Teams) sowie der Umgebungsebene (Art der Aufgabe, Belastung durch Umgebung) unterschieden. In späteren Modellversionen wird teils auch *Teamführung* als zentraler Inputfaktor auf der Teamebene beschrieben.[115] Im Kern geht es in den unterschiedlichen Konzeptionen darum, dass Input-Größen Aktivitäten innerhalb des Teams auslösen und somit auf den Interaktionsprozess wirken.
- Unter den *Interaktionsprozess* lassen sich beobachtbare zwischenmenschliche Verhaltensweisen innerhalb eines Teams fassen, die sich ggf. auch im Zeitablauf ändern (z.B. Anstrengung; Handlungsstrategien).[116] Bei den Variablen für Prozessgrößen werden in der Literatur häufig das Ausmaß der Kommunikation/Kooperation und das Ausmaß von Konflikten,[117] oder auch Lernprozesse,[118] Steuerungs- und Führungsbestrebungen und Ausdruck von Zustimmung oder Ablehnung[119] behandelt.
- Als *Größen des Outputs*, der die abhängige Variable repräsentiert, unterscheidet McGrath wirtschaftliche Erfolgsgrößen der Gruppenleistung, z.B. Qualität und Zeit für die Problemlösung, und sog. „other outcomes". Dies können psychosoziale, weichere Kriterien wie z.B. individuelle Zufriedenheit oder Zusammenhalt im Team sein.

---

114 Wenn also bspw. unterschiedliche Leistungen verschieden großer oder divers zusammengesetzter Teams festgestellt werden, ließen sich die Unterschiede gemäß McGrath ausschließlich auf unterschiedliche Interaktionsprozesse im Team zurückführen.

115 Vgl. z.B. McGrath 1991 oder weiterhin Stock 2005, S. 976, die als die zwei wesentlichen Einflussfaktoren die genannten Input-Größen sowie Teamführung auffasst. Cohen/ Bailey 1997 bspw. unterscheiden auch „task factors" als Input-Größen separat.

116 Vgl. Brodbeck 1996.

117 Vgl. Yeatts/ Hyten 1998, zit. nach Stock 2005, S. 976, s. auch nachfolgenden Abschnitt.

118 Vgl. Edmondson 1999.

119 Vgl. Guzzo/ Shea 1992, S. 280.

Durch die Annahme, dass sich dieser Input-Prozess-Output-Zyklus kontinuierlich wiederholt und Veränderungen im Zeitablauf sichtbar werden, wird der Faktor *Zeit* integriert und lässt das Modell insgesamt wesentlich komplexer und dynamischer werden.[120] Wie Abbildung 5 veranschaulicht, folgt das Modell der Argumentationslogik, dass die alleinige Präsenz bestimmter Merkmale des Teams oder einzelner Mitglieder noch keine Steigerung des Teamerfolgs bewirken, sondern über Interaktionsprozesse auf die Outputgrößen wirken.[121]

Abbildung 5: Modell der Teameffektivität nach McGrath

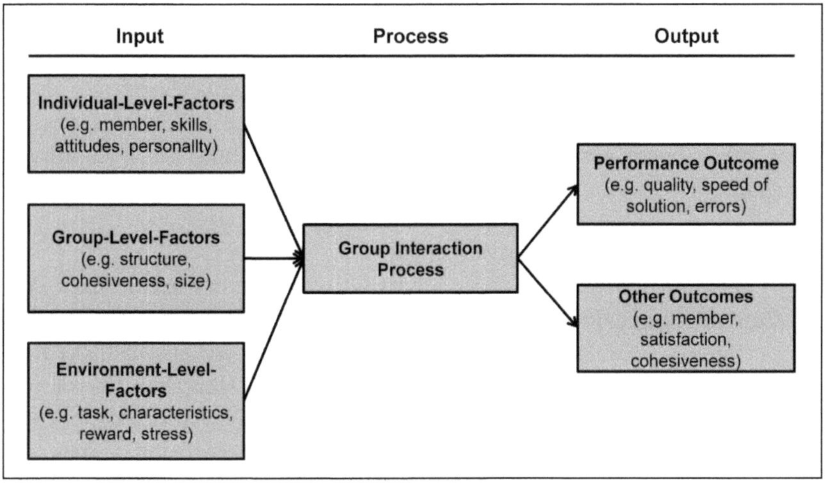

(Quelle: Eigene Darstellung in Anlehnung an McGrath 1964, S. 114)

120 Vgl. hierzu auch Högl 1998, S. 23. In jüngerer Literatur werden IPO-Modelle in sog. IPOI-Modellen erweitert. Hier stehen die Betonung von Inputfaktoren, welche wiederum durch Outputs beeinflusst werden, im Vordergrund und damit eine Erweiterung des bisherigen monodirektionalen Verständnisses der Wirkungszusammenhänge (vgl. Hackman 1987, Ilgen et al. 2005).

121 Vgl. Stock 2005, S. 976. Hackman entwickelte aus der Skepsis gegenüber der Rolle des Prozesses als alleinige Determinante des Outputs alternative Ansätze: Darin legt er bspw. die Variante nahe, bei welcher die Inputs sowohl den Prozess innerhalb des Teams als auch den Output beeinflussen und Prozess und Output ebenfalls einem wechselseitigen Zusammenhang unterliegen (vgl. für eine detailliertere Darstellung hierzu Högl 1998, S. 24ff. sowie Guzzo/ Shea 1992, S. 280 und Hackman 1987). Der Kerngedanke von Prozessgewinnen und -verlusten im Rahmen der Zusammenarbeit soll an dieser Stelle für ein grundlegendes Verständnis der Modellierung von Teameffektivität ausreichen.

Eine vielbeachtete *Weiterentwicklung* dieses grundlegenden Modells beschreibt Hackman 1987 in einem eher normativen und handlungsleitenden Modell. Die Effektivität eines Teams wird aus den unterschiedlichen Perspektiven der „Kunden“ (Führungskräfte, Management), des Gesamtteams und der einzelnen Teammitglieder betrachtet und primär dadurch bestimmt, inwieweit die Mitglieder sich kollektiv anstrengen, welche Fähigkeiten sie einbringen und wie angemessen die Strategien zur Leistungserstellung sind.[122] Diese Prozessvariablen werden durch Inputfaktoren des organisationalen Umfelds und der Gruppengestaltung beeinflusst. Moderiert wird dieser Zusammenhang durch die sog. *„Gruppensynergie“*: Übersteigen Synergiegewinne durch die Teaminteraktionen die Prozessverluste, können negative Umfeldbedingungen wie z. B. Mängel in der Aufgabenstellung überwunden werden. Gemäß Hackman lassen sich als die drei zentralen „beeinflussbaren“ Variablen die Gestaltung des Teams, die Schaffung eines angemessenen Umfelds sowie die Unterstützung der Teamprozesse ableiten.

Kritik und Relevanz für vorliegende Arbeit

Die Limitationen des Modells haben ihren Niederschlag in verschiedenen Weiterentwicklungen gefunden.[123] Zwar attestieren Ilgen et al. 2005 IPO-Modellen wegweisenden Charakter, heben jedoch hervor, dass der wissenschaftliche Konsens von Teams als komplexen Systemen in empirischer Hinsicht nicht vollständig umfasst werden kann.[124] Das Modell von McGrath erweist sich dennoch als sinnvoll, weil es in wissenschaftlicher Diskussion anerkannt[125] und oftmals auch in empirischen Studien als Grundlage herangezogen wird.[126] Auch im Hinblick

---

122 Vgl. für die nachfolgende Beschreibung des Modells Hackman 1987, S. 323 sowie Schlick et al. 2010, S. 517f.

123 Neben Hackman 1987 zählen hierzu auch deutlich aktuellere Modelle wie McGrath/ Berdahl 2000, die drei Ebenen kausaler Interaktion (lokal, global und kontextbezogen) formulieren, oder die Taxonomie der Teamprozesse von Marks et al. 2001. Ihnen ist gemein, dass „all reflect the underlying notion that teams are complex, dynamic systems, existing in larger systemic contexts of people, tasks, technologies, and settings“ (Ilgen et al. 2005, S. 519).

124 Dies gälte etwa für die unpräzise Nutzung des mediierenden „Prozesses“, da ebenso affektive und kognitive Zustände eine Rolle spielten (vgl. auch Marks et al. 2001; Ilgen et al. 2005). Auch Wirkungszusammenhänge zwischen den Inputgrößen würden ebenso wie Kontextfaktoren zu wenig berücksichtigt (vgl. auch Brodbeck 2004.).

125 Vgl. Hüsgen 2005, S. 55; Ilgen et al. 2005, S. 519; Guzzo/ Shea 1992, S. 280.

126 Vgl. Nielsen et al. 2005.

auf die Betrachtung von Projektteams weisen IPO-Modelle den Vorteil auf, dass sie zum einen Zustände beschreiben und zum anderen explizit die Dynamik von Prozessen berücksichtigen. Damit erhellen sie im Gegensatz zu einstufigen Modellen die *„black box"* des Teamgeschehens zwischen Input und Output – mit der dahinter stehenden Logik, bestimmte, gute „Ingredienzen" würden mehr oder weniger automatisch zu einem Ergebnis führen.[127] Sie erlauben einem Projektteam daher die Steuerung des Geschehens mit Blick auf die Zielerreichung.[128] Insofern kann dieses Modell als prototypischer zweistufiger Ansatz ein grundlegendes Erklärungsmodell für Teameffektivität und insbesondere die Relevanz von Teamprozessen auch für den Kontext der vorliegenden Arbeit liefern.

1.1.2.2 Inputebene: Struktur, Zusammensetzung und Kontext

Nach der Konzeption von McGrath werden Inputfaktoren auf den drei Ebenen Individuum, Team und Organisation differenziert. Die sog. „environmental-level factors" berücksichtigen neben Spezifika der Teamaufgabe oder Belohnungssystemen auch die Einbettung eines Teams in den Kontext. Daher fasst McGrath unter dieser Ebene auch Belastungen durch Umgebungseinflüsse, ohne diese jedoch genauer zu konkretisieren. Da im Rahmen intern-extern gemischter Projektteams i.d.R. die Aufgabe des Teams und der Kontext der umgebenden Organisation vorgegeben ist,[129] ist für die spätere Betrachtung der Zusammenarbeit und Teamführung vor allem die Betrachtung jener Inputvariablen relevant, die von der Projektleitung tatsächlich steuerbar sind. In Anlehnung an Högl 1998 sollen daher im Folgenden Faktoren auf der Organisationsebene, die nicht kurzfristig beeinflussbar sind, nicht weiter berücksichtigt werden.[130]

Ein wesentlicher Aspekt der strukturellen Voraussetzungen der Teamarbeit stellt die *Zusammensetzung* des Teams dar. Hierzu zählen individuelle Merkmale wie Alter, Geschlecht, Fähigkeiten oder funktionaler Hintergrund von Teammitgliedern. Auch die Erweiterung des Teams um neue Teammitglieder kann ein relevanter Faktor der Teamzusammensetzung sein, da sie bspw. im Rahmen ihres Sozialisationsprozesses erhebliche Auswirkungen auf den Prozess

127 Vgl. Hüsgen 2005, S. 55.

128 Vgl. ebd, S. 54.

129 Es ist darauf hinzuweisen, dass auch die strukturellen Voraussetzungen wie Teamgröße oder –zusammensetzung ebenso vorgegeben sein können.

130 McGrath/ Berdahl 2000, S. 96 merken jedoch richtigerweise an, dass die Ausblendung des Kontextes für Fragen der Generalisierbarkeit berücksichtigt werden müssen.

der Teamentwicklung haben.[131] In detaillierter Form werden die Aspekte einer diversen Teamzusammensetzung in Kapitel 1.3 diskutiert werden. An dieser Stelle sei insofern lediglich darauf hingewiesen, dass sich Teammitglieder bzgl. verschiedener Merkmale unterscheiden können und die zielbezogene Zusammenstellung eines Teams Überlegungen zu den notwendigen Ressourcen wie Kompetenzen, Wissen u.ä. im Rahmen der Teamgestaltung erfordert.

Eng verknüpft mit der Zusammensetzung ist auch die *Größe* eines Teams. Wenngleich sich diese nicht zuletzt an der Aufgabe und der Verfügbarkeit der erforderlichen Ressourcen der Mitglieder bemisst,[132] werden in der Literatur doch eine optimale Teamgröße und Leistungszusammenhänge diskutiert.

Während ein größeres Team auf der einen Seite ein größeres Leistungs- und Kreativitätspotenzial bedeutet, erhöht sich auf der anderen Seite mit zunehmender Mitgliederanzahl nicht nur der Koordinationsaufwand und die Schwierigkeit, sich untereinander kennenzulernen, so dass eine Spaltung in Subgruppen möglich ist.[133] Auch die Wahrscheinlichkeit, dass Entscheidungsprozesse von einigen wenigen Mitgliedern dominiert werden mit der Gefahr reduzierten Verantwortungsgefühls Einzelner, steigt.[134] Damit wird deutlich, dass hinsichtlich der Teamgröße eine Abwägung zwischen Leistungspotenzial und sachlichen Erfordernissen bzw. Steuerungsaufwand geleistet werden muss. Das Leistungspotenzial eines Teams bestimmt sich insofern vor allem auch durch die *Inputs* der Individuen. Jedes Teammitglied bringt spezifische Fähigkeiten in fachlicher, methodischer und sozialer Hinsicht, Wissen, Erfahrungshintergründe, kognitive Fähigkeiten oder Motivationen mit.[135] Die Steuerung dieses Leistungspotenzials in Form der *Teamführung* sieht Högl 1998 neben der Teamzusammensetzung als wesentliche Inputkomponente der Teamarbeit. Aufgrund der Bedeutung der Teamführung als zentrale Steuerungsgröße im Rahmen intern-extern gemischter Projektteams wird Abschnitt 1.1.3 diesen Aspekt gesondert erläutern.

---

131 Das Team kann erneut in eine konfliktäre Orientierungs- und Kennenlernphase gestoßen werden, die eine (neue) Verteilung von Rollen, Status und Normen zur Folge haben kann (vgl. u. a. Chen/ Klimoski 2003 zu Erwartungen und Leistungen von sog. „Newcomern" in Teams und das Modell der Sozialisation von Neumitgliedern von Anderson/ Thomas 1996).

132 Vgl. z. B. Hackman 1987, S. 327 oder Schlick et al. 2010, S. 519.

133 Vgl. Yeatts/ Hyten 1998, S. 258; Yukl 2010, S. 377.

134 Vgl. Yeatts/ Hyten 1998, S. 257 sowie Katzenbach/ Smith 1993, S. 5.

135 Entsprechend unterscheiden bspw. Ringlstetter/ Kaiser 2008, S. 6f. zwischen Leistungsfähigkeit („skill") und Leistungsbereitschaft („will").

1.1.2.3 Prozessebene: Gruppenprozesse als Prozesse der sozialen Interaktion

Im vorangegangenen Abschnitt wurden innerhalb eines Teams ablaufende Prozesse als wesentliche Variable der Zusammenarbeit und Effektivität von Teams anhand einer zweistufigen Modellierung beschrieben. Im Folgenden gilt es nun zu klären, was genau unter Interaktionsprozessen im Team verstanden werden kann und durch welche wesentlichen Variablen sie bestimmt werden. Cohen/ Bailey 1997 definieren Teamprozesse als *"interactions such as communication and conflict that occur among group members and external others"* (S. 244). In noch spezifischerer Weise betrachten Marks et al. 2001 Teamprozesse als *"members' interdependent acts that convert inputs to outcomes through cognitive, verbal, and behavioral activities directed toward organizing taskwork to achieve collective goals"* (S. 357). Zentral ist dabei, dass diese Prozesse ein Interagieren von Mitgliedern eines Teams mit anderen und der Umwelt beinhalteen ("task environment") und als Mittel fungieren, um durch die interdependente Nutzung verschiedener Ressourcen wie Expertise, Ausstattung oder Geld zu einem sinnvollen Output zu gelangen.[136] Vor dem Hintergrund der für diese Arbeit als grundlegend vorgestellten IPO-Modellierung der Teameffektivität soll diese Perspektive im Folgenden Geltung haben. Die Interdependenz sowie die verschiedenen kognitiven, verbalen und verhaltensbezogenen Aktivitäten innerhalb eines Teams können verdeutlicht werden, indem man die Aspekte der Rollenverteilung Teams und der zentralen Komponenten der Teamarbeit heranzieht. Neben einer kurzen Vorstellung der vielfach zitierten Rollentheorie nach Belbin (1.1.2.3.1) erfolgt eine Operationalisierung der Interaktionsprozesse anhand des empirisch überprüften Modells von Högl 1998 (1.1.2.3.2). Im Rahmen einer Studie von 145 Softwareentwicklungsteams konnte er sechs zentrale Komponenten der Interaktion identifizieren: (1) Kommunikation und Information, (2) Aufgabenkoordination, (3) gegenseitiges Unterstützen, (4) Arbeitsnormen, (5) Kohäsion sowie (6) Ausgewogenheit der Mitgliederbeiträge.

1.1.2.3.1 Rollenverteilung im Team

Neben den lebenszyklusorientierten Teamkonzepten, die zur Darstellung der Teamentwicklung im Zeitablauf in Abschnitt 1.1.1.3 verwendet wurden, kann als deskriptiver Ansatz zur Betrachtung von Intragruppenbeziehungen die teambezogene *Rollentheorie nach* Belbin 1983, 1993 herangezogen werden.[137] Als eine der grundlegenden Ansätze zur Beschreibung von Rollen innerhalb eines Teams

---

136 Vgl. Marks et al. 2001, S. 357.

137 Vgl. Stock 2003, S. 46ff.

geht dieser Ansatz davon aus, dass das Verhalten von Individuen in erheblichem Maße durch die Rolle, die sie in einem Team einnehmen, bestimmt ist. Der Begriff der „Rolle“ ist in der Teamforschung dabei von besonderer Bedeutung, da er das Verhältnis von Individuum und Kontext, z. B. Unternehmen oder Team, fokussiert: Eine Rolle kann als die Gesamtheit an Verhaltenserwartungen, die in einer sozialen Situation an ein Teammitglied gestellt werden, definiert werden.[138] Im Gegensatz zu Normen und allgemeingültigen Regelungen, die für alle Teammitglieder gelten, definieren Rollen das Erwartungsbündel an Verhaltensweisen einer Person. Sie wirken verhaltenssteuernd und können helfen, andere Mitglieder einzuschätzen und sich der eigenen Position im Team bewusst zu sein.[139]

Belbin geht nach empirischer Untersuchung von Managementteams davon aus, dass erfolgreiche Teams sich durch folgende Merkmale kennzeichnen: Jedes Mitglied ist Inhaber zweier Rollen – einer *funktionalen Rolle* (gekennzeichnet durch Ausbildung, Erfahrung, etc.) und einer *Teamrolle* (geprägt durch Persönlichkeitseigenschaften, welche die Interaktion im Team beeinflussen) – und findet idealerweise eine optimale Balance zwischen beiden. Darüber hinaus füllen die Mitglieder eines Teams unterschiedliche „team roles“ aus, so dass die vorhandenen Ressourcen optimal genutzt werden können. Die Zuschreibung der Teamrollen erfolgt dabei aufgrund persönlicher Eigenschaften. Idealiter werden in einem Team acht, bzw. in einer späteren Konzeption neun[140], unterschiedliche Rollen eingenommen, die sich auf Teamleiter, Teammitglieder und weitere Personen verteilen. Anhang A.0 listet Belbins neun Rollen sowie die mit jeder Rolle verbundenen Stärken und Schwächen auf.

1.1.2.3.2 Zentrale Komponenten der Teaminteraktion nach Högl 1998

Für die Zusammenarbeit in intern-extern gemischten Projektteams soll aufgrund der Zuordnung zu innovativer Projektteamarbeit und der Fokussierung auf die Prozessperspektive bei Högl 1998 sein Modell der Qualität der Zusammenarbeit im Team herangezogen werden. Seine Konzeption wurde bereits in weiteren Untersuchungen zur Teamarbeit herangezogen.[141] Die in diesem

138 Vgl. Wahren 1994, S. 142; Neuberger 2002, S. 314f.

139 Vgl. Aronson et al. 2008, S. 276f. Ebenso weisen die Autoren jedoch darauf hin, dass eine zu starke Identifizierung mit einer sozialen Rolle durchaus negative Auswirkungen wie z. B. den Verlust der eigenen Identität haben kann.

140 Vgl. Belbin 1993.

141 Vgl. z. B. Easley et al. 2003; Högl/ Proserpio 2004.

Rahmen als relevant spezifizierten sechs Komponenten (s. Abbildung 6) werden im Folgenden kurz skizziert.[142]

Abbildung 6: Zentrale Komponenten der Teaminteraktion nach Högl 1998

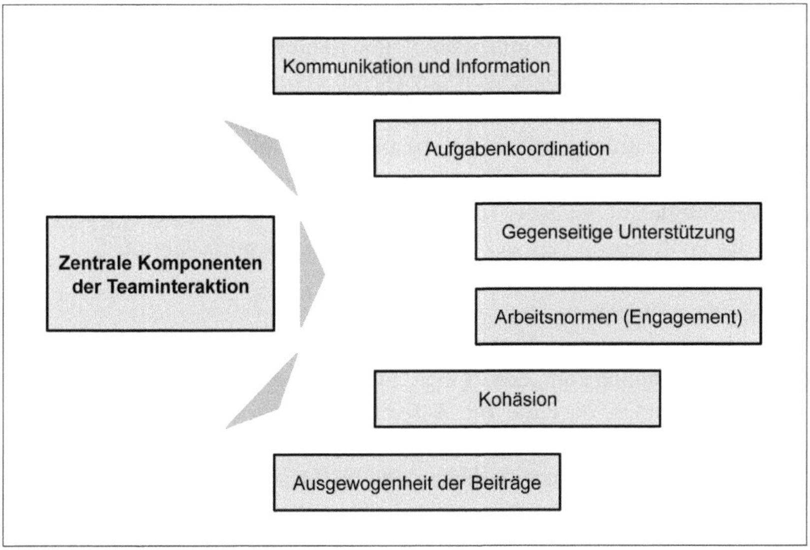

(Quelle: Eigene Darstellung)

Kommunikation und Information

Der Austausch von Informationen, Daten und Wissen markiert das fundamentale Element effektiver Teamarbeit. Die Qualität und Vollständigkeit dieses Austausches beeinflusst die Qualität der Zusammenarbeit, wobei Kommunikation als zentrales *Mittel* zum Austausch fungiert.[143] In Anlehnung an Högl 1998 können Häufigkeit, Formalisierungsgrad, Struktur und Offenheit teaminterner Kommunikation differenziert werden.[144]

Neben der Frage, wie oft Teammitglieder miteinander kommunizieren, spielt der *Grad der Spontaneität* bzw. Planung eine Rolle. Im Gegensatz zu *formaler* (z. B. Projektstatusberichte) findet *informelle* Kommunikation (z. B. spontane Flurgespräche) ohne Vorbereitung statt. Die Bedeutung informeller

142 Vgl. für die nachfolgenden Ausführungen insbesondere Högl 1998, S. 78–84 und Högl/ Gemünden 2005, S. 98ff.

143 Vgl. Pinto/ Pinto 1990, S. 201.

144 Vgl. Högl 1998, S. 78.

Kommunikation für eine gute Kooperation im Team ist vielfach empirisch belegt.[145] Neben dem Informationsaustausch wird hierdurch auch der emotionale Zusammenhalt im Team begünstigt. Die *Struktur* der Kommunikation beinhaltet Aspekte, wer mit wem spricht, wer welche Rolle im Team innehat oder auch, inwiefern Teammitglieder untereinander direkt oder indirekt (z. B. über den Teamleiter) kommunizieren.[146] Im Hinblick auf die *Offenheit* der Kommunikation steht die Möglichkeit des vorbehaltlosen Einbringens des für die Problemlösung notwendigen Wissens aller Teammitglieder im Vordergrund. Fehlende oder zurückgehaltene Informationen beeinträchtigen die eigentliche Zielsetzung.[147] Grundlegende Voraussetzung für eine offene und vorbehaltlose Austauschbeziehung ist dabei *Vertrauen*: Die Bereitschaft hierzu wird auch vom Grad des Wettbewerbs bzw. des kooperativen Klimas mitbestimmt.[148]

Aufgabenkoordination

Teamarbeit bedeutet sowohl gemeinsame Bearbeitung einer Aufgabe als auch separate Bearbeitung von Teilaufgaben. Erfolgreiche Zusammenarbeit im Team setzt damit voraus, dass die zur Aufgabenerfüllung im Kollektiv notwendigen Einzelbeiträge jedes Mitglieds angemessen koordiniert und zielgerichtet integriert werden. Um Doppelarbeiten und Ineffizienzen zu vermeiden, müssen Teammitglieder Kenntnis über die Aufgabenteilung haben, die Einzelbeiträge zur Teamleistung zusammenzuführen und sich abzustimmen.[149] Dies kann sowohl im Rahmen traditioneller Koordinationsmechanismen wie Rollenzuteilung, Feedback oder regelmäßiger Status-Meetings erfolgen als auch mit Hilfe

---

145 Vgl. z. B. Pinto/ Pinto 1990, S. 208 oder Brodbeck 1993.

146 Vgl. Högl 1998, S. 79. Eine Unterscheidung der Kommunikationsstruktur erfolgt auch in Form von Mustern, z. B. stern-, ketten- oder kreisförmig (vgl. Weinert 1998, S. 362; Beck/ Orth 2001.) Beck/ Orth 2001 konnten z. B. zeigen, dass sich bei heterogenen Projektteams häufig sternförmige, d. h. auf eine aktive oder hierarchisch zentrale Person ausgerichtete Kommunikationsmuster bilden. Da sich in der Folge u.U. weniger Mitglieder aktiv am Informationsaustausch beteiligen, schließen die Autoren auf die Bedeutung einer Beteiligung *aller* Teammitglieder an der teaminternen Kommunikation, v.a. auf der Inhaltsebene. Insofern spielt ein möglichst ausgeglichenes Kommunikationsbeziehungsgeflecht eine Rolle (vgl. auch die Ausführungen zur Komponente der „Ausgeglichenheit der Mitgliederbeiträge" in diesem Abschnitt).

147 Vgl. bspw. Gladstein 1984 und Pinto/ Pinto 1990, S. 212.

148 Vgl. für Vertrauen auch Pinto/ Pinto 1990, S. 212; Picot et al. 2003, S. 123.

149 Vgl. hierzu Högl/ Gemünden 2005, S. 99 sowie Brannick et al. 1995, S. 641 oder Cohen 1994, S. 87.

„kognitiver Faktoren" zur Selbstkoordination im Team, wie z. B. *"members' common ground, knowledge of each other (...) and awareness of who is around and who has done what recently"* (Espinosa et al. 2007, S. 138).[150] Koordination ist vor allem bei interdependenten Aufgaben notwendiger Bestandteil der Zusammenarbeit und nicht zuletzt eine der Kernaufgaben der Führung von Teams, wie in Abschnitt 1.1.3.3 zu zeigen sein wird.

Gegenseitiges Unterstützen

Högl 1998 betrachtet in Anlehnung an Tjosvold 1984, 1995 die gegenseitige Unterstützung der Teammitglieder als weitere zentrale Komponente der Zusammenarbeit im Team. Zusammenarbeit sollte weniger durch Wettbewerb untereinander, sondern vielmehr durch Kooperation geprägt sein. Tjosvold stellt zwar das Motivationspotenzial von Wettbewerb nicht in Frage, argumentiert jedoch vor allem bei interdependenten Aufgaben für Kooperation, da miteinander kooperierende Personen ihre Informationen eher teilen, die Perspektiven und Beiträge anderer respektieren und sich gegenseitig unterstützen.[151] So gleichen sich nicht nur die Informationsstände der Mitglieder einander an und individuelles Wissen kann integriert werden;[152] auch Teamleistung und individuelle Zufriedenheit werden gefördert.[153] Diese positiv wirkende Dynamik der kooperierenden Zusammenarbeit im Team bezeichnet Tjosvold als „Cooperative Controversy". Ein von Wettbewerb geprägtes Teamklima hingegen würde eine offene Kommunikation und Zusammenarbeit behindern, da Teammitglieder vorsichtig mit ihren (Informations-) Ressourcen umgehen und eher individelle anstatt Teamziele vor Augen haben.

Arbeitsnormen (Engagement)

Weiterhin sind für die Zusammenarbeit im Team Normen als gemeinschaftlich geteilte Verhaltenserwartungen hinsichtlich der Priorisierung der Teamaufgabe, des Arbeitseinsatzes bzw. des Engagements eines jeden Teammitgliedes von

---

150 Die Literatur zu "team cognition" legt dabei zugrunde, dass interagierende Teammitglieder nicht nur Erfahrung in der gemeinsamen Aufgabe entwickeln, sondern gemeinsames Wissen über Aufgabe, Mitglieder und Team als Gesamtheit, was ihnen eine effektive Koordination implizit erleichtert (vgl. bspw. Mathieu et al. 2000, die einen positiven Einfluss gemeinsam geteilter Denkmodelle, sog. „team shared mental models", auf Interaktionsprozesse und Leistung nachwiesen).

151 Vgl. Tjosvold 1995, S. 89 sowie Pinto/ Pinto 1990, S. 212.

152 Vgl. Tjosvold 1995, S. 90.

153 Vgl. bspw. Cavalier et al. 1995.

Bedeutung.[154] Leistungsnormen, Erwartungen an das soziale Miteinander oder Rollenverteilungen entfalten als geteilter Bezugsrahmen eine verhaltenssteuernde Wirkung, die darauf basiert, dass Mitglieder ein tendenzielles Bedürfnis nach Akzeptanz im Team haben und abweichendes Verhalten eine Sanktionierung durch die anderen Teammitglieder bedeuten kann.[155] Die Wirkungsweise wird besonders beim individuellen Engagement für die Teamaufgabe offensichtlich. So kann es im Team zu Prozessverlusten aufgrund reduzierten Leistungseinsatzes kommen, z. B. aufgrund Social Loafing (Soziales Faulenzen): Mitglieder zeigen bewusst weniger Engagement, da der eigene Beitrag nicht kontrollierbar ist und damit keine individuellen Folgen resultieren.[156] Eng verknüpft mit Normen ist auch die nachfolgend skizzierte Kohäsion, welche die Akzeptanz der Normen im Team untereinander fördert.[157]

Kohäsion

Kohäsion beschreibt den Grad, in dem sich Mitglieder ihrem Team zugehörig fühlen, es als attraktiv bewerten und daher ihre Mitgliedschaft aufrechterhalten wollen.[158] In Anlehnung an Mullen/ Copper 1994 kann Teamkohäsion konkretisiert werden als Bündel der gegenseitigen Anziehung der Teammitglieder („interpersonal attraction“), dem wahrgenommenen Stellenwert der Teamaufgabe („commitment to task“) und dem Stolz, Mitglied des Teams zu sein („group pride“). Die Attraktivität der Teamzugehörigkeit kann sich entsprechend auf aufgabenbezogene Aspekte, z. B. interessante Aufgabenstellungen und gemeinsam geteilte Ziele, oder soziale Aspekte beziehen, die auf der gegenseitigen persönlichen Anziehung beruhen. Hinsichtlich der Wirkung auf die Leistung eines Teams wird vor allem bei sehr interdependenten Teams ein positiver Effekt angenommen.[159] Jedoch konnte ebenso gezeigt werden, dass hochkohäsive Teams einen größeren Anteil ihrer Teamarbeit auf die Besprechung nicht rein aufgabenbezogener Themen verwenden und insofern die Anstrengungen wiederum reduzieren. Eine starke Kohäsion kann mit dem Phänomen des sog.

154 Vgl. Hackman 1987, S. 323f. oder Pinto/ Pinto 1990, S. 212.

155 Vgl. Goodman et al. 1987, S. 159; Gebert/ von Rosenstiel 2002, S. 144ff.

156 Vgl. bspw. Aronson et al. 2008, S. 283f.; Bettenhausen 1991, S. 360ff.

157 Vgl. Goodman et al. 1987, S. 154.

158 Vgl. Yeatts/ Hyten 1998, S. 97; Bettenhausen 1991, S. 361ff.

159 Vgl. Gully et al. 1995; Mullen/ Copper 1994. Bei letzteren Autoren konstatieren Antoni/ Bungard 2004, S. 171 jedoch, dass die Ergebnisse vor allem einen starken umgekehrten Einfluss nahelegen, erfolgreiche Leistung insofern ein Team stärker „zusammenschweißen“ würde.

„Groupthink“[160] verbunden sein. Dies bedeutet, dass sich die Meinungen innerhalb eines hochkohäsiven Teams aneinander angleichen, abweichende Meinungen nicht toleriert und komplexe Entscheidungssituationen nicht mehr von alternativen Standpunkten aus betrachtet werden (können).[161]

Ausgewogenheit der Beiträge
Entsprechend ihrer individuellen Fähigkeiten und Leistungspotenzialen sollten Teammitglieder ihre Beiträge für die Teamarbeit einbringen können und an Aufgabenbearbeitung und Entscheidungsprozessen beteiligt sein. Seers et al. 1995 sprechen in ihrem Konstrukt der „Team-Member-Exchange Quality“ davon, dass das Beziehungsgeflecht innerhalb des Teams als ausgeglichen wahrgenommen werden sollte.[162] Auch für die Identifikation und die Verbundenheit im Team ist die Reziprozität der Leistungsanstrengungen bedeutsam, wie Gemünden/ Högl 1998 postulieren.[163]

1.1.2.3.3 Zusammenarbeit im Spannungsfeld von Kooperation und Konflikt

Die Vorstellung der sechs zentralen Komponenten der Teaminteraktion hat gezeigt, dass die teaminterne Zusammenarbeit durch unterschiedliche Aspekte bestimmt wird und sich im Spannungsfeld zwischen Kooperation und Konflikten bewegt. Damit wird ein grundlegendes soziologisches Dilemma angesprochen, das Kliemt als „antagonistische Kooperation“[164] bezeichnet und damit die Dialektik zwischen Solidarität und Egoismus, zwischen Kooperation und Konflikt, in der sich jedes Individuum bewegt, in den Mittelpunkt rückt. Das hiermit umrissene Spannungsfeld findet in besonderem Maß auf der Teamebene Geltung.

Zusammenarbeit war als Maß der Qualität der Interaktion beschrieben worden. Bei dieser Art der interagierenden Teamarbeit war festgestellt worden, dass die Teammitglieder interdependent und für eine effektive Bearbeitung der Teamaufgabe auf den wechselseitigen Austausch von Informationen oder Wissen angewiesen sind. Diese Interdependenz weist auf die unterschiedliche

---

160 Vgl. Janis 1982.

161 Yeatts/ Hyten bezeichnen dies als „practice of agreeing rather than disagreeing“ (Yeatts/ Hyten 1998, S. 99).

162 Somit käme es weniger auf einen rein quantitiativ „gleichen“ Anteil der individuellen Partizipation und die Intensität des Austausches, sondern vielmehr auf die den spezifischen Potenzialen entsprechenden Ausgeglichenheit an.

163 Vgl. Gemünden/ Högl 1998, S. 288.

164 Vgl. Kliemt 1986, S. 16f.

Verfügbarkeit von Wissen, Fähigkeiten, kurzum: Ressourcen innerhalb eines Teams hin, die es durch Kooperation zu überwinden gilt. Gerade die Knappheit von Ressourcen (Informationen, Positionen, u.ä.), um die konkurriert wird, wird häufig als wesentliche Ursache für das Entstehen von Konflikten in Teams angesehen.[165] Konkurrenz kann demnach als ein *Verteilungskonflikt* betrachtet werden, und insofern eine Subkategorie von Konflikten.[166] Dass Kooperation nicht per definione lediglich funktional und Konkurrenz dysfunktional ist, wurde bereits im vorangegangenen Abschnitt gezeigt. Auch Wettbewerb innerhalb eines Teams kann Motivationspotenzial beinhalten und einer zu ausgeprägten Teamkohäsion ist die Gefahr des Gruppendenkens immanent. Von Wechselbeziehungen diesbezüglich geht daher auch Grunwald 1981 aus. Kooperation scheint insofern als grundlegender Mechanismus zur Koordination und Überwindung der unterschiedlichen Ressourcenausstattung zu sein. Gleichzeitig muss jedoch die Dualität der Wirkung von Konflikten berücksichtigt werden, die im Folgenden skizziert wird.

Nachdem Konflikte in teambasierter Literatur lange Zeit als per se dysfunktional und schädlich für die Zusammenarbeit und Effektivität von Teams aufgefasst wurden,[167] ist mittlerweile eine Unterscheidung nach der grundlegenden *Art der Konflikte* geläufig. Konflikte innerhalb eines Teams werden zum einen auf der *sachlichen* Ebene und zum anderen auf der *personellen* Ebene unterschieden.

- *Konflikte auf der sachlichen Ebene:* Die sachbezogene, aufgabenrelevante Auseinandersetzung zwischen Teammitgliedern wird auch als funktionaler[168] oder Aufgabenkonflikt („task conflict“)[169] bezeichnet und bezieht sich z. B. auf die Verteilung von Ressourcen, Diskussionen um Vorgehensweisen oder die Interpretation von Informationen. Konflikte dieser Art werden gemeinhin als notwendiger und „normaler“ Bestandteil jeder Zusammenarbeit im Team betrachtet. Gerade bei komplexen und innovativen Problemstellungen kommt ihnen eine besondere Bedeutung zu. Denn wie empirische Erkenntnisse belegen, können sie durchaus eine positive Wirkung auf die Leistung eines Teams haben. Positive Wirkungen konnten z. B. hinsichtlich

---

165 Vgl. bspw. Gebert/ von Rosenstiel 2002, S. 159.
166 Vgl. Grunwald 1981.
167 Vgl. z. B. Gladstein 1984.
168 Vgl. Pinto/ Kharbanda 1995.
169 Vgl. Jehn 1995.

der Kreativität im Team[170] oder der Offenheit der Teammitglieder[171] gezeigt werden. Die Begründung für diese funktionalen Wirkungen liegt darin, dass sich Teammitglieder mit unterschiedlichen Meinungen und Sichtweisen in konstruktiven Diskussionen austauschen können. Auf diese Weise können Teammitglieder breitere Informationshintergründe berücksichtigen, konkrete Problemfälle reflektieren und so zu besseren Entscheidungen gelangen. Auch die Identifizierung teaminterner Ineffizienzen sei ohne Konfikte nicht möglich: So zeigen bspw. Schulz-Hardt et al. 2002, dass erst die Konfrontation mit unterschiedlichen Meinungen und Präferenzen bessere Entscheidungen im Team ermögliche. Im Fokus stehen hierbei kognitive Informationsverarbeitungsprozesse, die förderlich für die Zusammenarbeit sind.

- *Konflikte auf der personellen Ebene:* Im Gegensatz zu diesen funktionalen Konflikten treten in der Zusammenarbeit im Team immer wieder auch *„dysfunktionale"* bzw. affektive Konflikte[172] auf, die auf der interpersonellen Beziehungsebene wirken und mit negativen Empfindungen wie Wut oder Misstrauen verbunden sind.[173] Diese können z. B. persönliche Präferenzen und Werte oder den zwischenmenschlichen Umgang betreffen.[174] Auch als Folge nicht offen ausgesprochener persönlicher Differenzen oder Antipathien können aufgaben- in personenbezogene Konflikte umschlagen.[175] Diese Art von Auseinandersetzungen zwischen Teammitgliedern beeinflusst nachweislich sowohl den Prozess der Zusammenarbeit und die Teamleistung als auch die Zufriedenheit und interpersonelle Attraktion der Mitglieder, und dies unabhängig von der Komplexität oder Unsicherheit der Teamaufgabe.[176] Konflikte auf der Beziehungsebene erzeugen Stress und reduzieren die Fähigkeit kritisch zu reflektieren, sodass z. B. das Verhalten von Teammitgliedern eher kritisch beurteilt wird und somit zur Konflikteskalation beiträgt.[177] Sie mindern auch das Potenzial des Teams, relevante Informationen zu verarbeiten,

170 Vgl. bspw. Farh et al. 2010.
171 Vgl. Cosier/ Dalton 1990.
172 Die Bezeichnungen variieren meist von dysfunktionalen (Pinto/ Kharbanda 1995), interpersonellen (Jehn 1995) und affektiven Konflikten (Pelled 1996).
173 Vgl. Pelled 1996, S. 620.
174 Vgl. de Dreu/ Weingart 2003, S. 741.
175 Vgl. Kauffeld et al. 2009, S. 172. Damit zeigt sich, dass aufgaben- und personenbezogene Konflikte nicht völlig unabhängig voneinander sind (vgl. Pelled 1996, S. 620).
176 Vgl. bspw. Jehn 1995, S. 258f.; Pelled 1996, S. 620; de Dreu/ Weingart 2003 sowie die Übersicht bei Högl 1998, S. 48.
177 Vgl. bspw. Jehn/ Mannix 2001 oder übersichtlich bei Kauffeld et al. 2009, S. 173.

da die individuellen Kapazitäten in der gegenseitigen Konfrontation gebunden sind und damit weniger für die eigentliche Aufgabenbearbeitung verwendet werden können. Wichtige Ursachen für diese Effekte werden in den Unterschieden der Teammitglieder, wahrgenonmmene Zielinkombabilitäten oder mangelnden sozialen Fähigkeiten gesehen.[178] Mit Blick auf eine unterschiedliche Zusammensetzung von Teams kann für das weitere Verständnis festgehalten werden, dass Konflikte, die auf der interpersonellen Ebene wirken, eine *„deutliche Gefahr für die produktive Interaktion in meist heterogen besetzten Innovationsteams“* (Högl 1998, S. 49) darstellen.

Wenngleich diese *Dualität* der Wirkung von Konflikten in späteren Studien und v.a. der Managementpraxis wiederholt wird, geben de Dreu/ Weingart 2003 zu bedenken, dass das Thema weitaus komplexer sei und vor allem moderierende Variablen wie die Teamaufgabe oder die Intensität der jeweiligen Konflikte wichtig seien, denn beide Konfliktarten seien spannungsgeladen:[179] Während bspw. Konflikte in geringfügigem Auftreten durchaus förderlich wirken, minimiere sich diese positive Wirkung, je intensiver und häufiger Auseinandersetzungen seien. Dies gälte insbesondere für komplexere Aufgaben, die mehr kognitive Fähigkeiten erforderten als einfachere Aufgaben.[180] Insofern sind Konflikte einerseits zwar in aufgaben- wie in beziehungsorientierter Form möglich, beide Arten scheinen sich andererseits jedoch gegenseitig zu beeinflussen.[181]

Insgesamt scheint die Bezeichnung von Konflikten als generelles „Dilemma“ der Teamarbeit zuzutreffen: Teams bewegen sich im Spannungsfeld zwischen aufgaben- und beziehungsorientierten Auseinandersetzungen, die mehr oder weniger positive Wirkungen auf ihre Zusammenarbeit haben.[182] Die zwei Seiten von Konflikten gilt es insbesondere bei diversen Teams zu berücksichtigen.

---

178 Vgl. Högl 1998, S. 47 sowie weiterhin Jehn 1995, S. 257.

179 Mit Blick auf Projektteams konnte auch Lechler 1997 zeigen, dass die Häufigkeit und Intensität der Konflikte den Projekterfolg beeinflussen.

180 Vgl. de Dreu/ Weingart 2003, S. 474, deren Ergebnisse insofern auch entgegen der Annahme Jehns 1995 stehen, die einen stärkeren positiven Effekt aufgabenbezogener Konflikte auf die Leistung bei Nicht-Routinen-Problemstellungen postulierte.

181 So beeinflusst etwa das frühzeitige Vertrauen innerhalb eines Teams, inwiefern Aufgabenkonflikte toleriert werden und das Team somit gegen eine Übertragung auf die destruktive Beziehungsebene „geschützt“ wird (vgl. hierzu die Studie von Peterson/ Behfar 2003).

182 Vgl. Scholl 2005, S. 48ff., die dieses Dilemma zwischen „furchtlosem Streit“ und „vorschneller Einigkeit“ verorten.

1.1.3 Führung von Teams

Der Aspekt der Teamführung ist in Modellen der Teamforschung häufig eine zentrale Einflussgröße auf Prozess und Ergebnis der Zusammenarbeit im Team.[183] In diesem Abschnitt geht es darum, ein Führungsverständnis für den Kontext gemischter Projektteams zu entwickeln und die hierfür relevanten Aspekte der Führung von Teams aufzuzeigen. Wie Högl und andere Autoren konstatieren, wird Teamführung häufig als besonders relevante Variable charakterisiert, da sie im Gegensatz zu anderen Aspekten wie z. B. teilweise der Teambesetzung oder der Aufgabe durch die jeweilige Führungskraft direkt *beeinflusst* werden kann.[184] Im Folgenden gilt es zunächst, ein Verständnis der Begrifflichkeit „Führung“ zu entwickeln, um im Anschluss Führung im Teamkontext und Besonderheiten bei Projektteams im Speziellen zu beleuchten.

1.1.3.1 Reflexion über das generelle Verständnis von Führung

Führung ist, wie Müller-Lindenberg 2004 treffend zusammenfasst, ein schillernder Begriff.[185] Als Phänomen der Alltagswelt ist er mit einer Vielzahl an Bedeutungsinhalten und Zuschreibungen verknüpft; ein Blick in die Führungsforschung offenbart ein breites Spektrum an behandelten Themenfeldern und theoretischen Modellen. Kerngedanke der meisten Vorstellungen von Führung bezeichnet den Umstand der *zielbezogenen Verhaltensbeeinflussung*.[186] Dabei bewegen sich Definitionsversuche im Kontext von Persönlichkeitseigenschaften der Führungsperson, Verhaltensstrategien, Beziehungen zwischen Führern und Geführten und Interaktionsmustern ebenso wie funktionalen Positionen, die eine Führungskraft innehaben kann.[187] Zunehmend beziehen Autoren Situationsvariablen als beeinflussende Parameter in ihre Überlegungen ein, was zu einer starken Tendenz zu situativen Führungsansätzen geführt hat. Auch teambezogene Aspekte, wie die Führung diverser, virtueller oder internationaler Teams findet zunehmend Beachtung. Spezifizierungen des Führungsbegriffes erfolgen daher meist unweigerlich vor dem Kontext des jeweiligen Untersuchungsziels

---

183 Beispiele sind etwa Gladstein 1984, Högl 1998 oder Zaccaro et al. 2001.

184 Högl 1998 fasst unter dem Begriff der Teamführung Variablen zusammen, „mit deren Hilfe die Teamarbeit, *unabhängig* (Herv.i.O.) von der Teambesetzung, beeinflusst werden kann“ (Högl 1998, S. 100).

185 Vgl. Müller-Lindenberg 2004, S. 15.

186 Vgl. von Rosenstiel 2009, S. 3.

187 Vgl. Yukl 2010, S. 20.

bzw. der jeweiligen Blickrichtung.[188] Entsprechend werden in 1.1.4.4 auch die Spezifika der Führung von (Projekt-)Teams reflektiert. Auch wenn mit Blick auf die Zielsetzung dieser Arbeit keine systematische Aufarbeitung des gesamten Forschungsstandes der Führungsforschung notwendig ist, erscheint ein grundlegendes Verständnis von Führung unumgänglich. Hierfür lässt sich Führung als *„Beeinflussung der Einstellungen und des Verhaltens von Einzelpersonen sowie Interaktionen in und zwischen Gruppen, mit dem Zweck, bestimmte Ziele zu erreichen*" (Staehle 1999, S. 328) definieren. Einem praktisch-normativen Verständnis folgend ist Führung damit nicht zweckfrei, sondern auf die Erreichung einer bestimmten *Zielsetzung* gerichtet.

Dabei zeigt sich zunehmend ein Wandel im *Rollenverständnis* von Führungskräften, der mit den organisationsweiten und strategischen Veränderungen von Organisationsstrukturen einhergeht. Wie Zahn hervorhebt,[189] manifestiert sich dieses veränderte Rollenverständnis auf unterschiedlichen Hierarchieebenen: von einer „alten" Sichtweise der Führungskraft als eher operativer Umsetzer und Problemlöser zum eigentlichen Unternehmer und Leistungsantreiber (untere Ebene) bzw. einem administrativ orientierter Controller zu einem verstärkt horizontal agierenden Informationsverteiler (mittlere Ebene).[190] Dieser Wandel im Rollenverständnis geht einher mit veränderten Anforderungen an die Führungskraft und ihre Instrumente: Vor allem die Relevanz von Informationsinstrumenten wird offensichtlich, mit denen sich das Management kontinuierlich ein aktuelles Bild zu vorhandenem Wissen und den Kompetenzen ihrer Mitarbeiter machen und dies mit zukünftigen Anforderungen abgleichen kann.

Von Rosenstiel/ Comelli 2003 jedoch weist daraufhin, dass trotz dieser sich wandelnden Ansprüche an Führungskräfte und unabhängig von der Hierarchieebene die originäre Führungsaufgabe dieselbe geblieben sei: Eine Gruppe von Mitarbeitern oder ein Projektteam unter möglichst optimaler Ausschöpfung des vorhandenen Potenzials zu einer effektiven Zielerreichung zu bringen.[191] Die zwei auf Cartwright/ Zander 1968 zurückgehenden Grundfunktionen, die eine

188 Vgl. Bass/ Stogdill 1990, S. 18; Yukl 2010, S. 20.

189 Vgl. für die folgenden Ausführungen zum Rollenverständnis Zahn 1996, S. 292f. und Boynton 1993.

190 Zahn sieht vor allem auch im Top-Management ein sich änderndes Verständnis: von einem vormals als „omnipotent" idealisierten strategischen Vordenker hin zu einer Funktion, die kritisch den Status Quo hinterfragt und mit überzeugender Vision notwendige Veränderungen anstößt.

191 Vgl. hierzu sowie auch für die nachfolgenden Ausführungen zu den grundlegenden Führungsfunktionen von Rosenstiel/ Comelli 2003, S. 284ff.

Führungskraft dabei wahrnimmt, sind die *Lokomotionsfunktion* (Gruppe auf vorgegebene Ziel steuern) auf der einen und die *Kohäsionsfunktion* (Stabilität und Zusammenhalt fördern) auf der anderen Seite.[192] Damit bestehen auch die Führungsinstrumente, wenngleich bei durchaus wandelbarer Akzentuierung, im Wesentlichen darin,

- zu kommunizieren und zu informieren,
- zu motivieren,
- Ziele zu setzen und zu überprüfen sowie
- Mitarbeiter durch Beteiligung am Erfolg zu belohnen.

Festzuhalten bleibt insofern bis hierhin, dass der Terminus „Führung" die trotz wandelnden Rollenverständnisses an die Führungskraft gleichbleibende Zielsetzung der Verhaltensbeeinflussung verfolgt – und sowohl von *Einzelpersonen, Gruppen* als auch *Organisationen als Ganzem* ausgeführt werden kann. Letzterer Aspekt betrifft dabei eine nicht unerhebliche Annahme, die bislang implizit getroffen wurde: Einem Verständnis von Führung im Sinne einer *„personalen Führung"*. An dieser Stelle ist daher die Abgrenzung vom mittlerweile gängigen Terminus *„Management"* bzw. einer Führung durch Managementsysteme im Vergleich zu personaler Führung notwendig.

Generell wird unterschieden zwischen unmittelbarer *personaler Führung* i.S.v. *Mitarbeiter*führung und der mittelbaren *Führung durch Managementsysteme.*[193] Eine Abgrenzung von Führung zu Management findet sich bspw. in der evolutionären Führungslehre nach Kirsch.[194] Er unterscheidet zwischen „Führungsstrukturen" als überlagernde, beobachtbare Handlungsstrukturen und „Managementsystemen":

> „Managementsysteme sind dagegen (in der Regel bewußt) institutionalisierte Systeme zur Unterstützung der Führung. Solche Managementsysteme können als zusätzliche Organisationsschichten betrachtet werden." (Kirsch 1992, S. 153)

Von der unmittelbaren Mitarbeiterführung, der personalen Führung, lässt sich mit dem Begriff des Managements folglich eine mittelbare, entpersonalisierte

192 Diese Klassifizierung geht auf das Group Dynamics Konzept nach Cartwright/Zander 1968 zurück. Beiden Funktionen können einzelne Teilaufgaben zugeordnet werden (vgl. z.B. Wurst 2001, S. 163). Eine formale Führungsperson existiert in diesem Ansatz zwar, jedoch liegt die Erfüllung in der Verantwortung sämtlicher Gruppenmitglieder.

193 Vgl. bspw. von Rosenstiel 2009, S. 3ff.; Yukl 2010, S. 23ff. und Neuberger 2002, S. 48ff.

194 Vgl. Kirsch 1992, S. 153.

Führung durch Strukturen unterscheiden.[195] Das Verhalten von Organisationsmitgliedern wird dabei ohne eine koordinierende Person beeinflusst, sondern über unpersönliche Koordinations- und Motivationsmechanismen,[196] z. B. Planungs- oder Anreizsysteme, Organigramme, Unternehmenskultur oder sonstige Regularien.

Für die vorliegende Arbeit steht die *personale Führung* im Vordergrund. Denn es kommt vor allem auf die Führung des gemischten Projektteams und die Beeinflussung während der Zusammenarbeit an. Damit wird das Verhalten der Führungsperson, ihre Art, Aufgaben zu koordinieren, zu motivieren und Ergebnisse zu kontrollieren zum wesentlichen Bestandteil der personalen Führung.[197] Zentraler Aspekt ist damit die *direkte Beeinflussbarkeit durch die Führungsperson* in Form der Projektleitung. Da die Führungskraft auch die Verantwortung für die *Koordination des Projektteams im organisationalen Kontext* sowohl vor, während als auch nach erfolgter Zusammenarbeit innehaben kann, wird in dieser Arbeit in Anlehnung an Müller-Lindenberg 2004 auch Verhaltensbeeinflussung durch Instrumente des Projektmanagements als Teil der unmittelbaren Führung betrachtet. Als Voraussetzung hierfür gilt, dass die betreffende Führungsperson im Rahmen ihres Verantwortungsbereichs auch Entscheidungen über die Gestaltung dieser Mechanismen beeinflussen kann.[198] Wird im Folgenden von Führungsaktivitäten gesprochen, so sind darunter in Anlehnung an ein Verständnis von Wurst/ Högl 2001, S. 161 im Folgenden „*Managementaktivitäten zu verstehen, zu denen auch Führungsaktivitäten i.e.S. (die interpersonale Führung) zu zählen sind.*"

1.1.3.2 Situative Führung im Rahmen der personalen Führung

Ein Verständnis personaler Führung zeigt sich in neueren Führungsansätzen ebenso wie in Modellen der traditionellen Führungsstilforschung. Im Rahmen der personalen Führung lassen sich drei grundsätzliche Perspektiven der

---

195 Müller-Lindenberg weist darauf hin, dass eine Unterscheidung in *mittelbare* und *unmittelbare* Führung jedoch insofern etwas irreführend sei. Die Besonderheit der Mittelbarkeit setzt i.d.S. voraus, dass Geführte beeinflusst werden, ohne auf diesen Einfluss *zurück*wirken zu können. Eine mittelbare Führung i.d.S. hieße, dass auch die Führungsperson selbst die Führung nicht verändern kann (vgl. Müller-Lindenberg 2004, S. 17).

196 Vgl. von Rosenstiel 2009, S. 3f.

197 Vgl. ebs, S. 4.

198 Vgl. Müller-Lindenberg 2004, S. 18.

Mitarbeiterführung unterscheiden:[199] Eigenschafts-, verhaltens- und situationsbezogene Ansätze.

- Insbesondere die *Führungseigenschaften* standen traditionell im Fokus der Führungsforschung („Traits"-Ansatz). Wesentliche Einflussgröße des Führungserfolgs sind die als weitgehend stabil angenommenen Eigenschaften der führenden Person, d.h. Persönlichkeitsmerkmale, physischen Eigenschaften oder auch kognitiven Fähigkeiten. Zentrale Fragestellungen sind, was genau eine erfolgreiche Führungskraft ausmacht und inwiefern Führung erlernbar ist. Die eigenschaftsorientierte Führungsperspektive wird auch in jüngeren Ansätzen wie der charismatischen Führung[200] oder der transaktionalen bzw. transformationalen Führung[201] vertieft.
- Bei den *verhaltensorientierten* Ansätzen steht das Verhalten der Führungskraft gegenüber den Geführten im Zentrum der Betrachtung. Die Annahme, dass Führung insofern nicht nur auf relativ stabilen, gegebenen Persönlichkeitseigenschaften basiert, sondern in gewisser Weise erlernbar ist, vertreten auch z.B. Blake/ Mouton 1964 mit ihrem Modell des Verhaltensgitters. In dieser Führungskonzeption ist ein optimaler Führungsstil möglich.
- Zunehmend wird neben der Erlernbarkeit von Führung die *Situationsbezogenheit* anerkannt. In den relativ prominenten Situationstheorien ist der Führungserfolg abhängig von situativen Einflüssen. Bekannter Vertreter ist vor allem Fiedler, der in seinem Kontingenzmodell (1967) die Eignung eines Führungsstils (aufgaben- oder personenorientiert) aus unterschiedlichen Parametern der Situation ableitet.[202]

Mit Blick auf Projektteams wird eine wichtige Situationsvariable im Führungskontext erkennbar: die zeitliche Befristung und Neuartigkeit der Team- und

---

199 Vgl. auch für die nachfolgenden Ausführungen insbesondere Stock-Homburg 2010, S. 481; Yukl 2010, S. 31ff.; Staehle 1999, S. 331ff. sowie Neuberger 2002, S. 185ff.

200 Vgl. z.B. Conger 1989.

201 Vgl. Avolio/ Bass 2002. Auch das Konzept des „Authentic Leadership" nach Avolio/ Gardner 2005, das besonders positiv konnotierte Eigenschaften und Verhaltensweisen von Führungskräften betont, zählt zu dieser Führungsperspektive.

202 Vgl. Fiedler 1967, der als relevante Situationsvariablen die Positionsmacht der Führungskraft, die Strukturiertheit der Aufgabe und die Führer-Mitarbeiter-Beziehung betrachtet. Obwohl der Ansatz weitere situationsbezogene Studien angeregt hat, bezieht sich vielfache Kritik u.a. auf die verwendeten Messverfahren sowie auf die Tatsache, dass nur wenige Kategorien von Variablen betrachtet werden und keine Mischformen der Stile zulässig ist (vgl. Köppel 2008, S. 53, für weitere Kritik vgl. auch Neuberger 2002, S. 499ff. und Weibler/ Deeg 2001).

Führungsarbeit, wie in Abschnitt 1.1.4.4 gezeigt werden wird. Neben der Projektarbeit oder den Phasen der Teamentwicklung gilt bspw. der Reifegrad von Mitarbeitern und Teammitgliedern als bedeutsame Situationsvariablen im Führungskontext. Führungskräfte passen hierbei ihr Verhalten an die aufgabenbezogene oder psychologische Reife ihrer Mitarbeiter an und wirken eher zielbezogen direkt oder unterstützend.[203] Auch Fiedlers Theorie baut auf diesen Überlegungen auf und gibt Hinweise für die Vorteilhaftigkeit bestimmter Führungsstile je nach Situation.[204] Jedoch zeigt sie nicht auf, inwiefern Stil und Situation genau aufeinander abzustimmen sind, um erfolgreich führen zu können.

Da situative Führungstheorien immer nur begrenzt reale Situationsvariablen berücksichtigen und insofern das abgeleitete Verhalten von Führungskräften sich in der klassischen, vereinfachenden Dualität von Aufgaben- oder Beziehungsorientierung bewegt, ist eine Berücksichtigung von Führung als „Beziehungsphänomen" sinnvoll. Sog. *interaktionsorientierte* Theorien rücken die Beziehung von Führenden und Geführten zunehmend in den Fokus. Führung wird als komplexer Prozess verstanden, welcher der wechselseitigen Beeinflussung, also auch von Seiten der geführten Mitarbeiter, unterliegt.[205] Im Leader-Member-Exchange-Ansatz (LMX)[206] etwa steht die dyadische Austauschbeziehung zwischen Führer und Mitarbeiter im Vordergrund, deren Qualität auf der Individualität der jeweiligen Mitarbeiter aufbaut und diese nicht als kollektive Einheit betrachtet. Befürworter des LMX-Ansatzes sprechen sich für einen Aufbau von qualitativ hochwertigen Beziehungen zu allen Geführten aus, die auf der Grundlage von offener Kommunikation und wechselseitigem Vertrauen fußen sollten.[207]

Berücksichtigt man insofern Führung als komplexen Prozess, kann für die Betrachtung intern-extern gemischter Projektteamarbeit, die neben den o.g. Situationsspezifika auch die Besonderheiten eines Teams, das interne und

203 Vgl. hierzu das Reifegradmodell nach Hersey/ Blanchard 1982 und die Ausführungen von Yukl 2010, S. 173ff.

204 In Anlehnung an Wunderer 2011, S. 204 kann dabei Führungs*stil* als ein grundlegendes und gegenüber dem Geführten konsistent gezeigtes Verhaltensmuster beschrieben werden, wohingegen Führungs*verhalten* situationsspezifisch erfolgt und entsprechend variieren kann.

205 Vgl. Bass 2008.

206 Vgl. Graen/ Scandura 1987.

207 Kritik am LMX-Ansatz konzentriert sich u. a. auf die mangelnde Konkretisierung von Handlungsmöglichkeiten, wie die Führungskraft die Beziehungsqualität konkret verbessern kann.

externe Mitarbeiter umfasst, geschlussfolgert werden, dass ein Verständnis von Führung als situatives Beziehungsphänomen relevant ist.

1.1.3.3 Funktionen und Aktivitäten der Führung von Teams

Basierend auf dem oben erläuterten Führungsverständnis wird unter Teamführung die *„unmittelbare und zielbezogene Einflussnahme eines Teammitglieds auf das Verhalten anderer Teammitglieder“* (Wurst 2001, S. 96) verstanden. Dabei löst sich das in den vorangegangenen Ausführungen gezeichnete Bild einer eindeutigen Trennung der Rollen zwischen Führer und Geführten bei Betrachtung von Teamarbeit zunehmend auf. Das bedeutet, dass Führungsaktivitäten nicht lediglich auf die formale Position der hierarchisch höhergestellten, institutionell bestimmten Teamleitung beschränkt sind, sondern auf mehrere Personen verteilt sein können. Führung kann entsprechend auch durch andere Teammitglieder erfolgen.[208] Letzteres gilt z. B. auch für Fälle, in denen zwar offiziell eine Teamleitung bestimmt ist, die *tatsächliche Einflussnahme* aber durch eine andere Person informell ausgeführt wird, z. B. durch ein anderes Teammitglied („informeller Führer“).[209]

Da bei Projektteams i.d.R. eine formal bestimmte Projektleitung Führungsverantwortung übernimmt, soll für diese Arbeit vor allem ein stärker personenzentriertes, formelles Führungsverständnis gelten. Insbesondere auch aufgrund der Zielgerichtetheit der temporär begrenzten, problemlösungsbezogenen Arbeit in Projektteams, scheint eine funktionale Perspektive der Teamführung für vorliegende Arbeit sinnvoll. Im Folgenden liegt daher ein *funktionales Verständnis von Führung* zugrunde. Die zentrale Annahme eines funktionalen Führungsverständnisses ist es, dass die Hauptaufgabe der Führungsperson in der Sicherstellung einer funktionierenden Teamarbeit besteht. Wie McGrath 1962 postuliert, sei der *“main job is to do, or get done, whatever is not being adequately handled for group needs”* (McGrath 1962, S. 5), d.h. die Teamführung umfasse alle Aktivitäten, die für die Erfüllung der Teamaufgabe und die Aufrechterhaltung des Teams notwendig seien.[210]

---

208 Neuberger 2002, S. 331 spricht hinsichtlich Einflussnahme und funktionaler Beiträge auch von *Führungsplural* und weist damit die Omnipotenz der Führungsperson zurück (vgl. auch Wurst/ Högl 2001, S. 165). Zur horizontalen, sog. „lateralen Führung“ vgl. auch Wunderer 2011 bzw. zur Führung durch Geführte Blickle 2004.

209 In Anhang A.1 findet sich eine Übersicht zu verschiedenen Positionen der Führungskraft (vgl. hierzu auch Stock-Homburg 2010, S. 476f.).

210 Vgl. hierzu auch die Ausführungen in Abschnitt 1.1.3.1 zu den zwei Grundfunktionen der Führung.

Der Blickwinkel auf Führung als „functional social problem solving" beinhaltet also die Notwendigkeit, mit Hilfe zentraler Aktivitäten die erfolgreiche Problemlösung eines Teams zu steuern.[211] Fleishman et al. 1991 haben hierzu eine *Taxonomie von Führungsaktivitäten* entwickelt, welche auf folgenden vier zentralen Dimensionen beruht:

- *Information search and structuring* (die Suche und Strukturierung der für die Aufgabenbearbeitung notwendigen Informationen)
- *Information use in problem solving* (Konkretisierung der Planung zur Zielerreichung und Koordination der Informationen)
- *Managing personnel resources* (Aufgaben des Personalmanagements wie die Auswahl von Teammitgliedern, Motivation des Teams oder Feedback zur Leistung)
- *Managing material resources* (Steuerung der zur Zielerreichung notwendigen materiellen Ressourcen).

Diese vier Führungsfunktionen beeinflussen die Effektivität eines Teams, indem sie die im Team ablaufenden Prozesse der Kognition (z. B. Lernen), der Motivation (z. B. Kohäsion), des Affekts (z. B. Handhabung von Konflikten) sowie der Koordination (z. B. Ressourcenverteilung) beeinflussen. Wenngleich dieses Modell nicht dazu geeignet ist, einen spezifischen Führungsstil abzuleiten,[212] gibt es doch die wesentlichen unterschiedlichen Möglichkeiten der Führungskraft zur Beeinflussung des Teams an.

Eine Systematik wesentlicher Führungsaktivitäten legen auch Wurst/ Högl 2001 im Rahmen einer Integration bestehender Erkenntnisse der Führungsforschung vor, indem sie zwischen den Bereichen Konzipieren, Organisieren und Realisieren differenzieren. Die grundlegende Untergliederung in planende/konzipierende, durchführende und mitarbeitersteuernde Aktivitäten wird in ähnlicher Form bei Mohrman et al. 1995 deutlich, die als wesentliche Führungsfunktionen „Management der Aufgabe", „Management der Grenzen" und

---

211 Vgl. Zaccaro et al. 2001, S. 453. Gleichzeitig merken die Autoren im Rahmen der Definition funktionaler Führung allerdings auch die tautologische Beziehung zwischen „Führung" und „Team" an: Denn durch ein erfolgreiches Team wird auch die Führungskraft als effektiv definiert, was nicht immer der Fall sein muss (S. 454).

212 Vgl. hierzu z. B. das Modell von Burke et al. 2006, in welchem aufgaben- und beziehungsorientiertes Führungs*verhalten* auf die unterschiedlichen Aktivitäten bezogen wird.

„Teamführung i.e.S." sowie „Management der Leistung" aufführen.[213] Insofern zeigt sich die Vielschichtigkeit der Funktionen von Teamführung, die – wenn man die o.g. duale Betrachtung wieder aufgreifen möchte – sowohl aufgaben-/ leistungsorientierte als auch mitarbeiter-/ beziehungsorientierte Komponenten beinhaltet.

Abschließend sei darauf hingewiesen, dass im Rahmen der Führung von Teams auch die Unterscheidung zwischen der Führung von einzelnen Teammitgliedern und der Führung von Teams als gesamte Einheit von Bedeutung ist. Das heißt, neben die dyadische Beziehung zwischen Führer und Geführtem tritt vor allem das Beziehungsgeflecht innerhalb des gesamten Teams, das eine Führungskraft berücksichtigen muss. Hierzu zählt nicht nur die bereits angesprochene Möglichkeit der teambasierten, verteilten Führungsrollen in Teams sondern auch, dass Führung als *Teamphänomen* stattfindet, welches die Interaktionen zwischen den einzelnen Teammitgliedern einschließt. Die Steuerung nicht nur jedes individuellen Teammitgliedes, sondern des Teams als Gesamtheit von Interaktionsbeziehungen macht die Führung von Teams damit zu einem besonders komplexen Anliegen.

1.1.4 Projektteams als Zusammenarbeit in Teams auf Zeit

Die vorangegangenen Ausführungen haben die wesentlichen Aspekte der Zusammenarbeit in und Führung von Teams dargestellt, die für das Verständnis intern-extern gemischter Teamarbeit für diese Arbeit relevant sind. Insbesondere für wissensintensive und innovative Aufgaben wie z. B. Forschung oder Entwicklung neuer Produkte oder Dienstleistungen werden häufig Projektteams eingesetzt – in Bereichen folglich, die sich in besonderer Weise durch Neuartigkeit, Unsicherheit und hohe Komplexität auszeichnen und häufig in Form von *Projekten* bearbeitet werden. Projektteams stellen eine besondere Form der Zusammenarbeit im Team dar.

Vor diesem Hintergrund erscheint ein genaueres Verständnis dieser temporären Zusammenarbeit notwendig, um sie vor dem Hintergrund des Einsatzes externer Mitarbeiter, der häufig zeitlich begrenzt in Projekten erfolgt, reflektieren zu können. Nachfolgend gilt es daher, zunächst die zentralen Begrifflichkeiten Projekte und Projektteams zu bestimmen (1.1.4.1), und die organisatorische Seite des Projektmanagements vorzustellen (1.1.4.2). Diese Ausführungen sowie die Skizzierung von Projekterfolg und Erfolgsfaktoren (1.1.4.3) dienen als Grundlage, um anschließend die Besonderheiten der

213 Vgl. Mohrman et al. 1995, S. 163ff.

Führung von Projektteams als temporäre Kooperationsform zusammenstellen zu können (1.1.4.4).

1.1.4.1 Projekte und Projektteams

Die populärwissenschaftliche wie wissenschaftlich orientierte Literatur bietet eine Vielzahl möglicher Definitionen von Projekten. So findet sich bspw. in der Projektmanagement-Standard-Norm nach DIN 69901[214] die Begriffsbestimmung als „*Vorhaben, das im Wesentlichen durch die Einmaligkeit der Bedingungen in ihrer Gesamtheit gekennzeichnet ist, wie z. B. Zielvorgabe, zeitliche, finanzielle, personelle und andere Begrenzungen, projektspezifische Organisation*". Schreyögg 2008 stellt als wesentliche Merkmale von Projekten heraus, dass sie im Gegensatz zu herkömmlichen organisatorischen Aufgaben einmalige Vorhaben mit einem definierten Beginn und Abschluss und in der Regel relativ neuartig sind. Eine derartige Betrachtung führt zu der notwendigen Unterscheidung zwischen Projekt- und Routineaufgaben: Während Routinearbeiten durch im Prinzip bekannte, teilweise wiederkehrende Aufgaben gekennzeichnet sind, weisen Projekte häufig *einmalige*, befristete und vor allem komplexe Aufgaben auf, die sowohl in der Problemstellung wie auch im Ergebnis neuartig sind und somit nicht durch im Voraus antizipierbare organisatorische Regelungen bewältigt werden können.[215] Diese *Neuartigkeit* impliziert, dass auch die Lösungswege für eine Aufgabe i.d.R. vorher nur teilweise bekannt sind. Projekte sind aufgrund dieser schwierigen Planbarkeit mit einer hohen Unsicherheit[216] bzw. einem Risiko in finanzieller, zeitlicher, personeller wie fachlicher Hinsicht verbunden.[217] In weitergefassten Definitionen wird als konstitutives Merkmal auch eine *interdisziplinäre, heterogene Zusammenarbeit*[218] zur Aufgabenbearbeitung hinzugezogen. Haberfellner/ Daenzer 1999 weisen darauf hin, dass Projekte meist einen Umfang aufweisen, der eine Unterteilung in mehrere untereinander verbundene und wechselseitig

---

214 Vgl. Schulze-Wimmer 2005, S. 8; von Rosenstiel et al. 2009, S. 11.

215 Vgl. Borchert et al. 2005, S. 3.

216 Vgl. Schreyögg 2008, S. 160.

217 Vgl. Kuster et al. 2011, S. 4.

218 Vgl. Becker-Beck/ Fisch 2001, S. 22, Kuster et al. 2011, S. 4 oder Corsten/ Gössinger 2008, S. 2. Borchert et al. 2005, S. 3 weist darauf hin, dass durch die Berücksichtigung der Komplexität der Projektaufgaben und der interdisziplinären Zusammenarbeit auch eine möglichst trennscharfe Abgrenzung zum Routinegeschäft erreicht werden soll. Diese sei jedoch u.a. umso schwieriger zu gewährleisten, je stärker die Durchführung von Projekten den gewohnten Arbeitsalltag durchdringe (vgl. Cremer 2002, S. 43).

abhängige Teilaufgaben erfordert.[219] Durch die Beteiligung unterschiedlicher Spezialisten und zumeist verschiedener Verantwortungsbereiche überschreiten Projekte die Grenzen der gewöhnlichen Organisationsstruktur und erfordern die Kooperation verschiedener Bereiche mit Hilfe außergewöhnlicher, häufig begrenzter Ressourcen wie Wissen oder Finanzen.[220] Insofern ist Projekten ein hohes Maß an *Komplexität* immanent. Abhängig von der jeweiligen Zielsetzung werden Investitions-, Forschungs- und Entwicklungs-, Organisations- und Softwareprojekte unterschieden.[221] Abbildung 7 fasst die skizzierten Kernmerkmale von Projekten noch einmal zusammen. Diese lassen insgesamt einen hohen Koordinationsbedarf der involvierten Projektbeteiligten erkennen.

Abbildung 7: Kernmerkmale von Projekten

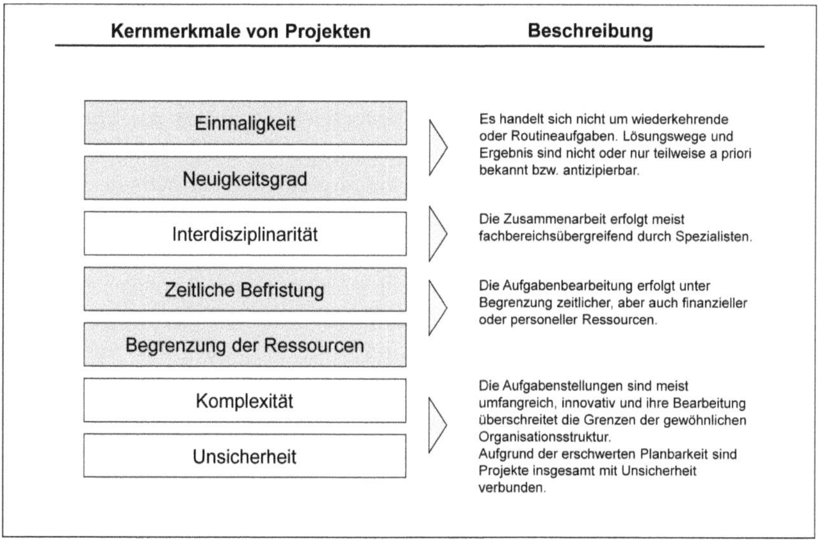

(Quelle: Eigene Darstellung)

Unter Bezugnahme auf diese wesentlichen Merkmale von Projekten können *Projektteams* als solche Teams bezeichnet werden, die in zeitlich begrenzter Form einmalige, neuartige und nichtroutinemäßige Aufgaben und komplexe Problemstellungen mit abgegrenzten Ergebnissen, sog. „one-time outputs",

219 Vgl. Haberfellner/ Daenzer 1999, S. 241.

220 Vgl. Kuster et al. 2011, S. 4; Madauss 2000, S. 37.

221 Vgl. Voss/ Eckrich 2003, S. 401.

bearbeiten. Im Ergebnis kann bspw. die Entwicklung eines neuen Produktes/ einer Dienstleistung oder die Umsetzung organisationale Veränderungen stehen, wofür ein hohes Maß an Wissen, Urteilsfähigkeit und Expertise eingesetzt werden muss.[222] Häufig stammen die Mitglieder eines Projektteams aus unterschiedlichen Disziplinen und Funktionsbereichen. Sie arbeiten für die Dauer des Projektes zusammen und kehren nach Projektabschluss i.d.R. wieder in ihre ursprünglichen Bereiche zurück bzw. treten in das nächste Projekt ein. Dabei kann die Arbeit im Projekt für die Teammitglieder als Vollzeit- oder auch als Teilzeitaufgabe neben der regulären Beschäftigung ausgelegt sein.[223]

Vor diesem Hintergrund können Projektteams von anderen Teamarten *abgegrenzt* werden. So unterscheiden Cohen/ Bailey 1997 in einer weithin anerkannten Typologie, die sich in ähnlicher Form auch bei anderen Autoren[224] wiederfindet, vier verschiedene Arten von Teams: „work teams", „parallel teams", „management teams" sowie „project teams".[225] Im Gegensatz zu *work teams* als unbefristet und i.d.R. Vollzeit agierenden Arbeitseinheiten werden für *parallel teams* Mitarbeiter verschiedener Aufgabenbereiche in Teams zusammengezogen, die parallel zu der regulären Organisationsstruktur bestehen.[226] In klassischer Form sind sie mit weniger Autorität ausgestattet und nehmen vielmehr unterstützende Funktionen wahr, z.B. Empfehlungen oder ähnlichen qualitätsorientierten Aufgaben in Form von Task Forces. *Management teams* koordinieren und steuern die ihnen unterstellten Unternehmensbereiche, aus deren Führungskräften sich die Teams zusammensetzen. Mit der hierarchischen Autorität ihrer Mitglieder ausgestattet, sind sie für die strategische Ausrichtung des Unternehmens und die Steuerung seines Gesamterfolgs verantwortlich.

Der Einsatz von Teams zur Bearbeitung von Projekten verspricht insgesamt verschiedene Vorteile, zu denen bspw. die bessere Beherrschung von Komplexität oder Effizienzgründe zählen, da interdisziplinäre Teams die häufig innovativen Aufgaben, deren Anforderungen an Informationsverarbeitung und Steuerung einzelne Mitarbeiter überfordern, ganzheitlicher und kreativer betrachten können.[227] Inwieweit diese Potenziale tatsächlich umgesetzt werden können, hängt

---

222 Vgl. hierzu sowie nachfolgend zur Beschreibung von Projektteams Cohen/ Bailey 1997, S. 242; Antoni et al. 1996, S. 492; Kauffeld et al. 2009, S. 168.

223 Vgl. Wurst 2001, S. 10.

224 Vgl. Sundstrom et al. 1990, Klimoski/ Jones 1995 u.a.

225 Vgl. Cohen/ Bailey 1997, S. 241ff.

226 Insofern wird teils auch von „cross-functional teams" gesprochen (vgl. z.B. Keller 2001).

227 Vgl. Wurst 2001, S. 11 sowie die dort zitierte Literatur.

in hohem Maße von der Qualität der Zusammenarbeit sowie auch Bedingungen der umgebenden Organisation oder der Steuerung des Teams insgesamt ab.[228]

1.1.4.2 Projektmanagement

Projekte und Projektteams sind immer auch in eine organisationale Umgebung eingebettet. Über Schnittstellen, Entscheidungen und Ressourcen stehen die Teams in einem Beziehungsgeflecht mit verschiedenen Personen und Anspruchsgruppen, über die umgebende Organisation erhalten sie i.d.R. Projektauftrag sowie Legitimation und Ressourcen.[229] Aufbau- und ablauforganisatorische Regelungen zur Projektdurchführung finden sich in der *Projektorganisation* wieder,[230] aus der sich auch die organisatorische Eingliederung ergibt. Zurückgehend auf Frese 1980 ist eine häufige Unterscheidung der Formen der Projektorganisation in vier „klassische" Typen[231] – gestaffelt nach steigender Eigenständigkeit und Befugnissen des Projektbereiches gegenüber der Linie: Linienintegrierte Projektorganisation, Stab-, Matrix- und reine Projektorganisation. Da bei der linienintegrierten Form bewusst auf die Einrichtung projektbezogener Einheiten verzichtet wird und auch die Projektleitung nicht über bestimmte Mindestbefugnisse verfügt, sind für die Betrachtung von Projektteams in ihrer Integration in das Unternehmen die weiteren drei Organisationsformen relevant:[232]

- *Stabs-Projektorganisation:* In dieser „Minimalform der Projektorganisation" (Kuster et al. 2011, S. 106) erfolgt die Projektkoordination durch Stäbe, welche die reguläre Organisationsstruktur lediglich erweitern, während Projektmitarbeiter in ihren Stammabteilungen in der Linie verbleiben. Die Projektleitung hat im Vergleich zu den anderen Projektorganisationsformen weniger Befugnisse (Weisungsbefugnis weiterhin in der Linie) und Verantwortung.

---

228 Vgl. von Rosenstiel 2000, S. 322ff.; Wurst 2001, S. 11 sowie Mohrman et al. 1995.

229 Vgl. Hüsgen 2005, S. 25 mit Bezug u. a. zu Frese 2000, S. 517f. und McElroy/ Mills 2000.

230 Hüsgen 2005 macht in diesem Zusammenhang auf die durchaus uneinheitliche Verwendung der Begrifflichkeiten Projektorganisation und Projektmanagement aufmerksam (S. 19f.) und referiert hierzu u. a. auf Kannheiser et al. 1993.

231 Vgl. Frese 1980 sowie für die nachfolgenden Ausführungen auch Haberstroh 2007, S. 38; Antoni et al. 1996, S. 492f.; Schreyögg 2008, S. 160f. und Kuster et al. 2011, S. 106ff.

232 Vgl. hierzu sowie für die nachfolgende Vorstellung der Organisationsformen Haberfellner/ Daenzer 1999, S. 254ff.

- *Matrix-Projektorganisation:* Die projektausführenden Mitarbeiter sind hierbei nicht aus der regulären Organisationstruktur ausgegliedert, sondern können durchaus weiterhin in der Linie bzw. anderen Projekten eingesetzt sein. Die Einteilung der Befugnisse weist Überschneidungen auf: Während die disziplinarische Weisungsbefugnis i.d.R. weiterhin beim Linienvorgesetzten liegt, hat die Projektleitung die fachliche Weisungsbefugnis.
- *Reine Projektorganisation:* Diese Form gleicht einer ausgegliederten eigenständigen Organisationseinheit und ist insofern die klassische Form eines Projektteams, die v.a. für komplexe, zeitkritische Vorhaben gewählt wird. Die Projektmitarbeiter sind vollständig aus ihren Stammabteilungen herausgelöst und für die Dauer des Projektes unter der Führungsverantwortung eines Projektleiters dem Projektteam zugeordnet.

Im Zusammenhang mit dem skizzierten Verhältnis zwischen Projekt und Organisation rücken auch die beteiligten Schlüsselpersonen und Gruppen in der Projektarbeit in den Vordergrund. Zu den wesentlichen Gruppen in der Aufbauorganisation zählen zunächst der häufig auftraggebene *Lenkungsausschuss* bzw. das *Steering Committee*, dem die formalen Entscheidungsfunktionen bzgl. des Projektes obliegen, sowie die Projektleitung und das Projektteam.[233] Die Zuständigkeit der *Projektleitung*, in der Leitungs- und Steuerungsfunktion des operativen Projektes, liegt im (eher operativen) Management der Prozesse eines Projektes, z. B. die Erarbeitung von Einsatzplänen, die Kontrolle konkreter Teilergebnisse oder die Lösung von Konflikten.[234] Die konkrete Ausführung und Bearbeitung des Projektes obliegt den *Mitgliedern des Projektteams.* Bei großen Projekten werden regelmäßig Unterprojekte und verschiedene Teilprojektteams gebildet und der Gesamtprojektleitung unterstellt.[235] Für eine effektive

233 Vgl. Borchert et al. 2005, S. 5f. sowie zu den Aufgaben des Steering Committes auch Bergmann/ Garrecht 2008, S. 216; Schreyögg 2008, S. 163 oder Kannheiser et al. 1993, S. 56f. Darüber hinaus können durchaus noch weitere zentrale Personen für die Projektbearbeitung eine wichtige Rolle spielen, z. B. neben den Fachabteilungen, die i.d.R. die Projektmitarbeiter oder weitere Ressourcen zur Verfügung stellen, informational einflussreiche Anwender; je nach Projektgröße und -komplexität auch weitere Gremien, assistierende Projektmanager oder Support-Teams (vgl. bspw. Hüsgen 2005, S. 26; Haberfellner/ Daenzer 1999, S. 265ff. oder Zeutschel/ Stumpf 2003, S. 435f.). Anhang A.2 stellt die organisatorische Einbindung eines Projektteams dar.

234 Vgl. von Rosenstiel et al. 2009, S. 11.

235 Vgl. Schreyögg 2008, S. 163. Gerade die Entwicklung hochkomplexer und innovativer Produkte und Dienstleistungen, z. B. im Automobilbereich oder bei großen Softwaresystemen, erfordert meist den Einsatz einer Vielzahl von Spezialisten.

Gestaltung von Projekten dieser Größenordnung werden in der Praxis häufig sog. „*Multi-Team-Projekte*" gebildet, in denen das zu entwickelnde Produkt in Module zerlegt wird und auf diese Weise die parallele Bearbeitung durch mehrere kleinere Teams ermöglicht.[236]

Zusammenfassend lassen sich die erläuterten aufbau- und ablaufbezogenen Regelungen und Schlüsselfunktionen für gewöhnlich unter dem übergeordneten Begriff des *Projektmanagements* unterordnen. Hierunter werden alle notwendigen Maßnahmen zur Planung, Überwachung, Steuerung und Koordinierung eines Projektes verstanden.[237] Ziel ist somit insgesamt die

> „Lösung eines komplexen, nicht alltäglichen Problems mit offenem Lösungsweg. Damit schließt Projektarbeit einen kollektiven und aktiven Lernprozess ein, der gemanagt werden muss. Projektmanagement umfasst somit auch die Aufgabe, Strukturen und Abläufe in diesem Lernprozess erfolgsorientiert zu gestalten und Problemlösungen zu erarbeiten. Projektarbeit ist also u. a. Prozessarbeit." (von Rosenstiel et al. 2009, S. 14)

Die besonderen Herausforderungen liegen insofern darin, die Projektaufgabe unter den Bedingungen hoher Dynamik und komplexer Prozesse angemessen zu managen.[238]

1.1.4.3 Projekterfolg und Erfolgsfaktoren

Die Beurteilung des Erfolgs eines Projektes resp. eines Projektteams erfordert zunächst eine differenzierte Betrachtung dessen, was genau unter „Projekterfolg" zu verstehen ist. Als Maßstab für Projekterfolg hat sich besonders das sog. „Magische Dreieck" der drei als zentral angesehenen Zielgrößen als Standard etabliert: Qualität (Projektziele), Kosten (Projektressourcen) und Zeit (Projektdauer).[239]

---

236 Vgl. Wurst 2001, S. 2 und 12ff. Diese Modularisierung erfordere jedoch vielfältige Interdependenzen zwischen den einzelnen Teams, so dass den Schnittstellen und der intergruppalen Zusammenarbeit eine erhebliche Bedeutung zukomme. Für Multi-Team-Projektmanagement vgl. bspw. auch Engwall/ Sjögren 2003.

237 Vgl. von Rosenstiel et al. 2009, S. 14, Kuster et al. 2011, S. 11; Haberfellner/ Daenzer 1999, S. 243f. oder Madauss 2000.

238 Vgl. von Rosenstiel et al. 2009, S. 14f.

239 Vgl. bspw. Kuster et al. 2011, S. 172f. oder Corsten/ Gössinger 2008, S. 6. Als weiteren wesentlichen Faktor nimmt Krüger 1994, S. 378 die Akzeptanz des Projektergebnisses hinzu und gelangt somit zu einem sog. „Teufelsquadrat der Projektarbeit", das mögliche Zielkonflikte abbildet, wobei Haberfellner/ Daenzer 1999, S. 250f. unter gleichem Begriff die Zusammenhänge von Quantität, Qualität, Dauer und Aufwand in einem Projekt subsumiert. Erweiterungen zur Abbildung der Komplexität sind bspw. bei Turner 1999 zu finden.

Hierbei betont Kuster et al. 2011, dass diese Variablen nicht unabhängig voneinander seien und sich gegenseitig beeinflussen.[240] Neben diesen formalen Zielen werden zunehmend weitere Kriterien in die Betrachtung mit einbezogen, die auch den sozialen Erfolg widerspiegeln, z. B. die Zufriedenheit von Kunden oder Lernerfolge im Team.[241] Ähnliche Überlegungen waren bereits in Abschnitt 1.1.2.1 zur Effektivität von Teams angestellt worden. Insofern verwundert es nicht, wenn die dort skizzierten grundlegenden erfolgskritischen Faktoren für Projektteams im Besonderen Geltung erlangen. Entsprechend kann mit Lechler ein Projekt als erfolgreich definiert werden, *„wenn die Beteiligten zufrieden sind und die Qualität der technischen Lösung und die Termin- und Kostenziele insgesamt positiv bewerten"* (Lechler 1997, S. 44). Damit wird deutlich, dass es sich beim Projekterfolg um eine mehrdimensionale Größe handelt.[242]

Die Untersuchung von Erfolgsfaktoren in Projekten und Projektteams ist inzwischen Gegenstand umfangreicher Literatur geworden und spiegelt sich in der traditionell verankerten *Erfolgsfaktorenforschung* wider.[243] Trotz ungebrochener Popularität wird kontrovers diskutiert, dass die Forschung immer noch weit von gesicherten Erkenntnissen entfernt sei[244] und es an allgemeingültigen Erfolgskonzeptionen fehle, was nicht zuletzt an der schwierigen Vergleichbarkeit der einzelnen Studien liegt.[245] In empirischer Hinsicht fallen die häufig relativ hohen *Misserfolgsraten* von Projekten auf.[246] Entsprechend attestieren Nicolai/ Kieser 2002 der Erfolgsfaktorenforschung eine *„eklatante Erfolgslosigkeit"* und

240 Vgl. Kuster et al. 2011, S. 172f. Eine Gewichtung unter den einzelnen Dimensionen erfolgt z. B. durch Strategien wie „time-to-market" (Priorität auf minimaler Projektlaufzeit).

241 Vgl.bspw. Gemünden 1990, S. 8; Pinto/ Pinto 1990 oder Martin 1998, S. 71ff.

242 Vgl. Lechler 1997, S. 66.

243 Für eine zusammenfassende Darstellung wesentlicher Erfolgsfaktoren vgl. u. a. Lechler 1997 oder Zeutschel/ Stumpf 2003, einen Überblick über den Stand der Diskussion um Erfolgsfaktoren geben Turner/ Müller 2005, S. 56f.

244 Vgl. Corsten/ Gössinger 2008, S. 41. Bereits March/ Sutton 1997, S. 698 hatten die Unmöglichkeit postuliert, die Ursachen von Erfolg und Misserfolg in einer wissenschaftlich fundierten Weise identifizieren zu können.

245 Eine Übersicht über die Kernprobleme der Messung von Projekterfolg liefern Borchert et al. 2005, S. 7ff. sowie Shenhar et al. 2002, S. 112f. für Messkriterien.

246 Projekte sind häufig „not completed on time, are over budget, and even when completed, many do not meet management or customer expectations" (Shenhar/ Dvir 2007, S. 94).

kritisieren erhebliche Schwächen in der Einheitlichkeit der Ergebnisse, Verwendung der Methoden und Anwendung wissenschaftlicher Ergebnisse.[247]

Trotz der kontroversen Diskussion scheint die Erkenntnis relevant, wie und durch welche Maßnahmen der Erfolg von Projekten *konkret* beeinflusst werden kann. Daher wird zunehmend gefordert, projektspezifische Eigenschaften wie Projektaufgabe oder Kontext stärker zu berücksichtigen, um die Multidimensionalität von Projekterfolg auch in den Erfolgsfaktoren sichtbar zu machen.[248] Empirisch basierte Gestaltungsvorschläge beinhalten etwa wie bei Pinto/ Slevin 1998 eine 10-Faktoren-Modellierung relevanter Einzelaspekte.[249] Im deutschsprachigen Raum haben v.a. die Forschungserkenntnisse von Lechler 1997 und Lechler/ Gemünden 1998 Beachtung gefunden.[250] Ihre Bestandsaufnahme von 44 empirischen Studien konnte zum einen multidimensionaler Erfolgsfaktorenkonzeptionen bestätigen.[251] Zum anderen lag die zentrale Erkenntnis darin, dass vor allem die beteiligten Akteure – das Topmanagement, das Team und auch die Projektleitung – den Erfolg besonders stark beeinflussen. Insofern konnten auch vorherige Tendenzen bestätigt werden, nach *denen personale Faktoren* eine höhere Relevanz als technische oder rein administrative zu haben scheinen.[252] Pinto/ Slevin schlussfolgern aus der Diskussion um Erfolgsfaktoren insgesamt, dass „project management has always been, and remains, a *people* (Herv.i.O.) management challenge first and foremost“ (Pinto/ Slevin 1998, S. 386).

Berücksichtigt man, dass zu den häufigsten *Gründen für gescheiterte Projekte* personale Aspekte wie kulturelle Konflikte, Kommunikationsdefizite oder

---

247 Vgl. Nicolai/ Kieser 2002. Anzumerken ist, dass sich die Kritik der Autoren, u. a. dass es „derzeit kein einziges Ergebnis aus der PaaV-Forschung („Performance als abhängige Variable“, Anm.d.V.) (gibt), das als gesichert gilt und aus dem sich normative Aussagen ableiten ließen“ (Nicolai/ Kieser 2002, S. 582), sich auf Studien mit finanzwirtschaftlichen Kennzahlen wie dem ROI beziehen (vgl. Nicolai/ Kieser 2002, S. 581 sowie die dort zitierte Literatur). Relativierungen der Einwände o.g. Autoren erfolgten z. B. durch Bauer/ Sauer 2004 oder Fritz 2004.

248 Vgl. bspw. Shenhar et al. 2002, S. 112ff. Für Aussagen zu Projekterfolgen und kritischen Schlüsselfaktoren sei auch auf die Vielzahl an Projektmanagement-Literatur verwiesen (für eine Übersicht vgl. Lechler 1997, S. 45).

249 Vgl. Pinto/ Slevin 1998, S. 386ff.

250 Vgl. hierzu auch Wegge/ Schmidt 2009, S. 209f.

251 Es konnten sieben zentrale Erfolgsfaktoren (Top-Management, Projektleitung, Teamzusammensetzung, Partizipation, Planung und Steuerung, Information und Kommunikation) identifiziert werden (vgl. hierzu sowie den weiteren Ausführungen auch Lechler 1997, S. 265f. und Lechler/ Gemünden 1998, S. 437ff.).

252 Vgl. Corsten/ Gössinger 2008, S. 45.

fehlende Teamfähigkeiten gezählt werden,[253] und die Rolle des Projektmanagers und seiner Führungsqualitäten als kritische Erfolgsfaktoren im Projekt anerkannt gelten,[254] wird die Bedeutung eine angemessenen Führung im Projektteam erkennbar. Auch Erkenntnisse des Project Management Institute 2008 zur Bedeutung des Managements eines Projektteams als Kernkompetenz erfordern eine genauere Beleuchtung der Führungskraft eines Projektteams, die im folgenden Abschnitt vorgenommen wird.

1.1.4.4 Relevanz und Besonderheiten der Führung von Projektteams

Unabhängig von der Art des spezifischen Projektes oder den individuellen Fähigkeiten eines Projektleiters, lassen die bisherigen Ausführungen die Relevanz und die Besonderheiten der Führung in Projekten zur Erreichung der Zielgrößen erkennen. Der Führung in Projekten wird traditionell eine hervorgehobene Stellung im Projektmanagement zugesprochen, wobei die Relevanz der Führungsperson selbst ambivalent gesehen wird. Turner/ Müller 2005 sehen vor allem eine Diskrepanz zwischen der Berücksichtigung von Führungskräften in der Managementliteratur und der bislang eher geringen Aufmerksamkeit im Kontext von Projekterfolgsfaktoren.[255] Dies wird vor allem auf eine lange Zeit in der Projektmanagement-Literatur vorherrschende technisch-methodische und planzielbezogene Betrachtung von Projektführung zurückgeführt.[256] Mit zunehmender Erkenntnis der Bedeutung organisationaler und sozialer Faktoren im Projektmanagement, wird auch der Führungsperson, ihrem Führungsstil und ihren individuellen Fähigkeiten eine steigende Bedeutung zugesprochen.[257] Die *empirische Evidenz* konnte seitdem durch eine Vielzahl von Studien belegt

253 Vgl. Kappelmann et al. 2006.

254 Vgl. bspw. das Review von Turner/ Müller 2005 oder Smith 1999, der dem Mangel an Projektführung eine höhere Bedeutung als lediglich dem Projektmanagement zumisst, wenn Projekte ihre intendierten Ziele nicht erreichen. Im Gegensatz dazu identifizierte Cooke-Davies 2001 zwar das Projektmanagement als Erfolgsfaktor, nicht jedoch den Projektmanager.

255 Vgl. Turner/ Müller 2005, S. 49.

256 Vgl. bspw. Shenhar/ Dvir 2007, S. 94ff.; Lindgren/ Packendorff 2007, S. 4 oder Kloppenborg/ Opfer 2002, S. 12f. sowie die dort zitierte Literatur.

257 Vgl. Sumner 2006 sowie die Bedeutung der Projektleitung und der involvierten Personen für die Lösung außergewöhnlicher Situation und unvorhergesehener Probleme (vgl. bspw. Pinto/ Slevin 1998 oder Kolltveit/ Karlsen 2007). Die besondere Bedeutung der Führungsperson entspringt dabei dem *Trait-Ansatz* im Führungsverständnis (vgl. Hüsgen 2005, S. 63 sowie Abschnitt 1.1.3.2).

werden, die zeigen, dass Teamführung ebenso wie -zusammensetzung und Kommunikationsdichte innerhalb eines Teams entscheidend für den Erfolg sind. Hauschildt et al. 2000 berichteten, dass weichere Faktoren wie Projektführung einen wesentlicheren Einfluss auf den Projekterfolg hätten als technische Aspekte, und zwar umso mehr, je komplexer, riskanter und innovativer ein Projekt sei.[258]

Damit stellt sich die Frage, *wer* in Projektteams als Führungskraft fungiert. Wie in anderen Teamformen auch[259] kann zwischen der formal bestimmten Führungskraft, i.d.R. dem oder der Projektleiter/-in, und der informellen Führungskraft unterschieden werden. Denn selbst wenn es keine offiziell ernannte Führungsperson gibt, so gibt es doch Führungsaktivitäten. Die Aufgaben zielorientierter Steuerung und Koordination müssen übernommen werden, ggf. indem die einzelnen Aktivitäten in dieser Hinsicht auf die verschiedenen Projektmitglieder gleichmäßig verteilt werden.[260] Insbesondere aber in zielorientiert durchzuführenden, zeitkritischen Projekten werden Führende aufgrund ihrer hierarchischen Position und offiziellen Ernennung zur Projekt- bzw. Teamleitung. Insofern erfolgt die Beeinflussung des Verhaltens der Teammitglieder qua Amt.[261]

Projektführung wird durchaus als „Kunst" und große Herausforderung betrachtet, die starke interpersonale Fähigkeiten (soft skills) und strukturierte Managementkompetenzen (hard skills) erfordert.[262] Damit wird deutlich, dass es bei der Führung von Projektteams in besonderer Weise um zwei zentrale Themen geht, nämlich die *Führung des Projektes* und die *Führung des Projektteams*,

---

258 Ebenso konnte Thamhain 2004 die Bedeutung einer adäquaten Projektumgebung aufzeigen und schlussfolgerte daraus die besondere Rolle der Führungskraft für die Steuerung von Kontext und Teamprozessen.

259 Vgl. Ausführungen in Abschnitt 1.1.3.3.

260 In diesem Sinne wird auch von „geteilter" Führung („shared leadership") gesprochen, bei welcher alle Teammitglieder gleichermaßen Teile der gesamten Führungsaufgabe übernehmen (vgl. Pearce 2004, S. 48).

261 Ähnlich wie bei Müller-Lindenberg 2004, S. 18 soll dieses Verständnis auch für die folgende Arbeit gelten, um einen einheitlichen geistigen Referenzpunkt zu haben, wenn es um die Führung von Projektteams geht. Insofern wie die Führungskraft im Projektteam, die i.F.v. Teamleitung, Projektleitung oder Programmdirektion auftritt, gleichermaßen als „Projektleitung" bezeichnet.

262 Vgl. Buttrick 1997, zit. nach Lee-Kelley/ Loong 2003, S. 585 bzw. Buttrick 2009; Thamhain 2004, S. 35.

d. h. die personale Führung.[263] Projektleiter müssen sowohl das Projekt steuern, Meilensteine im Blick haben, den Fortgang der Aufgabenbearbeitung koordinieren und kontrollieren, als auch das Projektteam motivieren, begeistern und die Prozesse und Beziehungen untereinander und individuelle Präferenzen berücksichtigen. Gleichermaßen wird diese Dualität in der Handhabung von *projektinternem* Teammanagement und *projektexternem* Management erkennbar. Neben den teaminternen Planungs- und Koordinationsfunktionen erfüllt die Projektleitung Aufgaben im Zusammenhang mit dem Kontext, in den ein Projektteam eingebettet ist: Als sog. „boundary-spanner" und steuert und verhandelt über die Teamgrenzen hinweg mit relevanten Anspruchsgruppen wie dem Top-Management oder Kunden, und leitet somit auch das externe „Beziehungsmanagement.[264] Projektleiter kombinieren insofern eine Management-orientierte und eine eher Leadership-orientierte Rolle ebenso wie eine externe und eine interne Rolle, und stehen damit in einem Geflecht komplexer Rollen und Beziehungen.[265] Insofern werden *hohe Anforderungen* an die Fähigkeiten der Führungskraft im Projekt zur Mitarbeiterführung ebenso wie Selbst- und Zeitmanagementkompetenzen sichtbar.[266]

Im Verständnis von Projektführung als Führen im temporären System, zählt hierzu vor allem der Aspekt der *Temporalität*, die zeitliche Befristung des Projektes.[267] Mit der zeitlichen Befristung ist i.d.R. ein hoher Zeit- und Termindruck verbunden, das Einhalten von ehrgeizigen und priorisierten Meilensteinen und Zielen – Müller-Lindenberg spricht in diesem Zusammenhang gerade bei Softwareentwicklungsprojekten auch von „zeitkritischen Projekten". Die Projektführung muss mit diesem temporären Aspekt adäquat umgehen, nicht zuletzt da Situationen, die das Bedürfnis nach Stabilität und Kontinuität beeinträchtigen, als Stress erlebt werden können und negative Konsequenzen wie sinkendes Selbstwertgefühl o.ä. implizieren.[268] Die Arbeit unter *Unsicherheit* aufgrund des *Neuigkeitsgrades* und der Einzigartigkeit von Projekten, der Umgang mit

---

263 Vgl. zu den nachfolgenden Ausführungen Kuster et al. 2006, S. 196ff.; Kaulio 2008, S. 339f.

264 Vgl. Kuster et al. 2011, S. 216ff. Vgl. zu der Rolle des „boundary-spanning" weiterhin auch Ancona/ Caldwell 1992a.

265 Vgl. Kaulio 2008, S. 340.

266 Vgl. von Rosenstiel et al. 2009, S. 13.

267 Vgl. z. B. Turner/ Müller 2003.

268 Vgl. für die individuelle Wahrnemung von Stress im Projektteam auch Gällstedt 2003 sowie für Bedingungen und Coping-Strategien für Stress auch Lazarus/ Folkman 2008.

Widerständen bei sich selbst und anderen Personen, daraus folgende Konflikte, z. B. durch unterschiedliche Interessen, werden in Projekten in informeller Hinsicht ebenso zentral wie begrenzte Handlungs- und Entscheidungsspielräume.[269]

Zusammenfassend lassen sich diese Besonderheiten und Anforderungen in projektspezifische Herausforderungen für Führungskräfte umformulieren.

> „Die Arbeits- und Handlungsstrukturen für Führungskräfte zeichnen sich in der Projektarbeit durch Komplexität, Vielschichtigkeit und Ungewissheit aus, in den Dimensionen von Wissensorientierung als auch entsprechend eines diversen Ausprägungsgrades der in Projektorganisationen arbeitenden Akteure." (Peters/ Steckel 2011, S. 105f.)[270]

Die Ausführungen zeigen, dass traditionelle Teamkonzepte und -strukturen und hierarchische Führungskonzepte nur bedingt geeignet erscheinen, die aufgezeigten Spezifika der Arbeit in Projekten angemessen zu steuern. Diese Erkenntnis zeigt sich nicht zuletzt darin, dass nicht nur verstärkt autonomieorientierte und selbstverantwortliche Teamkonzepte im Kontext von Projekt angewendet werden. Vielmehr fungiert die Projektführung in vielen Situationen als *„social architect"* (Thamhain 2004, S. 36), der die Zusammenhänge der Verhaltensweisen im Teams verstehen, Teamprozesse erleichtern und eine Gruppe aus unterschiedlichen Teammitgliedern zu *einem* Team integrieren muss. Diese Unterschiedlichkeit zwischen Teammitgliedern kann durch den Einsatz hochqualifizierter externer Mitarbeiter zu einem noch komplexeren Projektumfeld führen, mit denen Führungskräfte besonders in gemischten Teams umgehen müssen.

1.2 Hochqualifizierte externe Mitarbeiter als aktuelles Phänomen der wissensbasierten Arbeitswelt

Bis hierher haben die Ausführungen für ein theoretisch fundiertes Grundverständnis der Zusammenarbeit im Team und einem Verständnis von Führung, das die Besonderheiten einer Kooperation auf Zeit berücksichtigt, beigetragen. In diesem Kapitel folgt die Erweiterung des Blickwinkels gemischter Teamarbeit um den Faktor des hochqualifizierten externen Mitarbeiters. Um potenzielle Effekte seines Einsatzes im Projektteam und Spannungsfelder der Führung konkretisieren zu

269 Begrenzte Handlungsspielräume liegen z. B. im begrenzten Zugriff durch den Projektleiter auf die Ressourcen oder die Handhabung der unterschiedlichen Abhängigkeiten, etwa gegenüber projektinternen und -externen Personengruppen (vgl. von Rosenstiel et al. 2009, S. 12f.; Turner 1999, S. 5; Turner/ Müller 2003, S. 3).

270 Die Autoren fokussieren in ihrem Beitrag auf Nachwuchsführungskräfte, jedoch können diese Anforderungen durchaus für die Führung von Projektteams im Allgemeinen betrachtet werden.

können, gilt es zunächst, für die Spezifika dieses Typus „externen Leistungspotenzials" zu sensibilisieren. Eine Einordnung erfolgt zunächst in den übergeordneten Kontext des Einsatzes hochqualifizierter externer Mitarbeiter, indem in Abschnitt 1.2.1 die zunehmend relevanten flexiblen, sog. „Neuen Beschäftigungsformen" als unternehmerische Tendenz zur Flexibilisierung vorgestellt werden. Anschließend wird der hochqualifizierte externe Mitarbeiter als relevanter Teil vorgestellt. Hierfür gelingt eine Annäherung an das Phänomen und das spezifische Profil Externer (1.2.2). Vor dem Hintergrund der im nachfolgenden Kapitel zu leistenden Diskussion der Teamdiversität, die durch den Einsatz hochqulifizierter externer Mitarbeiter im Team mit intern Beschäftigten relevant wird, soll anschließend sein konkreter Einsatz im Unternehmen skizziert werden (1.2.3).

1.2.1 Neue Beschäftigungsformen als unternehmerische Tendenz zur Flexibilisierung

Unternehmen sind (zunehmend) damit konfrontiert, auf die sich wandelnden gesellschaftlichen und wirtschaftlichen Rahmenbedingungen adäquat zu reagieren. Dieser Wandel wird in der Literatur vielfach mit den Schlagworten Globalisierung, intensivem Wettbewerb, fortschreitender Technologisierung oder Individualisierung von Kundenbedürfnissen begründet.[271] Ebenso häufig wird von einer Informations- bzw. Wissensgesellschaft gesprochen, der steigenden Bedeutung von „Knowledge-intensive services" und Wissensarbeitern. Ohne die immanente Komplexität dieser (und weiterer) Ursachen für einen steigenden Veränderungsdruck für Unternehmen in der Gänze abbilden zu können, verbirgt sich dahinter ein fundamentaler Strukturwandel, der Unternehmen in ihrer strategischen organisations- und arbeitspolitischen Ausrichtung vor erhebliche Anpassungserfordernisse stellt.

Zusätzlich wird eine fortschreitende Tendenz zu einer wissensbasierten Arbeitswelt offensichtlich, im Zuge derer Unternehmen verstärkt auch externe Ressourcen nutzen. Diese Perspektive dient im folgenden Kapitel als Ausgangspunkt (1.2.1.1) für die nähere Beschäftigung mit der konkreten unternehmerischen Umsetzung in Form von flexibilisierten Arbeits- und Organisationskonzepten (1.2.1.2). Die tiefgreifenden Veränderungen der Personalstruktur äußern sich im Wesentlichen in einer kleineren Kernbelegschaft und gleichzeitig einer größeren flexibleren Randbelegschaft, die sich in einer zunehmenden Vielfalt sog. „Neuer Beschäftigungsformen" widerspiegelt. Diese werden in Abschnitt 1.2.1.3 näher beschrieben,

271 Vgl. bspw. Tordoir 1995.

um im nachfolgenden Abschnitt den hochqualifizierten externen Mitarbeiter als deren Teil zu konkretisieren.

1.2.1.1 Trend zu wissensbasierter Arbeitswelt

Die in Deutschland und weltweit anhaltende Tendenz zu einer Wissens- und Dienstleistungsgesellschaft (Tertiarisierung) ist u.a. deutlich an den besonders wachsenden wissens- und forschungsintensiven Sektoren[272] abzulesen. Gemäß jüngerer Erwerbstätigenbefragungen des BiBB sind gut 30 % der deutschen Erwerbstätigen in sog. wissensintensiven Berufen, z.B. als Arzt, Journalist, Berater, Lehrer tätig.[273] Laut Mikrozensus 2004 waren in wissensintensiven Berufen zwischen 1996 und 2004 Zuwachsraten von 12,4% zu verzeichnen.[274] Dabei haben forschungsintensive Berufe besonders deutliche Zuwächse zu verzeichnen; und in diesem Rahmen zeigen sog. „IT-Kernberufe" wie Beratung und Vertrieb in der Datenverarbeitung den höchsten relativen Zuwachs von plus 49,7%. Auch international bestätigen statistische Ergebnisse der OECD die skizzierte Tendenz.

Wissen wird im betriebswirtschaftlichen Kontext häufig als *die* zentrale unternehmerische Ressource betrachtet, um im Wettbewerb langfristig zu bestehen: Denn die schnelle Veraltung und Verbreitung neuer Informations- und Kommunikationstechnologien impliziert erheblich kürzere Produktlebenszyklen, die für Unternehmen mit erhöhtem Innovationsdruck verbunden sind.[275] Das bedeutet für Unternehmen zum einen die Notwendigkeit, sich stärker auf die eigenen *Kernkompetenzen* zu fokussieren, Kosten zu reduzieren und entsprechend Teilfunktionen auszulagern.[276] Vor allem bei Tätigkeiten, die als weniger strategisch relevant gelten und geringere unternehmensspezifische Qualifikationen erfordern, hat sich die Auslagerung etwa der Lohnbuchhaltung

---

272 Vgl. Frietsch/ Gehrke 2007.

273 Vgl. Hall 2007, S. 10.

274 Die Anzahl der Erwerbstätigen in „traditionellen" Berufen ging im selben Zeitraum um 8,8% zurück (vgl. hierzu sowie den nachfolgenden statistischen Ausführungen insbesondere North/ Güldenberg 2008, S. 11 sowie Hall 2007, S. 13).

275 Vgl. bspw. Rassuli 2005, S. 692f.; Matusik/ Hill 1998, S. 681 oder Hitt et al. 1998, S. 23. Weiterhin Burton-Jones 1999, S. 29ff.; Grant 1996 für die wissensbasierte Unternehmenstheorie.

276 Vgl. bspw. Prahalad/ Hamel 1990. Gemäß Burton-Jones 1999 impliziere dieser Fokussierungsprozess nicht nur die Reduktion physischer Infrastruktur wie Büroarbeitsplätzen und Equipment aufgrund einer Ausweitung von Telearbeit und Home-Office-Arbeitsplätzen, sondern auch „reductions in knowledge and skills which do not fit with the core body of knowledge of the firm" (S. 152).

oder IT-Administration mittlerweile etabliert.[277] Zum anderen tendieren Unternehmen gleichzeitig verstärkt dazu, Innovationen durch den Rückgriff auf *externes Wissen* zu realisieren. Insbesondere in wissensintensiven und dynamischen Branchen wie z. B. der IT-Branche, in denen die Halbwertszeit von Wissen besonders kurz ist,[278] sind Unternehmen auf externes Wissen angewiesen. Die Fähigkeit, dieses externe Wissen zu erkennen und langfristig nutzbar zu machen, wird auch als „*absorptive capacity*" bezeichnet.[279] Aus ressourcenorientierter Perspektive deutet sie damit auf die strategische Relevanz von Wissen als wesentliche, immaterielle Ressource für organisationale Handlungsfähigkeit.[280] Unternehmen nutzen dabei eine Vielzahl externer Wissensquellen, sei es etwa mit Hilfe strategischer Allianzen mit Wettbewerbern oder Lieferanten,[281] der Involvierung von Kunden und anderen externen Ressourcen in den Innovationsprozess[282] oder der Einbettung in Kooperationsnetzwerke und sog. „communities of practice".[283] Nienhüser/ Baumhus 2002 unterscheiden in diesem Kontext zwischen der Externalisierung von Arbeitstätigkeiten durch Auslagerung und anschließenden Zukauf von Fremdleistungen einerseits, und der Externalisierung von Arbeitskräften andererseits. Letzteres bezieht sich auf die Übernahme von Tätigkeiten durch „Fremdpersonal" anstelle von eigenem, arbeitsvertraglich gebundenem Personal,[284] wie dies auch durch hochqualifizierte externe Mitarbeiter geschieht.[285]

In der Arbeitswelt bedeutet die skizzierte Entwicklung zu einer Wissensorientierung, dass sich zum einen die Aufgaben und Tätigkeiten selbst wandeln und zunehmend wissensbasiert sind. Zum anderen ändert sich konsequenterweise auch die Gestaltung und Koordination dieser Aufgaben – ein Aspekt, der weitreichende organisatorische Flexibilisierungstendenzen von Unternehmen zur Folge hat.

---

277 Vgl. zum Outsourcing als klassischerweise dauerhafte Auslagerung von Funktionen, Prozessen, Aktivitäten auch und zur Diskussion dieser sog. Make or Buy-Entscheidung bzgl. Eigen- oder Fremdbezug Kaiser et al. 2007, S. 52ff.

278 Vgl. Matusik/ Hill 1998; Vanselow 2001.

279 Vgl. Cohen/ Levinthal 1990; Zahra/ George 2002.

280 Vgl. Penrose 1959; Wernerfeldt 1984 oder auch Wilkens 2004, S. 83.

281 Vgl. bspw. Fey/ Birkinshaw 2005, zit. nach Bonss et al. 2012, S. 188.

282 Vgl. Chesbrough 2003.

283 Vgl. bspw. Sydow 1992, S. 104; Brusoni et al. 2001 oder zu communities of practice auch Hildreth/ Kimble 2004.

284 Dieser Aspekt ist Kern der Neuen Beschäftigungsformen und wird im nachfolgenden Abschnitt 1.2.1.2 eingehender erläutert.

285 Vgl. Nienhüser/ Baumhus 2002, S. 61f.

1.2.1.2 Flexibilisierung von Arbeits- und Organisationskonzepten als Reaktion und neue Kopplung von Organisation und Individuum

Die Literatur hält eine Vielzahl von Begriffen und Metaphern vor, um Entwicklung und Formen neuer Organisationsmodelle auszudrücken: „Virtuelle Organisationen“ (Davidow/ Malone 1992), grenzenlose Unternehmen[286] oder schlanke Strukturen der sog. „lean production“ sind nur einige der diskutierten Schlagworte.[287] Im Kern geht es dabei um eine Flexibilisierung und Externalisierung von Arbeitsverhältnissen.[288] Neue Organisations- und Arbeitskonzepte wie temporäre Projektarbeit, unternehmensübergreifende Kooperationen oder kurzfristige Leiharbeit werden zu branchenweit eingesetzten Konzepten und verändern die Strukturen *innerhalb* von Unternehmen, aber auch die *Beziehungen zur unternehmensexternen Umwelt.*

Die Tendenz zu modularer, projektbasierter Arbeitsorganisation anstatt vormals hierarchisch-bürokratisch geprägter Strukturen und die Nutzung externer Ressourcen ist Ausdruck einer von vielen Unternehmen verfolgten Strategie der *externen Flexibilisierung.*[289] Hierdurch sollen Anpassungsfähigkeit erhöht, Kosten reduziert und vor allem als träge, starr und kostenintensiv angesehene Strukturen verschlankt werden. Hierbei spielen vor allem die numerische und funktionale Flexibilität eine bedeutende Rolle.[290] *Numerische (oder quantitative) Flexibilisierung* zielt auf eine kurzfristige und reibungslose Anpassung der Anzahl an Beschäftigten an den aktuellen Bedarf. Durch befristete Beschäftigung, den Rückgriff auf freiberuflich Tätige oder Leiharbeit kann flexibel auf Nachfrageschwankungen reagiert werden. *Funktionale Flexibilisierung* zielt auf die Ermöglichung einer umgehenden Bewältigung auch neuartiger Aufgaben. Dies wird v.a. relevant, wenn Unternehmen in dynamischen Umfeldern ad hoc auf sprunghaft ändernde Aufgabenanforderungen reagieren müssen und die internen Kapazitäten kurzfristig nicht ausreichen.[291]

In der Konsequenz führt diese Flexibilisierung zu tiefgreifenden Veränderungen in der *Personalstruktur* vieler Unternehmen: Einem insgesamt kleineren

---

286 Vgl. Picot et al. 2003.

287 Vgl. Barley/ Kunda 2006, S. 55 und die dort zitierte Literatur. Vgl. für die Verschlankung von Unternehmen und steigende Anpassungsfähigkeit auch Keller/ Seifert 2007, S. 15ff.

288 Vgl. Martin/ Nienhüser 2002, S. 1.

289 Vgl. Keller/ Seifert 2007, S. 15ff. sowie im Folgenden auch Kaiser et al. 2012b, S. 7.

290 Vgl. Kaiser/ Rossbach 2003; Kaiser et al. 2006 sowie zur Externalization of workforce bspw. Kalleberg 2000; Atkinson 1984, S. 28.

291 Vgl. auch Kaiser et al. 2012b, S. 11.

Kern an festangestelltem Stammpersonal steht eine sich vergrößernde Peripherie flexibler Formen der Beschäftigung, die sog. Randbelegschaft, gegenüber. Hierzu können z.B. Teilzeitbeschäftigte, Leiharbeitnehmer, freie Mitarbeiter oder Subunternehmer zählen. Diese Kombination aus „core" und „periphery", die auf das Modell der flexiblen Organisation von Atkinson 1984 zurückgeht, bestimmt die Fähigkeit von Unternehmen, auf veränderte Anforderungen der Umwelt zu reagieren, sodass eine Ergänzung der „Stammbelegschaft" zu einer realen Handlungsoption für Unternehmen wird.[292] Durch den bedarfsgerechten Zugriff auf verschiedene zeitlich befristete und zunehmend externe Leistungspotenziale werden Unternehmen somit verstärkt zu *offenen und atmenden* Organisationen.[293] Gleichzeitig ist die weitreichende Flexibilisierung mit einer Lockerung der Bindung zwischen Organisation und Individuum verbunden.[294] Damit werden neue Fragen der *organisationalen Grenzziehung* aufgeworfen. Mayrhofer/ Meyer 2002 sprechen in diesem Zuge von einer neuen Kopplung zwischen Organisationen und Individuen. Im Kern geht es um ein verändertes Verhältnis, das anstatt auf kontinuierliche Mitgliedschaft und festen Stellen vielmehr auf „temporäre" Bindung gründet.

Führt man sich vor Augen, dass sich durch den erheblich vereinfachten, weltweit möglichen Zugriff auf Wissensträger und -bestände auch die Wissensgrenzen einer Organisation problemlos hinausschieben und überwinden lassen, so wird deutlich, wie obsolet die ursprüngliche Vorstellung von Unternehmen als abgeschlossene, integrierte Gebilde wird.[295] Entsprechend stellen Picot et al. 2003 fest:

> „Die klassischen Grenzen der Unternehmung beginnen zu verschwimmen, sich nach innen wie nach außen zu verändern, teilweise auch aufzulösen. An die Stelle von tief gestaffelten Unternehmenshierarchien, die primär nach Befehl und Gehorsam funktionieren, treten zunehmend dezentrale, modular zerlegte Gebilde, die von Autonomie, Kooperation und indirekter Führung geprägt sind." (Picot et al. 2003, S. 2)

---

292 Vgl. Martin/ Nienhüser 2002, S. 4.

293 Unternehmen integrieren also zunehmend externe Ressourcen und Leistungskapazitäten und werden auf diese Weise zu offenen und „flexibel atmenden" Unternehmen (vgl. Kaiser 2011, S. 48). Damit können sie je nach Bedarf auf Ressourcen außerhalb des Unternehmens zugreifen. Zu externen Leistungspotenzialen zählen verschiedene Formen: Zeit- und Leiharbeiter, aber auch Dienstleister, Freelancer oder Kunden (sog. „Open Innovation").

294 Vgl. Mayrhofer/ Meyer 2002, S. 606.

295 Vgl. Picot et al. 2003, S. 2 und 6.

Die von Mayrhofer/ Meyer als Problem der organisationalen Grenzziehung thematisierte fluide Entwicklung wirft im Besonderen die Frage nach einer Unterscheidung zur Umwelt bzw. *Zugehörigkeit* auf:[296] Denn im Gegensatz etwa zu biologischen Systemen, die tendenziell klarer von ihrer Umwelt abgegrenzt werden könnten, seien Außengrenzen eines Unternehmens oder einer Organisation üblicherweise eher vage.[297] Die Autoren schlussfolgern, dass es kein genaues Verständnis dessen gebe, was zu einem Unternehmen gehören würde: „*Es lässt sich nicht ohne weiteres entscheiden, wer oder was in Bezug auf Organisationen 'drinnen' oder 'draußen' ist*" (Mayrhofer/ Meyer 2002, S. 602). In der Tat variieren die Bezugspunkte zur Bestimmung dieser Grenzen und beinhalten sowohl materielle Aspekte wie z. B. Ressourcen, die eine Organisation besitzt oder nutzen kann,[298] als auch eher immaterielle Aspekte wie mentale und soziale Grenzen.[299] Ebenso erfolgt eine Grenzziehung häufig auf Basis der sozialen Struktur, wie z. B. ein Projektteam, und damit v.a. durch *Verhalten* innerhalb der Organisation.[300] Insofern wird v.a. der Bereich *organisationalen Einflusses* zentraler Bezugspunkt für eine Bestimmung von Unternehmensgrenzen.[301]

Gerade für die Diskussion um externe hochqualifizierte Mitarbeiter sei an dieser Stelle auf den wesentlichen Konsens von organisationalen Grenzen als Trennlinie zwischen der Organisation und der sie umgebenden Umwelt verwiesen.[302] Festzuhalten ist, dass die Beschäftigung mit Unternehmensgrenzen somit offenbart, wie Organisationen mit ihrer Umwelt umgehen und welche

296 Vgl. Mayrhofer/ Meyer 2002, S. 602 sowie Paulsen/ Hernes 2003, S. 304.

297 Vgl. hierzu u. a. auch Miles et al. 1974, S. 248.

298 Vgl.Helfat 1997. Diese physische Grenzziehung wird unterschieden im Sinne materieller und regulatorischer Grenzen (vgl. Hernes 2003, S. 37).

299 Vgl. Paulsen/ Hernes 2003, S. 36ff.

300 Vgl. Santos/ Eisenhardt 2005, S. 491 sowie weiterführend Dutton et al. 1994. Wie Allport 1962, zit. nach Pfeffer/ Salancik 1978, S. 30 unterstreicht, seien Personen immer nur teilweise einem einzelnen System zugehörig, da sie gleichzeitig Teil vieler unterschiedlicher Systeme seien. Folglich sei es für Individuen durchaus möglich "*to be both part of an organization and part of its environment through different behaviors occurring at different times*" (Pfeffer/ Salancik 1978, S. 30).

301 Entsprechend stellen Pfeffer/ Salancik fest: „The boundary is where the discretion of the organization to control an activity is less than the discretion of another organization or individual to control that activity" (ebd, S. 32).

302 Sie stellen gleichermaßen Schutz vor Umwelteinflüssen als auch Mittel zur Ermöglichung von Arbeitsteilung dar (vgl. zu dieser Dualität Hernes 2003, S. 41f. und Mayrhofer/ Meyer 2002, S. 603).

Beziehung besteht.[303] Die Bedeutung eines Managements dieser Beziehungen[304] zeigt sich nicht zuletzt in der Diskussion um „Neue Beschäftigungsformen", die nachfolgend skizziert werden.

1.2.1.3 Vielfalt neuer Beschäftigungsformen

Die Flexibilisierung der Personalstruktur hat sich insbesondere im letzten Jahrzehnt in der weltweit gestiegenen Verbreitung von atypischen oder sog. *„Neuen Beschäftigungsformen"* gezeigt.[305] Die Ablösung des bislang als Standard geltenden „Normalarbeitsverhältnisses" (NAV) wird mit unterschiedlichen Begriffen wie „alternative employment", „contingent work" oder „contracting" bezeichnet. Bereits im Jahr 1996 waren in den USA 10% der Erwerbstätigen in alternativen Beschäftigungsverhältnissen tätig,[306] vier Jahre später in unterschiedlichen Berechnungen zwischen 10% und 35%.[307] Auch in Deutschland haben neue Formen die Beschäftigungsentwicklung in den letzten Jahren maßgeblich mit geprägt – wenngleich eine exakte statistische Bestimmung durch die Vielfalt an Erscheinungsformen und Datenbasen erschwert wird.[308] Berechnungen des Instituts für Arbeitsmarkt- und Berufsforschung und der Hans-Böckler-Stiftung verdeutlichen, dass zwischen einem Drittel und zwei Fünftel aller Beschäftigten mittlerweile nicht (mehr) in einem Normalarbeitsverhältnis beschäftigt sind.[309] Zahlen des Statistischen Bundesamtes zeigen insgesamt, dass der Anteil atypischer Beschäftigungs-formen zwischen 1998 und 2008 um rund 46% gestiegen ist, während Normalarbeitsverhältnisse im gleichen Zeitraum um 3% gesunken sind.[310] Insbesondere Freelancer als Teil

303 Vgl. Santos/ Eisenhardt 2005, S. 505.

304 Vgl. hierzu auch Paulsen/ Hernes 2003, S. 304.

305 Vgl. bspw. Matusik/ Hill 1998, Quinlan/ Bohle 2004, Burton-Jones 1999, S. 46ff. u.a.

306 Vgl. Cohany 1996, S. 31.

307 Vgl. Kador 2000, S. 63.

308 Vgl. Kaiser et al. 2007, S. 13. Zu den unterschiedlichen Schätzungen und ihrer Interpretation auch Martin/ Nienhüser 2002, S. 3.

309 Vgl. Hoffmann/ Walwei 2002; Martin/ Nienhüser 2002, S. 2f. und Hans-Böckler-Stiftung 2007, S. 1. Gerade im Krisenjahr 2008 haben Unternehmen in Deutschland das externe Flexibilitätspotenzial von Leiharbeit und befristeter Beschäftigung genutzt, um ihre personellen Kapazitäten an die aktuelle wirtschaftliche Situation anzupassen (vgl. Braun/ Oechsler 2012, S. 71).

310 Vgl. Statistisches Bundesamt 2009, S. 7f. Für die Berechnungen des Statistischen Bundesamtes werden befristete oder geringfügige Beschäftigung, Teilzeitarbeit sowie Zeitarbeit zu atypischer Beschäftigung gezählt.

der sog. „Solo-Selbstständigen" (Selbstständig Tätige ohne Mitarbeiter) sind in diesem Rahmen eine empirisch zunehmend bedeutsame Form atypischer Beschäftigung, deren Anteil an allen Erwerbstätigen zeitgleich um etwa 20% gestiegen ist.[311] Die Vermutung zukünftig noch steigender Relevanz[312] legen auch aktuelle Zahlen einer Studie des Marktforschungsunternehmens Lüdendonk aus dem Jahr 2011 nahe, die eine hohe Nachfrage nach freiberuflichen IT-Spezialisten nachweisen konnte.[313]

Was kann nun genau unter diesen neuen Beschäftigungsformen verstanden werden? Trotz der aufgezeigten Entwicklung existiert in praktischer wie wissenschaftlicher Diskussion noch keine allgemeingültige, konsistente Definition. Vielmehr herrscht eine Vielzahl von Begriffen und Formen,[314] welche Anhang A.3 beispielhaft auflistet. Im europäischen Sprachgebrauch haben sich mit „atypical/ insecure work" Begrifflichkeiten etabliert, die vor allem auf instabile und prekäre (Arbeits- und Lebens-) Verhältnisse hindeuten.[315] Entsprechend wird die Ablösung des Normalarbeitsverhältnisses durch die atypischen Kernformen Teilzeitarbeit, geringfügige Beschäftigung, befristete Beschäftigung sowie Leiharbeit häufig als *Prekarisierung* bezeichnet. Dieser Bezug scheint nahezuliegen, stehen bei den genannten Formen doch eher gering qualifizierte und zeitlich stark eingeschränkte Formen im Mittelpunkt.[316] Jedoch merken Keller/ Seifert 2006 eine differenziertere

---

311 Vgl. Kelleter 2009, S. 1205.

312 Vgl. Mayrhofer/ Meyer 2002, S. 600.

313 So konnten die befragten Anbieter des Marktsegmentes für Rekrutierung, Vermittlung und Steuerung von IT-Freelancern in 2010 durchschnittlich um 19,6% erhöhen (vgl. Lüdendonk 2011). Insgesamt lässt sich mit Martin/ Nienhüser 2002, S. 3 festhalten, dass – ausgehend von der recht unübersichtlichen Datenlage und divergierenden Interpretation der Neuen Beschäftigungsformen – „der Anteil atypischer Beschäftigung (.) irgendwo zwischen knapp 40 und 50 % liegen (dürfte)."

314 So wird in Großbritannien vielfach von „flexible, non-standard employment" gesprochen, womit alle nicht kontinuierlich ausgeübten, unbefristeten Arbeitsverhältnisse umfasst werden (vgl. beispielhaft Purcell/ Purcell 1998, S. 40; Mallon/ Duberley 2000, S. 33), während in den USA eher „contingent work", „contractors", „alternative employment contracts" gebräuchliche Begriffe sind (vgl. beispielhaft Storey et al. 2002, S. 5; Brewster 1998, S. 245).

315 Vgl. auch Isaksson/ Bellagh 2002, zit. nach Connelly 2002, S. 960.

316 Als Abgrenzung zu „Prekariat" dienen häufig subjektiv empfundene Kriterien, z. B. die empfundene Beschäftigungsunsicherheit. Notwendige operationalisierbare Kriterien, die in der Literatur unstrittig angewendet werden, betreffen z. B. das substanzsichernde Einkommen (vgl. Dörre 2005 sowie hierzu und nachfolgend Keller/ Seifert 2006, S. 235 und 238).

Betrachtung und präzisere Kriterien als notwendig an. Tatsächlich ist die externe Flexibilisierung durch den Einsatz auch hochqualifizierter Beschäftigung, gerade durch Freiberufler im IT-Bereich, ebenso möglich und atypische Beschäftigung insofern nicht per se mit prekären Verhältnissen gleichzusetzen.

Zentrales Merkmal in definitorischer Hinsicht bleibt jedoch vor allem ein geringer Grad an *Beschäftigungssicherheit*. Atypisch Beschäftigte werden häufig als „on-demand employment" (Polivka/ Nardone 1989, S. 10) für kurzfristige, abgeschlossene Aufgaben (z. B. Urlaubsvertretung) eingesetzt. Die Geschäftsbeziehung ist damit weniger auf eine längerfristige Bindung zwischen Individuum und beauftragender Organisation ausgelegt, sondern eher durch temporäre Ausrichtung und variierende Arbeitszeiten gekennzeichnet.[317] Entsprechend definieren Polivka/ Nardone 1989 „contingent work" als

> „Any job in which an individual does not have an explicit or implicit contract for long term employment and one in which the minimum hours can vary in a non-systematic way." (S. 11)

Zuordnungsschwierigkeiten werden in dieser Hinsicht bei Teilzeitarbeit offensichtlich: Da viele Teilzeitkräfte über Jahre hinweg für ihre Auftraggeber tätig werden, umfasst „contingent work" durchaus längerfristige, als stabil gesehene Arbeitsbeziehungen.[318] Keller/ Seifert 2007 sehen in dieser Beschäftigungsform vielmehr ein Instrument der internen Flexibilisierung, was insofern eine Subsumierung unter die „Neuen Beschäftigungsformen" ungeeignet erscheinen lässt. Sie betrachten Leiharbeit und befristete Beschäftigung jedoch ebenfalls als Möglichkeit der externen Flexibilisierung.[319] Weitere Systematisierungsansätze anderer Autoren betreffen Unterscheidungen hinsichtlich Grad der Qualifizierung (hoch, gering) und Selbstständigkeit (Selbstständige/ Freiberufler ohne Mitarbeiter, Angestellte bei Drittunternehmen).[320]

Für die vorliegende Arbeit soll die häufig zitierte, etwas weitere Abgrenzung zugrunde gelegt werden, die unter atypischer Beschäftigung sämtliche Beschäftigungsverhältnisse subsumiert, die von der Referenzgröße „Normalarbeitsverhältnis"

---

317 Vgl. bspw.Polivka 1996; Polivka/ Nardone 1989, S. 10; Barker/ Christensen 1998, S. 1 oder Barley/ Kunda 2006. Vgl. zur temporären Natur von „contingent work" auch Clarke 2003, S. 41.

318 Vgl. Polivka/ Nardone 1989, S. 10.

319 Vgl. Keller/ Seifert 2007, S. 17.

320 Vgl. z. B. Bidwell/ Briscoe 2009 oder Kunda et al. 2002. Einen detaillierten Überblick über Kategorien und Definitionen flexibler Beschäftigungsverhältnisse geben Gallagher/ Sverke 2005, S. 186ff.

abweichen:[321] Als *Normalarbeitsverhältnis* gelten vollzeitige, abhängige und unbefristete Tätigkeiten, die für gewöhnlich mit geregelten Arbeitszeiten und Einkommen einhergehen und insofern auf Dauer und Kontinuität angelegt sind.[322] Insofern können z. B. Teilzeitkräfte ebenso wie Leih- bzw. Zeitarbeiter, die befristet für Kundenunternehmen „entliehen" werden ebenso wie Saisonarbeiter oder Freiberufler zählen. Auch wenn sowohl Selbstständigkeit als auch Leiharbeit durchaus traditionell verankerte Beschäftigungsformen sind,[323] sei das „Neue" an diesen atypischen Formen darin zu sehen, dass sich skizzierten Formen in den letzten Jahren erheblich ausgebreitet haben, und zwar nicht im Sinne einer vorübergehenden Erscheinung, sondern vielmehr einer Entwicklung mit zunehmender Tendenz.[324] Innerhalb dieses weiten Spektrums an neuen Beschäftigungsformen ist der hochqualifizierte externe Mitarbeiter ein zahlenmäßig relativ kleiner, jedoch aufgrund vielfachen Einsatzes als erstrangiger Wissensträger für Unternehmen von besonderer Bedeutung.[325] Das nachfolgende Kapitel widmet sich der Darstellung dieser besonderen Form der neuen Beschäftigungsverhältnisse.

1.2.2 Annäherung an das Phänomen des hochqualifizierten externen Mitarbeiters

Der hochqualifizierte externe Mitarbeiter, der Fokus dieser Arbeit ist, repräsentiert einen kleineren, jedoch besonders relevanten Teil der vorangegangen skizzierten alternativen Beschäftigungsformen. Denn aus der Literatur und ersten empirischen Erkenntnissen kann auf eine steigende Relevanz der atypischen "professional or technical labor" (Storey et al. 2002, S. 5)[326] geschlossen

321 Vgl. bspw. Keller/ Seifert 2006, S. 235; Polivka/ Nardone 1989, S. 10; Polivka 1996, S. 3 oder Hipple 2001, S. 4.

322 Vgl. Fink et al., S. 4 oder auch Braun/ Oechsler 2012, S. 70. Keller/ Seifert listen als zentrale Kriterien unbefristete Vollzeittätigkeit mit entsprechendem Einkommen, Integration in soziale Sicherungssysteme, Identität von Arbeits- und Beschäftigungsverhältnis sowie die Weisungsgebundenheit vom Arbeitgeber auf. Sie betonen jedoch, dass es sich hierbei um eine enge Abgrenzung handelt, die bestimmte Varianten wie z. B. flexible Arbeitszeitmuster oder Telearbeit, Werkverträge oder Fremdarbeitsfirmen (vgl. Keller/ Seifert 2006, S. 235). Insofern passt diese Abgrenzung nur bedingt für vorliegende Arbeit, da hochqualifizierte Externe häufig in Teilen der o.g. Bindungsformen eingesetzt werden, wie in Abschnitt 1.2.2 noch zu zeigen sein wird.

323 Vgl. Martin/ Nienhüser 2002, S. 3.

324 Die Autoren sprechen im Zusammenhang mit dieser realisierbaren Beschäftigungsalternative auch von „virtueller Reservearmee" (Martin/ Nienhüser 2002, S. 4).

325 Vgl. bspw. Storey et al. 2002, S. 5 oder Kaiser/ Rössing 2010, S. 136.

326 Vgl. Kaiser et al. 2007, S. 14 und ebenso Matusik/ Hill 1998.

werden. Für eine Sensibilisierung für den Einsatz dieser Externen in gemischten Teams gilt es zunächst, ein fundiertes Verständnis um das Profil des Externen und seiner Besonderheiten zu entwickeln. Neben den zentralen Charakteristika Externalität und einer hohe Qualifizierung bzw. Professionalität zeichnet er sich tendenziell über weitere kognitive und persönlichkeitsbezogene, einstellungsbezogene Besonderheiten aus, die es im Kontext gemischter Teams zu berücksichtigen gilt. Diese werden nachfolgend beleuchtet.

1.2.2.1 Externalität und Professionalität als zentrale Charakteristika

In Anlehnung an Kaiser et al. 2007 und Kaiser/ Paust 2004 kann im Falle von hochqualifizierten externen Mitarbeitern auch von *„externen Professionals"* gesprochen werden.[327] Dieses Verständnis bringt die zwei wesentlichen Charakteristika zum Ausdruck: Externalität und Professionalität. Diese werden im Folgenden beleuchtet und mit Hilfe plausibler Annahmen aus der Literatur weiterentwickelt. Abbildung 8 spiegelt die begriffsbildenden Elemente wider.

Abbildung 8: Externalität und Professionalität als zentrale Charakteristika des hochqualifizierten externen Mitarbeiters

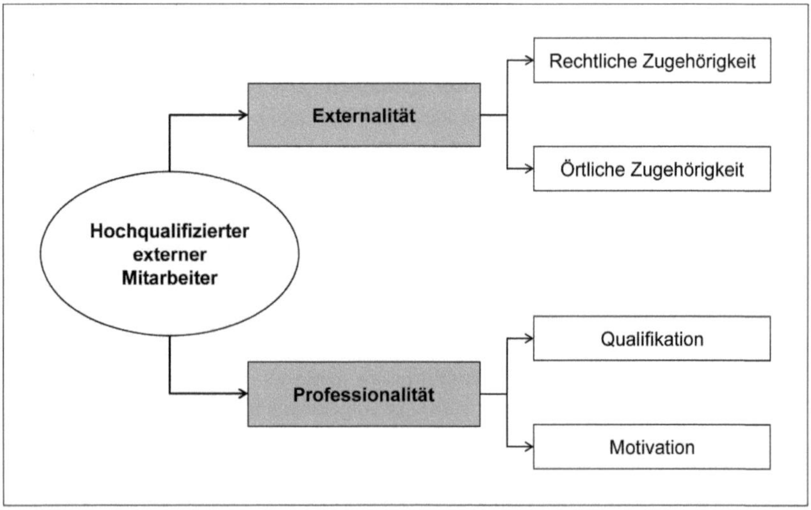

(Quelle: Verändert übernommen aus Kaiser/ Paust 2004, S. 28 und Kaiser et al. 2007, S. 15)

327 Vgl. Kaiser et al. 2007, S. 15f. und Kaiser/ Paust 2004, S. 28.

Externalität

Das Merkmal der Externalität beinhaltet zunächst die *formale Zugehörigkeit* zum Unternehmen.[328] Vereinfacht dargestellt sind Externe „alle diejenigen, die nicht angestellte Mitarbeiter des Unternehmens(teils) sind" (Preißner 2004, S. 2). Dass externe Projektmitarbeiter dabei keine homogene Gruppe sind, zeigt der Autor in einer Auflistung einer Reihe von Personengruppen, die das Spektrum umfassen können – von outgesourcten ehemaligen Festangestellten, die für unterschiedliche Auftraggeber tätig sind oder im Ruhestand „nebenbei" ihre Erfahrung in Projekte einbringen, über freiberuflich Tätige, (Unternehmens-) Berater, welche direkt an Konzeptionen mitarbeiten, oder sonstige Experten, die ihr Wissen in die Projekte einbringen, z. B. Mitarbeiter von Lieferanten.[329]

In einer Eingrenzung, welche für diese Arbeit herangezogen werden soll, unterscheiden Kaiser et al. 2007 in Anlehnung an Nienhüser/ Baumhus 2002 vor allem drei Möglichkeiten, wie Unternehmen externe Mitarbeiter einsetzen können:[330] Durch die Nutzung von Leihpersonal, den Abschluss von Werk- oder Dienstleistungsverträgen mit einem Fremdunternehmen, das Mitarbeiter zur Verfügung stellt, oder durch den Einsatz von Selbstständigen ohne Mitarbeiter, sog. Freelancer.[331]

Im Gegensatz zu festangestellten Mitarbeitern besteht mit hochqualifizierten Externen keine konventionelle Beschäftigungsbeziehung – im Sinne einer Festanstellung mit unbefristetem Arbeitsvertrag und fixem Gehalt[332]–, sondern die Leistungserbringung erfolgt häufig auf Basis von Werk- (§§ 631ff. BGB) oder Dienstverträgen (§§ 611ff. BGB). Beide Vertragsformen unterscheiden sich nach der Leistung, die geschuldet wird. Beim freien Dienstvertrag schuldet der Externe dem Auftraggeber sein Wirken, d. h. die Leistung der versprochenen Dienste.[333] Im Gegensatz dazu ist der Gegenstand beim Werkvertrag die Herstellung

---

328 Vgl. hierzu wie auch zu den nachfolgenden Ausführungen Kaiser et al. 2007, S. 15.

329 Vgl. Preißner 2004, S. 4 sowie ebenso Mallon/ Duberley 2000.

330 Vgl. Kaiser et al. 2007, S. 15 und Nienhüser/ Baumhus 2002, S. 62.

331 An dieser Stelle weisen Süß/ Becker 2010 auf den Unterschied zwischen „Freelance" als Tätigkeit und „Freiberufler" als Beruf hin, jedoch wird die freiberufliche bzw. Freelancing-Tätigkeit häufig auch synonym verwendet.

332 Vgl. Polivka/ Nardone 1989, S. 10; Polivka 1996, S. 3; Hipple 2001, S. 4 sowie die Ausführungen in Abschnitt 1.2.1.3.

333 Vgl. Hromadka/ Maschmann 2012, S. 3f. Als Gegenstand des Dienstvertrages können Dienste, die selbstständig oder nach Weisungen des Dienstberechtigten („abhängig") erbracht werden: § 611 BGB umfasse sowohl den freien Dienstvertrag als auch den abhängigen Arbeitsvertrag (vgl. §§ 621f. BGB). Letzterer trifft für den abhängig Beschäftigten, den „festangestellten" Mitarbeiter zu.

des versprochenen Werkes, insofern schuldet der Externe nicht nur sein Leistungsbemühen, sondern den Erfolg seines Wirkens. Hierbei kann das Erfolgsrisiko vom Unternehmen auf den externen Mitarbeiter übertragen werden.[334] Steht der externe Mitarbeiter nicht über eine direkte vertragliche Beziehung mit dem Unternehmen in Verbindung, sondern wird etwa über ein Drittunternehmen entsendet oder über ein Vermittlungsunternehmen akquiriert, so kann dies über *Dienst- oder Werkverschaffungsverträge* erfolgen: Zentraler Gegenstand ist dann nicht die Eigenleistung des Vertragspartners, sondern die Verschaffung von leistungsbereiten und -fähigen Dritten, wie z. B. bei Leihpersonal oder der Vermittlung von selbstständigen Freelancern. Beim *Leihpersonal*[335] überlässt ein verleihendes Unternehmen dem Entleiher Arbeitskräfte zur Erbringung einer Arbeitsleistung (vgl. § 1 Abs. 1 AÜG). Leiharbeitnehmer als Fremdpersonal müssen unterwiesen und in die Abteilung oder das Team des Entleihers voll integriert werden. Sie müssen als Neulinge behandelt werden und gelten als Mitarbeiter auf Zeit. *Freiberufler*, auch sog. Ein-Personen-Unternehmen[336] oder Solo-Selbstständige[337], sind dagegen selbstständig und auf eigene Rechnung und Verantwortung tätig. Sie erbringen persönlich und fachlich unabhängig Leistungen für ihre Auftraggeber, für die sie i.d.R. spezifisch qualifiziert sind. Die Leistungserstellung ist dabei zeitlich und räumlich flexibel.[338]

Diese arbeitsrechtlichen Rahmenbedingungen zeigen die Unterschiedlichkeit der vertraglichen Bindungen und entsprechenden Schuld- und Gewährleistungsverhältnissen, die beim Einsatz Externer bestehen. Die Bindung externer Mitarbeiter ist, da nicht arbeitsvertraglicher Art, als eher kurz- bis mittelfristig anzusehen.[339] Eine durchaus in der Praxis übliche längerfristige Bindung an einzelne Auftraggeber durch Folgeprojekte scheint dabei aber durchaus möglich.[340] Der rechtliche Kontext beeinflusst darüber hinaus die geregelten Verantwortlichkeiten

334 Vgl. Kaiser et al. 2007, S. 15 und ausführlicher zu den arbeitsrechtlichen Grundlagen Hromadka/ Maschmann 2012. Wie Hromadka/ Maschmann 2012, S. 5 anmerken, hänge die Frage, wer das Risiko des Erfolges tragen soll, u. a. davon ab, inwieweit durch die eigene Tätigkeit das Arbeitsergebnis beeinflusst werden kann.

335 Dies ist auch unter Zeitarbeit, Arbeitnehmerüberlassung oder Personalleasing bekannt.

336 Vgl. etwa Felfe et al. 2008, S. 82.

337 Für die Diskussion um sog. „Solo-Selbstständige“ vgl. bspw. auch Josephs/ Kettenbach 2012. Süß 2006 weist darauf hin, dass die Begrifflichkeit des Freelancern weder in der BWL noch im Sozialrecht eindeutig definiert sei.

338 Vgl. Süß 2006.

339 Vgl. Kaiser et al. 2007, S. 15.

340 Vgl. bspw. Nesheim 2003.

wie Weisungsbefugnis und Kontrolle des einsetzenden Unternehmens auf den Externen (ggf. Arbeitsschutzbestimmungen, Beurteilungen u.ä.) und unterscheidet Externe in dieser Hinsicht etwa von internen Mitarbeitern.[341] Denn mit *„Ausnahme des Leihpersonals unterstehen externe Mitarbeiter nicht dem (arbeitsrechtlichen) Direktionsrecht des Unternehmers“* (Kaiser et al. 2007, S. 15).[342]

Festzuhalten bleibt in diesem Zusammenhang, dass externe Mitarbeiter formal nicht zum Unternehmen gehören. In der zu Beginn des Abschnitts angeführten Negativ-Abgrenzung von Externen spielt insofern der Aspekt der *„Mitgliedschaft“* eine wesentliche Rolle, den Mayrhofer/ Meyer betonen: „Being on the payroll“ ist das weit verbreitete formale Kriterium zur Bestimmung der Mitgliedschaft, oder wie die Autoren umformulieren, wird die Zugehörigkeit über die o.g. Rechtsverhältnisse und die Einrichtung von „Stellen“ definiert.[343] Die in Abschnitt 1.2.1 erläuterte zunehmende Verbreitung flexiblerer Arbeitsformen wirft auch hinsichtlich der Mitgliedschaft Fragen nach der organisationalen Grenzziehung. In diesem Rahmen wurde diskutiert, dass die Bestimmung dessen schwierig sei, was innerhalb oder außerhalb einer Organisation sei. Für die Betrachtung hochqualifizierter externer Mitarbeiter kann insofern die Terminologie der *„Temporalisierung der Mitgliedschaft“* (Mayrhofer/ Meyer 2002) Anwendung finden: Durch die zeitliche Begrenzung seiner Leistungserbringung im einsetzenden Unternehmen wird der externe Mitarbeiter quasi zum temporären Unternehmensmitglied.[344] Insofern kann es durchaus sein, dass einsetzende Unternehmen Externe temporär wie Interne behandeln und an sie auch die gleichen Zumutungen hinsichtlich Steuerbarkeit und Einflussnahme oder Commitment adressieren können – sie bauen insofern die „Fiktion der

341 „Gegenüber den internen Projektmitarbeitern sind die externen Selbständigen oder Mitarbeiter eines anderen Unternehmens, die auf jeden Fall nicht arbeitsrechtlich dem Projektverantwortlichen unterstehen und keinen Anspruch auf Weiterbeschäftigung haben“ (Preißner 2004, S. 7).

342 Vgl. auch Nienhüser/ Baumhus 2002, S. 65 und 68 sowie detailliert zur Weisungsgebundenheit Hromadka/ Maschmann 2012, S. 5 und 9f. Weisungsgebundenheit bezieht sich dabei auf Entscheidungen über die Art und Weise, wie die Leistungserstellung erfolgen soll.

343 Vgl. Mayrhofer/ Meyer 2002, S. 605. Zur Begriffsbestimmung und Abgrenzung der Arbeitnehmereigenschaften vgl. bspw. Schaub et al. 2005, S. 69–86, zit. nach Urspruch 2007, S. 19.

344 Mayrhofer/ Meyer sprechen bei den „Neuen Selbstständigen“ auch von Mitgliedschaften neuen Stils und assoziieren damit eine Abflachung der strikt binären Codierung Mitglied/Nicht-Mitglied (S. 608f.).

Mitgliedschaft" auf.[345] In praktischer Hinsicht ist mit der Zugehörigkeit damit vor allem die Frage nach dem möglichen *Zugriff* von Unternehmensseite resp. Projektleitung auf die menschliche Ressource tangiert.[346] Relevant ist dabei die Frage nach einer möglichen Einflussnahme auf das *Leistungspotenzial* des Externen und die Kontrolle im konkreten Prozess der Leistungserbringung und hinsichtlich des Arbeitsergebnisses[347] sowie die Frage nach der möglichen resp. notwendigen Eingliederung in die Organisation. Dieser Aspekt wird insbesondere in der konkreten Zusammenarbeit im gemischten Team und der Steuerung durch die Projektleitung zu berücksichtigen sein.

Abschließend bleibt noch anzumerken, dass mit dem Spezifikum der Externalität ebenfalls auch der *Einsatzort* relevant wird, also die Stelle der Leistungserbringung.[348] Die Erbringung dieser Leistung erfolgt durch den Externen überwiegend im einsetzenden Unternehmen (örtliche Zugehörigkeit).[349] Dass dies jedoch nicht die ausschließliche Möglichkeit der Leistungserbingung ist, zeigt die Tatsache, dass Externe durchaus auch vor Ort Leistungen erbringen, andere als Telearbeiter,[350] oder als Freelancer auch zunehmend in sog. „Co-Working Spaces".[351]

Professionalität

Das zweite wesentliche Charakteristikum hochqualifizierter externer Mitarbeiter ist die Professionalität. Diese äußert sich in Qualifikation und Motivation.[352] Zunächst verfügt der Externe über eine hochwertige *Qualifikation*, die er zur Lösung der komplexen und meist unternehmensspezifischen Problemstellungen

345 Vgl. Mayrhofer/ Meyer 2002, S. 611.

346 Vgl. Preißner 2004, S. 2.

347 Vgl. bspw. Mayrhofer/ Meyer 2002, S. 610.

348 Vgl. Kaiser et al. 2007, S. 15.

349 Vgl. Kaiser/ Paust 2004, S. 28. Im Gegensatz dazu betont Preißner jedoch, dass externe Projektmitarbeiter sich gerade von internen Projektmitarbeitern unterscheiden, indem sie außerhalb des Unternehmens ihre Tätigkeit ausüben, stellt jedoch gleichermaßen fest, dass es fließende Übergänge gibt. Berücksichtigt man den Hinweis von Kaiser/ Paust 2004 auf den in der Unternehmenspraxis üblichen Sprachgebrauch – eine Person, die weder dem Unternehmen angehört noch ihre Arbeitsleistung innerhalb erbringt, würde in der Praxis kaum als „Externe" bezeichnet werden – kann gerade für die enge Zusammenarbeit im Team von einer überwiegend innerhalb des einsetzenden Unternehmens erbrachten Leistung ausgegangen werden.

350 Vgl. bspw. Preißner 2004.

351 Co-Working Spaces wie z. B. das "Betahaus" in Berlin und Hamburg oder das "combinat 56" in München sind gemeinschaftlich genutzte Büroräume, die gleichermaßen einen Raum für wechselseitigen Austausch, Projektakquise u. a. bieten.

352 Vgl. Kaiser et al. 2007, S. 16 und Kaiser/ Paust 2004, S. 28.

einsetzen kann:[353] Hochwertiges Wissen, das im fokalen Unternehmen z.T. nicht vorhanden ist oder häufig ad hoc nicht schnell genug aufgebaut werden kann. Somit ist das Wissen des Externen schnell verfügbar.[354] Denn häufig ist gerade in sich rasch ändernden und technologielastigen Branchen wie der IT, der Aufbau dieses spezifischen und meist hochkomplexen Wissens innerhalb des einsetzenden Unternehmens aus Kapazitätsgründen nicht möglich oder – mit Blick auf die Kernkompetenzen eines Unternehmens – in strategischer Hinsicht nicht intendiert.[355] Aber auch komplexe Dienstleistungen, wie sie neben Softwareentwicklern z.B. Unternehmensberater oder Ingenieure anbieten, werden beispielhaft genannt.[356] Insofern werden hier Dienstleistungen betrachtet, bei denen Wissen als Ressource den wichtigsten Inputfaktor während der Leistungserstellung darstellt.[357] Somit können hochqualifizierte Mitarbeiter als *Wissensarbeiter* betrachtet werden.

Mit dem Professionalitätsbegriff beziehen Kaiser et al. ebenfalls den Aspekt der *Motivation* mit in die Überlegungen ein. Zunächst wird in motivationaler Hinsicht die Annahme vertreten, dass ein Externer tendenziell eher unternehmerischer handelt als ein interner Mitarbeiter. Dies liegt durchaus nahe, führt man sich vor Augen, dass externe Mitarbeiter i.d.R. projektbasiert für ein Unternehmen tätig werden und durch eine eher kurz- bis mittelfristige Bindung an einzelne Auftraggeber durch eine erfolgreiche Leistungserstellung eine eigene Reputation aufbauen müssen, um Folgeprojekte akquirieren zu können. Gerade selbstständig tätige Freiberufler müssen als Unternehmer in ihr Humankapital investieren und sich eigenverantwortlich weiterbilden.[358] Weiterhin beeinflusst die nicht langfristige Bindung an ein Unternehmen, dass die flexiblen Externen auch tendenziell *eine geringere Loyalität* gegenüber einsetzenden Unternehmen zeigen.[359] Negative Auswirkungen auf die Intensität der Austauschbeziehungen mit Mitarbeitern eines Auftraggebers können insofern angenommen werden; dies zeigen empirische Belege bspw. für Commitment.[360]

---

353 Vgl. Gallagher/ McLean Parks 2001, S. 200.

354 Vgl. Nesheim 2003, S. 531 oder Matusik/ Hill 1998, S. 681.

355 Ein Beispiel wäre etwa der Aufbau und die Entwicklung einer unternehmensspezifischen Software im Automobilbereich, in dem die Kernkompetenzen jedoch in der Automobil- und nicht der Softwareentwicklung liegen.

356 Vgl. Schade/ Schott 1993, S. 491, zit. nach Kaiser et al. 2007, S. 16.

357 Vgl. Cramer 2004, S. 183.

358 Vgl. Kaiser et al. 2007, S. 16; Kaiser/ Paust 2004, S. 28.

359 Vgl. Kaiser/ Paust 2004.

360 Vgl. zum Commitment von „Contingent Workers“ ausführlich Gallagher/ McLean Parks 2001 sowie Süß 2006 zu Commitment speziell von IT-Freelancern.

1.2.2.2 *Ergänzung des Profils: Wissens- und Persönlichkeitsbezogene Besonderheiten*

Charakterisiert man hochqualifizierte externe Mitarbeiter als externe Professionals, dann geht es im Kern um einen qualifikationsbezogenes und motivationales Grundprofil. Aus diesen Spezifika lassen sich auf Basis plausibler Annahmen aus der Literatur einige weitere *tendenzielle* Eigenschaften ableiten und weiterentwickeln, die für die Identität hochqualifizierter Externer relevant und insbesondere in der Teamarbeit in Erscheinung treten können.

Zunächst scheint hierzu ein weiterführendes Verständnis von *Professionalität* sinnvoll. In der Literatur existiert eine kontroverse Diskussion um den Professionalitätsbegriff,[361] in der etwa zwischen work, occupation und profession unterschieden wird. Die Logik, dass Professionalität vor allem auf spezialisiertem Wissen aufbaut, wie z. B. Freidson 1994 argumentiert, zeigt sich auch in einer Betrachtung von Professionellen als Experten im Gegensatz zu Laien.[362] Darüber hinaus wird der Begriff neben dem Fachwissen, das sich in Fachsprache, Methodenkenntnis sowie spezialisierter Ausbildung niederschlägt, auch mit einem bestimmten Engagement und ethischem, normenbasierten Verhalten assoziiert. Dieses kann eine moralische Verpflichtung und ein Verantwortungsbewusstsein, v.a. um die Bedürfnisse der Kunden, festlegen.[363] Wenngleich ein derartiger professions- bzw. berufsständischer Standard, der sich z. B. in Verhaltensregelungen, Lizenzierungen oder Zugang zur Profession ausdrückt, wie ihn traditionelle Professionals wie Anwälte oder Mediziner[364] aufweisen, bei Externen im Sinne dieser Arbeit nicht immer gegeben ist, schafft diese Erweiterung um gewisse „ethische Standards“ doch einen handlungssteuernden Rahmen, der für Professionals im allgemeinen gelten kann. Professionell bedeutet dann, ein spezifisches Berufs- und Rollenverständnis zu haben, das auch mit einem

Forschungen von Swart et al. 2003 haben jedoch im Hinblick auf das Commitment von Professionals darauf hingewiesen, dass sie durchaus andere Formen von Commitment aufweisen können – neben der empfundenen Bindung gegenüber dem auftraggebenden Unternehmen vor allem zur Aufgabe oder zur „Profession“, zu Standards der Branche, u.ä. (vgl. Swart et al. 2003 und auch Gallagher/ Sverke 2005, die unterschiedliche Foki des Commitment atypisch Beschäftigter beleuchten).

361 Vgl. u. a. Selchert 1997 oder Freidson 1994.

362 Vgl. Freidson 1994. Professionelles Wissen kann nach Tordoir als "the articulation of scientific and documented knowledge, and the individual experience and dexterity of individuals" (Tordoir 1995, S. ix) definiert warden.

363 Vgl. Freidson 1994, S. 200 oder Goode 1972.

364 Vgl. Furusten/ Werr 2005, S. 9.

kundenorientierten, professionellen Verhalten einhergeht.[365] Furusten/ Werr 2005 sprechen in diesem Zusammenhang von *„new professionals"* wie Beratern oder „Temps", die in einem neuen Expertensystem jenseits traditionell verankerter Professionssysteme temporär ihre Expertise anbieten.[366]

Ebenso ist in diesem Kontext relevant, dass sich Professionals durch spezifische *Bedürfnisse* auszeichnen, wie bspw. Maister für den Kontext von Unternehmensberatern – einem häufig zitierten Beispiel für Professionals – thematisiert.

> „Maister (1997) vermutet, dass es typische Bedürfnisse von Professionals gibt. Professionals erwarten vor allem, möglichst viel zu lernen, innerhalb der Projekte weitgehend autonom arbeiten zu können und über gewissen Handlungsspielräume und Entscheidungsfreiheiten zu verfügen. Zudem sehen sie den Sinn ihrer Arbeit in einer herausfordernden Aufgabe, die von hoher Kundenbedeutung ist." (Klaasen-van Husen 2007, S. 45, referiert auf Maister 1997, S. 169).

Damit wird deutlich, dass sich aus der Professionalität hochqualifizierter *Externer zumindest in der Tendenz* weitere professionalitätsbezogene Eigenschaften angedacht werden können. Diese lassen sich in verschiedenen kognitiven und persönlichkeitsbezogenen Aspekten darstellen. Die zugrundeliegende Annahme ist, dass diese tendenzielle Eigenschaften externer Mitarbeiter, die im Teameinsatz zum Tragen kommen *können.*[367]

- *Hochwertiges Spezialistenwissen:* Es wurde aufgezeigt, dass hochqualifizierte Externe häufig über spezifisches Expertenwissen und Problemlösungsfähigkeiten verfügen, die unternehmensintern nicht zur Verfügung stehen[368] bzw. ad hoc nicht schnell genug aufgebaut werden können. Im Rahmen ihrer Tätigkeit in verschiedenen Projekten und ihre selbstständig vorangetriebenen Qualifizierungsmaßnahmen, um auf dem neuesten technologischen Stand zu bleiben, bauen sie kontinuierlich einen spezifischen, häufig einzigartigen „Pool" an Wissen und Fähigkeiten auf. Das skizzierte unternehmerische Denken resultiert, insbesondere auch bei freiberuflich Tätigen, aus den unterschiedlichsten

---

365 Vgl. auch Furusten/ Garsten 2005, S. 35 zur sozialen, verhaltensbezogenen Komponente von Professionalität: „The client wants more from the expert than excellence in technicalities. "

366 Vgl. Furusten/ Werr 2005, S. 10.

367 Vgl. für die nachfolgenden Ausführungen auch Kaiser et al. 2007, S. 17ff. sowie Rössing/ Kaiser 2012, S. 156ff. Letztere Überlegungen beziehen sich auf freiberuflich Tätige, sind aber in ihrer Grundform auch auf andere hochqualifizierte externe Mitarbeiter übertragbar.

368 Vgl. Mayrhofer/ Meyer 2002, S. 605; Gallagher/ McLean Parks 2001, S. 200.

Arbeits- und Firmenkontexten, in denen sich Externe bewegen. Entsprechend verfügen sie neben einem breiten Erfahrungsschatz über ein erhebliches Maß an autonomem und eigenverantwortlichem Denken, das sie produktiv in die Teamarbeit einbringen können.

- *Kognitive Fähigkeiten und Kreativpotenzial:* Horwitz et al. 2003 bspw. vertreten die Annahme, dass Wissensarbeiter besonders kognitiv leistungsfähig sind und neuartige Lösungsansätze finden. Diese Vermutung liegt auch für externe Mitarbeiter nahe, die aufgrund ihrer Tätigkeit nicht einem Unternehmen fest angehören, sondern vielmehr durch projektorientiertes Arbeiten zwischen unterschiedlichen Unternehmens- und Arbeitskontexten, Projekten und Industrien wechseln. Auf diese Weise lernen sie unterschiedliche Auftraggeber, Projektteams und Verfahrensweisen kennen, müssen sich immer wieder neu eingewöhnen und sammeln einen breiten inhaltlichen und kontextbezogenen Erfahrungsschatz. Dieser beinhaltet zum einen sog. *„Public Knowledge"*, über das Externe mehr verfügen als interne Projektmitarbeiter und in aktuelle Aufträge einbringen können: z. B. Wissen um branchen- oder unternehmensspezifische „Best Practices" und konkrete Anwendungsbeispiele.[369] Zum anderen können Externe als „Nomaden" zwischen den unterschiedlichen Kontexten neben ihren Praxiserfahrungen auch ihre Fähigkeit zu unternehmerischem Denken und flexibleren Handlungsrahmen erhöhen. Dieser Aspekt kann mit einem gewissen *kreativen Potenzial* verknüpft sein, dass in der konkreten Projektarbeit eingebracht und umgesetzt werden kann.[370] Bspw. werden Verbindungen und Interaktion mit unterschiedlichen Unternehmen und Teammitgliedern in Projekten im Sinne von *Sozialkapital* als kreativitätsförderlich angenommen.[371]
- *Meta-Kompetenzen:* Eng damit verknüpft ist die Entwicklung von Meta-Qualifikationen. Durch die kontinuierliche Eingewöhnung an neue Umfelder und Unternehmenskulturen, die Zusammenarbeit mit neuen Teammitgliedern und in sich ändernden Hierarchien, müssen sich externe Mitarbeiter sehr gut an neue Gegebenheiten anpassen (können). Erfolgreiche Externe bringen hierfür Meta-Kompetenzen wie soziale oder methodische

369 Vgl. Kaiser et al. 2007, S. 18 und Matusik/ Hill 1998, S. 683f.

370 Vgl. Rössing/ Kaiser 2012, S. 157f.

371 Vgl. z. B. Amabile et al. 1996 oder Woodman et al. 1993, zit. nach Perry-Smith 2006, S. 85. Im Rahmen ihrer „componential theory of creativity" vermutet Amabile einen wesentlichen Treiber individueller Kreativität neben bereichsspezifischem Expertenwissen und intrinsischer Motivation auch ein Set an kognitiven Fähigkeiten und flexiblen, selbstständigem unternehmerischer Persönlichkeit (vgl. Amabile et al. 1996 und Amabile/ Mueller 2007).

Kompetenz, Anpassungs- und Kommunikationsfähigkeiten oder die Fähigkeit zur Selbstorganisation mit – oder entwickeln diese im Laufe ihrer Tätigkeit. Gerade aufgrund der Anpassungsfähigkeit an sich schnell wandelnde Arbeits- und Lebensumstände kann Externen eine hohe Flexibilität und ggf. *„Leidensfähigkeit“* (Kaiser et al. 2007, S. 18) unterstellt werden, auch hinsichtlich der vom Auftraggeber zugemuteten Arbeitsbedingungen und -inhalte.

- *Aufgaben- und Ergebnisorientierung:* Es konnte bereits aufgezeigt werden, dass die eher kurz- bis mittelfristige Bindung an ihre Auftraggeber mit einer tendenziell geringeren personalen *Loyalität* Externer einhergeht.[372] Im Gegensatz zu internen Festangestellten müssen Externe nicht permanent verfügbar sein, erwarten im Gegenzug jedoch auch von ihren Auftraggebern keine langfristige Loyalität, wie dies auch Auftraggeber wechselseitig nicht intendieren. Vielmehr bedeutet ihre temporäre Mitgliedschaft, dass sie immer auf der Suche nach neuen Projekten sind. Gerade Freelancer können simultan mehrere Auftraggeber haben. Die zeitliche Befristung ihrer jeweiligen Projekte impliziert, dass parallel zu einem aktuellen Einsatz oder nach Beendigung bereits neue Kunden akquiriert werden müssen.[373] Diese „kontinuierliche Mehrgleisigkeit“ (Rössing/ Kaiser 2012, S. 158) erfordert insofern klare Prioritätensetzung, zeitliche Planung und macht ein ergebnisorientiertes Handeln wahrscheinlicher. Denn jede Projektverzögerung beeinflusst die Möglichkeiten, nachfolgende Projekte planen und annehmen zu können. Nicht nur aufgrund der Tatsache, dass Externe ihre – häufig frei gewählte[374] – Arbeit tendenziell gerne ausüben, sondern nicht zuletzt mit Blick auf die notwendige Akquisition von Folgeaufträgen, haben Externe ein Eigeninteresse an qualitativ hochwertigen Lösungen und Projektergebnissen. Insofern ist ihnen ein hohes Engagement bzgl. der Aufgabe zu Eigen.[375]
- *Autonomiebedürfnis und intrinsische Motivation:* Als Teil der „Professionals“ kann angenommen werden, dass hochqualifizierte Externe eine starke Präferenz für *Autonomie* (Autonomiebedürfnis) und eine konsequente Ablehnung

---

372 Vgl. Abschnitt 1.2.2.1.

373 Vgl. Trittin 2003, S. 141.

374 Vgl. Kaiser et al. 2007, S. 18. Gleichermaßen gibt es auch Externe, die weniger aus freier Entscheidung in die Selbstständigkeit oder die Tätigkeit als externe Spezialisten gegangen sind, sondern aus der Arbeitslosigkeit, Kündigung von Arbeitgeber oder ähnlichen Gründen, zu dieser Diskussion vgl. bspw. auch Bidwell/ Briscoe 2009.

375 Vgl. Swart et al. 2003. Damit kann auch angenommen werden, dass mit externen Mitarbeitern vor allem transaktionale psychologische Verträge bestehen (vgl. Rousseau 1995).

hierarchischer, formaler *Supervision* und organisationaler Kontrolle haben.[376] Ähnlich wie es bspw. von Rechts- oder Strategieberatern bekannt ist, dürften hochqualifizierte Externe aufgrund ihrer engen Zusammenarbeit mit ihren Auftraggebern und damit dem Erwerb von Kenntnissen unternehmensspezifischer Prozesse und Informationen (bei teils unternehmensweit relevanten und strategisch wichtigen „Kerngebieten") einen besonderen *Vertrauensstatus* im Unternehmen einnehmen. Ihre Verantwortlichkeit, die Interessen ihrer Kunden zu schützen[377], ebenso wie ihr Commitment zu professionellem Verhalten bzw. zur Aufgabe dürften damit die „Identität" als externe Wissensarbeiter ebenso wie ihr konkretes Verhalten im Projekt formen. Hochqualifizierte Externe dürften in diesem Zusammenhang überdurchschnittlich *intrinsisch motiviert* sein, d. h. sie lassen sich anstatt von externen Anreizen oder Kontrollen insbesondere durch die Aufgabe selbst motivieren, wenn sie als interessant und persönlich herausfordernd geschätzt wird.[378] Die motivationale Grundeinstellung dürfte auch daher resultieren, dass viele Externe z. B. den Weg in die Selbstständigkeit gewählt haben, um spezifische Rahmenbedingungen einer Festanstellung gerade zu vermeiden: Dazu gehören Aspekte der formalen Kontrolle, mikropolitische „Spielchen" und Abhängigkeiten von einzelnen Managern oder hierarchischen Strukturen.[379] Die Aufgabe einer sichereren Festanstellung kann dann in Erwartung positiver Aspekte wie selbstbestimmtem, zeitsouveränem Arbeiten[380] und dem Wunsch nach persönlicher Weiterentwicklung[381] aufgegeben werden. Auch die Aussicht auf gute Verdienstmöglichkeiten kann eine wichtige Rolle spielen.[382]

Diese Ausführungen stellen keine abschließende und überschneidungsfreien Darstellung der Profils hochqualifizierter Externer dar, geben jedoch einen

376 Vgl. Greenwood/ Empson 2003, S. 916; von Nordenflycht 2010, S. 160f. sowie auch das Paper von Rössing/ Kaiser 2011 sowie Rössing/ Kaiser 2012, in denen diese Gedanken bereits erstmalig umrissen wurden.

377 Von Nordenflycht bezeichnet dies als "responsibility to protect the interests of clients and/or society" (von Nordenflycht 2010, S. 163).

378 Vgl. Amabile et al. 1996; Swart et al. 2003.

379 Vgl. Kunda et al. 2002, S. 240ff.

380 Vgl. bspw. Kunda et al. 2002, S. 246ff.

381 Zur Employability von Freelancern als Beschäftigungsfähigkeit vgl. bspw. Süß/ Becker 2012.

382 Vgl. Kaiser et al. 2007, S. 18f. Dieser Aspekt der unterstellten Empfänglichkeit für monetäre Leistungsanreize könnte die Annahme stützen, dass Externe vielmehr extrinsisch als intrinsisch motiviert seien.

Eindruck über verhaltenssteuernde *Kernmerkmale*, die insbesondere im Teamkontext wichtig werden.

Die skizzierten Eigenschaften dürften interindividuell stark verschieden ausgeprägt sein, worauf bereits Kaiser et al. 2007, S. 18 hinweisen, und wie auch die Tatsache vermuten lässt, dass es sich bei hochqualifizierten externen Mitarbeitern im Sinne dieser Arbeit nicht um eine homogene Gruppe handelt. So dürften vor allem Freelancer aufgrund ihrer besonders selbstständigen und eigenverantwortlichen Tätigkeit ohne Weisungsgebundenheit zu Auftraggeber oder Dienstleistungsunternehmen in höherem Maße Eigenständigkeit, Eigenverantwortlichkeit und auch Autonomiebedürfnis haben. Von der Tendenz her sollten die hier skizzierten Fähigkeiten und Eigenschaften jedoch für hochqualifizierte Externe im Sinne eine „überdurchschnittlichen Standards“[383] – vor allem auch im Vergleich zu internen Festangestellten – gelten. Zusammenfassend lässt sich das Profil in Abbildung 9 darstellen.

Abbildung 9: Profil des hochqualifizierten externen Mitarbeiters

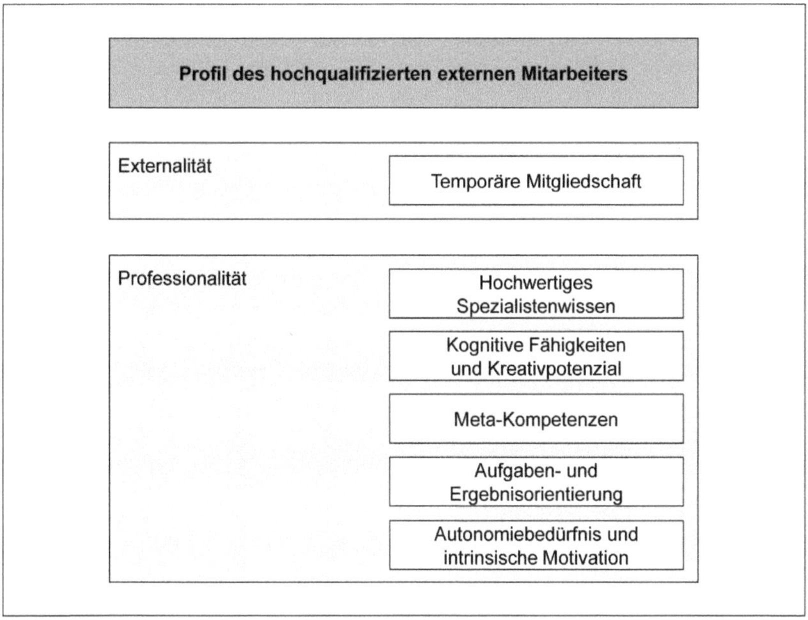

(Quelle: Eigene Darstellung)

383 Vgl. Kaiser et al. 2007, S. 18.

1.2.3 Der Einsatz hochqualifizierter externer Mitarbeiter im Unternehmen

Hochqualifizierte externe Mitarbeiter können aus unterschiedlichen Zielsetzungen und für unterschiedliche Aufgaben in Unternehmen eingesetzt werden. Ihr Einsatz kann dabei aus Gründen der Realisierung von Kosten- und Flexibilitätsvorteilen erfolgen, indem bspw. die Vorhaltung großer Personalkapazitäten minimiert wird. Gerade im hochqualifizierten Bereich spielt die Möglichkeit, durch den Einsatz Externer ad hoc Zugang zu neuem, innerhalb des Unternehmens (noch) nicht vorhandenen Wissens und neuer Kompetenzen, eine entscheidende Rolle.[384] Dies ist auch für den in dieser Arbeit fokussierten Bereich der Softwareentwicklung relevant. Hier erbringen externe Mitarbeiter häufig hochkomplexe, nur wenig standardisierte Dienstleistungen, die sie in enger Zusammenarbeit mit internen Beschäftigten des auftraggebenden Unternehmens erstellen. Insofern wird nachfolgend zunächst erläutert, dass externer Mitarbeiter als professioneller Dienstleister verstanden werden können (1.2.3.1). Die Erbringung ihrer Leistungen erfordert nicht nur aus dem Dienstlesitungskontext betrachtet ein enge Interaktion mit intern Beschäftigten, sondern erfolgt aufgrund des häufig hochindividualisierten, erst sukzessive im Projektverlauf zu spezifizierende Ergebnisses auch in Form eines „Leistungsversprechens". Der gesamte Einsatz hochqualifizierter externer Mitarbeiter als externe Dienstleister im Unternehmen lässt sich entlang eines charakteristischen „Lebenszyklus" mit unterschiedlichen Phasen konzipieren. Diese generellen Einstazphasen werden in Abschnitt 1.2.3.2 skizziert.

1.2.3.1 Externe Mitarbeiter als professionelle Dienstleister

Externe Mitarbeiter können ganz unterschiedliche Leistungen erbringen – das Spektrum kann dabei von Catering-Services über operative Personalakquise bis hin zur strategischen Unternehmensberatung reichen. Die vorangegangenen Ausführungen haben erkennen lassen, dass die Hochqualifizierten unter den externen Mitarbeitern gerade im *wissensintensiven Dienstleistungskontext* als erstranginge Kompetenzträger kaum mehr wegzudenken sind.[385] Diese Überlegungen erfordern eine genauere Betrachtung der Art der Leistungen, die Externe erbringen.

---

384 Eine detaillierte Darstellung der Zielsetzungen beim Einsatz externer Mitarbeiter findet sich bspw. bei Kaiser et al. 2007, S. 22ff. sowie weiterhin zu Flexibilitäts- und Ressourcenzielen auch Matusik/ Hill 1998 oder Davis-Blake/ Uzzi 1993.

385 Vgl. Kaiser/ Rössing 2010, S. 136.

Externe im Sinne dieser Arbeit waren als „Wissensarbeiter" charakterisiert worden[386], die zum einen über eine hohe Qualifikation und Expertenwissen verfügen und professionell im Sinne einer professionalisierten Einstellung und eigenverantwortlich tätig sind. Zum anderen erfolgt die Leistungserstellung im „B2B-Kontext", also in geschäftlichen Beziehungen zu Auftrag gebenden Organisationen. Hochqualifizierte externe Mitarbeiter erbringen als *professionelle Dienstleister* hochwertige, wissensintensive und spezifische Dienstleistungen für Unternehmen. In enumerativen Ansätzen umfassen sog. „Professional Services" Dienstleistungen wie Beratung, Entwicklung, Marktforschung, Durchführung von Werbekampagnen u.ä.[387] In einer Definition von Müller-Stewens et al. sind Professional Services

> *„Dienstleistungen, die in hohem Maße auf individuelle Kundenbedürfnisse zugeschnitten sind und in meist enger Zusammenarbeit mit dem Kunden unter Einbringung ausgeprägten Fachwissens und Erfahrung hochqualifizierter Mitarbeiter erbracht werden" (Müller-Stewens et al. 1999, S. 23)*

Im Mittelpunkt stehen unternehmensspezifische Problemlösungsbedarfe, für deren individuelle Bearbeitung der jeweilige Dienstleistungsanbieter beauftragt wird.[388] Damit werden bereits die konstitutiven Merkmale[389], durch welche sich Dienstleistungen etwa in Abgrenzung zu reinen Sachleistungen auszeichnen, deutlich: Hierunter werden neben dem o.g. Individualisierungsgrad vor allem die

---

386 Vgl. auch die Ausführungen im vorangegangenen Abschnitt 1.2.2.

387 Vgl. Leenders/ Fearon 1997; von Nordenflycht 2010, S. 156.

388 Vgl. Jeschke 2004, S. 124 und Bettencourt et al. 2002, S. 101. Bei wissensintensiven Dienstleistungen („knowledge-intensive services"), zu denen üblicherweise insbesondere Beratungs- oder Entwicklungsdienstleistungen gezählt werden, steht vor allem die Fachkompetenz von Experten als wesentliche Ressource des Anbieters im Leistungserstellungsprozess im Mittelpunkt der Betrachtung (vgl. Gummesson 1979, S. 308 oder Alvesson 1995, S. 7). Eine überschneidungsfreie Darstellung zu „professional services" scheint entsprechend schwierig. Da sich wissensintensive Dienstleistungen ebenfalls durch einen hohen Interaktions- und Individualisierungsgrad auszeichnen, können sie in Anlehnung z.B. an Voigt/ Thiell 2003, S. 294ff. als eine Teilmenge professioneller Dienstleistungen aufgefasst werden.

389 Vgl. u.a. Corsten 1985, S. 85ff. oder Engelhardt et al. 1993, S. 405f.

Immaterialität[390] bzw. Intangibilität[391] (Nicht-Greifbarkeit) sowie die Integration eines externen Faktors subsummiert. Dienstleistungen sind hinsichtlich der Leistungserstellung wie auch des Ergebnisses überwiegend immaterieller Natur, wenngleich durchaus auch materielle Bestandteile enthalten sein können, z. B. in Form von Dokumentationen der Quellcodes bei Softwareentwicklungen oder Projekt- bzw. Ergebnisberichten bei einer Beratung. Weiterhin erfordert die Erstellung einer Dienstleistung einen direkten oder indirekten Kontakt zwischen Kunden und Dienstleister. Diese Kundenintegration wird häufig auch als „Customer Participation" oder „Co-Production"[392] bezeichnet, um den Grad der Kundenbeteiligung an der Leistungserstellung hervorzuheben. Gerade mit Blick auf hochqualifizierte Mitarbeiter ist dieses Merkmal von besonderer Bedeutung. In der Phase der Leistungserstellung im Projektteam müssen externe Dienstleister und Kunde anwesend sein und miteinander interagieren.

Obwohl in der Praxis durchaus auch standardisierte Lösungen möglich sind, erbringen doch gerade hochqualifizierte externe Wissensarbeiter im Sinne dieser Arbeit sog. Kontraktgüter.[393] Diese sind komplexe und hochwertige Leistungen, wie sie Unternehmensberater, Ingenieurspezialisten oder IT-Freelancer erbringen, die individuell auf die Bedürfnisse des einsetzenden Unternehmens zugeschnitten sind und in der Interaktion mit dem Kunden gemeinsam entwickelt werden.[394] Nach Schade/ Schott 1993 und Kaas 1992 zeichnen sich Kontraktgüter dadurch aus, dass sie zum Zeitpunkt des Erwerbs durch den Kunden noch nicht bestehen, also keine vorgefertigten Güter, sondern vielmehr ein *„Leistungsversprechen"* sind.[395] Dies bedeutet, dass erst beim Kauf über einen Kontrakt die durch den Externen zu erbringende Leistung spezifiziert wird. Im Falle einer Softwareentwicklung heißt das bspw., dass zwar die vom Kundenunternehmen

---

390 Eine strikte Dichotomie zwischen „materiellen" Sachleistungen und „immateriellen" Dienstleistungen weicht jedoch zunehmend der Auffassung eines Kontinuums, in dem Sach- wie Dienstleistungen als Leistungsbündel verschiedene materielle und immaterielle Komponenten aufweisen (vgl. bspw. Shostack 1977).

391 In Anlehnung an die englische Herkunft des Begriffes sprechen einige Autoren mit Blick auf die Immaterialität von Dienstleistungen auch von „Intangibilität" (vgl. z. B. Hentschel 1992).

392 Vgl. Kelley et al. 1990, Bitner et al. 1997, bzw. Bettencourt et al. 2002.

393 Vgl. Kaiser et al. 2007, S. 16f. Im Gegensatz zu Kontraktgütern unterscheidet Kaas 1992 Austauschgüter, bei denen lediglich der Austausch von Eigentumsrechten im Mittelpunkt steht.

394 Vgl. hierzu Schade/ Schott 1993, S. 491, Kaas 1992, S. 885 und Kaas/ Schade 1993.

395 Vgl. Schade/ Schott 1991, S. 18 und Kaas 1992 und weiterhin auch Clark 2001, zit. nach Howden/ Pressey 2008, S. 791 oder von Nordenflycht 2010, S. 161.

vergebene Aufgabe „Erstellung einer neuen Kundendatenbank" zu Beginn der Geschäftsbeziehung allen beteiligten Akteuren bekannt ist, die genaue Anpassung an die Bedürfnisse und Gegebenheiten des Unternehmens aber erst im Laufe der Entwicklung dieser Software möglich ist.

Insofern besteht aus Sicht des einsetzenden Unternehmens eine hohe Unsicherheit und Informationsdefizite bzgl. Leistungspotenzial und Leistungsergebnis.[396] Die kaufrelevanten Eigenschaften sind häufig nicht vorhersehbar und erst nach Abschluss eines Projektes, wenn überhaupt, überprüfbar. Gerade hinsichtlich des Leistungswillen und der -fähigkeit des Externen besteht insofern Unsicherheit.[397] Der Externe als Verkäufer seiner Leistung kann auch nach dem Kauf in hohem Maße Qualität und Eigenschaften des Ergebnisses beeinflussen. Gerade die auch als Service Encounter bekannte enge Interaktion zwischen Dienstleistungsanbieter und Kunden beeinflusst die wahrgenommene Qualität der Dienstleistung. Damit erscheint die Qualität dieses gemeinsamen Leistungserstellungsprozesses von hoher Relevanz.[398] Beachtet man zudem, dass die von Externen erbrachte Leistung nicht nur hochwertig ist, sondern nicht selten auch in strategisch relevanten Kernprozessen eines Unternehmens erbracht wird[399] dann erscheinen die skizzierten Unsicherheits- und Informationsrisiken besonders bedeutsam.[400] Für das nachfragende Unternehmen ist in logischer Konsequenz die zentrale Aufgabe, mit der aufgezeigten Unsicherheits- und Informationsproblematik durch eine adäquate Qualitätssteuerung oder -sicherung umzugehen.

Im Rahmen der Schwierigkeit einer adäquaten Qualitätsbeurteilung von Dienstleistungen wird in der informationsökonomischen Leistungstypologie von Dienstleistungen auch von *„Vertrauenseigenschaften"* gesprochen. Dies bedeutet, dass die Transparenz der Qualität und der Beurteilungsmöglichkeit der Dienstleistungen eingeschränkt ist: Vertrauenseigenschaften können im

396 Vgl. Bruhn/ Stauss 2003, S. 295.

397 Vgl. Kaas 1992, S. 26.

398 Vgl. u. a. Bitner 1990, S. 70 oder Shostack 1985, S. 243. Karantinou/ Hogg 2009 betonen, dass „ (…) making the careful handling of interactions critical for the success of the intervention and for long-term relationship development purposes" (S. 250).

399 Auch Forschungsergebnisse von Kaiser et al. 2007, S. 17 und anderer Autoren (Matusik/ Hill 1998; Nesheim 2003 oder als Bestätigung dieser Erkenntnisse auch Kaiser/ Rössing 2010) lassen darauf schließen, dass hochqualifizierte externe Mitarbeiter – entgegen der klassischen Argumentation der Transaktionskostentheorie – in strategischen Kernbereichen eingesetzt werden.

400 Vgl. Schade/ Schott 1993, S. 492.

Gegensatz zu Such- oder Erfahrungseigenschaften weder vor oder während noch nach einem Kauf einwandfrei oder nur mit erheblichem Informations- und Kostenaufwand beurteilt werden. Eine Bewertung stützt sich daher in hohem Maße auf „Vertrauen".[401]

In diesem Rahmen betonen vor allem Weiber/ Adler 1995 oder Kaas/ Busch 1996, dass es kaum reine Erfahrungs- oder Vertrauensgüter gäbe, sondern realiter meist Mischformen mit jeweils dominierenden Eigenschaften anzutreffen seien.[402] Gerade die aufgezeigte Schwierigkeit der adäquaten Qualitätsbeurteilung dient vielen Autoren als Bezugspunkt, um mit professionellen Dienstleistungen vor allem Erfahrungs- und Vertrauenseigenschaften zu assoziieren.[403] Gemäß Zeithaml 1982 dominieren Vertrauenseigenschaften vor allem bei Dienstleistungen, die von Spezialisten bzw. „Professionals" erbracht werden.[404] Entsprechend kann dies für die Leistungen von hochqualifizierten Externen im Sinne dieser Arbeit gelten.

Insgesamt zeigen diese Ausführungen, dass hochqualifizierte Externe Leistungen erbringen, die in Zusammenarbeit mit dem Kundenunternehmen erstellt werden und deren Qualität nur schwierig überprüfbar ist und insofern mit Unsicherheit verbunden ist. Die geschäftliche Austauschbeziehung zwischen einsetzendem Unternehmen und Externen ist durch *Informationsasymmetrien* geprägt. Kundenunternehmen sind sich nicht immer im Klaren über die Leistungsfähigkeit und den Einsatzwillen der engagierten Externen; ebenso kann aber auch in umgekehrter Weise der Fall eintreten, dass der Externe u.U. nicht immer über die genaue Aufgabenstellung und seine Rolle, den tatsächlichen Grund seines Einsatzes und ggf. nicht eindeutig kommunizierte Intentionen des Unternehmens hinsichtlich der Geschäftsbeziehung informiert ist. Ein opportunistisches Verhalten durch Vertragspartner wird somit möglich und stellt ein nicht zu unterschätzendes Risiko in der Zusammenarbeit dar.

---

401 Die Unterscheidung der Transparenzeigenschaften von Gütern geht zurück auf Nelson 1970 und in erweiterter Form auf Darbi/ Karni 1973. *Sucheigenschaften* sind vor Abschluss eines Vertrages z. B. durch Inspektion oder Betrachtung von Größe und Gewicht eines Produktes überprüfbar. Auch Preis oder Reputation können einen wichtigen Anhaltspunkt geben. *Erfahrungseigenschaften* können zwar nicht vor Vertragsabschluss beobachtet werden, jedoch ist die Beurteilung der Qualität einer Leistung nach dem Kauf möglich. Basierend auf den Erfahrungen während der Leistungserstellung bzw. während der Inanspruchnahme der Leistung lassen sich bspw. Freundlichkeit oder Sorgfältigkeit des Personals feststellen (vgl. bspw. auch Zeithaml 1981, S. 186f.).

402 Vgl. Weiber/ Adler 1995, S. 60f.; Kaas/ Busch 1996, S. 244.

403 Vgl. Karantinou/ Hogg 2009, S. 250, Zeithaml 1981, S. 186f. oder Jeschke 2007, S. 599.

404 Vgl. Zeithaml 1982.

1.2.3.2 Einsatzphasen

Der Einsatz hochqualifizierter externer Mitarbeiter im Unternehmen lässt sich entlang eines „Lebenszyklus" im Unternehmen entlang unterschiedlicher Phasen konzipieren/ darstellen. Wenngleich bereits herausgestellt wurde, dass der Einsatz je nach vertraglicher Gestaltung, Zielsetzung und Aufgabenstellung oder Dauer individuell variieren kann, so gibt es doch einen tendenziell ähnlichen *charakteristischen Prozess*. Ähnlich dem Lebenszyklus von festangestellten „Normalbeschäftigten" lässt sich der Einsatz Externer in Anlehnung an Kaiser et al. 2007 in Form eines Phasenmodells visualisieren.[405] Abbildung 10 stellt die Perspektive des Externen jener des auftraggebenden Unternehmens gegenüber.

Abbildung 10: Modell der Einsatzphasen hochqualifizierter externer Mitarbeiter

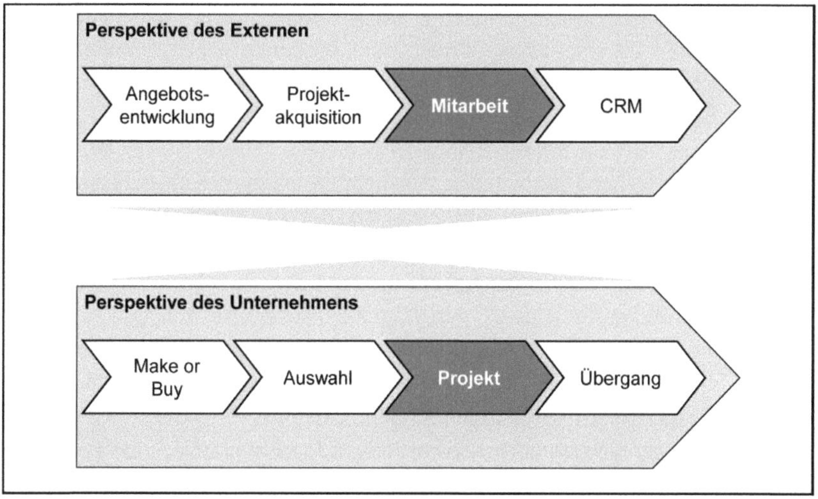

(Quelle: Eigene Darstellung in Anlehnung an Kaiser et al. 2007, S. 50)

Ähnlich wie es bspw. Ringlstetter/ Kaiser 2008 für den Lebenszyklus von Humanressourcen darstellen, beginnt der Zyklus aus Mitarbeitersicht mit der Stellensuche und endet mit der Beendigung eines Arbeitsverhältnisses.[406] Lediglich

405 Vgl. für die nachfolgenden Ausführungen im Besonderen Kaiser et al. 2007, S. 49ff.

406 Ringlstetter/ Kaiser 2008 leiten aus der Mitarbeiterperspektive bzw. seinem Berufsleben als konzeptionellem Bezugspunkt die verschiedenen Funktionen des Humanressourcen-Managements (Akquisition, Motivation, Entwicklung, Placement sowie Dispensation) ab (S. 12ff.).

der Aspekt der Sicherung der eigenen Beschäftigungsfähigkeit und des Lernen, der bei Festangestellten im Rahmen ihres Anstellungsverhältnisses erfolgt, findet beim Externen wie bereits skizziert zum Großteil außerhalb des einsetzenden Unternehmens (bzw. nur teilweise innerhalb der Projekttätigkeit) statt. Insofern können die folgenden wesentlichen Phasen beim Einsatz hochqualifizierter externer Mitarbeiter unterschieden werden:

- *Make or Buy:* Der Einsatz Externer und damit das Phasenmodell beginnt mit der Entscheidung des Unternehmens, bestimmte Aktivitäten nicht intern, sondern extern durchführen zu lassen (sog. „Make-or-buy"-Entscheidung). Diese Phase fällt nicht unbedingt zeitlich, aber zumindest logisch mit der Angebotsentwicklungsphase des externen Dienstleisters auf dem Markt zusammen. Denn es müssen zumindest Angebote unternehmensextern vorhanden sein bzw. bei Bedarf kundenspezifisch entwickelt werden. Die Buy-Entscheidung kann sowohl aus einer akuten Projektsituation heraus oder von höheren Hierarchieebenen aus strategischer Sicht, z. B. vom Vorstand, getroffen werden.
- *Auswahl:* Ist diese Entscheidung zugunsten des Einsatzes Externer ausgefallen, steht als nächstes die Spezifizierung der gesuchten Leistung sowie die Auswahl geeigneter externer Mitarbeiter an. Aus Sicht des externen Anbieters geht es nun im Kern um die Akquisition eines Projektes, im Zuge derer er die zuvor entwickelten Angebote auf dem Dienstleistungsmarkt zu verkaufen sucht. Unternehmen können in dieser Phase ggf. auf bereits bekannte Externe zurückgreifen, etwa aus früheren Projekteinsätzen, oder akquirieren mit Hilfe von Ausschreibungen oder der Hilfe von Dienstleistern und Vermittlungsunternehmen, wie z. B. Hays, die sich auf die Vermittlung von externen Spezialisten fokussieren.
- *Projekt:* Sind geeignete Kandidaten akquiriert und vertragliche Rahmenbedingungen geregelt, steht in der nachfolgenden Projektphase die Leistungserstellung im Mittelpunkt. Es kommt zum konkreten Einsatz des Externen im Team und der Zusammenarbeit mit internen Mitarbeitern. Für das Unternehmen heißt dies, das Projekt selbst und das Projektteam zu steuern und vor allem die vom Externen zu erbringende Leistung zu integrieren und hierfür die geeigneten Rahmenbedingungen zu schaffen. Für den Externen bedeutet diese Projektphase neben der Erbringung der vereinbarten Leistung i.d.R. auch, bereits nachfolgende Projekte zu akquirieren bzw. vorzubereiten.
- *Übergang:* Die abschließende Übergangs- oder Beendigungsphase steht im Zeichen der Beendigung des Projekteinsatzes und infolgedessen um das Beziehungsmanagement dieser Geschäftsbeziehung. Für das Unternehmen gilt es, ggf. sich anschließende Folgeprojekte vorzubereiten und dafür eventuell die Phasen zwischen den Einsätzen desselben Externen zu gestalten oder sein

endgültiges Ausscheiden ohne erhebliche Wissens- oder nachträgliche Leistungsverluste zu steuern. Kaiser et al. 2007 unterscheiden hier das Management einer Geschäftsbeziehung im Ruhestand, wenn es um einzelne externe Mitarbeiter geht, und das Management eines Netzwerks, wenn die Gesamtheit der externen Beziehungen im Vordergrund stehen.[407]

Die eigentliche Projektphase (in der Abbildung dunkelgrau unterlegt) steht in dieser Arbeit im Vordergrund. In dieser Phase arbeiten die Externen mit den internen Projektmitarbeitern zusammen und müssen für die Aufgabenbewältigung miteinander interagieren. Diese Phase der konkreten Leistungserstellung ist mit unterschiedlichen Spannungsfeldern und Herausforderungen verbunden. Diese werden im nachfolgenden Kapitel mit Erkenntnissen aus dem Bereich der Teamdiversität verknüpft, sodass ein konzeptioneller Denkrahmen für diese Arbeit entwickelt werden kann.

1.3 Intern-extern gemischte Projektteams aus der Perspektive der Teamdiversität

Die vorangegangenen beiden Kapitel haben die theroetische Grundlegung zu Teams und Führungsaspekten in Projektteams sowie eine Annäherung an das Phänomen des hochqualifizierten externen Mitarbeiters geleistet. Im Rahmen des Einsatzes Externer in Teams mit internen Beschäftigten rücken damit Aspekte der „Teamdiversität" in den Vordergrund: Denn aufgrund der Zusammensetzung aus unternehmensinternen und -externen Teammitgliedern kann folglich auch von diversen Teams gesprochen werden. Für ein detailliertes Verständnis intern-extern zusammengesetzter Teams, möglicher Wirkzusammenhänge und Herausforderungen gilt es daher, die konzeptionellen Grundlagen aus der Teamdiversitätsliteratur zu rekapitulieren, um diese auf den vorliegenden Kontext anwenden zu können. Im Vordergrund liegt dabei der Fokus auf der besonderen Unterscheidung bzgl. der „organisationalen Zugehörigkeit".

Die Literatur zur Diversität von Teams ist umfangreich und zuweilen unübersichtlich. Dies gilt für theoretische Ansätze und konzeptionelle Beiträge ebenso wie für die Vielzahl an empirischen Studien, die unter Einbezug der unterschiedlichsten Dimensionen von Teamdiversität Antezendenzen und Prozesse untersuchen und damit zuweilen die jeweilige Vor- oder Nachteilhaftigkeit von Heterogenität resp. Homogenität von Teams nahelegen. Nicht zuletzt hat dies mittlerweile zu einigen Reviews und Meta-Analysen geführt, die einen Überblick über das breite

407 Vgl. Kaiser et al. 2007, S. 51.

Themenfeld geben.[408] Nachfolgend wird daher nicht intendiert, eine vollständige Synthese der bisherigen Diskussion zu formulieren. Vielmehr soll nach einer begrifflichen Einführung in das Konzept und Dimensionen der Teamdiversität, in deren Rahmen auch die organisationale Zugehörigkeit skizziert wird (1.3.1), die Dualität der Wirkungsweise einer gemischten Zusammensetzung erörtert werden (1.3.2). Abschließend wird mit dem Categorization-Elaboration Modell ein konzeptioneller Ansatz vorgestellt, der die bisherigen meist komplementären Perspektiven der Teamdiversität integriert.

1.3.1 Das Konzept der Diversität in der Teamarbeit: Begriff, Formen und Dimensionen

Im Folgenden gilt es zunächst, ein einheitliches Verständnis der Begrifflichkeit „Teamdiversität" und der hiermit assoziierten Diversitätsdimensionen zu schaffen (1.3.1.1). Mit Blick auf intern-extern gemischte Teams wird anschließend der Aspekt der „organisationalen Zugehörigkeit" als relevantes Kriterium vorgestellt, das interne und externe Mitarbeiter unterscheidet (1.3.1.2). Als spezifische Form der strukturellen Zusammensetzung von Teams weist es auf eine unterschiedliche Prägung in den jeweiligen Organisationskontexten und potenzielle tiefer liegende Unterscheidungsmerkmale interner und externer Teammitglieder hin.

1.3.1.1 Definition und Dimensionen von Teamdiversität

Obgleich es in der sozialwissenschaftlichen Literatur seit langem Interesse an der Zusammensetzung von Teams gibt, bezeichnet der Begriff "Diversity" kein etabliertes, einheitliches Konstrukt.[409] Unabhängig davon, wie eng oder weit eine Begriffsfassung diskutiert wird, besteht weitgehend Einigkeit darüber, dass Diversität die Verschiedenartigkeit, Heterogenität und Individualität von Humanressourcen bezeichnet.[410] Dies gilt sowohl für die personelle Vielfalt von Beschäftigten auf Unternehmensebene als auch für das Ausmaß der Unterschiedlichkeit von Mitgliedern eines Teams, das im Folgenden im Vordergrund steht.

In einer weit gefassten Begriffsbestimmung bezeichnen Jackson et al. 1995 Diversität als *„umbrella term"*, der *„the presence of differences among members of a social unit"* (Jackson et al. 1995, S. 217) kennzeichnet. Da jedoch nicht nur die scheinbar objektiven Unterschiede, sondern vor allem die *Wahrnehmung* von

408 Stellvertretend sei an dieser Stelle auf Williams/ O'Reilly 1998; Horwitz 2005 und Horwitz/ Horwitz 2007 verwiesen.

409 Vgl. bspw. Jackson/ Ruderman 1995, S. 3 oder Harrison/ Klein 2007, S. 1199f.

410 Vgl. Hansen 2006, S. 334; Becker 2006, S. 7.

Unterschiedlichkeit relevant wird, kann mit van Knippenberg et al. 2004 der Definition von Diversität als „*differences between individuals on any attribute that may lead to the perception that another person is different from self*" (van Knippenberg et al. 2004, S. 1008) gefolgt werden.[411] Damit wird prinzipiell ein breites Spektrum möglicher *Unterscheidungsmerkmale* offensichtlich. So erfolgen Unterscheidungen nach unterschiedlichen Aspekten wie bspw. demographischen Variablen wie Alter und Geschlecht, Persönlichkeitsattributen, funktionalem Hintergrund, Erfahrung oder Beschäftigungsdauer; in geringerem Maße auch Vertrags- oder Arbeitsstatus.[412] Mitglieder eines Teams können sich folglich nach einer Vielzahl von Merkmalen voneinander unterscheiden, sodass Diversität als sehr facettenreiches, komplexes und mehrdimensionales Konstrukt angesehen wird.[413]

Bemühungen, die verschiedenen Aspekte der Diversität zu klassifizieren, haben vielfältige *Kategorisierungsschemata* hervorgebracht.[414] Ein verbreiteter Ansatz ist die zweidimensionale Unterscheidung nach der *Sichtbarkeit* von Attributen, wie sie z. B. Harrison et al. 1998 vornehmen.[415] Offensichtliche Attribute wie Alter, Geschlecht oder Hautfarbe gehören zur „surface-level diversity" und bezeichnen sofort wahrnehmbare, meist biologisch festgelegte, unveränderliche Merkmale, die sich in physischen Prägungen erkennen lassen. Zu den weniger offensichtlichen Eigenschaften zählen Werthaltungen, Fähigkeiten oder individuelle Erfahrungshintergründe. Diese sog. „deep-level diversity" bezieht sich auf Aspekte, die unterhalb der sofort wahrnehmbaren Oberfläche einer Person liegen und i.d.R. erst durch Sammlung von Informationen oder direkte Interaktionen erkannt werden können.[416]

Inhaltliche Klassifizierungen erfolgen bspw. hinsichtlich demographischer (z. B. Geschlecht, Alter), psychologischer (z. B. Werte, Überzeugungen) oder organisationaler Diversität (z. B. Beschäftigungsdauer, Hierarchieebene).[417] Pelled 1996 erweiterte die Diskussion, indem sie mit „highly job-related" und „less

---

411 Vgl. hierzu auch Williams/ O'Reilly 1998 und Jackson et al. 1992.

412 Vgl. für einen Überblick vgl. Williams/ O'Reilly 1998.

413 Vgl. bspw. Wegge 2003 oder Felsing 2006, S. 14 und die dort zitierte Literatur.

414 Einen Überblick über bestehende Klassifizierungen von Diversitätsdimensionen zeigt bspw. Horwitz 2005, S. 221ff.

415 Die Autoren greifen diesen Ansatz als *surface-* und *deep-level diversity* auf; Jackson et al. 1995 unterscheiden zwischen *readily detectable* und *unterlying attributes*, während Milliken/ Martins 1996 von *beobachtbaren* und *nicht beobachtbaren Unterschieden* sprechen. Vgl. für die nachfolgenden Ausführungen Jackson et al. 1995, S. 212; Harrison et al. 1998, S. 96ff. und Milliken/ Martins 1996, S. 403f.

416 Vgl. Harrison et al. 1998, S. 96.

417 Vgl. Jackson/ Ruderman 1995, S. 3.

job-related" Diversitätsattributen die *Aufgabenbezogenheit* in den Vordergrund rückt. Dabei wird postuliert, dass ein starker Aufgabenbezug – operationalisiert etwa als Branchenerfahrung oder fachliche Kompetenz – mit einem stärkeren Einfluss auf die Teameffektivität verknüpft sei als z. B. Geschlecht oder Ethnie. Die Vielschichtigkeit von Diversität berücksichtigt auch McGrath et al. 1995, indem er die fünf besonders relevanten Kategorien (1) demographische Merkmale, (2) aufgabenbezogene(s) Wissen und Fähigeiten, (3) Werte und Einstellungen, (4) persönliche, kognitive und verhaltensbezogene Eigenschaften sowie (5) Status in der das Team umgebenden Organisation unterscheidet.[418] Die einzelnen Aspekte variieren darin, wie einfach sie von anderen Personen beobachtet werden könnten (z. B. demographische Merkmale oder teils Abteilungszugehörigkeit) oder wie schwierig sich dies gestaltet (z. B. persönliche Werte). Eine Klassifizierung, die sowohl inhaltliche wie beobachtbare Unterschiede berücksichtigt, ist in der *Taxonomie* von Jackson et al. 1995 zu finden. Die Autoren unterscheiden zum einen hinsichtlich *eher aufgabenorientierten* („task-related") und *eher beziehungsorientierten* („relations-oriented") Diversitätsdimensionen, zum anderen hinsichtlich der *Beobachtbarkeit*. Entsprechend ergibt sich die Matrix in Abbildung 11.

Abbildung 11: Taxonomie der Diversitätsdimensionen

	Aufgabenbezogene Dimensionen	**Beziehungsorientierte Dimensionen**
Offensichtliche Attribute	- Unternehmens-/ Abteilungszugehörig keit - Beschäftigungsdauer - Formale Qualifikation / Ausbildung - Berufsgruppe	- Alter - Geschlecht - Nationalität - Ethnische Zugehörigkeit - Religion - Physisches Erscheinungsbild
Latente Attribute	- Wissen und Expertise - Kognitive Fähigkeiten - Erfahrung	- Einstellungen - Werte - Persönlichkeit

(Quelle: Eigene Darstellung in Anlehnung an Jackson et al. 1995)

418 Vgl. McGrath et al. 1995, S. 23.

Während die aufgabenbezogenen Attribute mit fähigkeitsbasierten und informationsorientierten Differenzen unter den Teammitgliedern assoziiert werden können, werden die beziehungsorientierten Aspekte mit sozialen Kategorisierungsprozessen verbunden.[419] Zu beachten ist, dass die Autoren die latenten, weniger offensichtlichen Merkmale weiter auffassen als bspw. Harrison et al. 1998 und nicht nur direkt beobachtbare, sondern auch direkt abfragbare oder bewusst gespeicherte Aspekte wie z. B. Berufsausbildung oder die Mitgliedschaft in Organisationen einbezieht.[420]

Die skizzierten Kategorisierungen dienen dazu, die komplexe Vielfältigkeit von Diversitätsdimensionen in der Teamarbeit zu strukturieren. Mit Hilfe der übersichtlichen Darstellung, etwa abschließend bei Jackson et al., sollen Wirkungen von Diversität auf Teamprozesse und -Leistungen besser verstanden und beeinflusst werden können.

1.3.1.2 Organisationale Zugehörigkeit als spezifische Form struktureller Diversität

Ein Großteil der Forschungsaufmerksamkeit zur Teamdiversität richtet sich vornehmlich auf demographische Variablen wie Alter, Geschlecht oder auch Beschäftigungsdauer.[421] Teils wird der Fokus von Untersuchungen vor allem auf fachlichem oder funktionalem Hintergrund gesehen.[422] Dagegen konstatiert Cummings 2004, dass „relatively little attention has been given to member differences in organizational affiliations, roles, or positions" (Cummings 2004, S. 353). Eigenschaften wie etwa die geographische Verteilung von Teammitgliedern oder die Zugehörigkeit zu unterschiedlichen Funktions- und Verantwortungsbereichen oder Abteilungen subsumiert er unter dem Begriff *„structural diversity"*. Die zugrundeliegende Annahme beruht darauf, dass strukturelle Diversität potenziell die Mitglieder eines Teams verschiedenen aufgabenrelevanten Informationen oder Wissensquellen aussetze und auf diese Weise z. B. auf den Wissensaustausch innerhalb eines Teams wirke.[423]

Ein wesentlicher Aspekt der strukturellen Zusammensetzung von Teams ist im Folgenden die Externalität resp. Internalität von Teammitgliedern – oder allgemeiner formuliert die *organisationale Zugehörigkeit*. Interne und externe

---

419 Vgl. van Knippenberg et al. 2004, S. 1008.

420 Vgl. Köppel 2008, S. 15.

421 Vgl. bspw. Williams/ O'Reilly 1998, S. 79; Cummings 2004, S. 353.

422 Vgl. Gebert 2004, S. 412.

423 Vgl. Cummings 2004, S. 353.

Mitarbeiter im Team unterscheiden sich durch ihre *Zugehörigkeit* zum auftraggebenden Unternehmen: Unternehmensinterne, i.d.R. festangestellte Teammitglieder auf der einen Seite und unternehmensexterne Spezialisten, die einem (externen) Dienstleistungsunternehmen zugehörig oder als Freelancer tätig sind und projektweise hinzugezogen werden.[424] Mit einer (festen) Mitgliedschaft waren in Abschnitt 1.2.2.1 insbesondere arbeitsrechtliche Aspekte, motivationale und loyalitätsbezogene Aspekte in Verbindung gebracht worden. Durch die zeitlich befristete Integration externer Mitarbeiter bauen Unternehmen die „Fiktion der (temporalisierten) Mitgliedschaft" (Mayrhofer/ Meyer 2002, S. 611) auf und behandeln externe temporär wie interne Mitglieder. In gemischten Teams werden Externe auf diese Weise zu „temporären Mitgliedern", ohne jedoch formal resp. rechtlich Teil des Unternehmens zu werden. Die Form der Zugehörigkeit ist insofern häufig *sichtbar*[425], als dass externe Mitarbeiter i.d.R. sichtbar andere Zugangsmöglichkeiten zur Organisation haben, etwa andere Identifikationsmerkmale (z. B. Badges, Ausweise) tragen oder nicht zu allen internen Routinen wie z. B. Trainings- und Entwicklungsmöglichkeiten oder gemeinsamem Mittagessen Zugang haben (vgl. Scheinselbstständigkeit).

Unter dem *Blickwinkel der Teamdiversität* lässt das Unterscheidungsmerkmal der organisationalen Zugehörigkeit in intern-extern gemischten Teams unterschiedliche Assoziationen oder Anlehnungen an ähnliche Themen zu:

- Eine gerade für den vorliegenden Kontext ähnliche Unterscheidung treffen bspw. Broschak/ Davis-Blake 2006, die explizit die *„heterogeneity in employment arrangements"* betrachten. Ihr Fokus liegt dabei v.a. auf Teilzeit- und temporär Beschäftigten im Vergleich zu Festangestellten. Nicht relevant ist jedoch, ob es sich dabei tatsächlich um unternehmens*interne* oder *-externe* Humanressourcen handelt. Diese Form der Teamdiversität fassen sie unter *„demographic diversity"*.
- Insbesondere bietet sich bei intern-extern gemischten Teams eine Anlehnung an den Begriff der *Interorganisationalität* nach Stock 2003 bzw. Gaitanides/ Stock 2004: Als interorganisationale Teams – im Gegensatz zu intraorganisationalen Teams – bezeichnen sie das Praxisphänomen, dass häufig Mitarbeiter

424 Vgl. hierzu auch die Ausführungen zu der Eigenschaft der Externalität hochqualifizierter externer Mitarbeiter in Abschnitt 1.2.2.1. Der Aspekt der Externalität war als „formale Zugehörigkeit" beschrieben worden, ebenso wurde auf den Einsatzort Externer in diesem Rahmen hingewiesen.

425 Vgl. zum Aspekt sowie Beispielen der Sichtbarkeit auch Broschak/ Davis-Blake 2006.

von Kundenunternehmen mehr oder weniger stark in ein Team integriert werden, sodass im Rahmen von Kooperationen zwischen Kunden- und Anbieter-Unternehmen z. B. Neuproduktentwicklungsteams aus Mitarbeitern beider Unternehmen bestehen.[426] Damit wird Interorganisationalität hier als „*institutionelle Heterogenität*" (Stock-Homburg 2008, S. 473f.) verstanden. Die Zugehörigkeit zu unterschiedlichen Organisationen kann interorganisationale Schnittstellen in einem Team implizieren, die unterschiedliche Subgruppen mit ggf. verschiedenen Interessen im Team darstellen.[427] Gemäß dieser Auffassung von Struktur innerhalb von Teams in Anlehnung an Berne 1963 wird der *Grad* der Interorganisationalität konzeptualisiert: Mitarbeiter von Anbieter- und Kunden-Unternehmen stellen mögliche Subgruppen dar, die in einem Team zusammenarbeiten und deren Ausgewogenheit in Bezug auf Anzahl und Macht innerhalb des Teams als hoher Grad der Interorganisationalität bezeichnet wird. Insofern bezieht sich der Grad der Interorganisationalität weniger auf inhaltsbezogene Diversitätsdimensionen, sondern vielmehr auf das quantitative und machtbezogene Verhältnis von Mitgliedern verschiedener Organisationen im Team und folgt damit gem. Mannix/ Neale 2005 dem Ansatz, Diversität aufgrund des proportionalen Verhältnisses von Minorität und Majorität im Team zu kategorisieren.[428] Die theoretische Grundlage sind bei Stock u. a. transaktionskostentheoretische Überlegungen, nicht jedoch Teamdiversität.

- Unter Diversitätsgesichtspunkten wird Interorganisationalität von Teams eher im Rahmen von Neuproduktentwicklungsteams und *interorganisationaler Kooperation* angerissen, ohne die Diversitätsthematik explizit in den Vordergrund zu rücken.[429] Als *explizite* Dimension von Teamdiversität wurde die Zugehörigkeit zu einer Organisation vereinzelt und nach spezifischen Aspekten untersucht, so z. B. bei Beckman 2006 mit dem Schwerpunkt früherer „organizational affiliations" von Gründungsteams oder mit dem Fokus auf Vertrauensunterschieden aufgrund explizit interner und externer Zugehörigkeit in Projektarbeiten bei Spector/ Jones 2004.

---

426 Vgl. Gaitanides/ Stock 2004, S. 437; Stock 2003, S. 2ff.

427 Vgl. hierzu auch die Ausführungen zur Theorie der Dynamik von Gruppen Berne 1963 bei Stock-Homburg 2008, S. 495 sowie nachfolgend auch Gaitanides/ Stock 2004, S. 438.

428 Vgl. Mannix/ Neale 2005, S. 35ff.

429 Vgl. bspw. Bstieler/ Hemmert 2010. Gleichwohl thematisieren die Autoren z. B. den Einfluss von Minoritäten resp. Majoritäten oder funktionale Effekte und Friktionen in interorganisationalen Neuproduktentwicklungsteams.

Im *Kontext intern-extern gemischter Teamarbeit* wird die organisationale Zugehörigkeit im Folgenden als *aktuelles* und i.d.R. *sichtbares* Unterscheidungsmerkmal von Teammitgliedern betrachtet. Als Diversitätsdimension kann es auf die Interaktionen wirken, da mit einer Mitgliedschaft zum einen eine bestimmte *organisationale Prägung bzw. Sozialisation* verbunden sein kann, und es zum anderen als sichtbares Merkmal auf *tiefer liegende funktionale oder persönlichkeitsbezogene Aspekte* der Teammitglieder deutet.

- *Unterschiedlichkeit aufgrund organisationaler Prägung*

Da interne und externe Mitarbeiter aufgrund ihrer Tätigkeiten i.d.R. in unterschiedlichen Beschäftigungskontexten sozialisiert sind, können hinter den jeweiligen Mitgliedschaftssattributen unterschiedliche Wissens- und Erfahrungshintergründe, Kompetenzen oder Einstellungen stehen. Die Prägung durch den Unternehmenskontext spielt hier die zentrale Rolle, da hier jeweilige Arbeitskulturen, Leitlinien, Routinen und Regelungen kennengelernt werden. Auch die Dauer der Beschäftigung oder Zugehörigkeit kann in diesem Rahmen relevant sein, wie etwa das Beispiel der „organizational cohort membership"[430] zeigt: Personen, die zum gleichen Zeitpunkt in eine Organisation eintreten – und damit einer „Kohorte" angehören – entwickeln neben ähnlichen Fähigkeiten und dem Verständnis bzgl. Unternehmenskultur und Arbeitsweisen auch ähnliche Identifikations- und Verhaltensmuster. Die diverse Dauer der Organisations- oder Gruppenzugehörigkeit kann damit die Interaktionsmuster und Prozesse der Zusammenarbeit beeinflussen. Auch auf Teamebene können ähnliche Kohorteneffekte nachgewiesen werden.[431] Mitglieder gleicher Organisationen, gleichen Eintrittsdatums o.ä. teilen demnach ähnliche Erfahrungen und entwickeln ähnliche Denkweisen und Verhaltensmuster, die in der Interaktion im Team zur Geltung kommen.

- *Unterschiedlichkeit aufgrund tiefer liegender Diversitätsaspekte*

Die organisationale Zugehörigkeit als sichtbares Diversitätsmerkmal interner und externer Mitarbeiter im gemischten Team kann Rückschlüsse auf tiefer liegende Unterschiede zulassen. Der zugrunde liegende Mechanismus beruht auf dem sog. „Trait"-Ansatz, demzufolge offensichtliche, demographische Attribute wie z. B. das Alter als Indikatoren oder Surrogate für komplexere und

---

430 Vgl. Pfeffer 1983 sowie Mannix/ Neale 2005, S. 34 und Milliken/ Martins 1996, S. 404.

431 In einer Studie von O'Reilly et al. 1989 konnte gezeigt werden, dass Abweichungen von der durchschnittlichen Dauer der Teamzugehörigkeit zu geringerer Integration im Team und höherer Fluktuation der Mitglieder führte.

meist implizite, tiefer liegende Unterschiede fungieren können.[432] Dies können etwa aufgabenbezogenes Wissen, Einstellungen oder Persönlichkeitsaspekte sein. Die sichtbaren Merkmale wirken entsprechend nicht unbedingt per se auf Einstellungen oder Verhaltensmuster, sondern vielmehr über die unterschiedlichen Erfahrungen und mit ihnen verknüpfte Perspektiven, die sie ermöglichen. Demnach kann das Unterscheidungsmerkmal der organisationalen Zugehörigkeit das Spektrum an arbeitsbezogenen Erfahrungen und individuellen Fähigkeiten reflektieren, in denen sich interne und externe Mitarbeiter durch ihre Prägung in verschiedenen Kontexten (s.o.) unterscheiden. Diese auch als *cognitive-resource perspective* bezeichnete Konzeption von Diversität wird im nachfolgenden Abschnitt in Bezug auf die Wirkung von Diversität noch genauer erörtert.

Die Ausführungen zeigen zusammenfassend zweierlei: Zum einen, dass die organisationale Zugehörigkeit als zunächst sichtbares Unterscheidungsmerkmal zwischen internen und externen Teammitgliedern mit weiteren – prägungsbezogenen und tiefer liegenden – Attributen verknüpft sein kann. Damit verbunden ist zum anderen, dass organisationale Zugehörigkeit nicht rein demographische Aspekte der Diversität vereint, sondern vielmehr mit organisationalen, aufgabenbezogenen Aspekten verknüpft scheint, welche in der Zusammenarbeit zum Tragen kommen. Damit kann es als Merkmal der strukturellen Diversität bspw. in Anlehnung an Mannix/ Neale 2005 auch als *„organizational-status differences"* aufgefasst werden.[433]

Fraglich bleibt, welche Diversitätsattribute im gemischten Team tatsächlich relevant sind und in der Interaktion zutage treten. Die unterschiedlichen Wirkungen von Diversität im Team werden im nachfolgenden Abschnitt genauer beleuchtet.

1.3.2 Wirkung von Teamdiversität

Nachdem nun ein grundlegendes konzeptionelles Verständnis von Teamdiversität und organisationaler Zugehörigkeit als relevantes Unterscheidungsmerkmal geschaffen wurde, soll im Folgenden die Wirkungsweise von Diversität in Teams

---

432 Vgl. hierzu und auch nachfolgend McGrath et al. 1995 sowie Webber/ Donahue 2001, S. 144; Milliken/ Martins 1996, S. 404 oder auch Pelled 1996.

433 Die Autoren nennen hierfür als Beispiel die Beschäftigungsdauer Mannix/ Neale 2005, S. 35). Milliken/ Martins 1996, S. 409 fassen "organizational membership" neben dem funktionalen Hintergrund oder der Branchenerfahrung unter „differences in skills and knowledge" und bringen damit ebenfalls den funktionalen Bezug zum Ausdruck.

betrachtet werden. Dies wird vor dem Hintergrund potenzieller Effekte organisationaler Zugehörigkeit in intern-extern gemischten Teams von Bedeutung sein.

Diversität wird in der wissenschaftlichen Diskussion immer wieder als *zweischneidiges Schwert* bezeichnet.[434] Vor dem Hintergrund oftmals widersprüchlicher theoretischer Fundierungen einerseits und konfligierender empirischer Befunde andererseits erscheint es wenig verwunderlich, wenn insgesamt von inkonsistenten Resultaten von Teamdiversität resp. -heterogenität auf die Teamleistungen geschlossen wird.[435] Während die Unterschiedlichkeit der Teammitglieder ein breites Spektrum an Perspektiven, Fähigkeiten und Wissen ermögliche, das positiv auf die Teamleistung wirke, verhindere das Aufeinanderprallen gerade dieser unterschiedlichen Perspektiven, etc. die Ausnutzung dieser (Leistungs-)Vorteile und führe zu Kommunikations- und sonstigen Konflikten. Damit sind die zwei wesentlichen und gegensätzlichen Perspektiven auf die Wirkungsweise von Teamdiversität umrissen: Die vor allem auf kognitiven, informationsbezogenen Vorteilen basierende *cognitive resource diversity theory*, die funktionale Effekte von Diversität propagiert, und die auf der Vorteilhaftigkeit der Ähnlichkeit von Teammitgliedern (*similarity-attraction paradigm*) und dysfunktionalen Kategorisierungsprozessen (*social categorization*) basierende Perspektive Im Folgenden werden entsprechend zusammenfassend sowohl funktionale bzw. positive Effekte (1.2.3.1) als auch dysfunktionale bzw. negative Effekte unterschiedlich zusammengesetzter Teams (1.2.3.2) erörtert. Hierbei werden jeweils zunächst empirische Erkenntnisse wie theoretische Erklärungsansätze berücksichtigt und anschließend auf intern-extern gemischte Teams bezogen.

1.3.2.1 Funktionale Effekte

Die wesentliche Idee der Vorteilhaftigkeit von Teamdiversität beruht auf der sog. „*value in diversity*"-Annahme:[436] Diese „optimistische" Perspektive postuliert, dass die Verschiedenartigkeit von Teammitgliedern einen Mehrwert impliziert,

---

434 "Indeed, diversity is often portrayed as a "double-edged sword" in contemporary organizational theory. At one end of the spectrum, proponents of team diversity stress positive effects of member heterogeneity on team outcomes whereas others counter that many irreconcilable divisions among heterogeneous members lead to dysfunctional team interaction and suboptimal performance" (Horwitz/ Horwitz 2007, S. 988).

435 Vgl. Williams/ O'Reilly 1998, zit. nach Horwitz/ Horwitz 2007.

436 Vgl. Cox et al. 1991, S. 827.

auch wenn bestimmte Herausforderungen in der Zusammenarbeit bestehen können.[437]

Basierend auf der *cognitive diversity hypothesis*[438] bzw. der *information/decision making perspective*[439] wird argumentiert, dass divers zusammengesetzte Teams mit einer großen Bandbreite an kognitiven Fähigkeiten, Wissen, Erfahrungen und Perspektiven ihrer einzelnen Mitglieder ausgestattet sind. Damit verfügen sie über einen „*larger pool of resources that may be helpful in dealing with nonroutine problems*“ (van Knippenberg/ Schippers 2007, S. 518), welcher zu höherer Kreativität und einer besseren Ideengenerierung beiträgt.[440] Im Ergebnis kann dies zu einer besseren Entscheidungsqualität führen; insbesondere der Kreativität und Innovationskraft im Vergleich zu homogenen Teams wird eine besonders wichtige Bedeutung zugesprochen. Unter Rückgriff auf Modelle der Teaminnovation, in denen i.d.R. die kreative Ideengenerierung zu Beginn und die Implementierung zum Ende eines Innovationszyklus unterschieden werden, kann Kreativität damit als erste Stufe im Innovationsprozess betrachtet werden.[441] In diesem Rahmen werden Diversität im Team und damit die Existenz unterschiedlichen Wissens und diverser Fähigkeiten häufig als Grundvoraussetzung für Kreativität im Team assoziiert.[442] Die Diversitätseffekte werden jedoch unterschiedlich bewertet: Häufig wird funktionale Diversität in Teams mit einem höheren Innovationsniveau verbunden, wohingegen Diversität in sozialen Kategorien wie z. B. Alter eher mit geringeren Innovationseffekten assoziiert wird.[443]

437 Vgl. Mannix/ Neale 2005, S. 33.
438 Vgl. Cox et al. 1991.
439 Vgl. Van Knippenberg et al. 2004.
440 Vgl. hierzu bspw. Ancona/ Caldwell 1992b; Taggar 2002 und van Knippenberg/ Schippers 2007, S. 518.
441 Vgl. West 2002, S. 356.
442 Vgl. bspw. West 2002 oder Sacramento et al. 2006, S. 86ff., die in ihrem Modell Ideengenerierung und -implementierung u. a. durch die Diversität an Wissen und Fähigkeiten sowie Teamprozesse determiniert sehen.
443 Vgl. Sacramento et al. 2006, S. 89.

Empirische Beispiele[444]

Die unterschiedlichen individuellen Perspektiven der Mitglieder erfordern eine genaue Erörterung der notwendigen Informationen und potenzieller Alternativen. Auf diese Weise sind ggf. entgegengesetzte Meinungen in Einklang zu bringen, so dass vorschnellem Konsens oder Gruppendenken vorgebeugt werden kann.[445] Entsprechend zeigen Jehn et al. 1999 einen positive Zusammenhang zwischen Diversität und konstruktiven Aufgabenkonflikten; Simons et al. 1999 beobachten, dass die Qualität von Teamdiskussionen und Entscheidungsprozessen in Top Management Teams bspw. durch eine unterschiedliche Ausbildung und Beschäftigungsdauer positiv beeinflusst wird. Gerade in Teams, die sich in funktionaler Hinsicht unterscheiden, wird ein besserer Zugang zu Informationen attestiert[446], z. B. durch einen stärkeren Informationsaustausch innerhalb des Teams[447] und eine bessere Verknüpfung zur teamexternen Umwelt.[448] Die vielfachen empirischen Erkenntnisse zu förderlichen Effekten von Teamdiversität legen insgesamt nahe, dass die Varietät von Perspektiven kreative Prozesse stimulieren und Innovationskraft fördern kann und zu qualitativ hochwertigeren Problemlösungen führt als dies bei einer homogenen Teamzusammensetzung der Fall wäre.[449] Diversität wird damit im Besonderen als informationale Ressource betrachtet.[450] Häufige empirische Unterstützung finden dabei vor allem funktionale Unterschiede der Teammitglieder.[451]

444 Für eine detaillierte Zusammenstellung empirischer Erkenntnisse zu funktionalen und dysfunktionalen Effekte einzelner Diversitätsdimensionen vgl. auch Horwitz 2005, S. 227ff.

445 Vgl. van Knippenberg et al. 2004, S. 1009; Scholl 2005. Nemeth 1986 konnte Kreativität hinsichtlich Ideengenerierung durch Minoritätsmitglieder nachweisen.

446 "Overall, research suggests that more functionally diverse teams may be better linked into external networks, allowing them greater access to information" (Milliken/ Martins 1996, S. 411).

447 Vgl. bspw. Drach-Zahavy/ Somech 2001 oder zur Übersicht Webber/ Donahue 2001 oder Pelled 1996.

448 Vgl. Ancona/ Caldwell 1992a. Dabei weisen Mannix/ Neale darauf hin, dass weniger Diversität per se aufgrund eines Informationsvorteils zu höherer Innovationskraft führe, sondern vielmehr eine verstärkte externe Kommunikation (vgl. Mannix/ Neale 2005, S. 34).

449 Vgl. Miura/ Hida 2004, S. 542; van Knippenberg 2007, S. 13; Horwitz/ Horwitz 2007, S. 989.

450 Vgl. van Knippenberg 2007, S. 13.

451 Vgl. Mannix/ Neale 2005, S. 34 sowie zur empirischen Bestätigung im Review von Horwitz/ Horwitz 2007, S. 1006.

Kontext intern-extern gemischter Teams[452]
Transferiert man die skizzierten Erkenntnisse nun auf den Kontext intern-extern gemischter Teams, sind potenziell förderliche Effekte denkbar, so dass die Unterschiedlichkeit der Teammitglieder einen positiven Beitrag zum Teamergebnis liefert bzw. liefern kann. Hierfür dürfte die Unterschiedlichkeit des Wissens eine wichtige Rolle spielen: Während Externe gerade aufgrund ihres aktuellen, unternehmensintern nicht vorhandenen fachlichen Spezialistenwissen eingesetzt werden,[453] sind interne Projektmitarbeiter mit den unternehmensspezifischen Prozessen vertraut. Die effektive Kombination beider „spezifischer Ressourcen" wird somit für nachhaltig funktionierende, neu entworfene Softwaresysteme unabdingbar. Neben dieser inputbasierten Sichtweise könnte die Annahme, dass gerade Interaktionen in Gruppen eine wichtige Quelle für kreative Ideen und Innovation sind, wie Miura/ Hida 2004 bekräftigen, insbesondere für gemischte Teams relevant sein. Denn für eine effektive gemeinsame Leistungserstellung müssen beide Seiten ihre jeweiligen Kompetenzen interaktiv bündeln, sich permanent austauschen, Informationen abgleichen und den jeweils aktuellen Status-Quo im Projekt re-evaluieren.[454] Insofern könnte die unterschiedliche Teamzusammensetzung förderliche Effekte auf die Zusammenarbeit haben.

1.3.2.2 Dysfunktionale Effekte

Im Gegensatz zur informationsbezogenen, funktionalen Perspektive der Teamdiversität stehen in der „pessimistischen" Sichtweise (*social categorization perspective bzw. similarity-attraction paradigm*) vor allem negative bzw. dysfunktionale Wirkungen im Vordergrund. Mit der Unterschiedlichkeit von Teammitgliedern werden insbesondere soziale Spannungen, geringer Zusammenhalt, kurzum: eine konfliktäre Zusammenarbeit und negative Effekte auf der Ergebnisebene verknüpft. Ein Mehrwert resultiert vielmehr aus der Ähnlichkeit der Mitglieder und damit einer homogenen Teamzusammensetzung.

---

452 Dieser gedankliche Transfer der nachfolgenden Ausführungen wurde in zusammenfassender Form in den Beiträgen zum FlinK-Forschungsprojekt von Kaiser et al. [Im Erscheinen, 2013] sowie Rössing/ Kaiser 2012, S. 158 dargestellt. Beide Beiträge sind eine Auskopplung von Teilthemen dieser Dissertation. In gleicher Form gilt dies auch für den Abschnitt 1.3.2.2 der dysfunktionalen Effekte, der sich ebenfalls auf die Beiträge Kaiser et al. [Im Erscheinen, 2013] sowie Rössing/ Kaiser 2012, S. 158f. bezieht.

453 Vgl. die Ausführungen in Abschnitt 1.2.2.1.

454 Vgl. hierzu etwa Hülsheger et al. 2009.

Als theoretische Fundierung für die Erklärung negativer Diversitätseffekte werden Erkenntnisse der *Sozialen Identitätstheorie* (SIT) und der eng damit verknüpften *Sozialen Kategorisierung*[455] und des *Ähnlichkeits-Attraktions-Paradigmas*[456] herangezogen.[457] Die Kernidee ist, dass Ähnlichkeiten und Differenzen von Individuen als Basis für Kategorisierungen fungieren,[458] sodass andere Personen in ähnlich empfundene „Ingroups" und als anders empfundene „Outgroups" eingeteilt werden. Dabei wird die Eigengruppe gemäß dem sog. *„similarity-attraction paradigm"* als attraktiver, sympathischer, vertrauenwürdiger, o.ä. angesehen wird, so dass mit dieser tendenziell eher interagiert wird.

Die *Theorie der sozialen Identität* erklärt die Beeinflussung individuellen Verhaltens aufgrund von Gruppenzugehörigkeiten.[459] Nach ihr entwickelt jedes Individuum seine eigene Identität mit Hilfe der Existenz anderer Personen oder Gruppen, indem es sich und andere in soziale Kategorien einteilt, die als bedeutsam erachtet werden[460], z. B. auf Basis von Alter, Ausbildung oder Beschäftigungsstatus. Mitglieder eines Teams interagieren somit nicht nur als Einzelpersonen, sondern auch als Mitglieder jener Gruppen, denen sie sich zugehörig fühlen.[461] Das Verhalten als Gruppenmitglied wird entsprechend durch das Bedürfnis determiniert, eine positive Selbstidentität bzw. ein positives Selbstbild aufrecht zu erhalten.[462] Soziale Identität entwickelt sich aus dem – primär kognitiven[463] – Prozess der sozialen Kategorisierung, wobei Menschen eine positive Beurteilung über ihre eigene soziale Kategorie und weniger positive über Mitglieder anderer

---

455 Vgl. Schuler 2004; Brewer 1995.

456 Vgl. Byrne 1971.

457 Während das similarity-attraction paradigm für dyadische Beziehungen entwickelt wurde, umfasse die Theorie sozialer Identität und Sozialer Kategorisierung auch Interaktionen auf der Teamebene, wie Mannix/ Neale 2005, S. 40 betonen.

458 Vgl. van Knippenberg et al. 2004, S. 1009.

459 Vgl. Mannix/ Neale 2005, S. 40 sowie Hogg 2005, S. 133, der die SIT vielmehr als "set of interconnected concepts that provide a unified social psychological explanation of group membership, group behavior, and intergroup relations" auffasst. In der SIT wird Diversität als generisches Konzept betrachtet, d. h. ohne die Einzelattribute von Individuen als Diversitätsmerkmale zu unterscheiden (vgl.Webber/ Donahue 2001, S. 159).

460 Vgl. auch Sacramento et al. 2006, S. 90f.

461 Vgl. Paulsen 2003, S. 16. Entsprechend wird konstatiert, dass „die Interaktion zwischen Individuen zugleich eine Intergruppen-Interaktion" sei (Wurst 2001, S. 21).

462 Vgl. Paulsen 2003, S. 18.

463 Vgl. Mannix/ Neale 2005, S. 40, wobei die Autoren darauf hinweisen, dass die Identitätsentwicklung darüber hinaus auch motivationale Aspekte umfasse.

Kategorien entwickeln. Denn die nach dem *Ähnlichkeits-Attraktions-Paradigma* bestehende wechselseitige Attraktion von Teammitgliedern mit ähnlichen bzw. ähnlich empfundenen Merkmalen[464] kann in diversen Teams zu Verzerrungen und erschwerter Zusammenarbeit führen. Soziale Kategorisierungsprozesse kreieren häufig stereotype „us-them"-Differenzierungen,[465] die individuelle Einstellungen und Verhalten gegenüber anderen beeinflussen:[466] Als Folge können Subgruppen entstehen, deren Mitglieder tendenziell weniger positive Einstellungen gegenüber „Anderen" haben, Vorurteile und Widerstände entwickeln und Mitglieder anderer sozialer Kategorien diskriminieren.[467] Unter solchen Bedingungen bauen Teammitglieder i.d.R. auch weniger soziale Beziehungen mit ihnen auf[468] und sind weniger bereit, aufgabenrelevante Informationen auszutauschen. Dies kann auch zu einem niedrigeren Innovationsniveau führen.[469]

Entsprechend zeigen *empirische Ergebnisse* für homogenere Teams bspw. eine größere Kohäsion untereinander,[470] höheres Commitment[471] oder weniger beziehungsorientierte Konflikte.[472] Zenger/ Lawrence 1989 zeigen, dass Ingenieure, die sich hinsichtlich Alter und Beschäftigungsdauer von ihren Projektkollegen unterscheiden, engagieren sich weniger in technisch orientierter Teamkommunikation. Im Rahmen dieser dysfunktionalen Perspektive wird Diversität häufig in Form von Unterschieden hinsichtlich sozialer Kategorien von Teammitgliedern konzeptualisiert,[473] wobei durchaus auch gemischte Resultate in Bezug auf strikt negative Zusammenhänge, z.B. zwischen demographischen Variablen wie Alter oder Geschlecht und Teamergebnissen, vorliegen.[474] Auch die strikte

---

464 Vgl. Horwitz 2005, S. 224 sowie Mannix/ Neale 2005, S. 39.

465 Vgl. Mannix/ Neale 2005, S. 41; van Knippenberg 2007, S. 12.

466 Vgl. Wurst 2001, S. 21 mit Bezug zu Turner 2003, S. 42ff.

467 Wenn infolge von Kategorisierung die separierende Einstellung von „Wir" und „Ihr" eingenommen wird, kommt es zur Tendenz, die jeweils „anderen" zu diskriminieren und diese als Unterlegen oder Konkurrent anzusehen (vgl. Guzzo/ Shea 1992 ebenso wie Tajfel/ Turner 1986, S. 13ff. sowie hierzu auch Wurst 2001, S. 25).

468 Vgl. Harrison et al. 2002 ; Byrne 1971.

469 Vgl. Sacramento et al. 2006, S. 91.

470 Vgl. O'Reilly et al. 1989.

471 Vgl. Tsui et al. 1992. Die Autoren berücksichtigen bspw. neben Alter u.a. auch die organisationale Zugehörigkeit/ Mitgliedschaft für Kategorisierungsprozesse.

472 Vgl. Jehn et al. 1999.

473 Vgl. Mannix/ Neale 2005, S. 34.

474 Vgl. für diese Festellung bspw. Mannix/ Neale 2005, S. 34f. oder Horwitz 2005, S. 225.

Annahme der Vorteilhaftigkeit von Ähnlichkeiten wird durchaus kritisch bewertet; so betont Stock, dass mittlerweile umfassende Erkenntnisse der Teamforschung vorlägen, nach denen Homogenität in und zwischen Teams zu einer verringerten Kommunikation führe, da keine neuen Ideen oder Lerneffekte erzielt werden könnten.[475] Nichtsdestotrotz zählt die Theorie der sozialen Identität heute zu den bedeutendsten Theorien in der Erforschung von Teams und liefert auch für den vorliegenden Diversitätskontext grundlegende Bezugspunkte.[476]

Aufbauend auf den skizzierten Erkenntnissen ist es im *Kontext intern-extern gemischter Teams* möglich, dass sie aufgrund verschiedener organisationaler Zugehörigkeit nicht in der Lage sind, ihr zur Verfügung stehendes Diversitätspotenzial ausreichend zu nutzen. Wenn Teammitglieder gegenüber ihren internen oder externen Kollegen voreingenommen sind, weil sie sie z. B. aufgrund der anderen Mitgliedschaftsform als „(zu) anders“ wahrnehmen, könnte dies entsprechend der skizzierten konzeptionellen Ansätze bspw. ihre Bereitschaft verringern, Informationen auszutauschen und für die gemeinsame Aufgabe weiterzuentwickeln. Die Bildung von internen und externen Teilgruppen ist denkbar, welche zu Vorurteilen gegenüber den jeweils „anderen“ führen und die individuelle Bereitschaft zur wechselseitigen Kooperation erheblich beeinflussen kann.[477] Auseinandersetzungen im Team können damit über Ziele und die Aufgabenbearbeitung hinausgehen und vielmehr über wettstreitende Identitäten und Gruppenzugehörigkeiten geführt werden.[478] Diversität im intern-extern gemischten Projektteam kann folglich zu Konflikten führen, die eine konstruktive Zusammenarbeit und damit die Nutzung des Diversitätspotenzials erschweren (können).

1.3.3 Das Categorization-Elaboration-Modell als integrierendes Erklärungsmodell von Diversitätseffekten im Team

Die vorangegangenen Ausführungen haben verdeutlicht, dass Teamdiversität unterschiedliche Effekte auf der Leistungsebene zur Folge haben kann: Während eine unterschiedliche Teamzusammensetzung aufgrund kognitiver Vielfalt

---

475 Vgl. Stock 2003, S. 33. Die Autorin bezieht sich hierbei u. a. auf Erkenntnisse von Campion et al. 1993 zum positiven Zusammenhang zwischen informationalen Unterschieden im Team und Kommunikation.

476 Vgl. hierfür sowie eine detaillierte kritische Refexion und einen breiteren Überblick über die Anwendung der Theorie Stock 2003, S. 33ff.

477 Vgl. u. a. Brewer 1979.

478 Vgl. Paulsen/ Hernes 2003, S. 19.

einerseits leistungsfördernd wirkt, sind die differierenden Attribute der Mitglieder jedoch aufgrund von Kategorisierungsprozessen andererseits kontraproduktiv, sodass vielmehr Homogenität stattdessen zu erfolgreicherer, synergetischer Zusammenarbeit führt.[479] Die skizzierten gegensätzlichen empirischen Befunde reflektieren diese konträren Diversitätseffekte. Eine Erklärungsmöglichkeit hierfür wird in den betreffenden *Diversitätsdimensionen* gesehen:[480] Negative Effekte, die aus Gruppenbildungen und Kategorisierungen resultieren, sind mit entsprechenden vorurteilsbehafteten Dimensionen wie Alter oder Ethnie verknüpft; positive Effekte werden mit informationalen Vorteilen assoziiert, die i.d.R. mit tiefer liegenden Unterschieden in Wissen und Fähigkeiten (z. B. Ausbildungshintergrund) verbunden werden.[481] Jedoch weisen Meta-Analysen auch für diese Betrachtungsweise inkonsistente Resultate aus.[482]

Vor diesem Hintergrund entwickelten van Knippenberg et al. 2004 das sog. *„Categorization-Elaboration-Modell (CEM)"*, das abschließend für diesen theoretischen Teil der Arbeit vorgestellt werden soll. Es fasst die Wirkungen von Teamdiversität, die in den vorangegangenen Ausführungen beleuchtet wurden, zusammen und integriert sie in einem ganzheitlichen Erklärungsmodell zu Diversitätseffekten im Team.[483] Als Erklärungsbeitrag für die bisherigen empirischen Ergebnisse berücksichtigt das CEM die besondere Relevanz von Informationsverarbeitungsprozessen im Team und erweitert das Verständnis von Kategorisierungsprozessen, indem auch Moderatoren berücksichtigt werden und integriert die beiden – bislang isoliert voneinander betrachteten – Perspektiven.[484]

Ausgangspunkt hierfür ist das Verständnis, dass *jede Diversitätsdimension* mit negativen und positiven Effekten assoziiert sein kann. Zentrale Annahme ist daher, dass jede Dimension prinzipiell Kategorisierungs- und Informationsverarbeitungsprozesse initiieren kann.[485] Informationsverarbeitung wie

479 Vgl. auch Horwitz 2005, S. 225.

480 Vgl. hierfür bspw. Mannix/ Neale 2005; Pelled 1996, van Knippenberg et al. 2004, S. 1009.

481 Vgl. van Knippenberg 2007, S. 14.

482 Vgl. hierfür bspw. Webber/ Donahue 2001. Auch Mannix/ Neale 2005 zeigen, dass nicht nur bestimmte Dimensionen von Diversität spezifische positive Auswirkungen haben (S. 34), sondern Prozesse wichtig sind.

483 Die nachfolgende Darstellung des CEM bezieht sich im Wesentlichen auf die Ausführungen von van Knippenberg et al. 2004, S. 1009ff. und van Knippenberg/ Schippers 2007.

484 Vgl. van Knippenberg et al. 2004, S. 1009f.

485 Vgl. van Knippenberg et al. 2004, S. 1010; van Knippenberg 2007, S. 15.

Kategorisierung sind dabei keine unabhängig voneinander ablaufenden Prozesse, sondern beeinflussen sich gegenseitig: Die positiven Diversitätseffekte basieren auf der produktiven Verarbeitung und Entwicklung relevanter Informationen im Team, jedoch können Kategorisierungsprozesse Verzerrungen durch die Bildung von Subgruppen hervorrufen, welche die Ausschöpfung dieses Potenzials unterminieren.[486] Damit besteht kein *zwangsläufiger* Zusammenhang zwischen der Unterschiedlichkeit von Teammitgliedern und einer besseren Leistung. Stattdessem ist eine *aktive* Nutzung des Diversitätspotenzials notwendig.[487] Abbildung 12 visualisiert die wesentlichen Zusammenhänge der Diversitätseffekte im CEM.

Abbildung 12: Das Categorization-Elaboration-Modell

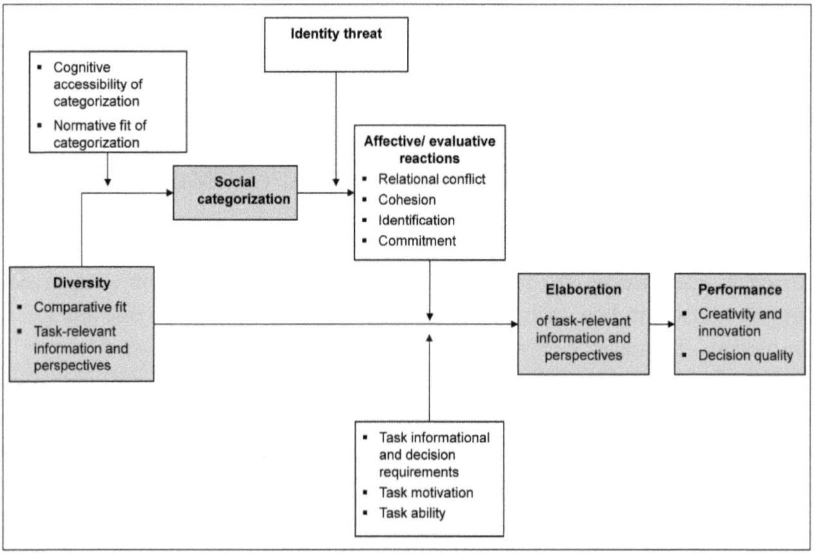

(Quelle: Leicht verändert übernommen aus van Knippenberg et al. 2004, S. 1010)

Ausgehend von der Information/decision-making perspective wird Diversität im CEM als Einflussfaktor auf die sog. *Elaboration aufgabenrelevanter Informationen* und Perspektiven betrachtet, wobei „elaboration" die grundlegenden Kommunikations- und Austauschprozesse innerhalb eines Teams bezeichnet (Austausch, Diskussion, Integration von Ideen, Feedback o.ä.). Diese Austauschprozesse sind

486 Vgl. Fay/ Guillaume 2007 und van Knippenberg 2007.
487 Vgl. van Knippenberg/ Ginkel 2010, S. 262.

positiv mit der Teamleistung, insbesondere Kreativität, Innovation und Entscheidungsqualität, verknüpft. Dieser Zusammenhang wird durch bestimmte Variablen, den Anforderungen der Aufgabe sowie der individuellen Motivation und den eingebrachten Fähigkeiten der Teammitglieder, moderiert. Diversität als informationale Ressource macht insofern v.a. bei anspruchsvollen, nicht-routinisierten sowie wissens- und austauschintensiven Aufgaben einen leistungsförderlichen Unterschied.[488]

Ebenfalls wird *sozialen Kategorisierungsprozessen* eine beeinflussende Rolle zugesprochen. Jedoch werden hierbei im Besonderen moderierende Faktoren für die Zusammenhänge Diversität/ soziale Kategorisierung sowie soziale Kategorisierung/ Bildung von Subgruppen berücksichtigt. Inwiefern individuelle Unterschiede tatsächlich Kategorisierungsprozesse erzeugen, hängt maßgeblich von ihrer *Salienz* ab: a) wie leicht sie kognitiv aktivierbar sind („cognitive accessability"), b) individuell bedeutsam erscheinen („normative fit") und c) eine Kategorisierung unterscheidbare, jedoch in sich relativ homogene Subgruppen erzeugt („comparative fit").[489] Somit kommen nicht alle potenziellen Kategorisierungen im Team auch tatsächlich zum Tragen. Darüber hinaus werden Verzerrungen zwischen Subgruppen – sog. „intergroup bias"[490] – nicht als „inevitable consequence of categorization" (van Knippenberg et al. 2004, S. 1015) und damit zwangsläufig negativen Diversitätseffekten betrachtet.[491] Vielmehr gilt im CEM die *wahrgenommene Bedrohung der eigenen (Subgruppen-)Identität* als zentrale Bedingung, unter welcher Kategorisierungsprozesse zu verzerrenden Effekten führen können und damit die informationalen Prozesse im Team beeinträchtigen.[492]

Insgesamt vereint und erweitert das CEM damit die traditionellen Perspektiven bzgl. Diversitätseffekten im Team, indem es die bislang isolierte Betrachtung von Informationsverarbeitung und sozialer Kategorisierung und damit verbunden die meist strikte Trennung zwischen positiven und negativen Effekten einzelner Diversitätsdimensionen zugunsten einer integrativen Betrachtung der Prozesse

488 Vgl. van Knippenberg 2007, S. 17.

489 Vgl. hierzu auch Turner et al. 1987, S. 131f.

490 Vgl. zu den potenziell *verzerrenden* Effekten wie die Favorisierung der eigenen Ingroup auch die Ausführungen im vorangegangenen Abschnit 1.3.2.2. Soziale Kategorisierung allein wird dagegen als reiner – nicht notwendiger Weise verzerrender – Mechanismus der Einteilung und Zuordnung von Personen betrachtet.

491 Vgl. van Knippenberg 2007, S. 22.

492 Damit sind negative Diversitätseffekte gem. van Knippenberg und Kollegen auf verzerrende Effekte, nicht jedoch durch die Kategorisierungsprozesse an sich zurückzuführen.

aufhebt. Entsprechend wird auch von einem „*hybrid model*" (Christian et al. 2006, S. 462) gesprochen.

Für den *Kontext intern-extern gemischter Teams* kann aus den Erkenntnissen des CEM Folgendes abgeleitet werden:

- Alle Dimensionen der Diversität, d.h. sichtbare wie tiefer liegende, sind relevant und können Informationsverarbeitungs- ebenso wie Kategorisierungsprozesse anstoßen. Dies ist für die *organisationale Zugehörigkeit*, die in Abschnitt 1.3.1.2 als zentrales Unterscheidungsmerkmal in gemischten Teams dargestellt wurde, und die sich ergebenden potenziellen Effekte zu berücksichtigen.
- Positive und negative Effekte von Teamdiversität ebenso wie die zugrundeliegenden Prozesse sind nicht unabhängig voneinander zu betrachten. Die Unterschiedlichkeit von Teammitgliedern birgt ein besonderes *Potenzial* für die leistungsförderliche Verarbeitung von aufgabenrelevanten Informationen. Jedoch führt Diversität nicht automatisch zu positiven Effekten. Ebenso führt Diversität nicht automatisch zu sozialer Kategorisierung und diese impliziert nicht zwangsläufig Verzerrungen aufgrund teaminterner Gruppenbildung. Entscheidend ist damit in praktischer Hinsicht für gemischte Teams, inwiefern das zur Verfügung stehende Potenzial auch tatsächlich genutzt werden kann.[493]
- Die Prozessperspektive und die Berücksichtigung von Situationsvariablen nehmen einen zentralen Stellenwert für die Erklärung von Diversitätseffekten ein. Auch für die weitere Betrachtung intern-extern gemischter Teams gilt insofern die Empfehlung von van Knippenberg 2007, dass „*we need to more carefully consider the group processes through which diversity may affect group performance, and we need to take the contingencies of these processes into account" (van Knippenberg 2007, S. 15).*

1.4 Zwischenfazit: Entwicklung eines konzeptionellen Denkrahmens

In diesem ersten Teil der Arbeit ging es darum, zunächst ein grundlegendes Verständnis des Phänomens intern-extern gemischter Projektteams zu ermöglichen. Dazu galt es, im Rahmen der Erläuterung der relevanten Begrifflichkeiten und theoretischen Konzepte einen fundierten Überblick über den derzeitigen Forschungsstand der zentralen Themen, welche die Schnittstelle zu gemischten Teams bilden, darzulegen. Die Erkenntnisse sollen abschließend zusammengetragen werden, um

493 Vgl. hierzu auch Webber/ Donahue 2001, S. 158.

einen konzeptionellen Denkrahmen entwickeln zu können. Dieser bildet den Ausgangspunkt für die nachfolgende empirische Untersuchung.

In *Kapitel 1* stand zunächst die Zusammenarbeit in und Führung von Projektteams im Vordergrund. Basierend auf einem Verständnis von Zusammenarbeit im Team als Interaktionsprozess konnten grundsätzliche Teamkonzepte und zentrale Komponenten, welche die Interaktion im Team bestimmen, vorgestellt werden. Darauf aufbauend stand der Begriff der Führung im Fokus. Für die vorliegende Arbeit wurde ein funktionales Führungsverständnis zugrundegelegt und die personale Führung in den Mittelpunkt gerückt, da es vor allem auf die zielbezogene Einflussnahme des gemischten Projektteams wie auch der einzelnen Teammitglieder während der Zusammenarbeit ankommt. Als besondere Form der Zusammenarbeit im Team wurden Projektteams vorgestellt. Insbesondere ihre Spezifika der zeitlichen Befristung neuartiger und unsicherer Aufgaben fungieren als wichtige Situationsvariable im Führungskontext. Daraus ließ sich für den vorliegenden Kontext schlussfolgern, dass die zwei wesentlichen Führungsaufgaben der Führung des Projektes *und* Projektmitarbeiter besondere Anforderungen an die Führung in temporären Systemen stellen und durch den Einsatz hochqualifizierter externer Mitarbeiter zu einem noch komplexeren Projektumfeld führen.

Darauf aufbauend stand in *Kapitel 2* das Phänomen des hochqualifizierten externern Mitarbeiters im Vordergrund. Als Teil der sog. „Neuen Beschäftigungsformen" und damit Ausdruck tiefgreifender Veränderungen der Personalstruktur und zunehmenden unternehmensexternen Kooperationen vieler Unternehmen konnte sein Profil geschärft werden: Neben ersten *tendenziellen Hinweisen* auf spezielle persönlichkeitsbezogene, motivationale, wissensbezogene Eigenschaften wurden insbesondere die Professionalität und die Externalität als zentrale Charakteristika aufgezeigt. Diese Besonderheiten bringt der hochqualifizierte Externe als Freelancer, Angestellter eines externen Dienstleisters oder Leihpersonal in die gemischte Teamarbeit ein.

Kapitel 3 fasste die bisherigen Erkenntnisse zusammen, indem die zunächst erfolgte Betrachtung von (Projekt-)Teams im Allgemeinen um die Perspektive hochqualifizierter externer Mitarbeiter erweitert wurde. Auf diese Weise wurde der Aspekt der Teamdiversität relevant: Durch die Zusammensetzung von Projektteams aus festangestellten, internen Teammitgliedern und hochqualifizierten Externen entstehen intern-extern gemischte Projektteams, deren wesentliches Unterscheidungsmerkmal als „organisationale Zugehörigkeit" skizziert wurde. Im Rahmen der Vorstellung der zwei grundsätzlichen Perspektiven der Diversitätsforschung sowie des integrierenden Categorization-Elaboration-Modells konnten wesentliche Mechanismen der Wirkung von Teamdiversität erläutert werden. Aus der Diskussion potenzieller positiver und negativer Diversitätseffekte sowie sichtbarer und tiefer liegender Unterschiede konnten erste Hinweise für einen Transfer auf den Kontext intern-extern gemischter Teams generiert werden.

Aus den in diesem Kapitel zusammengefassten und erweiterten Überlegungen ist es nun möglich, einen konzeptionellen Denkrahmen zu entwickeln. Dieser bildet gleichermaßen die Zusammenfassung der bisherigen Erkenntnisse sowie die Erweiterung eigener Überlegungen und offener Fragen und damit den Ausgangspunkt für die nachfolgende empirische Untersuchung.

Festangestellte, interne Mitarbeiter arbeiten mit zeitlich befristet engagierten hochqualifizierten Externen gemeinschaftlich an einer meist innovativen Aufgabenstellung, z. B. der Entwicklung einer neuen Software. Externe werden dabei nicht zu permanenten, „normalen“ Organisations- oder Teammitgliedern, die offiziellen Weisungsbefugnissen unterliegen. Vielmehr können sie als „temporäre Mitglieder“ der (unternehmens-) grenzüberschreitenden Zusammenarbeit betrachtet werden.[494]

Abbildung 13: Konzeptioneller Denkrahmen zur Zusammenarbeit in intern-extern gemischten Projektteams

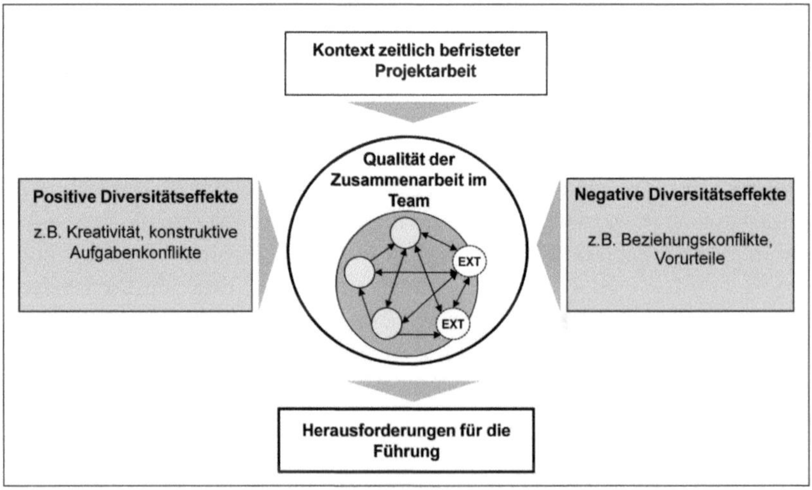

(Quelle: Eigene Darstellung)

494 Dies ist in der Abbildung durch eine gestrichelte Linie zur Markierung der Externen, die visuell auf dem Übergang von außen nach innen markiert wurden, gekennzeichnet.

In die Phase der Leistungserstellung, der interaktiven Zusammenarbeit, im Rahmen derer ein intensiver Wissens- und Informationsaustausch notwendig ist, bringen interne wie externe Teammitglieder ihre besonderen Erfahrungen, Wissenshintergründe und Persönlichkeiten ein. Die wechselseitigen Austauschprozesse, die einzelnen Interaktionen (gekennzeichnet durch die zweiseitigen Pfeile zwischen den Teammitgliedern), finden zum einen vor dem Hintergrund des *„besonderen Kontextes"* und zum anderen vor dem *Hintergrund der Teamdiversität* statt.

Als Spezifikum gemischter Teamarbeit kristallisiert sich die *zeitliche Begrenzung der Zusammenarbeit* heraus. Dies bedeutet nicht nur (zeitlich) begrenzte Handlungsspielräume für Teammitglieder und Führungskräfte und häufig diesbezüglich besonders hohe Anforderungen, da die Teamarbeit meist unter hohem Zeitdruck stattfindet und neuartige und risikobehaftete Aufgaben bewältigt werden müssen. Der rein projektbasierte Einsatz und damit die temporäre Mitgliedschaft impliziert für den Externen auch eine kontinuierliche Mehrgleisigkeit in der eigenen Projektplanung und –akquise. Damit ist nicht nur ein hohes Eigeninteresse an qualitiativ hochwertigen Projektergebnissen verbunden, sondern es erfordert entsprechend klare eigene Prioritäten, Verantwortlichkeiten und Zeitplanungen. Somit wird deutlich, dass Externe nicht nur im Interesse des jeweiligen Auftraggebers handeln, sondern in letzter Konsequenz eigene Ziele und Prioritäten verfolgen, was auch als *„Herding-Cats-Phänomen"* (vgl. Kaiser et al. 2011) bezeichnet wird. Hiermit könnte bspw. eine „erschwerte Kontrollierbarkeit" hochqualifizierter externer Mitarbeiter aufgrund ihrer eigenen Interessen und Ziele verbunden sein.

Darüber hinaus bewegt sich gemischte Teamarbeit vor dem *Hintergrund der Teamdiversität.* Ein weiteres Spezifikum liegt damit in der Zusammensetzung von Teammitgliedern unterschiedlicher *organisationaler Zugehörigkeit.* Hieraus kann ein spezifisches Diversitätspotenzial erwachsen, das für die Realisierung von Synergien während der Zusammenarbeit zwischen Intern und Extern zum Tragen kommen kann. Auf der einen Seite könnte die Unterschiedlichkeit des Wissens und Vielfalt von Perspektiven zu hochwertigen, kreativen Problemlösungen führen. Auf der anderen Seite könnten auch potenzielle diversitätsinduzierte Spannungen zutage treten. Kategorisierungsprozesse könnten den konstruktiven Austausch von individuellen Inputs, Erfahrungen und Fähigkeiten erschweren, da sie gegenseitige Vorurteile und die Entwicklung zu Teilgruppen fördern und insgesamt zu eher personenbezogenen und beziehungsbasierten Konflikten führen können. Insofern scheint ein wechselseitig schädliches Verhalten möglich,[495] das die Nutzung des zur Verfügung stehenden Leistungspotenzials im Team erheblich behindert. Unterschiede zwischen Mitarbeitern in einem gemischten Projektteam, etwa auf Basis der organisationalen Zugehörigkeit, können folglich zu Konflikten führen, die eine konstruktive Zusammenarbeit und die Nutzung des Potenzials erheblich erschweren oder sogar gänzlich verhindern.

Vor dem Hintergrund dieser spezifischen Situation lässt sich schlussfolgern, dass die Führung intern-extern gemischter Projektteams eine besondere Herausforderung darstellt. Der skizzierte Kontext zeitlicher Begrenzung, Besonderheiten hochqualifizierter externer Mitarbeiter und ihres Einsatzes sowie Aspekte der Teamdiversität markieren die besondere Situation, die es im Führungskontext zu berücksichtigen gilt. Es bleibt fraglich, welchen Einfluss die organisationale Zugehörigkeit in praxi auf die Zusammenarbeit hat und inwiefern eine Einflussnahme seitens der Führungskraft sinnvoll resp. möglich ist. Das Spannungsfeld wie die daraus abzuleitenden Führungsherausforderungen und anschließend Handlungsempfehlungen sind in Teil 2 und später Teil 3 dieser Arbeit zu konkretisieren.

495 Vgl. Kaiser et al. 2007, S. 64ff.

2. Empirische Studie zum Einsatz hochqualifizierter externer Mitarbeiter in gemischten Projektteams

Im ersten Teil dieser Arbeit wurde in einem ersten theoretischen Zugang das Phänomen intern-extern gemischter Projektteams mit Hilfe bestehender theoretisch-konzeptioneller Aufarbeitung beleuchtet. Nachdem zunächst Teams und Besonderheiten der Zusammenarbeit und Führung von Projektteams erörtert wurden, konnte mittels der Erweiterung der Perspektive um den Einsatz hochqualifizierter externer Mitarbeiter das Entstehen inter-extern gemischter Projektteams gezeigt werden. Auf diese Weise wurde auch der Aspekt der Teamdiversität relevant: Nach der Aufarbeitung grundlegender Determinanten und Zusammenhänge im Kontext von Teamdiversität konnte der konzeptionelle Denkrahmen dieser Arbeit aufgezeigt werden, indem intern-extern gemischte Projektteams als diverse Teams skizziert wurden, die insbesondere durch den Faktor „Externalität" externer Mitarbeiter bzw. eine unterschiedliche organisationale Zugehörigkeit der Mitglieder sich von anderen gemischten Teams unterscheiden.

Abbildung 14: Übersicht über Teil 2 dieser Arbeit

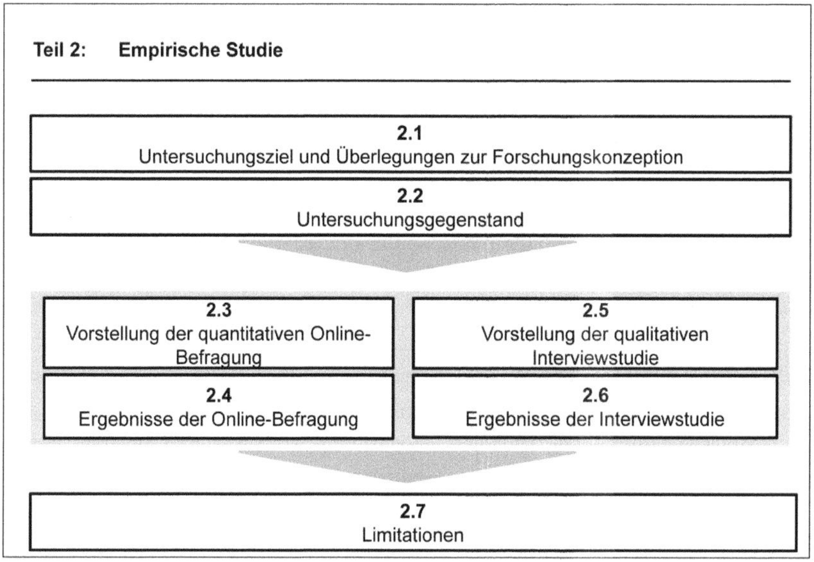

Vor dem Hintergrund dieses Denkrahmens gilt es im Folgenden, die konzeptionell erörterten relevanten Einflussfaktoren und Zusammenhänge im Rahmen intern-extern gemischter Projektteams empirisch zu konkretisieren. Die Zielsetzung der nun folgenden empirischen Untersuchung sowie das sich daraus ableitende hybride Forschungsdesign werden im Folgenden vorgestellt (2.1). Da die Untersuchung als sequenzielle, zweistufige Studie konzipiert ist, in welcher eine quantitative Online-Befragung einer qualitativen Interviewstudie vorangestellt ist und letztere u. a. auf den Ergebnissen der ersten aufbaut, werden anschließend beide Studienteile separat vorgestellt: In 2.2 erfolgt die Präsentation der quantitativen Studie und in 2.3 die Vorstellung der qualitativen Studie.

2.1 Untersuchungsziele und Überlegungen zur Forschungskonzeption

Aufgrund der gewählten interdisziplinären Verortung dieser Dissertation kann für die verschiedenen Teilaspekte jeweils auf vielfältige Forschungsbemühungen zurückgegriffen werden, die sowohl mittels quantitativer wie qualitativer Methoden zentrale Erkenntnisse generierten. Da es sich bei intern-extern gemischten Projektteams um einen relativ neuen Bereich der Teamarbeit handelt, liegen für dieses spezifische Phänomen an der Schnittstelle zwischen Teamforschung, Diversitäts- und Führungsforschung zu den Neuen Beschäftigungsformen bislang kaum bzw. lediglich vereinzelte Forschungsergebnisse vor.[496] Entsprechend gilt es für die nachfolgende empirische Untersuchung, das Phänomen und seine Besonderheiten hinsichtlich Zusammenarbeit und Führung einem besseren Verständnis zugänglich zu machen und wesentliche Mechanismen in der Interaktion zwischen Intern und Extern offenzulegen.

Ziel ist es, die Zusammenarbeit in intern-extern gemischten Teams konkret zu beschreiben und zu erörtern, welche Parameter diese Interaktionsform und deren Führung charakterisieren. Insbesondere gilt es empirisch erfahrbar zu machen, welchen Einfluss der Einsatz hochqualifizierter externer Mitarbeiter i.S.v. funktionalen und dysfunktionalen Effekten auf die Zusammenarbeit hat. Dabei erfordert der Fokus auf die Interaktion zwischen internen Projektmitarbeitern und externen Spezialisten die Betrachtung des Gegenstandes aus den unterschiedlichen Perspektiven der involvierten Akteure, im Mindesten also der internen und der externen Seite eines Projektteams. Auf diese Weise

496 Vgl. die einführenden Bemerkungen.

kann neues Wissen generiert werden, das zu einem *multiperspektivischen Verständnis* des Phänomens beiträgt und die Besonderheiten und Zusammenhänge in den Interaktionen zwischen Intern und Extern strukturiert. Folglich ist dieser empirischen Untersuchung ein *deskriptiv-explorativer* Ansatz immanent.[497]

Um sowohl eine detaillierte Exploration der Zusammenarbeit intern-extern gemischter Teams zu ermöglichen als auch ein breites Spektrum möglicher relevanter Parameter identifizieren zu können, ist die Untersuchung in Form eines hybriden Designs, eines sog. *Mixed-Methods-Ansatzes* konzipiert. Als zweistufige Studie enthält sie sowohl qualitative als auch quantitative Elemente und steht damit – im Gegensatz zu der ursprünglichen Tradition in der Sozialforschung einer strikten Trennung aufgrund Unvereinbarkeit von quantitativem und qualitativem Forschungsparadigma – im Kontext zunehmenden Interesses für eine kombinierte Forschungsperspektive.[498] Der Mixed-Methods-Ansatz folgt der Intention, „*theorieentwickelnde Methoden und rigorose quantitative Verfahren der Datenerhebung und -analyse zusammenzuführen, um neue theoretische Grundlagen für praxisrelevantes Wissen zu erforschen*“ (Auer-Srnka 2009, S. 459). Damit werden weiterhin die Unterschiede hinsichtlich verarbeiteten Daten, Methoden und Wissenschaftsverständnis akzeptiert: Während quantitative Forschung v.a. auf der Quantifizierung der Beobachtungsrealität basiert, steht beim qualitativen Zugang die verbalisierte Erfahrungsrealität aus der Akteursperspektive sowie deren Interpretation im Vordergrund.[499] Der Zuspruch für kombinierte Zugänge basiert auf der Annahme, dass beide Ansätze aufeinander aufbauen bzw. sich im Hinblick auf das zu untersuchende Phänomen komplementieren.[500] Auf diese Weise können unterschiedliche Facetten einer Fragestellung konkretisiert werden.

Der Vorteil des kombinierten Zugangs für die vorliegende Untersuchung liegt demnach darin, fundierte Schlussfolgerungen für das noch wenig erforschte Phänomen zu generieren und gleichzeitig mehrere Betrachtungsperspektiven einzubeziehen.[501] Die vorliegende Untersuchung ist als *zweistufiges, sequenzielles*

---

497 Vgl. bspw. Homburg/ Krohmer 2009, S. 250.

498 Vgl. z. B. Creswell/ Plano Park 2007 oder Tashakkori/ Teddlie 2003b.

499 Vgl. hierzu sowie ausführlich zum mitunter „spannungsgeladenen Verhältnis zwischen qualitativer und quantitativer Forschung“, wie die Autoren es nennen, auch Bortz/ Döring 2009, S. 296ff.

500 Vgl. Angerer et al. 2006, S. 119 sowie Müller 2000, S. 152f. und Lamnek 2005, S. 250ff.

501 Vgl. hierzu auch Angerer et al. 2006, S. 119 sowie Teddlie/ Tashakkori 2003, S. 14ff.

Forschungsdesign konzipiert und fällt damit in Anlehnung an Auer-Srnka 2009 unter sog. *Zwei-Studien-Designs*.[502] Hierbei werden quantitative und qualitative Daten getrennt voneinander erhoben und ausgewertet.[503] Im Hinblick auf die formulierten Forschungsleitfragen zielt das Forschungsdesign dieser Arbeit darauf ab, die unterschiedlichen Perspektiven der beteiligten Akteursgruppen bei gemischten Projektteams – interne Projektmitarbeiter, hochqualifizierte externe Mitarbeiter sowie Führungskräfte – zu integrieren. Dabei gilt es, auf unterschiedlich konkreten Ebenen zu differenzierteren Erkenntnissen der Arbeitsweise gemischter Teams, der Relevanzsysteme der handelnden Individuen und Wirkzusammenhänge zu gelangen. Konkret besteht das Forschungsdesign aus einer Online-Befragung (quantitativ) und einer nachgelagerten Interviewstudie (qualitativ).

- Zunächst dient eine quantitative Erhebung in Form einer *Online-Befragung* dazu, einen ersten Überblick über zentrale Themen und potenzielle Spannungsfelder beim Einsatz hochqualifizierter Externer in gemischten Projektteams zu erlangen. Mit Hilfe der auf Basis der Literaturaufarbeitung ex ante vorhandenen grundsätzlichen Überlegungen zur gemischten Teamarbeit – jedoch mit Verzicht auf zu enggefasste theoriegeleitete Hypothesen, welche die Exploration wesentlicher Parameter ausschließen könnten – ist eine explorative Perspektive auf den gewählten Untersuchungsgegenstand möglich.[504] Ein breit angelegter Feldzugang zu externen Spezialisten, internen Projektmitarbeitern sowie Projektverantwortlichen aus einsetzenden Unternehmen berücksichtigt die verschiedenen Perspektiven „betroffener" bzw. handelnder

---

502 Vgl. Auer-Srnka 2009, S. 463f.

503 Auer-Srnka weist darauf hin, dass bei dieser separaten Analyse unterschiedlicher Datensätze keine vollständige Integration quantitativer und qualitativer Forschungslogik stattfindet und entsprechend in der Literatur auch eher von „Multi-Method-Design" gesprochen wird, in welchem zwar verschiedene Methoden verwendet werden, diese jedoch innerhalb desselben Forschungsparadigmas liegen (vgl. bspw. Tashakkori/ Teddlie 2003a, S. 683ff.). Als übergeordneter Terminus gilt für vorliegende Studie: „*Mixed method research* studies use qualitative and quantitative data collection and analysis techniques in either parallel or sequential phases. (…) Although mixed method studies use both qualitative and quantitative data collection and analysis, they are often marginally mixed in that they are frequently either qualitative or quantitative in the type of questions they ask and the type of inferences they make at the end of the studies" (Teddlie/ Tashakkori 2003, S. 11).

504 Vgl. Nienhüser/ Krins 2005, S. 112ff.

Akteure der Teams. Damit werden unterschiedliche Facetten des Themas und Meinungen gesichert. Auf diese Weise kann ein breites Spektrum wesentlicher Einflussfaktoren der Zusammenarbeit sowie relevanter Führungsaspekte abgebildet werden, das zugleich auch einen *quantifizierbaren* Zugang hinsichtlich der Relevanz der identifizierten Themenbereiche darstellt. Mit Hilfe dieser quantitativen Daten gilt es, Hinweise auf relevante Parameter der Zusammenarbeit und Führung, mögliche Diversitätseffekte und Wirkzusammenhänge zu erhalten.

- Die anschließende qualitative *Interviewstudie* mit Mitgliedern und Führungskräften gemischter Teams dient insbesondere dazu, die zuvor erhobenen Befragungsergebnisse unter qualitativen Gesichtspunkten zu vertiefen. Neben der Interpretation und Plausibilisierung der quantitativen Ergebnisse steht ebenso die Ergänzung durch Aspekte im Fokus, die in der quantitativen Studie nicht in Gänze bzw. zufriedenstellend beleuchtet wurden oder aber sich erst als relevant herausgestellt haben.[505] Damit kann die Konzeption dieser empirischen Untersuchung als Spezialform eines *Vertiefungsmodells* (auch sog. „Follow-Up-Modell") aufgefasst werden, in welchem die qualitative der quantitativen Studie nachgeordnet ist.[506] Sie ermöglicht, dass *„partikulare, quantitative Ergebnisse (...) durch systematische, intersubjektiv nachvollziehbare qualitative Analyse auf grundlegende Dimensionen (...) verdichtet werden"* (Auer-Srnka 2009, S. 480). Es liegt eine Verbindung von qualitativer Interviewstudie mit geringen Fallzahlen und einer größer angelegten quantitativen Online-Befragung vor. In dieser Konzeption des Vertiefungsmodells liegt das Hauptinteresse auf der „nachgelagerten" Interviewstudie, um aus der individuellen Perspektive der befragten Akteure und ihrer Deutungsmuster ein tiefergehendes und multiperspektivisches Verständnis des Phänomens zu destillieren. Die quantitative Studie ist dabei jedoch nicht lediglich als Vorstudie konzipiert, die der Generierung von Fragen für den Interviewleitfaden dient.

505 Vgl. Tashakkori/ Teddlie 2003a, S. 674f.

506 In gewisser Weise kann die Untersuchung in dieser Konzeption auch als *Integriertes Modell* gelten, da zunächst Teile der quantitativen Daten zur Identifizierung wesentlicher Kategorien – mit Hilfe offen formulierter Fragen mit explorativem Charakter – einer qualitativen Analyse unterzogen werden. Ebenso werden auch die erhobenen qualitativen Daten später einer quantitativen – bzw. quantifizierenden – Analyse unterzogen, indem Häufigkeiten des Auftretens bestimmter Kategorien gezählt werden (und insofern tatsächlich auch in Teilen eine Integration quantitativer und qualitativer Forschungslogiken vorliegt (vgl. Auer-Srnka 2009, S. 464).

Vielmehr geht es in diesem Schritt darum, zentrale Tendenzen aufzuzeigen, welche anschließend auch in die Gesamtbetrachtung eingehen. Den gewählten Forschungsprozess und die Abfolge der Datenerhebung, -auswertung und -interpretation visualisiert Abbildung 15.

Abbildung 15: Visualisierung des sequenziellen Designs der Datenerhebung, -auswertung und -interpretation

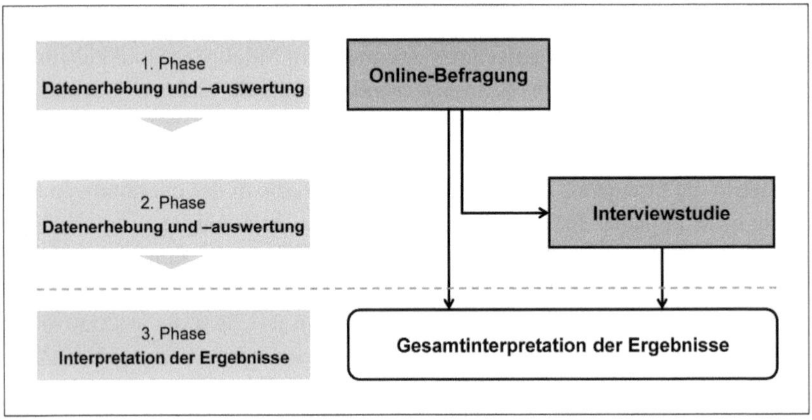

(Quelle: Eigene Darstellung)

Das Zwei-Studien-Design umfasst zwei Datensets, die getrennt voneinander erhoben und analysiert werden. Die Ergebnisse beider Teilstudien fließen in die abschließende Gesamtbetrachtung und Interpretation ein. Eine Zusammenführung der Ergebnisse in Form etwa einer Prüfung, inwieweit sich die gewonnenen Erkenntnisse gegenseitig stützen oder nicht, wie dies im *Parallelen Modell* der Fall ist, wird nicht vorgenommen.[507] Innerhalb der beiden Studien dominiert die jeweils zugrundeliegende Forschungslogik auch im Hinblick auf die Datenanalyse, d. h. in der quantitativen Online-Befragung werden vor allem quantifizierbare Elemente der Datenerhebung und –analyse verwendet (z. B. Likert-Skalen und Häufigkeitsauswertungen). Zusätzlich wird sowohl die Online-Befragung um einige offen gehaltene Items als auch die Interviewstudie um quantitative Auswertungen einzelner Kategorien ergänzt. Insofern ist

507 Vgl. hierzu die Ausführungen von Auer-Srnka 2009, S. 464.

es durchaus zulässig, das vorliegende Forschungsdesign als einen Mixed-Methods-Ansatz zu klassifizieren.[508]

Eng verknüpft mit dieser Forschungskonzeption ist der Begriff der *Triangulation*.[509] Triangulation beinhaltet nach Flick die *„Einnahme unterschiedlicher Perspektiven auf einen untersuchten Gegenstand"* (Flick 2008, S. 12)[510] und bezieht sich auf unterschiedliche Kombinationsformen von Datensorten, Erhebungs- und Auswertungsmethoden. Wenngleich Triangulation in der Literatur mitunter als übergeordnete oder weitere Begriffsform definiert wird,[511] liegt es bei der hier entwickelten Konzeption nahe, nicht nur in methodischer Hinsicht (s.o.), sondern auch bzgl. der Datenerhebung in Form einer Online-Befragung und einer Interviewstudie von einer Triangulation zu sprechen. Dies gilt in dem Sinne, dass „nicht nur eine Partei" befragt wird und damit das Ziel ist *„to mitigate common method bias"* (Edmondson/ McManus 2007, S. 1166). Differenziertere Erkenntnisse sind vor allem durch eine weitgehend holistische Sicht auf den Untersuchungsgegenstand möglich:

> „Der gemeinsame Einsatz von qualitativen und quantitativen Methoden bedeutet letztlich nicht nur, ein und dasselbe Phänomen von unterschiedlichen Perspektiven zu betrachten, sondern zugleich besseres Verstehen und Erklären, indem man tiefer in die Materie eindringt und neue Dimensionen entdecken kann." (Lamnek 2005, S. 251)

Die nachfolgende Abbildung 16 gibt einen abschließenden Überblick über das zweistufige Forschungsdesign. Die jeweiligen spezifischen Zielsetzungen sowie die konkrete Umsetzung im methodischen Vorgehen der zwei Studienteile werden nachfolgend in detaillierter Form erläutert.

---

508 Gemäß der Konzeption von Angerer et al. 2006 handelt es sich damit tendenziell um ein gemischtes Forschungsdesign mit sequenzieller Vorgehensweise (vgl. S.123f.).

509 Vgl. die Ausführungen zur Triangulation bei Flick 2008 und Lamnek 2005, S. 250f.

510 Somit geht es darum, durch die Anwendung unterschiedlicher Methoden zur Datenerhebung oder -auswertung, theoretischen Zugängen oder Datensorten, den Forschungsgegenstand von unterschiedlichen (mindestens zwei) Perspektiven aus zu betrachten.

511 Vgl. bspw. Auer-Srnka 2009, S. 462.

Abbildung 16: Darstellung der zweistufigen Forschungskonzeption

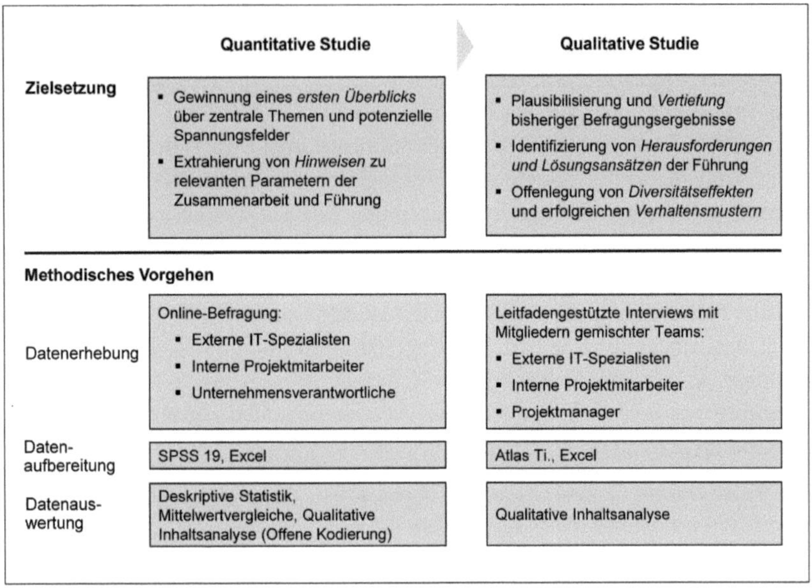

(Quelle: Eigene Darstellung)

2.2 Untersuchungsgegenstand

Hochqualifizierte Externe sind in unterschiedlichen Branchen und Aufgabenbereichen für Auftraggeber tätig, im administrativen IT-Bereich, bei Ingenieursdienstleistungen oder zunehmend auch bei HR-Dienstleistungen. Häufig erfolgt der Einsatz Externer in Teams der Softwareentwicklung, die den Untersuchungsgegenstand für die vorliegende empirische Studie bilden. Aufgrund des rasanten technologischen Fortschritts und der sinkenden Halbwertszeit des Wissens gerade im IT-Bereich, setzen Unternehmen gerade hier auf die Unterstützung externer Spezialisten. Dies kann aus Gründen mangelnder interner Kapazitäten sein, aber auch, da es aufgrund des schnell veraltenden Wissens schlichtweg nicht lohnend erscheint, dieses Wissen intern aufzubauen.[512] IT bzw. Softwareentwicklung ist auch in empirischer Hinsicht ein häufig fokussierter Forschungsgegenstand. Dies gilt auch im Hinblick auf die sog. blended work teams oder die Zusammenarbeit zwischen permanent und temporary workers.[513] Da die Softwareentwicklung ein

512 Siehe zu den Einsatzzielen und -aufgaben nochmals Abschnitt 1.2.3.

513 Vgl. bspw. Davis-Blake et al. 2003 oder Ang/ Slaughter 2001.

besonders typisches Betätigungsfeld für hochqualifizierte externe Mitarbeiter ist, wird sie als Gegenstand für die vorliegende empirische Untersuchung herangezogen. Damit wird der Einsatz von hochqualifizierten externen Mitarbeitern in Bereichen der Softwareentwicklung im Folgenden als *pars pro toto* für den Einsatz in intern-extern gemischten Teams betrachtet.

Projekte in der Softwareentwicklung gelten in interdisziplinären Studien der Innovations- oder Projektmanagementforschung häufig als typische Beispiele für innovative Projektarbeit[514] bzw. in diesem Rahmen als Beispiel für zeitkritische und komplexe Projekte.[515] Dieser Ansicht folgt auch vorliegende Untersuchung, so dass intern-extern gemischte Projektteams als Teams von Spezialisten aufgefasst werden, die interdependent ein komplexes, unternehmensspezifisches Problem in begrenztem Zeit- und Ressourcenrahmen lösen müssen. Diese Betrachtungsweise liegt insbesondere darin begründet, dass viele Softwareentwicklungsprojekte *weniger standardisierte* Produktimplementierungen als vielmehr „one-of-a-kind projects with no existing prototypes, applications or systems to simply modify or change" (Kraut/ Streeter 1995, S. 70) sind.[516] Diesen Nicht-Routinen-Aktivitäten ist folglich per se ein hoher Grad an Unsicherheit bzw. Unvorhersagbarkeit inhärent, der sowohl die Software selbst als auch die von Softwareentwicklern zu erfüllenden Aufgaben betrifft. Diese Unsicherheit erhöht sich noch zusätzlich, wenn sich Spezifikationen der Software-Funktionalitäten im Zeitablauf ändern, z. B. durch neue Nutzer-Anforderungen oder erweiterte Einsatzgebiete. Dann werden entsprechende Anpassungen notwendig, welche wiederum die Integration unterschiedlicher Beteiligungsgruppen erfordern. Hinzukommt die Tatsache, dass eine Software i.d.R. aus vielen kleinen, manchmal bis zu tausend *Einzelmodulen* besteht. Deren Zusammensetzung und Integration muss passgenau aufeinander abgestimmt sein, um reibungslos funktionieren zu können.

Da die Entwicklung einer neuen Software eine breite Wissensbasis erfordert – etwa hinsichtlich Datenstrukturen und Prozesslogiken – und die Komplexität eines solchen Projektes i.d.R. die Kapazitäten einer einzelnen Person übersteigt,

---

514 Vgl. Müller-Lindenberg 2004, S. 4 sowie bspw. Högl 1998 oder Gällstedt 2003.

515 Vgl. Müller-Lindenberg 2004, insbesondere die Ausführungen S. 3ff. In Anlehnung an Müller-Lindenberg 2004, S. 7 ist ein Projekt *zeitkritisch*, wenn die einzuhaltenden engen Terminvorgaben für die Erfüllung des Gesamtprojektziels bedeutend sind, und *komplex*, wenn Gegenstand und erforderliche Projektaktivitäten nur unzureichend prognostizier- und planbar sind und insofern einem hohen Risiko von Störungen, Zeitverzögerungen u.ä. unterliegen. Diese Kriterien können für Softwareentwicklungsteams im Rahmen dieser Untersuchung angenommen werden.

516 Vgl. für die folgenden Ausführungen Kraut/ Streeter 1995, S. 70.

erfolgt die Entwicklung meist *im Team.*[517] In Anlehnung an Sawyer et al. 2010 besteht ein Softwareentwicklungsteam aus mehreren Softwareentwicklern, die ein definiertes Endprodukt innerhalb eines definierten Zeitrahmens entwickeln. Mit dem Begriff des „Softwareentwicklers" ist dabei ein Spektrum an verschiedenen Rollen wie Programmierer, Analyst, Systemtester, Datenadministrator o.ä. gemeint. Die zu bewältigenden Aufgaben im Prozess der Softwareentwicklung reichen von der Spezifikation der Software über die Konkretisierung des Designs und der Programmierung bis ein Prototyp oder sog. Pilot entwickelt wurde, dieser ggf. unterschiedliche Testphasen und Feedbackschleifen durchläuft und schließlich die einzelnen Softwaremodule integriert werden.[518] Abbildung 17 skizziert die grundlegenden Phasen im Prozess einer Softwareentwicklung, von der anfänglichen Spezifikation bis zur Implementierung. Der dabei unterstellte sequenzielle Ablauf der Einzelphasen ist dabei als idealtypisch anzusehen, ein zyklischer Verlauf einzelner Phasen ist möglich.

Abbildung 17: Vereinfachte prozessorientierte Darstellung einer Softwareentwicklung nach dem Wasserfallmodell

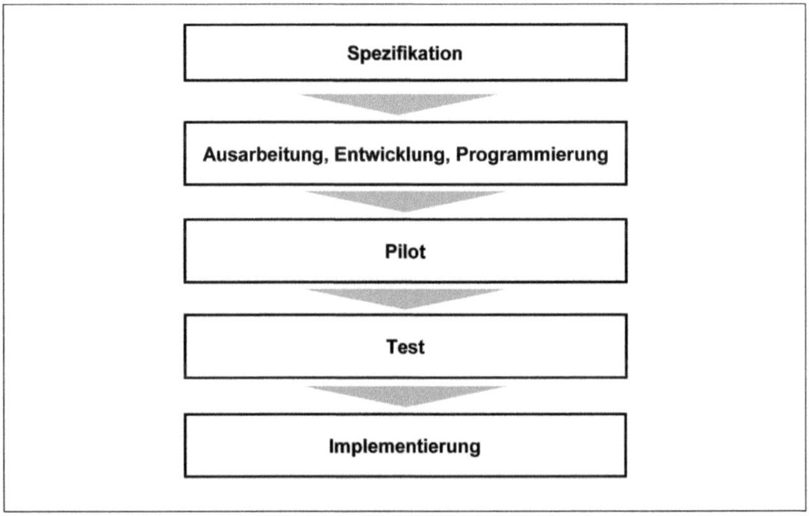

(Quelle: Eigene Darstellung in Anlehung an Royce 1970, Scacchi 2001 und Kuster et al. 2006, S. 15)

517 Vgl. hierfür sowie für die nachfolgenden Ausführungen Sawyer et al. 2010, S. 82 sowie insbesondere hinsichtlich der Wissensbasis auch Iivari et al. 2004.

518 Vgl. Sawyer et al. 2008, S. 82.

Der *Einsatzbereich hochqualifizierter externer Mitarbeiter* in Softwareentwicklungsteams kann dabei eher modularisiert erstellte Teilaufgaben wie z. B. reine Programmiertätigkeiten, die relativ autonom bearbeitet werden können, oder vollständig auslagerungsfähige administrative Aufgabenstellungen beinhalten.[519] Im Fokus dieser Untersuchung stehen jedoch weniger standardisierbare, kundenspezifische Problemstellungen, die eine besonders enge Interaktion zwischen internen und externen Teammitgliedern erfordern, im Vordergrund. Für die Dauer einer solchen gemischten Projektarbeit arbeiten dann hochqualifizierte externe Mitarbeiter mit internen Projektmitarbeitern gemeinsam an der Leistungserstellung. In dieser temporären Zusammenarbeit wechseln sich Phasen, in denen Externe und Interne eher autonom an individuellen (Teil-)Aufgaben arbeiten, mit anderen Phasen ab, in denen in enger Interaktion gemeinschaftlich gearbeitet wird, z. B. in gemeinsamen Workshops, Meetings oder direkt am Bildschirm. Die hohe Interdependenz derartiger Projekte erfordert eine enge Interaktion zwischen internen Projektmitarbeitern und den externen Spezialisten. Hierbei ist ein kontinuierlicher, wechselseitiger Austausch von Wissen, Informationen und individuellen Fähigkeiten sowie die Kombination von internem und externem Spezialwissen und eine enge Koordination der einzelnen Aktivitäten[520] notwendig, um eine neuartige und für das auftraggebende Unternehmen nachhaltige Lösung entwickeln zu können.[521] Im Mittelpunkt der nachfolgenden Betrachtung steht damit die *soziale, interaktive Perspektive* auf Softwareentwicklungsteams.[522]

Als *hochqualifizierte externe Mitarbeiter* gelten im Folgenden in Anlehnung an Kaiser et al. 2007 und Nienhüser/ Baumhus 2002 sowohl selbstständig tätige IT-Freelancer, -Spezialisten, -Berater – die jeweiligen Bezeichnungen variieren hierbei in der Praxis durchaus – ebenso wie bei externen Dienstleistern angestellte IT-Spezialisten.[523] Wesentliche Voraussetzung zur Teilnahme ist dabei, dass nicht nur selbstständig Einzelmodule bearbeitet werden und lediglich eine „Übergabe" der Ergebnisse zu Meilensteinen erfolgt, sondern auch und vor allem gemeinschaftlich an der Problemlösung im Team gearbeitet wird, d. h. dass zum Beispiel Teilaufgaben in Meetings, Workshops und direkt am

---

519 Vgl. für eine Modularisierung beim Einsatz externer Mitarbeiter bspw. Bonss/ Kaiser 2012, S. 179.

520 Vgl. Curtis et al. 1988, zit. nach Kraut/ Streeter 1995, S. 69.

521 Vgl. hierzu auch die Ausführungen von Rössing/ Kaiser 2012, S. 152.

522 Vgl. Sawyer et al. 2010, S. 83.

523 Vgl. Kaiser et al. 2007, S. 15; Nienhüser/ Baumhus 2002, S. 62 sowie hierzu auch die Darstellung des hochqualifizierten externen Mitarbeiters in Abschnitt 1.2.2.

Computerbildschirm gemeinschaftlich erarbeitet werden. Voraussetzung ist insofern die Umsetzung der Teamarbeit in Interaktionen im Team bzw. zwischen internen und externen Projektmitarbeitern.

Es wird bewusst ein breiteres Spektrum an hochqualifizierten externen Mitarbeitern in die Betrachtung einbezogen. Dies erfolgt zum einen, um eine größere Stichprobe zu ermöglichen. Denn gerade hinsichtlich der Interviewstudie wird angenommen, dass Unternehmen nicht immer offen über den Einsatz von externen Kräften Auskunft geben. Zum anderen ist für die Untersuchung zentral, dass jemand von extern im Team ist, weniger die konkrete vertragliche Besonderheit. Die wesentlichen Charakteristika der Externalität, Professionalität und besonderer Persönlichkeitsmerkmale wird für Externe als tendenziell gegeben angenommen.[524] Potenzielle Besonderheiten wie tendenziell stärkere Persönlichkeitsausprägungen hinsichtlich des Typus „Freelancer" werden in den „Limitationen" in Abschnitt 2.7 diskutiert.

In den folgenden zwei Kapiteln werden nun die zwei Teilstudien und ihre jeweiligen Ergebnisse vorgestellt. Zunächst erfolgt die Darstellung der Online-Befragung (2.3). Ihre Ergebnisse gehen in die Gesamtbetrachtung im Teil 3 dieser Arbeit ein; ebenfalls bilden sie teilweise die Grundlage für die nachfolgend dargestellte Hauptstudie, die Interviewstudie (2.4).

2.3 Quantitative Online-Befragung

Im Folgenden werden zunächst die spezifische Zielsetzung der Online-Befragung und ihre Konzeption nochmals kurz umrissen (2.3.1) sowie Details zur Datenerhebung, zur Stichprobe (2.3.2) sowie zur Datenauswertung (2.3.3) vermittelt. Anschließend erfolgt die Darstellung der Ergebnisse (2.3.4).

2.3.1 Spezifisches Untersuchungsziel

In einem ersten Schritt soll zunächst ein Überblick über die Themenbereiche und Spannungsfelder gemischter Projektteams geschaffen werden, indem wesentliche Interaktionsparameter der Zusammenarbeit und relevante Führungsaspekte identifiziert werden. Mit Hilfe einiger ex ante aus der Literatur generierten Vorannahmen – jedoch ohne zu eng gefasste theoretische Hypothesen, welche die Exploration zentraler Parameter einschränken könnten – gilt es, eine möglichst umfassende Perspektive auf das betrachtete Phänomen zu bekommen.[525]

---

524 Vgl. Abschnitt 1.2.2.

525 Vgl. Nienhüser/ Krins 2005, S. 112ff.

Um a) die Extrahierung der *relevanten* Aspekte in der Zusammenarbeit in innovativen gemischten Teams zu ermöglichen und b) ein möglichst breites Spektrum dieser relevanten *Aspekte und unterschiedlichen* Meinungen erreichen zu können, wurde im ersten Schritt der Datenerhebung ein *quantitativer Ansatz* verfolgt. Die häufiger in empirischen Datenerhebungen anzutreffende Konzeption einer qualitativen Vorstudie wurde in dieser Arbeit zugunsten einer bewusst breiter gehaltenen Studie verworfen.[526] Mit Hilfe eines selbst entwickelten Fragebogens, der u. a. auch offene und explorative Fragen enthält, soll eine größere Anzahl an relevanten Akteuren intern-extern gemischter Projektteams in explorativer Form zur Thematik befragt werden: Hochqualifizierte Externe, interne Projektmitarbeiter ebenso wie Projektverantwortliche. Mit Hilfe dieser quantitativen Daten gilt es, Hinweise auf relevante Parameter der Zusammenarbeit und Führung, möglicher Diversitätseffekte und Wirkzusammenhänge zu generieren. Diese Ergebnisse gehen in die spätere Gesamtbetrachtung ein, ebenso liefern sie Hinweise auf zentrale Themen, Relevanzsysteme der betroffenen Akteure gemischter Teams und Zusammenhänge für die Konzeption der nachfolgenden qualitativen Interviewstudie, die einer detaillierteren Analyse bedürfen.

Die Erkenntnisse aus dieser Online-Befragung sollen vor allem zu den Forschungsleitfragen 1 und 3 beitragen. Ebenfalls sollen erste Hinweise auf Effekte des Einsatzes Externer auf die Teamarbeit generiert werden.

2.3.2 Datenerhebung und Stichprobe

Die Online-Befragung wurde im Frühjahr 2010 durchgeführt. Die Entwicklung des Fragebogens erfolgte im Rahmen einer Lehrveranstaltung an der Professur für Personalmanagement von Prof. Stephan Kaiser an der Universität der Bundeswehr München, an welcher auch Studierende mitgewirkt haben.[527]

Als Erhebungsmethode wurde die teilstandardisierte *Befragung* gewählt. Aufgrund der Neuigkeit der gewählten Thematik und der zugrunde liegenden Forschungsleitfragen war es nicht möglich, zur Untersuchung des Kontextes intern-extern gemischter Projektteams auf bereits vorhandenes Datenmaterial

526 Vgl. hierzu auch die Ausführungen zur Forschungskonzeption in Abschnitt 2.1.

527 Das Thema „Einsatz externer Mitarbeiter“ wurde in diesem Rahmen sowohl hinsichtlich des Einsatzes externer Spezialisten in gemischten Projektteams als auch unter dem Blickwinkel „Rollen externer Change Management Berater“ fokussiert. Letzterer Themenbereich war im Rahmen einer anderen Dissertation einem benachbarten Themenkomplex zugeordnet und wurde separat ausgewertet (vgl. Paust 2012).

zurückzugreifen. Entsprechend bedurfte es der Erhebung von Primärdaten, die auf die Informationsbedürfnisse dieser Untersuchung angepasst werden. Um ein breites Spektrum an Perspektiven und unterschiedlichen Meinungen einholen und insofern einen breiten ersten Überblick über die Thematik erhalten zu können, bot sich die Methode der *teilstandardisierten Befragung* an. Zum einen können mittels einer festgelegten Reihenfolge von geschlossenen Fragen alle Teilnehmer zu einem Thema bzw. zu relevanten einzelnen Aspekten befragt werden. Auf diese Weise ist ein Vergleich der Daten möglich. Zum anderen können offene Fragen, bei denen keinerlei Antwortformat vorgegeben wird, in explorativer Form neue, bislang noch nicht in Erwägung gezogene Aspekte beleuchten.[528] Der Vorteil einer *Online-Befragung* betrifft in diesem Zusammenhang zum einen die Möglichkeit einer hohen Reichweite, zum anderen schien dieses Vorgehen insbesondere im IKT-lastigen Umfeld der Softwareentwicklung für eine bessere Erreichbarkeit potenzieller Teilnehmer sinnvoll. Ebenfalls sind geringe Kosten der Online-Stellung sowie Anonymität als wichtige Aspekte zu nennen.

Der Fragebogen, dessen Entwicklung nachfolgend skizziert wird, wurde online für einen Zeitraum von vier Wochen vom 21.05. bis 21.06.2010 für potenzielle Teilnehmer verfügbar gemacht. Aufgrund zunächst schleppenden Rücklaufs erfolgte eine Verlängerung der Befragung um zwei Wochen. Die Programmierung des Fragebogens und die Bereitstellung der entsprechenden Plattform erfolgte mit Hilfe der Software *Unipark*/EFS-Survey der Firma Globalpark AG. Im Rahmen der Datenerhebung unter dem Titel „Strategische Erfolgsfaktoren in fremden Händen?!" war ein Teil der Online-Befragung einer anderen Forschungsarbeit zugeordnet, die sich mit dem Einsatz Externer Change Management Berater befasst. Dieser Teil wurde entsprechend separat ausgewertet und wird in einer anderen Dissertation veröffentlicht.[529]

Entwicklung des Fragebogens

Da zum einen keine geeigneten Messskalen zur Verfügung standen und zum anderen insbesondere das explorative Herangehen an die Thematik im Vordergrund standen, wurden als relevant erachtete Fragen eigenständig entwickelt. Diese basieren auf Erkenntnissen der Literatur und bisheriger Studien aus der (Projekt-)Teamforschung und bauen insofern auf den Erkenntnissen aus dem

528 Da der zu entwickelnde Fragebogen entsprechend sowohl geschlossene als auch offene Fragen enthält, kann von einer teilstandardisierten Befragung gesprochen werden.

529 Die Veröffentlichung der wesentlichen Auswertungen beider Studienteile erfolgte im Rahmen eines gemeinsam erstellten Studienberichtes (vgl. Rössing/ Paust 2010).

theoretisch-konzeptionellen Teil dieser Arbeit auf. Da es in der Befragung jedoch wie skizziert im Besonderen um einen ersten Überblick über die gewählte Thematik geht und nicht um die empirische Überprüfung angenommener Ursache-Wirkungs-Zusammenhänge oder bestehender Modelle zur Teamarbeit, scheint dieses Vorgehen angemessen. Im Folgenden werden zunächst die inhaltliche und anschließend die formale Gestaltung des Fragebogens skizziert.

Der Fragebogen besteht im Wesentlichen aus drei Teilen: Einem einleitenden Teil, einem inhaltlichen Hauptteil, der sich grob in fünf Themenbereiche gliedert, und einem soziodemographischen Schlussteil.[530]

- Im *einleitenden Teil* der Befragung steht zunächst eine Filterfrage zur Selbstzuordnung der Teilnehmer in die vier vorgegebenen und definierten *Funktionsgruppen*: (1) Externe Change Manager, (2) Externe IT-Spezialisten (= „IT-Freelancer oder bei IT-Firma angestellter Consultant, der vor Ort beim Kunden berät oder Leistungen erbringt"), (3) interne Mitarbeiter (= „Manager oder Fachkraft/ Angestellter in dem Unternehmen, das Externe einsetzt; *arbeitet* im Team mit Externen zusammen") sowie (4) interne Manager (= „Führungskraft, Manager, Entscheider in dem Unternehmen, das Externe einsetzt; entscheidet über den Einsatz und leitet oft auch das entsprechende Projekt"). Externe IT-Spezialisten werden gebeten anzugeben, ob sie als selbstständige *Freelancer* oder nicht selbstständige Angestellte tätig sind. Teilnehmer, die sich der ersten Gruppe der Externen Change Manager zuordnen, werden für den Hauptteil der Befragung automatisch an den für diesen Themenbereich hinterlegten Studienteil weitergeleitet und fallen aus der vorliegenden Untersuchung heraus. Für alle vier Gruppen schließen sich drei *allgemeine Fragen zum Einsatz Externer* im Unternehmen an, um die praktische Relevanz und Vorteilhaftigkeit des Einsatzes Externer sowie mögliche Vorbehalte interner Mitarbeiter abzufragen.[531]
- Der sich anschließende Themenkomplex „Einsatz Externer in gemischten Teams" bildet den *Hauptteil* der Befragung. Hier geht es um eine nähere Beschreibung der Zusammenarbeit im gemischten Team: Es werden Einflussfaktoren, mögliche Effekte, die aus dem Einsatz externer Mitarbeiter im Team resultieren, wahrgenommene Vorteile gemischter Teams und Konflikte

530 Der gesamte Fragebogen mit den für diese Studie relevanten Fragen ist in Anhang A.4.1 abgebildet. Zudem ist in Anhang A.4.2 beispielhaft die erste Filterfrage zwecks Funktionszuordnung der Teilnehmer in Unipark visualisiert.

531 Die entsprechenden Daten für Externe Change Manager werden für diese drei Fragen ebenfalls für vorliegende Arbeit herausgerechnet.

eingeschätzt. Mit Hilfe einer Filterfrage zu Beginn dieses Teils wird sichergestellt, dass tatsächlich nur solche Personen zu diesem Teil Auskunft geben, die bereits direkte Erfahrungen gemacht haben – entweder derzeit oder in vergangenen Projekten als internes oder externes Teammitglied oder als Projektleitung.[532] Fragen zur Beschreibung der Zusammenarbeit in Teams, mit denen Erfahrungen bestehen, beziehen sich auf die *Teamgröße* und den *Zeitanteil für die gemeinsame Aufgabenbearbeitung* im Team.

- Anschließend werden die Einflussfaktoren auf die Zusammenarbeit im gemischten Team beleuchtet. Dies erfolgt zunächst mittels offener Fragengestaltung, bei der bis zu drei Faktoren genannt werden können, denen ein *wesentlicher Einfluss auf das Funktionieren gemischter Teams* zugeschrieben wird. Danach werden den Teilnehmern mit Hilfe vorgegebener Antwortskalen insgesamt 13 Einflussfaktoren zur Auswahl gestellt. Aufgrund der unüberschaubaren Vielzahl möglicher Themen zur Teamarbeit und Items wurde hier in mehreren Feedbackschleifen im Rahmen der Lehrveranstaltung sowie des nachfolgenden Pretests eine Auswahl von relevant erachteten Einzelkonstrukten zur Zusammenarbeit in und Führung von Teams getroffen, der in Abgleich mit der Literatur erfolgte. Ebenfalls wurden spezifische, auf den Kontext intern-extern gemischter Teams gemünzte Aspekte in möglichst wenigen Items zusammengefasst.[533] Dieser Themenkomplex wird durch eine *Beurteilung der Beeinflussbarkeit* der o.g. Faktoren durch die Projektleitung abgerundet, um Hinweise auf konkrete Handlungsoptionen und Gestaltungsempfehlungen zu erlangen.
  - Anschließend folgt eine *Beurteilung gemischter Teams* und *möglicher Effekte durch den Einsatz Externer im Team*. Eine *Beurteilung gemischter Teams* im Vergleich zu rein intern besetzten Teams erfolgt hinsichtlich der Innovationskraft und der Entscheidungseffizienz. Ebenfalls werden Probanden um eine Einschätzung bzgl. der Wirkung externer Mitarbeiter als *Ansporn* für interne Mitarbeiter und möglicher *Integrationsschwierigkeiten*

---

532 Projektleitung kann in diesem Rahmen auch bedeuten, dass man in den Entscheidungsprozess der Auswahl externer Mitarbeiter involviert ist/war und/oder für die Leitung eines gemischten Teams verantwortlich zeichnet/e.

533 Aufgrund der vornehmlich explorativen und unterstützenden Zielsetzung dieser Online-Befragung wurde dieses Vorgehen als ausreichend betrachtet. Eine valide Untersuchung tatsächlicher Einflussfaktoren der Teamarbeit ist auf diese Weise nicht möglich und nicht intendiert. Im Rahmen der Lehrveranstaltung entwickelten die Studierenden insbesondere bei dieser und den beiden nachfolgenden Fragen eigenständig neue Fragen bzw. Einflussfaktoren als Antwortmöglichkeiten.

Externer gebeten. Um den Aspekt *Neid* sichtbar machen zu können, wurde mit der Aussage „Die Tagessätze von externen IT-Spezialisten sind generell zu hoch" eine provokante These entwickelt, zu welcher der Grad der Zustimmung gegeben werden sollte.
  - Vor dem Hintergrund der Teamarbeit im Spannungsfeld zwischen kooperierender Zusammenarbeit und Konflikten[534] wird mit Blick auf *Konflikte* im Team in Anlehnung an Jehn et al. 1999 nach der häufigeren *Konfliktart* (personenbezogen oder aufgabenbezogen) und nach der zeitlichen Phase, in welcher Konflikte eher auftreten (zu Beginn der Projektarbeit, mitten in der Projektarbeit oder zum Ende der Projektarbeit), gefragt. Letzteres beruht auf der Annahme, dass entsprechend der Modellierung von Tuckman gerade zu Beginn in der „storming"-Phase besonders häufig Konflikte auftreten könnten. Mit Blick auf Projektteams könnten diese in Anlehnung an Gersick 1988, 1989 besonders zu Mitte eines Projektes bzw. zu Meilensteinen auftreten.[535]
- Der inhaltliche Teil des Fragebogens schließt mit einer Beurteilung der *Produktivität* gemischter Teams im Vergleich zu rein intern besetzten Teams. Abschließend erfolgte die Erhebung ausgewählter *soziodemographischer Daten*, des Geschlechts, des Alters, der Unternehmensgröße sowie der Erfahrung in Form der Anzahl bisheriger Projekte.

Für die Beantwortung der (geschlossenen) Fragen dient ein standardisiertes, für alle Teilnehmer gleichbleibendes *Antwortformat* in Form einer fünfstufigen Ratingskala (Likertskala).[536] Hierauf kann die jeweilige Zustimmung der Teilnehmer abgebildet werden: (1) stimme nicht zu (2) stimme eher nicht zu (3) teils, teils (4) stimme eher zu (5) stimme zu.

---

534 Vgl. Abschnitt 1.1.2.3.3.

535 Vgl. Abschnitt 1.1.1.3.

536 Zu viele Kategorien könnten wiederum reliabilitäts- und validitätsmindernd sowie überfordernd auf die Probanden wirken, wie Bühner 2006, S. 54 konstatiert. Insofern wird mit einer 5-stufigen Skala die empfohlene Anzahl von 7 plus/ minus 2 berücksichtigt. Insofern besteht auch bewusst eine mittlere Kategorie, die bei den teilweise „heiklen" und persönlichen Fragen, d.h. in Unsicherheitsfällen genutzt werden kann. Auf diese Weise soll einem potenziellen Abbruch durch Teilnehmer entgegengewirkt werden. Bei Likert-Skala gilt i.d.R. die Annahme der Äquidistanz (vgl. bspw. Bühner 2006, S. 55 und 74ff.) Zudem erfolgt eine Benennung jeder Antwortstufe in Anlehnung an Krosnick 1999, S. 544.

Da neben den Einzelfragen auch die gesamte inhaltliche Gestaltung des Fragebogens genauer Abstimmung bedarf,[537] werden im Zuge der formalen Gestaltung auch Aspekte des *Gesamtformats* berücksichtigt. Im einführenden Abschnitt werden zunächst die genaue Zielsetzung der Studie sowie spezifische Instruktionen zur Beantwortung und explizite Hinweise auf die Anonymität der Studie gegeben. Zur Erhöhung der Akzeptanz durch die Teilnehmer wird der Fragenkomplex der soziodemographischen Daten an das Ende der Befragung gestellt. Um die Abbruchquote unter den Teilnehmern zu senken, wird die Möglichkeit gewährt, einzelne Fragen unbeantwortet zu lassen. Entsprechend kann die Anzahl der Antworten pro Frage variieren.

Pre-Test
Um die Verständlichkeit der Items, des Antwortmodus und die Formulierung der Instruktionen zu testen und insbesondere auf den Sprachgebrauch der Zielpopulation Rücksicht zu nehmen,[538] wurde der Fragebogen abschließend für einen Pre-Test ausgewählten Testpersonen vorgelegt.[539] Der zeitliche Rahmen der Beantwortung von 20 bis 30 Minuten wurde als angemessen beurteilt. Probanden merkten insbesondere redundante Fragen und die Notwendigkeit einer eindeutigeren Formulierung an. Insbesondere wurden bzgl. der Fragen zu „Einflussfaktoren" und „Beeinflussbarkeit" (v_9 bzw. v_10) eine Kürzung angemerkt. Änderungen wurden ebenfalls hinsichtlich Formulierung der Fragen und Antwortmöglichkeiten vorgenommen. Einige wenige Formulierungen und doppelte Fragen konnten auf diese Weise eliminiert werden.[540]

Bekanntmachung der Studie und Stichprobenauswahl
Die Bekanntmachung der Online-Befragung erfolgte über mehrere Kanäle. Zum einen diente die Veröffentlichung der Befragung in unterschiedlichen sozialen Netzwerken wie Facebook oder XING und Freelancer-Projektbörsen wie Freelancermap oder GULP dazu, die internetaffine Zielgruppen in der Softwareentwicklung gezielt und großzahlig anzusprechen und den Vorteil der Selbstselektion potenzieller Teilnehmer in verschiedenen Interessen- und Projektgruppen zu

---

537 Vgl. auch die Empfehlungen zur Fragebogengestaltung von Raab-Steiner/ Benesch 2008, S. 43ff.

538 Vgl. Krauth 1995, S. 40.

539 Als Testpersonen fungierten neben Kollegen aus dem dieser Befragung zugrundeliegenden Forschungsprojekt auch zwei IT-Freelancer und eine Projektleitung.

540 So konnten bspw. bei der Frage v_9 einzelne Aspekte der Sozialkompetenz wie z.B. Teamfähigkeit und Kooperationsbereitschaft zu einem Faktor „Sozialkompetenz" zusammengefasst werden.

nutzen.[541] Zum anderen erfolgte die Nutzung persönlicher Kontakte sowie Praxis- und Transferpartnern des BMBF geförderten Forschungsprojektes „FlinK“, im Rahmen dessen diese Dissertation entstand, welche als Promotoren auf die Studie aufmerksam machten. Dies geschah z. B. in Form eines Hinweises auf der jeweiligen Unternehmens-Homepage oder durch Veröffentlichung in Mitarbeiter- oder Kundennewslettern. Mit Hilfe des Schneeballprinzips wurden persönliche Kontakte um die Weiterleitung des Links der Befragung gebeten, so dass weitere Probanden aus unterschiedlichen Unternehmen und Freelancer generiert werden konnten. Die Stichprobe kann insofern nicht als repräsentativ gelten.[542]

Datenaufbereitung
Um einen auswertbaren, fehlerfreien SPSS-Datensatz zu erhalten, galt es zuvor, die Rohdatenbasis hierfür aufzubereiten. Nach dem Datenexport aus dem Online-Befragungstool EFS Survey/ Unipark[543] wurden hierzu die nachfolgenden Schritte durchgeführt. Aufgrund der relativ kleinen Datenbasis von N=131 war es das Ziel, eine möglichst große Datenbasis zur finalen Auswertung zu erhalten, so dass die Datenaufbereitung im Rahmen der abschließenden Plausibilitätsüberprüfung so großzügig wie möglich vorgenommen wurde. Details zur Datenaufbereitung finden sich in Anhang A.4.5.

2.3.3 Datenauswertung

Da die Online-Befragung vor allem die Zielsetzung verfolgt, einen Überblick über zentrale Themenfelder in intern-extern gemischten Teams und mögliche Effekte des Einsatzes Externer zu verschaffen und in dieser Hinsicht zentrale

541 Eine Übersicht über die angesprochenen XING-Gruppen ist in Anhang A.4.3 dargestellt. Ein beispielhaftes Anschreiben findet sich in Anhang A.4.4.

542 Repräsentativität bedeutet, dass alle Teile einer Grundgesamtheit in der Stichprobe so vertreten sind, dass die Grundgesamtheit unverfälscht in dieser Stichprobe abgebildet ist (vgl. Borchert/ Urspruch 2007, S. 10). In Anlehnung an Borchert/ Urspruch 2007, S. 11 kann festgestellt werden, dass die Grundgesamtheit hochqualifizierter externer Mitarbeiter, intern-extern gemischter Teams oder lediglich von Freelancern in der IT-Dienstleistungsbranche nicht genau angegeben werden kann, da bspw. hinsichtlich letzterer „keine vollständigen Verzeichnisse von IT-Freelancern mit Namen und Adressen bestehen“ und somit eine personalisierte und gezielte Anfrage von IT-Freelancern oder anderen externen Spezialisten nicht möglich scheint.

543 In die Rohdatenbasis wurden nur die Datensätze derjenigen Teilnehmer exportiert, welche den Fragebogen beendet hatten, d. h. als „beendet“, „nach Unterbrechung beendet“, nicht aber „unterbrochen“ im Befragungstool codiert waren. Das Überspringen einzelner Fragen war für die Teilnehmer während der Befragung zulässig.

Tendenzen zu beschreiben, die u. a. in die nachfolgende Interviewstudie einfließen, steht im Mittelpunkt der Datenauswertung die *Deskriptive Statistik*. Einfache deskriptive Analysen geben einen ersten Gesamteindruck über das erhobene Datenmaterial.[544] Diese werden mit Hilfe des Statistikprogramms SPSS Statistics (PASW) 19 sowie mit dem Tabellenkalkulationsprogramm Excel durchgeführt. Zentrale Maße der Deskriptiven Statistik, die für die Auswertung der geschlossenen Fragen z. B. in Form von Ratingskalen zur Anwendung kommen, sind *Häufigkeiten*, *Median* und *Mittelwert*[545] sowie die *Varianz bzw. die Standardabweichung* als Streuungsmaß. Da sowohl externe Spezialisten als auch interne Projektmitarbeiter und Unternehmens- bzw. Projektverantwortliche an der Befragung teilnehmen, kann die Stichprobe als heterogen betrachtet werden. Insofern erscheint es sinnvoll, die Häufigkeitsverteilungen nach den jeweiligen Befragtengruppen zu betrachten und etwaige Unterschiede im Antwortverhalten zu berücksichtigen. Hierzu wird die Methode der *Mittelwertvergleiche* genutzt. Da im vorliegenden Kontext drei Gruppenmittelwerte miteinander zu vergleichen sind, wird auf das Verfahren der *Einfaktoriellen Varianzanalyse (ANOVA)* zurückgegriffen. Hierbei werden beobachtete Unterschiede auf Signifikanz überprüft, d. h. es wird untersucht, ob sich diese Unterschiede auf entsprechende signifikante Unterschiede in der Grundgesamtheit zurückführen lassen oder nur auf zufälligen Schwankungen in der Stichprobe beruhen.[546] Mit Hilfe des sog. F-Tests (Standardtest bei Varianzanalysen, der das Verhältnis der Varianz zwischen den Gruppen zur Varianz innerhalb dieser Gruppen zugrundelegt) wird festgestellt, ob irgendeine Gruppe signifikant vom Gesamtmittelwert abweicht. Um zusätzlich zu testen, zwischen welchen Gruppen signifikante Unterschiede

---

544 Vgl. Bortz/ Döring 2009.

545 Bei der Berechnung eines (Gesamt-)Mittelwerts der drei Befragtengruppen wird keine Gewichtung der einzelnen der drei Gruppen nach ihrer zahlenmäßigen Repräsentanz in der Stichprobe vorgenommen. Eventuell hierdurch mögliche Verzerrungen werden in den Limitationen (Kapitel 2.7) diskutiert.

546 Vgl. hierzu auch Brosius 2011, S. 466 oder Bühl 2006, S. 299. Die mit Hilfe der ANOVA überprüfte Nullhypothese besagt, dass die Stichproben, d.h. die untersuchten Gruppen, der gleichen Grundgesamtheit entstammen und somit Mittelwertunterschiede zufällig zustande gekommen seien (vgl. Brosius 2011, S. 499). Signifikanz indiziert dann, dass beobachtete Mittelwertunterschiede nicht auf einem Zufall basieren. I.d.R. kann ab einer Fehler- bzw. Irrtumswahrscheinlichkeit von 5% ($p \leq 0{,}05$) von einem signifikanten, ab 1% ($p \leq 0{,}01$) von einem sehr signifikanten und ab 0,1% ($p \leq 0{,}001$) sogar von einem höchst signifikanten Zusammenhang ausgegangen werden (vgl. z. B. Bühl 2010, S. 147).

bestehen, wird anschließend ein Post-Hoc Test (nach Tukey) durchgeführt, in welchem die Gruppen paarweise miteinander verglichen werden.

Voraussetzungen für die Anwendung dieses Verfahrens sind neben intervallskalierten Variablen, was im Falle der Likert-Skalen angenommen wird, die Annahme der Normalverteilung in der Grundgesamtheit sowie gleicher Varianzen der betrachteten Variablen in den verschiedenen Gruppen.[547] Eine Überprüfung der Daten auf *Normalverteilung* kann sowohl graphisch wie statistisch erfolgen. Mit Hilfe eines sog. Q-Q-Diagramms werden Abweichungen der empirisch beobachteten Werte von einer Normalverteilung sichtbar.[548] Für die statistische Überprüfung der Normalverteilung wird der Kolmogorov-Smirnoff-Test herangezogen sowie nach Empfehlung von Brosius zumindest auch ergänzend der Shapiro-Wilks-Test, der bei kleineren Stichproben von weniger als 50 Personen geeignet ist, wie dies in der vorliegenden Stichprobe mitunter der Fall ist.[549] Mit beiden Tests wird die Irrtumswahrscheinlichkeit berechnet, nach welcher die Nullhypothese der Normalverteilung zurückgewiesen werden kann. Da diese Signifikanztests jedoch die Hypothese perfekter Normalverteilung prüfen, was somit auch bei annähernder Normalverteilung zur Ablehnung der Nullhypothese führt, können in Anlehnung an Empfehlungen von Brosius 2011 ggf. Zugeständnisse hinsichtlich der Annahme der Normalverteilung gemacht werden, um weiterhin bestimmte statistische Testverfahren, im vorliegenden Fall die o.g. ANOVA und die Post-Hoc Tests, durchführen zu können.[550] Die Überprüfung auf Varianzenhomogenität wird im Rahmen der explorativen Datenanalyse in SPSS mit Hilfe des Levene-Tests vorgenommen.

Im Falle von *nicht normalverteilten, intervallskalierten Variablen* wird als nichtparametrische Alternative der Kruskal-Wallis-Test durchgeführt.[551] Dieser

---

547 Vgl. Brosius 2011, S. 500.

548 Hierbei wird die theoretische Normalverteilung auf einer Geraden abgetragen und je eher die empirischen Punkte diesem Verlauf folgen, liegt eine Normalverteilung vor. Neben dieser Stärke der Abweichung kann mit Hilfe eines trendbereinigten Diagramms deren Form beurteilt werden: Streuen die empirischen Punkte anstatt zufällig nach einem bestimmten Muster um die Gerade, so kann geschlussfolgert werden, dass die empirischen Werte systematisch von der Normalverteilung abweichen (vgl. Brosius 2011, S. 403f.).

549 Vgl. Brosius 2011, S. 405.

550 Vgl. ebd.

551 Der H-Test nach Kruskall und Wallis wird als Testverfahren bei mehr als zwei unabhängigen Stichproben empfohlen (vgl. Bühl 2010, S. 361; Brosius 2011, S. 880ff.). Dieser Test basiert auf einer gemeinsamen Rangfolge aller Werte der unterschiedlichen Stichproben und ist somit unempfindlicher gegen Ausreißer. Er überprüft die

stellt geringere Anforderungen an die Daten und setzt v.a. keine Normalverteilung voraus. Wie Brosius formuliert, besteht entsprechend der „Preis für das Ausweichen auf Tests mit schwächeren Annahmen (..) darin, dass sich mit nichtparametrischen Tests auch nur weniger scharfe und klare Hypothesen testen lassen" und abgeleitete Aussagen entsprechend weniger fundiert seien (Brosius 2011, S. 857). Entsprechend wird auch in nachfolgender Auswertung parametrischen Verfahren der Vorzug gegeben, sofern die Annahmen als hinreichend erfüllt bewertet werden (z.B. in Form einer graphisch annähernden Normalverteilung). Auf diese Weise können zumindest Tendenzen hinsichtlich signifikanter Unterschiede zwischen den Befragtengruppen sichtbar gemacht werden.

Bei der *Auswertung der offenen Fragen* gilt es, die wesentlichen Themen herauszufiltern und in einem Kategoriensystem sichtbar zu machen. Für diese explorative Zielsetzung wird eine offene Kodierung in vereinfachter Form durchgeführt, die sich an die zusammenfassende Inhaltsanalyse nach Mayring 2010 anlehnt.[552]

2.4 Ergebnisse der quantitativen Online-Befragung

Im folgenden Kapitel werden die Ergebnisse der Online-Befragung vorgestellt.[553] Nachdem ein Überblick über die Stichprobe gewonnen werden kann (2.4.1), steht zunächst die Auswertung der allgemeinen Einstiegsfragen im

---

Nullhypothese, dass die mittleren Rangzahlen in den unterschiedlichen Gruppen gleich seien. Nichtparametrische (verteilungsfreie) Tests können auch bei normalverteilten Daten angewendet werden. Bühl 2010, S. 348 empfiehlt z.B. im Falle von Mittelwertvergleichen von zwei Stichproben, die teils normalverteilt sind und teils nicht, grundsätzlich den U-Test nach Mann und Whitney anzuwenden (auf welchem auch der o.g. Kruskal-Wallis-Test basiert).

552 Hierzu werden zunächst die Einzelnennungen in einer knappen Form umschrieben und nicht inhaltstragende Bestandteile weggelassen (Paraphrasierung). Die so entwickelten Kategorien werden auf einem einheitlichen Abstraktionsniveau verallgemeinert und in einem weiteren Reduktionsschritt durch Selektion und Streichung bedeutungsgleicher Kategorien sowie ggf. Formulierung neuer, übergeordneter Kategorien zu einer geringeren Anzahl von Kategorien gebündelt. Schließlich erfolgt die Zusammenstellung der nun zusammengefassten und generalisierten Paraphrasen in einem Kategoriensystem, das nach Rücküberprüfung an der Ausgangsliste das ursprüngliche Datenmaterial noch repräsentieren muss (vgl. Mayring 2010, S. 67ff.).

553 Einige zentrale Ergebnisse dieser Teilstudie sind in zusammengefasster Form eines Studienberichts und eines Vortrags bei der Gesellschaft für Organisation e.V. veröffentlicht worden (vgl. Paust/ Rössing 2010 und Rössing/Paust 2010).

Vordergrund. In diesem Zuge wird die praktische Relevanz und allgemeine Bewertung des Einsatzes Externer vorgenommen; ebenso zeichnet sich hier hinsichtlich potenzieller Vorbehalte gegenüber externen Mitarbeitern Konfliktpotenzial ab (2.4.2). In der Analyse des hochqualifizierten externen Mitarbeiters als Teammitglied wird dann in detaillierterer Form die Zusammenarbeit im Team vorgestellt (2.4.3), insbesondere mit Fokus auf die Einflussfaktoren der Teamarbeit, möglichen Effekten externer Mitarbeiter auf die Zusammenarbeit und Führungsherausforderungen.

Die Auswertung der Online-Befragung zeigt zunächst hinsichtlich der allgemein gehaltenen Einstiegsfragen wesentliche Ergebnisse zum Einsatz von hochqualifizierten externen Mitarbeitern in gemischten Teams. Zunächst werden daher die allgemeineren Befunde zum Einsatz hochqualifizierter Externer im Unternehmen vorgestellt (2.4.1). Nach diesen grundlegenden Erkenntnissen wird die konkrete Zusammenarbeit zwischen Intern und Extern fokussiert und die Ergebnisse zur Zusammenarbeit und zentralen Einflussfaktoren auf eine funktionierende gemischte Teamarbeit zusammengetragen (2.4.2). Die Beurteilung des Einsatzes Externer und spezifischer Effekte auf den Prozess der Leistungserstellung schließt sich an (2.4.3). Im Folgenden werden die Kernergebnisse der Online-Befragung dargestellt, beginnend mit der Deskription der Stichprobe.

Deskriptive Ergebnisse zur Stichprobe

Den Fragebogen beantworteten insgesamt 228 Personen, die Erfahrung mit dem Einsatz hochqualifizierter Externer haben. Da hierauf auch 95 externe Change-Manager entfielen, die zur separaten Datenauswertung einer anderen Dissertation genutzt wurden,[554] beinhalt die bereinigte Stichprobe[555] für die vorliegende Auswertung N = 131 Teilnehmer.[556] Davon sind 47 Personen externe IT-Spezialisten (35,9%), 31 Personen interne Mitarbeiter (40,5%) und 53 Personen interne Manager (23,7%). Von den externen IT-Spezialisten firmiert die Mehrheit von knapp Dreiviertel (74,5% bzw. 35 Personen) als selbstständige Freelancer, während 25,5% (12 Personen) nicht selbstständige Angestellte eines externen IT-Dienstleisters sind. Einen Überblick über die Zusammensetzung der erzielten Stichprobe visualisiert Abbildung 18.

554 Vgl. hierzu die Ausführungen in Abschnitt 2.3.1.

555 Vgl. die Ausführungen zur Datenaufbereitung in Abschnitt 2.3.2 sowie im Anhang A.4.5, in welchem auch der Ausschluss von zwei Fällen markiert ist.

556 Aufgrund der Akquisition von Studienteilnehmern mit Hilfe des Schneeballprinzips können keine genauen Angaben zur Rücklaufquote gemacht werden.

Abbildung 18: Stichprobe der Online-Befragung

Geschlecht (N = 131)		
männlich	104	79,4 %
weiblich	27	20,6 %
Alter (N = 128)		
20 - 30 Jahre	23	17,9 %
31 - 40 Jahre	38	29,7 %
41 - 50 Jahre	43	33,6 %
51 - 60 Jahre	17	13,3 %
61 - 70 Jahre	4	3,1 %
> 70 Jahre	3	2,3 %
Funktion (N = 131)		
Externe IT-Spezialisten	47	35,9 %
Davon selbständige Freelancer	35	74,5%
Davon nicht selbständige Freelancer	12	25,5%
Interne Manager	53	40,5 %
Interne Mitarbeiter	31	23,7 %
Unternehmensgröße (N = 131)		
1 Mitarbeiter	19	14,5 %
2 - 10 Mitarbeiter	16	12,2 %
11 - 50 Mitarbeiter	17	13.0 %
51 - 250 Mitarbeiter	18	13,7 %
> 250 Mitarbeiter	61	46,6 %

(Quelle: Eigene Darstellung)

Die Stichprobe ist hinsichtlich der soziodemographischen Merkmale folgendermaßen zusammengesetzt:

- *Geschlecht*: Die Mehrheit der Befragten von 79,4% ist männlich, 20,6% sind weiblich.
- *Alter:* Das Alter der Teilnehmer wurde in 10er-Schritten in sechs Klassen kategorisiert: 20–30 Jahre, 31–40 Jahre, 41–50 Jahre, 51–60 Jahre, 61–70 Jahre und über 70 Jahre. Die Teilnehmer sind zwischen 26 und 77 Jahre alt, das mittlere Alter liegt bei 42,02 Jahren.
- *Unternehmensgröße:* Die Unternehmensgröße wurde folgendermaßen klassifiziert: 1 Mitarbeiter (= Kleinstunternehmen oder Freelancer), 2–10 Mitarbeiter, 11–50 Mitarbeiter, 51–250 Mitarbeiter und mehr als 250 Mitarbeiter. Im Ergebnis sind die befragten Unternehmensverteter mehrheitlich in großen Unternehmen mit mehr als 250 Mitarbeitern beschäftigt (46,6%). Von den externen IT-Spezialisten geben 15 an, in Unternehmen mit mehr als 250 Mitarbeitern tätig zu sein, eine Gruppe von 16 (34%) ist allerdings auch bei Kleinunternehmen mit max. 1 Mitarbeiter tätig.

- *Erfahrung in Anzahl an Projekten:* Die Erfahrungen der Studienteilnehmer bzgl. ihrer Projekte mit externer Beteiligung unterscheiden sich stark. Aufgrund der Variation zwischen 0 und bis zu 200 Projekten (bei internen Managern) beim Item v_2 („Erfahrung"), das in der Befragung als Zahl anzugeben war, wurde eine Klassifizierung mit Hilfe des Bereichseinteilers vorgenommen. Entsprechend erfolgte eine Zweiteilung der Projekterfahrung in „weniger Erfahrung" i.S.v. unter oder gleich 10 Projekten und „mehr Erfahrung" i.S.v. mehr als 10 Projekten.[557] Im Ergebnis zeigt sich, dass vor allem die externen IT-Spezialisten im Vergleich zu den Unternehmensvertretern mehr Projekterfahrung haben; die Unterscheidung zwischen weniger und mehr Erfahrung ist fast ausgeglichen (49% zu 51%), während bei den internen Managern 64% weniger als 10 Projekte als Erfahrungshintergrund aufweisen und bei den internen Projektmitarbeitern knapp Dreiviertel der Befragten (74%). Abbildung 19 gibt Aufschluss über die Projekterfahrung je nach Funktion.

Abbildung 19: Projekterfahrung der Studienteilnehmer

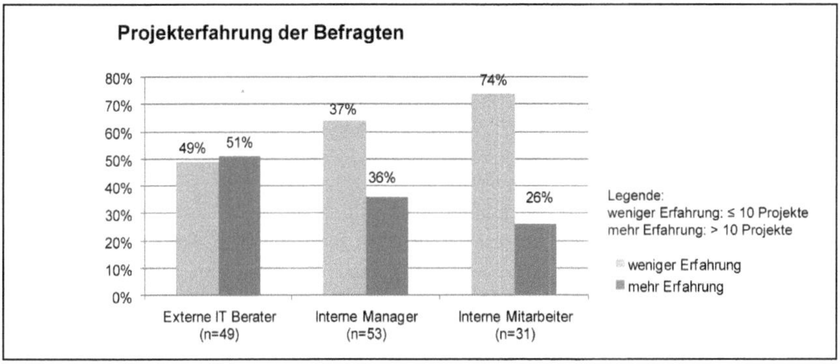

(Quelle: Eigene Darstellung)

557 Vgl.Bühl 2006, S. 168ff. Im Rahmen von Plausibilitätsüberlegungen kann die Annahme einer abnehmenden Lernkurve zugrunde gelegt werden: Wenngleich anzumerken bleibt, dass die Exaktheit der vorgenommenen Einteilung bei 10 Projekten diesbezüglich diskutiert werden kann, scheint eine Einteilung in eher Projekt"anfänger" und eher Projekt"erfahrene" sinnvoll. Im Rahmen der Anwendung des Bereichseinteilers werden auf Basis des Mittelwerts und der einfachen Standardabweichung der Variablen „Projekterfahrung" zwei Kategorien gebildet. Um die drei Befragtengruppen besser vergleichen zu können, wurde mit Blick auf die niedrigeren Mediane und Modi die Zahl 10 als angemessener „Schnitt" zur Klassifizierung festgelegt (vgl. hierzu auch Anhang A.5).

2.4.1 Allgemeine Befunde zum Einsatz hochqualifizierter externer Mitarbeiter

Im Zuge der Auswertung der drei Einstiegsfragen (v_4) kann zunächst die praktische Relevanz und mehrheitlich positive Bewertung des Einsatzes hochqualifizierter Externer festgestellt werden. Insgesamt sieht die Mehrheit der Befragten im Management externer Mitarbeiter ein zukünftig immer wichtigeres Thema für Unternehmen: Etwa Dreiviertel aller Teilnehmer stimmen der steigenden *Relevanz* zu bzw. eher zu, wobei allein gut 46% den höchsten Zustimmungswert angaben.[558] Diese Tendenz spiegelt auch der hohe Gesamtmittelwert über alle Befragtengruppen von 4,09 wider, in dem sich das „eher zustimmende" Antwortverhalten der einzelnen Gruppen manifestiert.[559] Ein Großteil der Teilnehmer verknüpft den Einsatz hochqualifizierter Externer dabei mit mehr *positiven als negativen Effekten für Unternehmen.* Knapp 70% der Befragten bewerten den Einsatz Externer insgesamt überwiegend positiv. Dies wird insbesondere durch das stark zustimmende Verhalten der externen IT-Spezialisten (MW = 4,13) beeinflusst, wie die Betrachtung getrennt nach Befragtengruppen verdeutlicht.[560] Im Gegensatz dazu bewerten interne Manager (MW = 3,65) und interne Mitarbeiter (MW = 3,55) die Vorteilhaftigkeit ebenfalls im positiven Bereich, jedoch etwas verhaltener. Die Antworten der Befragtengruppen unterscheiden sich signifikant voneinander.[561] Neben dieser pauschalen, tendenziell eher positiven

558 Vgl. Anhang A.6.2c für die Häufigkeitsverteilung zur praktischen Relevanz.

559 Die Mittelwertunterschiede zur praktischen Relevanz (vgl. Anhang A.6.3c) sind nicht signifikant: Der Levene-Test mit p> 0,05 bei allen drei Teilfragen von v_4 (vgl. Anhang A.6.5) bestätigt die Voraussetzung der Varianzengleichheit der drei Teilstichproben, in der ANOVA-Tabelle deutet p = 0,900 auf nicht signifikante Unterschiede hin. Unter der Annahme einer nicht vorliegenden (zumindest annähernden) Normalverteilung (vgl. die für die Frage nach der praktischen Relevanz beispielhaft aufgeführte Diagramm nach graphischer Beurteilung Anhang A.6.4a; zur statistischen Überprüfung Anhang A.6.4b) ist das Ergebnis des angewendeten Kruskal-Wallis-Tests ebenfalls nicht signifikant (p = 0,924, vgl. Anhang A.6.5d).

560 Vgl. Anhang A.6.2b zur Bewertung allgemein sowie Anhang A.6.3b zum Antwortverhalten nach Befragtengruppe.

561 Am Kruskal-Wallis-Test kann abgelesen werden, dass die durchschnittlichen Rangwerte bei externen IT-Spezialisten (78,68) höher sind als bei internen Managern (59,82) und noch höher als bei internen Mitarbeitern (55,05). Der Signifikanzwert für die Nullhypothese beträgt p=0,006, so dass diese abgelehnt werden kann (vgl. Anhang A.6.5d): Die mittleren Rangwerte der eher positiven als negativen Beurteilung des Einsatzes Externer ist in den drei Befragtengruppen folglich ungleich.

Globalbeurteilung wird bei der konkreteren Frage nach den *Vorbehalten* interner Mitarbeiter gegenüber dem Einsatz Externer (*„Viele interne Mitarbeiter von Unternehmen haben starke Vorbehalte gegenüber dem Einsatz Externer"*) auch Konfliktpotenzial erkannt, das im Zusammenhang mit Externen stehen könnte. Im Vergleich zu den beiden vorherigen Fragen sind die Antworthäufigkeiten aller Befragten auf die fünf Antwortmöglichkeiten ausgeglichener verteilt. Trotz der pointiert gestellten Frage nach starken Vorbehalten interner Mitarbeiter, stimmt jedoch mit 48% knapp die Hälfte der Befragten zu oder eher zu, während knapp 30% sich dies nicht oder eher nicht vorstellen können.[562] Diese zustimmende Beurteilung gilt vor allem für interne Projektmitarbeiter, die mit einem Mittelwert von 3,61 noch vor den internen Managern (3,37) und den Externen (3,02) liegen.[563] Damit antworten die Befragten durchschnittlich mit einem Gesamtmittelwert über alle Gruppen von 3,30 etwas zurückhaltender, aber im positiven Zustimmungsbereich.

2.4.2 Hochqualifizierte externe Mitarbeiter als Teammitglieder

Nachstehend erfolgt eine kurze Skizzierung der Zusammenarbeit im Team (2.4.2.1). Daran schließt sich die Vorstellung der zentralen Einflussfaktoren der Zusammenarbeit an (2.4.2.2).

2.4.2.1 Beschreibung der Zusammenarbeit

Von den Studienteilnehmern haben 120 Personen bereits mit intern-extern gemischten Teams *Erfahrung* (91,6%). Nur diese Personen werden für die

---

Unter Zugeständnissen an die Normalverteilungsannahme kann auch mit Hilfe der ANOVA ein signifikanter Mittelwertunterschied festgestellt werden (p = 0,023; vgl. Anhang A.6.5b). Mit Hilfe des Post-Hoc Tests basiert dieser auf Unterschieden zwischen den externen IT-Spezialisten und den internen Mitarbeitern (vgl. Anhang A.6.5c).

562 Vgl. Anhang A.6.2a zu Vorbehalten interner Mitarbeiter sowie nachfolgend Anhang A.6.3a für die getrennte Darstellung nach den drei Befragtengruppen.

563 Die beobachteten Mittelwertunterschiede sind auf 0.05-Niveau nicht signifikant. Dies zeigen sowohl die ANOVA-Ergebnisse unter der graphisch plausiblen Normalverteilungsannahme wie auch der Kruskal-Wallis-Test (vgl. Anhang A.6.5d). Jedoch weist eine relativ hohe Standardabweichung bei allen Befragten, bei Externen von 1,20, bei internen Managern von 1,24 und bei internen Mitarbeitern von 1,02 auf eine starke Streuung der Antworten und durchaus auf Kontroversität bei diesem Aspekt hin.

weiteren Auswertungen berücksichtigt.[564] Im Hinblick auf die *Teamgröße* haben die Teilnehmer unterschiedliche Erfahrungen mit intern-extern gemischten Projektteams gemacht:[565] Sowohl relativ kleine Teams mit bis zu 5 Mitgliedern als auch größere Teams von 11 Personen und mehr, die gerade in Softwareentwicklungsprojekten in größeren Unternehmen, z. B. auch als mehrere Teilprojekte oder Multi-Team-Projekte vorkommen,[566] sind im Erfahrungshintergrund der Probanden enthalten. Dabei ist der Anteil von eher kleinen bzw. „normal" großen Teams mit bis zu 10 Mitgliedern (47,9%) und jener von großen Teams mit mehr als 11 Personen (52,1%) fast ausgeglichen.

Die Beantwortung der Frage nach dem *durchschnittlichen Zeitanteil* für gemeinsame Aufgabenbearbeitung innerhalb eines gemischten Projektteams zeigt, dass in gemischten Teams aus externen und internen Mitarbeitern Projektaufgaben sowohl eigenständig als auch gemeinsam bearbeitet werden. Dies deckt sich mit den Überlegungen, dass ein Wechsel zwischen Phasen der eher autonomen Aufgabenbearbeitung und der gemeinsamen und hoch interaktiven Zusammenarbeit unter den Teammitgliedern verdeutlicht wurde. Knapp ein Viertel der Befragten gibt an, dass der Zeitanteil gemeinsamer Aufgabenbearbeitung unter 20% beträgt. Immerhin 44,5% sagen, dass die gemeinsame Arbeit 20 bis 40% der Zeit in Anspruch nimmt.[567]

2.4.2.2 Zentrale Einflussfaktoren der Zusammenarbeit

Bei den vorgegebenen Einflussfaktoren für das Funktionieren gemischter Teams scheinen sich die Vermutungen (= Vorannahme der aus der Literatur abgeleiteten relevanten Faktoren) zu bestätigen. Die vorgegebenen Faktoren werden mehrheitlich als sehr relevant für das Funktionieren gemischter Teams betrachtet: Die durchschnittlichen Zustimmungswerte aller Befragten befinden sich für alle Faktoren oberhalb des mittleren Skalenwertes von 3,00 und damit im positiven Zustimmungsbereich (vgl. Abbildung 20).

564 Vgl. Anhang A.7.1.
565 Vgl. Anhang A.7.2.
566 Vgl. hierzu auch die Ausführungen in Abschnitt 1.1.4.1.
567 Vgl. Anhang A.7.3.

Abbildung 20: Übersicht der Einflussfaktoren gemischter Teams über alle Befragtengruppen

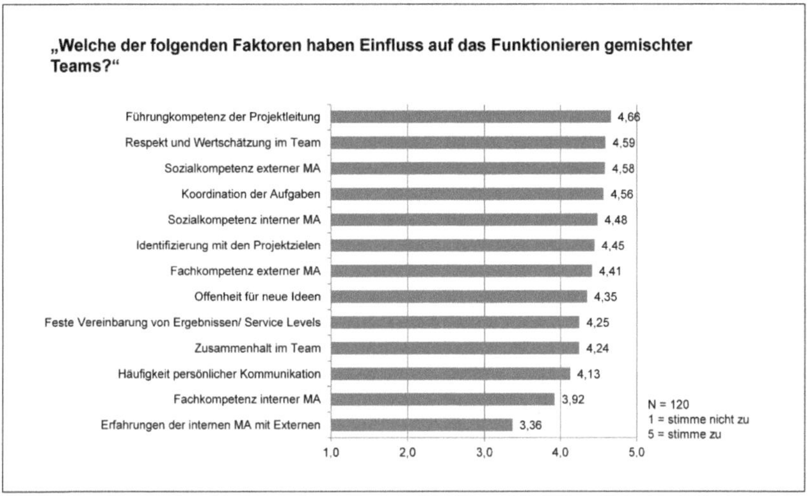

(Quelle: Eigene Darstellung)

Auf den drei vorderen Plätzen liegen die *„Führungskompetenz der Projektleitung"*, *„Respekt und Wertschätzung im Team"* und *„Sozialkompetenz externer Mitarbeiter"* – jeweils mit minimalem Abstand von max. 0,07 Punkten folgen auch die weiteren acht Faktoren. Insgesamt liegen die Mittelwerte bis hierhin sehr nahe beieinander, denn die Spannweite zwischen diesen 11 Aspekten liegt bei gerade einmal einem guten halben Punkt (0,53). Einzig zwei der vorgebenen 13 Faktoren liegen unterhalb eines Gesamtmittelwertes von 4,00: Die *„Fachkompetenz interner Mitarbeiter"* und die *„Erfahrungen der internen Mitarbeiter mit Externen"*. Dabei fällt auf, dass ersterer mit 3,92 nur leicht unter dem 11. relevanten Faktor (*„Häufigkeit der Kommunikation"*) liegt; lediglich die *„Erfahrungen der internen Mitarbeiter mit Externen"* mit dem geringsten Mittelwert von 3,36 fallen leicht dagegen ab.

Damit indizieren die Ergebnisse *unterschiedliche „weiche" und „harte" Faktoren*, die für eine effektive Zusammenarbeit im gemischten Team relevant sind. Insbesondere erstere werden von den Befragten als relevante Einflussfaktoren eingeschätzt. Im direkten Vergleich der Bedeutung von Fach- und Sozialkompetenz interner und externer Mitarbeiter fallen darüberhinaus zwei Aspekte auf: Zum einen wird die *Sozialkompetenz* bei beiden Gruppen von Teammitgliedern (4,58 bei externen Mitarbeitern gegenüber 4,48 bei internen Mitarbeitern) leicht relevanter eingeschätzt als die Fachkompetenz (4,41 bei externen Mitarbeitern gegenüber 3,92 bei internen Mitarbeitern). Zum anderen wird sowohl der Sozial- als auch der Fachkompetenz *externer Mitarbeiter* eine leicht höhere Bedeutung attestiert als bei internen Mitarbeitern.

Betrachtet man die drei Befragtengruppen getrennt, werden einige unterschiedliche Priorisierungen der Einflussfaktoren sichtbar.[568] Auffällig ist zunächst, dass die beiden unternehmensinternen Gruppen der *Führungskompetenz* der Projektleitung die höchste Relevanz zuschreiben, während externe IT-Spezialisten hier ihre eigene Sozialkompetenz priorisieren und die Führungskompetenz – wenngleich mit einem Mittelwert von 4,5 immer noch sehr hoch – an vierter Stelle sehen. Im Besonderen fallen hinsichtlich der *Kompetenzeinschätzungen* vor allem drei Aspekte auf, nämlich dass a) die Fachkompetenz interner Mitarbeiter von allen drei Befragtengruppen an vorletzter Stelle der vorgegebenen Einflussfaktoren steht, b) interne Mitarbeiter die Sozialkompetenz externer wie interner Teammitglieder für zweit- bzw. drittwichtig halten (jeweils mit demselben Mittelwert von 4,67) und c) für interne Manager zwar die Bedeutung von Fach- und Sozialkompetenz externer wie interner Teammitglieder recht nahe beieinanderliegt, jedoch dem externen IT-Spezialisten in diesem Zusammenhang in Abstand von 0,06 Punkten eine leicht höhere Relevanz ihrer Fachkompetenz zugestanden wird. Die unterschiedlichen Einschätzungen hinsichtlich der relevanten Sozialkompetenz Externer sind dabei signifikant.[569] Darüber hinaus zeigt sich hinsichtlich *der festen Vereinbarung von Ergebnissen/ Service Levels*, dass insbesondere interne Manager dies bedeutsamer halten (MW = 4,49, 4. Stelle) als interne Mitarbeiter (MW = 4,30, 8. Stelle) oder noch weniger externe IT-Spezialisten (MW = 3,77, 11. Stelle). Auch dieses Antwortverhalten differiert auf 0,05-Niveau signifikant voneinander in den drei Befragtengruppen.

Hinsichtlich der Einschätzung, inwiefern die Einflussfaktoren auf die Zusammenarbeit im Team auch *durch die Projektleitung beeinflusst* werden können, ergibt sich ein differenziertes Bild. Eine *Beeinflussbarkeit* von 12 der o.g. Aspekte wird insbesondere „härteren" Faktoren attestiert.[570] Wie die Abbildung in Anhang A.8.3a verdeutlicht, sind die drei durch die Projektleitung am ehesten als beeinflussbar eingeschätzten Faktoren *„Koordination der Aufgaben"*, *„Feste*

568 Vgl. Anhang A.8.1.

569 Vgl. hierzu sowie für nachfolgend signifikant ausgezeichnete Ergebnisse den Kruskal-Wallis-Test in Anhang A.8.2.

570 Nicht gefragt wurde nach der „Führungskompetenz der Projektleitung", so dass dieser Aspekt in der Analyse der Beeinflussbarkeit durch die Projektleitung nicht berücksichtigt wird.

Vereinbarung von Ergebnissen/ Service Levels" sowie „*Identifizierung mit den Projektzielen*"; über einem Mittelwert von 4,00 liegt ebenfalls die „*Häufigkeit persönlicher Kommunikation*". Gerade die ersten beiden Aspekte, die mit Mittelwerten von 4,81 und 4,68 besonders hohe Zustimmungswerte durch die Studienteilnehmer erfahren, können klassischen Aufgaben der Projektsteuerung zugeschrieben werden.[571]

Weiterhin fällt auf, dass eher „weichere" Aspekte wie der Umgang miteinander im Team oder auch individuelle Charakteristika wie Sozial- und Fachkompetenz der Teammitglieder ebenfalls im positiven Zustimmungsbereich liegen (über einem Mittelwert von 3,00), jedoch als weniger steuerbar eingeschätzt werden. Bspw. werden den Faktoren „*Respekt und Wertschätzung im Team*" oder *Sozialkompetenzen* interner wie externer Mitarbeiter trotz ihrer zugeschriebenen Bedeutung für die Zusammenarbeit im Team (MW = 4,59, vgl. Abbildung 20) weniger Beeinflussbarkeit durch die Projektleitung eingeräumt (3,92).[572] Damit werden im direkten Vergleich Lücken zwischen Relevanz und Steuerungsmöglichkeit von Einflussfaktoren sichtbar.[573]

2.4.3 Beurteilung der Vorteilhaftigkeit und potenzieller Spannungsfelder beim Einsatz hochqualifizierter externer Mitarbeiter im Team

Nachstehend werden die Ergebnisse zur Beurteilung der Wirkungen eines Externen-Einsatzes im Team präsentiert. Hier geht es sowohl um eher globalere Urteile wie zur Produktivität als auch zu spezifischen Themenbereichen der Innovationskraft und Entscheidungseffizienz (vgl. Abschnitt 2.4.3.1). Ebenso werden konkrete Effekte der Präsenz externer Mitarbeiter wie z. B. Motivationseffekte im Team vorgestellt (2.4.3.2). Die Präsentation der quantitativen Befunde zur Zusammenarbeit im Team schließen mit einem kurzen Blick auf Konfliktarten und -phasen (2.4.3.3).

---

571 Vgl. Abschnitt 1.1.4.2 zum Projektmanagement.

572 Vgl. Anhang A.8.3a.

573 Diese Lücke zeigt sich ebenfalls deutlich bei den Sozialkompetenzen der Teammitglieder: Während ihre Bedeutung für die Zusammenarbeit im Mittel bei 4,58 (Externe) bzw. 4,48 (Interne) liegt, werden die Möglichkeiten der Steuerung für die Projektleitung nur durchschnittlich mit 3,26 (Externe) bzw. marginal darunter mit 3,24 (Interne) beurteilt (vgl. hierzu die einzelnen Grafiken A.8.3b bis d).

2.4.3.1 *Produktivitätsvorteil und Wahrnehmung der Innovationskraft und Entscheidungseffizienz*

Im globalen Urteil zeigt sich ein eindeutiger *Produktivitätsvorteil* intern-extern gemischter Teams im Vergleich zu rein intern besetzten Teams: Gut Dreiviertel aller Befragten stimmt der Aussage zu bzw. eher zu, dass gemischte Teams produktiver sind.[574] In der differenzierten Betrachtung der Mittelwerte der drei Befragtengruppen zeigt sich, dass bei einem relativ hohen Gesamtmittelwert über alle Gruppen von 3,88 die Höhe der Zustimmung unterschiedlich ausfällt: Während die externen Mitarbeiter mit einem hohen, überdurchschnittlichen Mittelwert (4,24) zustimmen, bewerten interne Manager und Mitarbeiter gemischte Teams ebenfalls produktiver, jedoch mit etwas verhaltener Zustimmung (vgl. Abbildung 21). Diese Unterschiede sind statistisch signifikant.[575]

Abbildung 21: Produktivitätsvorteil gemischter Teams

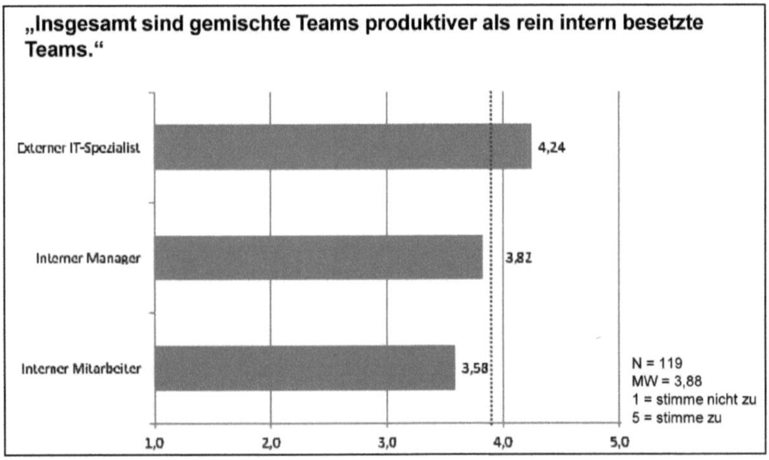

(Quelle: Eigene Darstellung)

574 Vgl. Anhang A.9.6a.

575 Vgl. Anhang A.9.6b für die ANOVA über alle 3 Gruppen. Ein paarweiser Mehrfachvergleich weist auf signifikante Unterschiede sowohl zwischen externen IT-Spezialisten und internen Managern als auch gegenüber internen Mitarbeitern hin (vgl. Anhang A.9.6c). Unter der nicht geteilten Annahme der Normalverteilung, ergibt auch der nichtparametrische Test eine Signifikanz auf 0.05-Niveau von p = 0,003 (vgl. Anhang A.9.7c). Hingewiesen muss an dieser Stelle auf die aus Platzgründen im Anhang nicht weiter aufgeführten NV-Tests, die sich jedoch visuell mit den bereits in Anhang A. 6.4 vergleichen lassen.

Die wahrgenommene Vorteilhaftigkeit kann anhand der zwei beispielhaft zu bewertenden Aspekte Innovationskraft und Entscheidungseffizienz konkretisiert werden. Neben der erhöhten Produktivität sehen die Befragten einen noch eindeutigeren *Innovationsvorteil* gemischter Teams. Die Mehrheit von 83,33% aller Befragten stimmt (eher) zu, dass gemischte Teams geeigneter sind als rein intern besetzte, um neuartige Lösungen zu generieren.[576] Auch der relativ hohe Gruppenmittelwert von 4,12 bestätigt diese Tendenz. Trotz visuell zunächst nicht sehr starker Differenzen sind die Mittelwertunterschiede signifikant.[577] Im Hinblick auf die *Entscheidungseffizienz* fällt der Vorteil hingegen weniger eindeutig aus. Externe Mitarbeiter und interne Manager bewerten ihn leicht überdurchschnittlich, verglichen mit den internen Mitarbeitern.[578]

Insgesamt fällt damit in der Gesamtbetrachtung auf, dass insbesondere die externen Mitarbeiter als IT-Spezialisten das „gemischte Teamwork" positiv bewerten.

2.4.3.2 Motivation, Integration und Neid

Die Datenauswertung lässt Hinweise auf verschiedene Effekte des Einsatzes Externer im Team deutlich werden, zeigt aber ebenfalls wiederum unterschiedliche Wahrnehmungen diesbezüglich unter den Befragtengruppen auf.

Motivationseffekt: Die Anwesenheit hochqualifizierter externer Mitarbeiter im Team wird von interner Unternehmensseite durchaus als Ansporn bewertet. In den leichten Zustimmungsbereich fallen interne Mitarbeiter mit einem Mittelwert von 3,5 oder noch etwas stärker interne Manager (MW = 3,59). Externe IT-Spezialisten sehen diesen Effekt dagegen eher weniger, wie die unterdurchschnittliche Zustimmung über alle Befragungsgruppen in Abbildung 22 zeigt.[579]

576 Vgl. Anhang A.9.1a. Anhang A.9.1b visualisiert die Betrachtung aller 3 Gruppen.

577 Dies indiziert die Irrtumswahrscheinlichkeit von $p = 0{,}014$ im Zuge des Kruskal-Wallis-Tests (vgl. Anhang A.9.7c).

578 Vgl. Anhang A.9.2a, für den Gruppenvergleich Anhang A.9.2b. Auch wenn Zugeständnisse an die graphisch nicht eindeutige NV-Annahme (vgl. beispielhaft Anhang A.9.7a für die statistische Überprüfung der NV) gemacht werden, ist die Voraussetzung der Varianzenhomogenität für die Durchführung einer ANOVA nicht erfüllt (vgl. Levene-Test in Anhang A.9.7b). Der nichtparametrische Test weist nicht auf signifikante Unterschiede hin (vgl. Anhang A.9.7c).

579 Für die zugehörigen Häufigkeiten vgl. Anhang A.9.3.

In dieser Einschätzung unterscheiden sich die drei Gruppen signifikant voneinander.[580]

Abbildung 22: Beurteilung der Motivation durch externe Teammitglieder

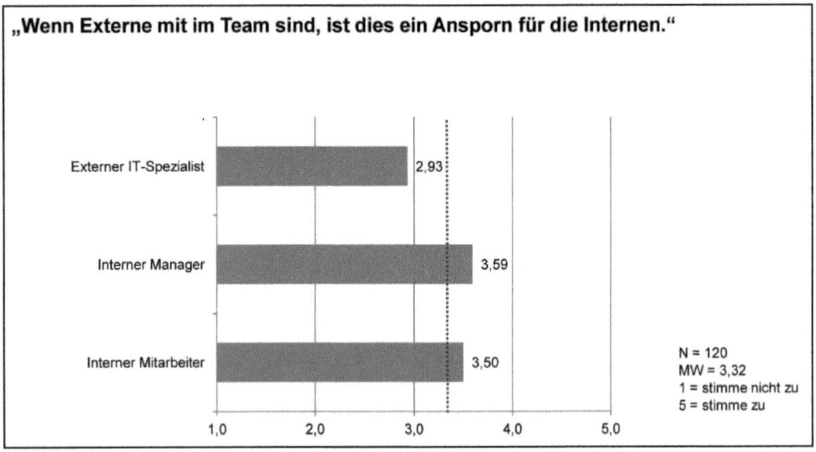

(Quelle: Eigene Darstellung)

Integrationsschwierigkeiten: Noch größer fallen die unterschiedlichen Beurteilungen zwischen externen und internen Mitarbeitern bei dem Thema potenzieller Integrationsschwierigkeiten Externer ins Gewicht. Während interne Mitarbeiter durchschnittlich die explizit negativ formulierte Aussage „*Für Externe ist es oft schwierig, sich in der kurzen Zeit der Projektarbeit ins Team zu integrieren*" eher positiv bestätigen (MW = 3,50), sehen externe Spezialisten eher geringe bzw. nur teilweise Integrationsschwierigkeiten (MW = 2,74). Diese Unterschiede sind signifikant.[581]

580 Die – graphisch allerdings nicht ganz eindeutig zu bestätigende – Annahme der Normalverteilung lässt im Rahmen der ANOVA eine Signifikanz von p = 0,002 als Ergebnis der Mittelwertunterschiede zu. Der nichtparametrische Test ergibt mit einer Irrtumswahrscheinlichkeit mit p = 0,004 ebenfalls einen sehr signifikanten Unterschied.

581 Für Häufigkeiten und Gruppenvergleiche vgl. Anhang A.9.4. Die Irrtumswahrscheinlichkeit der ANOVA-Berechnung beträgt p = 0,024. Die rein visuelle Beurteilung der Normalverteilungsannahme kann als hinreichend bestätigt für diese Analyse angesehen werden. Das Ergebnis des Kruskal-Wallis-Tests indiziert mit einer Irrtumswahrscheinlichkeit von p = 0,028, dass die mittleren Rangwerte der Einschätzung von Integrationsschwierigkeiten Externer zwischen den Gruppen ungleich sind.

Neidfaktor: Insbesondere bei der provokant gestellten Aussage *„Die Tagessätze externer IT-Spezialisten sind generell zu hoch“* zeigen sich erhebliche und höchst signifikante Unterschiede im Antwortverhalten (vgl. Abbildung 23). Während externe Spezialisten diese Bewertung kaum mittragen (geringer Mittelwert von nur 1,65), liegen die Antworten interner Manager und – leicht stärker – interner Mitarbeiter im positiven Zustimmungsbereich. Unternehmensvertreter zeigen entsprechend ein anderes Empfinden als Externe bzgl. der „wahrgenommenen Gerechtigkeit“ der Tagessätze externer Spezialisten.[582]

Abbildung 23: Beurteilung der Tagessätze externer IT-Spezialisten

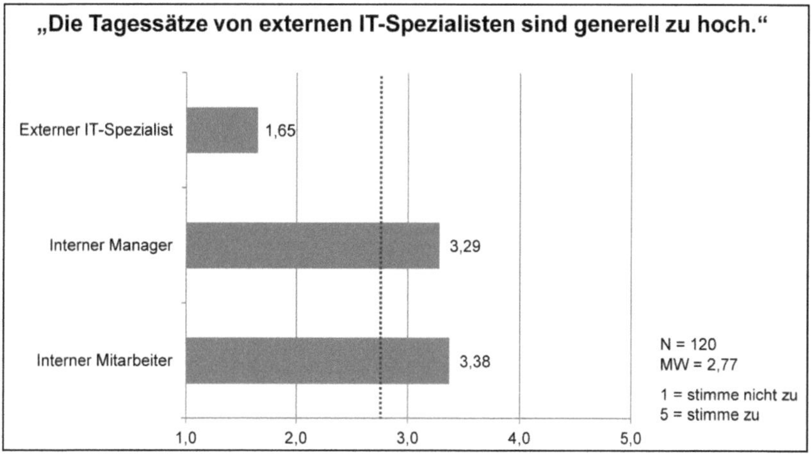

(Quelle: Eigene Darstellung)

2.4.3.3 *Konflikte in gemischten Teams*

Die Hinweise auf mögliche Konflikte in der gemischten Teamarbeit zeigten sich auf globalerer Ebene auch im Rahmen einer Beurteilung von Konfliktarten und -phasen im Team (wenngleich hierbei doch relativ allgemein gefragt wurde, weniger nach konkreten Meilensteinen oder inhaltlichen Themen).

Betrachtet man die Häufigkeitsverteilung der Frage nach der *Konfliktart* kann eine leichte Dominanz (eher) personenbezogener Konflikte ausgemacht werden: Während 44,9% aller Befragten angaben, dass personenbezogene oder eher personenbezogene Konflikte in gemischten Teams auftreten, lassen sich nur 14,1%

582 Sowohl die Signifikanztests (ANOVA) als auch der Kruskal-Wallis-Test weisen jeweils höchst signifikante Unterschiede aus ($p = 0{,}000$).

der Antworten dem (eher) aufgabenbezogenen Inhalt zuordnen.[583] Insgesamt geben jedoch 39% der Teilnehmer gemischte Konfliktarten an. Eine eindeutige Tendenz, die auch statistisch signifikant ist, lässt sich nicht ausmachen.[584] Auch hinsichtlich des *zeitlichen Auftretens von Konflikten* ist im Ergebnis keine Dominanz einer bestimmten Phase der Projektarbeit – zu Beginn, mitten in der Projektbearbeitung oder am Ende eines Projektes – erkennbar.[585]

2.4.4 Zwischenfazit: Zusammenführung der zentralen Erkenntnisse und offene Fragen

Die Ergebnisse der Online-Befragung als erstem Teil des zweistufigen Forschungsdesigns liefern einen Überblick über wesentliche Parameter, potenzielle Spannungsfelder und Führungsherausforderungen in der intern-extern gemischten Teamarbeit.

Die Auswertung der Antworten der 131 Teilnehmer verdeutlicht zunächst die praktische *Relevanz* des Phänomens „Externe in gemischten Teams" für den innovativen Unternehmenskontext. Es wurde deutlich, dass der Einsatz externer IT-Spezialisten im Unternehmen insgesamt und auch im Team mit spezifischen *Vorteilen* und positiven Effekten verbunden wird und gemischte Teams rein intern besetzten Teams durchaus als überlegen bewertet werden: Hierunter fielen insbesondere der wahrgenommene Vorsprung hinsichtlich Innovationskraft, der Produktivitätsvorteil (verstanden als Kosten-Nutzen-Effizienz und Effektivität), den gut 75% aller Befragten gemischten Teams attestierten, sowie eine dezente, jedoch weniger eindeutige Vorteilhaftigkeit bei der Entscheidungseffizienz. Weiterhin konnte gezeigt werden, dass Externe durchaus als *Motivationseffekt* für Interne fungieren (können): Interne Teammitglieder scheinen sich durch die Präsenz von Externen im Team angespornt zu fühlen, auch wenn dies von

583 Vgl. hierzu die Häufigkeitsverteilung in Anhang A.10.

584 Zur Überprüfung eines Zusammenhangs zwischen der Funktion und der Einschätzung der Konfliktarten weist der Chi-Quadrat-Test keine Signifikanz auf (vgl. Anhang A.10.1b und c). Die Testergebnisse können jedoch aufgrund eingeschränkter Anwendungsvoraussetzungen (in sieben Fällen ist die erwartete Häufigkeit pro Zelle kleiner als 5) nur als eingeschränkt zuverlässig gelten (vgl. auch Brosius 2011, S. 421 und 425).

585 Jeweils knapp die Hälfte der Befragten gibt an, dass zu Beginn (49,2%) bzw. mitten in der Projektbearbeitung (49,2%) besonders häufig Konflikte in der Teamarbeit aufträten, lediglich 39,2% der Befragten empfindet die Schlussphase eines Projektes als die Zeit, in der Konflikte besonders häufig auftreten (vgl. Anhang A.10.2).

Seiten der externen Teammitglieder selbst nicht in dieser Eindeutigkeit wahrgenommen wurde.

Darüber hinaus sind *potenziell dysfunktionale Faktoren bzw. Effekte* sichtbar geworden, die im Zusammenhang mit dem Einsatz hochqualifizierter externer Mitarbeiter im Team stehen könnten. So haben sich etwa vermutete *Vorbehalte* interner Projektmitarbeiter gegenüber Externen und Neid aufgrund als höher eingeschätzter Tagessätze ihrer externen Kollegen bestätigt. Gerade bei dieser Thematik der „wahrgenommenen Gerechtigkeit externer Entlohnung" konnten höchst signifikante Unterschiede zwischen den drei Befragtengruppen nachgewiesen werden. Auch hinsichtlich des *Integrationspotenzials* externer Kollegen in das Team zeigten sich besonders interne Mitarbeiter skeptisch; auch hier stellten sich starke Wahrnehmungsunterschiede heraus. Auch wenn hinsichtlich der globalen Einschätzungen zu *Konflikten* allgemein keine eindeutigen Ergebnisse, z. B. gruppenbezogener Art, nachgewiesen werden konnten, wurde eine leichte Tendenz zu eher personen- als aufgabenbezogenen Konflikten sichtbar. Dies scheint mit den vorherigen Erkenntnissen kongruent zu sein.

Eine weitere zentrale Erkenntnis liegt in den *identifizierten „harten" und „weichen" Faktoren,* die relevant für eine effektive Zusammenarbeit im Team scheinen. In diesem Rahmen zeigte sich zum einen, dass höhere Erwartungshaltungen an das Kompetenzprofil von Externen im Vergleich zu internen Projektmitgliedern gestellt wurden. Zum anderen betonten die Studienteilnehmer weichere Aspekte wie allen voran die Führungskompetenz der Projektleitung, aber auch Sozialkompetenzen und ein respektvoller Umgang innerhalb des Teams als wesentliche Einflussfaktoren für eine funktionierende Teamarbeit. Gleichzeitig wurden gerade diesen besonders relevant eingeschätzten Aspekten im direkten Vergleich eine lediglich eingeschränkte „Manageability" durch die Projektleitung attestiert, sodass *zwischen Relevanz und Steuerungsmöglichkeit eine Lücke* ausgemacht werden konnte.

Zusammenfassend wird damit deutlich, dass die quantitative Teilstudie mit Hilfe einer generellen Übersicht und der Perspektive der drei Befragtengruppen Hinweise für wesentliche Parameter der Zusammenarbeit (Forschungsfrage 1) sowie funktionale und dysfunktionale Effekte (Forschungsfrage 2) geben konnte. Ebenso wurden Tendenzen zu Führungsherausforderungen sichtbar (Forschungsfrage 3).

Es stellt sich jedoch die Frage, wie die scheinbar so relevante Führungskompetenz der Projektleitung zum Tragen kommt und inwiefern sich anhand der zentralen Stellhebel funktionale und dysfunktionale Faktoren bzw. Effekte im gemischten Team angemessen steuern lassen. Die identifizierten Einflussfaktoren, Herausforderungen sowie die wahrgenommenen Diversitätseffekte in Mixed

Teams und die Führungsherausforderungen bedürfen für eine sinnvolle Einordnung einer weiteren, detaillierteren Untersuchung. Dafür gilt es, die Erkenntnisse mit qualitativen Daten wie konkreten individuellen Erfahrungen anzureichern, um potenzielle Wirkungszusammenhänge und Effekte vor dem komplexen Hintergrund der unterschiedlichen Perspektiven und Relevanzsysteme der involvierten Akteure erklären zu können.

Offene Fragen:
So wurden bisher einige zentrale Aspekte erst angedeutet oder ließen nur erste marginale Hinweise auf Phänomene zu, wie z. B. „Neid" oder „Vorurteile und Vorbehalte". Auch die signifikanten Ergebnisse zum Produktivitätsvorteil dürften noch genauer zu verifizieren sein: Wie lassen sich funktionale und dysfunktionale Effekte erklären und welche Ursachen und Auswirkungen haben sie auf die gemischte Teamarbeit? Wie äußert sich die identifizierte Vorteilhaftigkeit von gemischten Teams in der konkreten Zusammenarbeit?

Unklar ist in diesem Rahmen auch, wie genau sich die Wahrnehmungsunterschiede und auch gegenseitige Erwartungshaltungen (z. B. bei Vorbehalten) auf die Zusammenarbeit auswirken. Damit gelangt auch der konkrete interaktive Prozess der Teamarbeit in den Vordergrund, der als Rahmen und „Bühne" für die Wechselwirkungen zwischen Intern und Extern fungiert. Insofern könnten nicht nur Aspekte der Temporalität eine Rolle spielen – wenn man auf die Überlegungen von Tuckman oder Gersick Bezug nimmt:[586] Bspw. wäre eine Frage, ob sich bestimmte funktionale und dysfunktionale Effekte hinsichtlich ihrer zeitlichen Relevanz bzw. ihres Auftretens in der Projektarbeit unterscheiden. Im Rahmen der offenen Frage nach den Führungsherausforderungen war der Aspekt des „Teambuilding" als relevant identifiziert worden und indiziert damit jene zeitlich bedingte Relevanz. Inwiefern bei diesem und anderen Themen und Phasen die Führungskraft steuernd eingreifen bzw. proaktiv gegensteuern kann, sollte Inhalt nachfolgender qualitativer Datenerhebung sein. Auf diese Weise könnten auf Basis der bislang generierten Erkenntnisse konkrete Lösungsansätze und handlungsleitende Gestaltungsmaßnahmen entwickelt werden.

2.5 Qualitative Interviewstudie

Die Ausführungen im vorangegangenen Zwischenfazit haben deutlich werden lassen, dass im Rahmen der Online-Befragung bereits profunde Hinweise auf wesentliche Einflussfaktoren, Spannungsfelder und Herausforderungen im

586 Vgl. Abschnitt 1.1.1.3.

Kontext intern-extern gemischter Projektteams destilliert werden konnten. Aus diesen Indizien kristallisierten sich weiteres Explorationspotenzial und offen gebliebene Fragen heraus, welche die Grundlage für die sich anschließende zweite Teilstudie in Form einer Interviewstudie bilden. Dieses Kapitel stellt die methodischen Grundlagen der Interviewstudie vor und präsentiert deren zentrale Ergebnisse. Zunächst wird auf Basis der vorangegangenen Erkenntnisse die spezifische Zielsetzung skizziert (2.5.1). Danach werden detailliert die Datenerhebung und in diesem Zusammenhang der Leitfaden sowie die Interviewsituation dargestellt (2.5.2). Zudem gilt es, die realisierte Stichprobe in Form von sieben Software-Entwicklungsteams (2.5.3) sowie das Verfahren zur Datenauswertung (2.5.4) vorzustellen. Abschließend erfolgt die dezidierte Darstellung der Ergebnisse (2.6).

2.5.1 Spezifisches Untersuchungsziel

Das Studiendesign dieser Arbeit[587] ist in Form eines „Vertiefungsmodells" konzipiert. Entsprechend dient die qualitative Interviewstudie sowohl der Plausibilisierung und Vertiefung der bisherigen Befragungsergebnisse als auch der detaillierten Erörterung wesentlicher Wirkzusammenhänge und Teamprozesse, zu denen bislang erst Tendenzen identifiziert werden konnten. So konnten bspw. Hinweise auf Besonderheiten gemischter Teamarbeit und bestimmte funktionale und dysfunktionale Effekte aufgezeigt werden, die möglicherweise im Zusammenhang mit dem Einsatz externer Mitarbeiter stehen, ohne diese jedoch näher in ihrer Form oder Wirkung auf die Zusammenarbeit zwischen Intern und Extern charakterisieren zu können. Das soziale Phänomen „gemischtes Team" blieb damit bislang eher auf einer allgemeinen Meta-Ebene verhaftet, in der lediglich partikulare Einschätzungen der Befragten zum Ausdruck kamen.

Das Kernanliegen dieser Interviewstudie ist es deshalb, die Vielschichtigkeit intern-extern gemischter Zusammenarbeit mit Hilfe von *konkreten Interaktionserfahrungen* aus der individuellen Perspektive von Mitgliedern und Leitungspersonen *realer gemischter Teams* sichtbar zu machen. Qualitative Sozialforschung zeichnet sich gerade dadurch aus, soziale Phänomene in ihrer Komplexität konkreter erfassen zu können als rein quantitative Forschung:[588] Indem die Studie

587 Vgl. die Vorstellung des zweistufigen Konzepts in Abschnitt 2.1.

588 Vgl. Mayring 2010, S. 19 und Lamnek 2005, S. 7, ebd. S. 19ff. auch zu den zentralen Grundprinzipien qualitativer Sozialforschung wie Offenheit, Flexibilität oder dem dynamischen Kommunikationsprozess zwischen Forscher und Beforschtem.

an der subjektiven Perspektive der Betroffenen ansetzt, können individuelle Sinnstrukturen, Deutungs- und Handlungsmuster erfasst werden, mit denen die umgebende Wirklichkeit interpretiert wird.[589] Durch eine Fokussierung auf konkrete Interaktionsprozesse zwischen internen und externen Teammitgliedern sollen sowohl funktionale und dysfunktionale (Diversitäts-) Effekte in der Zusammenarbeit als auch individuelle Verhaltensmuster offengelegt werden. Anhand konkreter Situationen in der gemischten Teamarbeit können Führungsherausforderungen und Lösungsansätze identifiziert werden. Auf diese Weise werden die partikularen Erkenntnisse der Online-Befragung vertieft und in Form individueller Interaktionserfahrungen betroffener Akteure zu einem besseren Verständnis intern-extern gemischter Teamarbeit zusammengetragen. Anhand der Ergebnisse sollen Bedingungen für gelungene Interaktionssituationen zunächst erkannt und anschließend situationsangepasste Gestaltungsmaßnahmen entwickelt werden. Damit werden die Erkenntnisse dieser Teilstudie insbesondere in die Beantwortung der Forschungsfragen 2 (funktionale und dysfunktionale Effekte) und 3 (Führungsherausforderungen) eingehen.

2.5.2 Datenerhebung und Stichprobe

Die Interviewstudie wurde von April bis Oktober 2011 durchgeführt. Insgesamt wurden mit Hilfe eines Leitfadens 21 Interviews mit Personen aus sieben gemischten Projektteams geführt: Neun der Interviewpartner waren externe Mitarbeiter, fünf interne Teammitglieder und sieben in Projektleitungsfunktion. Die intern-extern gemischten Projektteams stammen aus mittelständischen Unternehmen und Großkonzernen im deutschsprachigen Raum, die in unterschiedlichen Branchen tätig sind (Automobil, Pharma, Elektrotechnik, Optik und Medien).

Um sowohl der intendierten Fokussierung auf *Interaktionsprozesse* im Team (Teamebene) als auch den multiplen Perspektiven *subjektiver Erfahrungshintergründe* (Individualebene) gerecht zu werden, wurden Einzelinterviews mit handelnden Akteuren real existierender gemischter Teams geführt.[590]

---

589 Aussagen der handelnden Akteure sind insofern als „prozesshafte Ausschnitte der Reproduktion und Konstruktion sozialer Realität“ (Lamnek 2005, S. 22) zu betrachten.

590 Es wird davon ausgegangen, dass sowohl interne und externe Teammitglieder als auch die Leitungspersonen relevante Interaktionserfahrungen haben.

Als Erhebungsmethode diente das leitfadengestützte, *problemzentrierte Interview*.[591] In dieser halbstrukturierten Befragungsform finden theoretische Vorüberlegungen und die bereits gewonnenen empirischen Hinweise Eingang in einen *Leitfaden*. Dieser beinhaltet die zentralen Themenfelder der Studie und dient als Gerüst für die Datenerhebung und -auswertung. Gleichzeitig gewährleistet diese Interviewform ein offenes Gespräch zwischen Forscher und Interviewpartner. Dies ermöglicht es dem Interviewer, aus der Gesprächssituation heraus neue Fragen einzubeziehen und a priori nicht antizipierte, unerwartete Themen aufzuwerfen.[592] Zusätzliche Elemente des *narrativen Interviews* dienen dazu, die Prozessperspektive der gemischten Teamarbeit in den individuellen Interaktionserfahrungen der jeweiligen Interviewpartner berücksichtigen zu können.[593] Kernidee ist hierbei, dass der Befragte durch einen Impuls zum freien Erzählen über bestimmte Ereignisse stimuliert wird und dadurch zu subjektiven Bedeutungsmustern und Sinnzusammenhängen gelangt, die sich nicht direkt erfragen lassen. Diese Methode eignet sich über die Lebenslaufforschung hinaus für Ereignisabläufe mit Prozesscharakter[594] und bietet sich damit für das unvoreingenommene, episodische Erzählen zu kritischen Teamsituationen an. Mit Hilfe der *„Critical-Incident-Technique"* (Flanagan 1954) kann sich der Befragte besonders nachhaltige, ungewöhnliche Eindrücke in Erinnerung rufen. Diese strukturentdeckende Technik ermöglicht es, „Probleme zu identifizieren, die den Interaktionsprozess beider Parteien beeinträchtigen" (Müller/ Lohmann 1997, S. 974).

Identifikation von Interviewpartnern

Interviewpartner je Team sollten die drei in gemischten Teams als zentral erachteten Akteursgruppen sein:

- Hochqualifizierte externe Mitarbeiter, die als selbstständige Freelancer oder Angestellte eines IT-/Software- oder Technologiedienstleisters für die Dauer des Projektes Teammitglieder sind,
- interne Projektmitarbeiter
- und die jeweiligen Projektleitung des gemischten Teams.

591 Vgl. für problemzentrierte Interviews Witzel 1985; Lamnek 2005, S. 332ff.

592 Vgl. Bortz/ Döring 2009, S. 314.

593 Das narrative Interview ist eine weniger standardisierte Variante des qualitativen Interviews, die vor allem in der Lebenslaufforschung zur Anwendung kommt, da der Befragte i.d.R. Stegreiferzählungen zu bestimmten Lebensepisoden entwickelt (vgl. Wiedemann 1986; Lamnek 2005, S. 326ff. und Bortz/ Döring 2009, S. 315ff.).

594 Vgl. Lamnek 2005, S. 329.

Da eine Vollerhebung aller Teammitglieder nicht möglich war, wurden Einzelinterviews mit jeweils mind. einer Person aus diesen drei Akteursgruppen angestrebt.

Ein erstes Kriterium für die Identifikation von Teams war, dass die Projektteams im Bereich der *Softwareentwicklung* tätig sein sollten. Wie die Ausführungen in Abschnitt 1.2.3 zeigten, ist dies ein typisches Einsatzfeld für hochqualifizierte externe Mitarbeiter in gemischten Teams. Aufgrund der immanenten Komplexität der zu bewältigenden Aufgaben, die häufig unter starkem Zeitdruck ausgeführt werden müssen, und der Unsicherheit hinsichtlich des Endproduktes kann von einem entsprechend hohen *Innovationsgrad* der Projektteams ausgegangen werden. Die externen Teammitglieder konnten sowohl selbstständige IT-Freelancer oder -Berater sein oder als entsprechende Spezialisten bei einem externen Dienstleister angestellt sein. Zudem war es von zentraler Bedeutung, dass von einer tatsächlichen – zumindest phasenweise engen – *Zusammenarbeit* ausgegangen werden konnte. Hierfür sollte sich zum einen das Team nicht nur alle paar Wochen für Ergebnispräsentationen oder zur Besprechung von Meilensteinen treffen, sondern gemeinsam auch unter der Woche an der Aufgabenstellung arbeiten.[595] Zum anderen sollten die externen Mitarbeiter nicht nur für reine Programmiertätigkeiten eingesetzt werden, die zumeist in sich abgeschlossene Teilmodule einer Software sind und somit weniger die enge Interaktion mit internen Mitarbeitern voraussetzen.[596] Außerdem war es wichtig, dass – wenn möglich – Interviewpartner aus *allen drei als zentral erachteten Akteursebenen* für Interviews bereit standen, um die Komplexität der Teamarbeit auch in den jeweiligen Erfahrungshintergründen sichtbar zu machen. Da es sich als äußert schwierig gestaltete, eine angemessene Anzahl an Teams zu finden[597], wurde schließlich im Ausnahmefall bei zwei Teams auch die Durchführung von nur

595 Inwiefern dies tatsächlich eine face-to-face-Kommunikation vor Ort im Büro oder andere Formen der durchaus engen Zusammenarbeit implizierte, war für die konkrete Akquise von Teilnehmern dagegen weniger relevant.

596 Vgl. die Ausführungen zu unterschiedlichen standardisierten und interaktiven Einsatzformen hochqualifizierter externer Mitarbeiter in der Softwareentwicklung.

597 Tatsächlich musste einigen interessierten potenziellen Interviewpartnern, häufig externen Mitarbeitern, abgesagt werden, da von den jeweils dahinter stehenden Projektteams oder Unternehmen keine positive Resonanz zur Teilnahme erfolgte. Besonders schwierig gestaltete sich die Gewinnung interner Projektmitarbeiter, was u.U. auf die sensible Thematik der Interviews und die ggf. wahrgenommene Gefahr von „Repressalien" seitens des Unternehmens o.ä. zurückgeführt werden kann, sollten ggf. negative Interna durch die Studie bekannt werden.

zwei Interviews mit Projektleitung und Externem als gleichermaßen zielführend anerkannt.

Für die Identifikation potenzieller Teams wurden unterschiedliche Kanäle genutzt. Die Bekanntmachung erfolgte zum einen über *öffentliche Kanäle* wie XING oder Facebook und Freelancerforen. Diese haben den Vorteil, dass sich potenziell an dem Thema interessierte und austauschfreudige Kandidaten „selbst selektieren" und insofern die Wahrscheinlichkeit einer positiven Resonanz und aktiver Studienteilnahme als relativ hoch eingeschätzt wurde. Gerade externe Mitarbeiter im IT- bzw. Softwarebereich und Selbstständige sind annahmsweise häufig online tätig und in entsprechenden Foren und Projektmärkten für Austausch- und Projektakquisetätigkeiten vertreten.[598] Zum anderen erfolgte eine *direkte Ansprache* von Unternehmen und IT-Dienstleistern. Aufgrund der Sensibilität der Interviewthematik und speziell des – i.d.R. nicht öffentlich kommunizierten – Einsatzes Externer, die teils eine unternehmensinterne Genehmigung für Datenerhebungen erforderte, war die Intention vor allem, über höhere Hierarchieebenen und Entscheidungsträger für den Einsatz externer Mitarbeiter, z. B. CIOs, direkten Zugang zum Feld zu gewinnen. Ebenso dienten Kontakte zu *Praxispartnern* des dieser Dissertation übergeordneten Forschungsprojektes „FlinK" und persönliche bekannte Kontakte sowie deren Netzwerk als Quelle für die Identifizierung möglicher Teams. Im Rahmen der Gewinnung von Teilnehmern kam der Zusage vertraulicher Behandlung der Daten, insbesondere auch der Anonymisierung der Interviewdaten und Transkripte, eine erhebliche Bedeutung zu. Insgesamt orientierte sich die Auswahl der Interviewpartner damit am *Theoretical Sampling*.[599] Schließlich konnten sieben Teams für diese Interviewstudie identifiziert werden.[600] Nach der ersten Kontaktaufnahme zu

---

598 Vgl. hierzu auch das ähnliche Vorgehen zur Teilnehmerrekrutierung bei der vorgelagerten Online-Befragung.

599 Das theoretische Sampling ist eine auf Glaser/ Strauss 1979 zurückgehende Methode zur Stichprobenauswahl, die bspw. Witzel 1982, S. 35, für explorative Vorgehen qualitativer Sozialforschung nahelegt. Sie entstammt der Grounded Theory und bezieht sich auf selektives, da nach bestimmten Kriterien gezieltes Auswahlverfahren für qualitative Studien (vgl. auch Lamnek 2005, S. 168ff.; Bortz/ Döring 2009, S. 335), in vorliegendem Fall typische gemischte Projektteams. Die Auswahl neuer Fälle wird bei theoretischer Sättigung beendet, wenn also weitere Interviews keinen nennenswerten Mehrwert durch weitere relevante neue Aspekte bringen würden.

600 Dabei ist zu berücksichtigen, dass insbesondere die letzten zwei Teams nach einigem zeitlichen Abstand zu den ersten fünf Teams identifiziert werden konnten. Dies lag zum einen an den Monaten der „Sommerpause", zum anderen kristallisierte sich nach den ersten Interviews zunehmend heraus, dass weitere, insbesondere

potenziellen Gesprächspartnern[601] im März 2011 wurden die ersten Interviews bereits Ende April geführt. Die Datenerhebung konnte Anfang Oktober 2011 abgeschlossen werden.

Die nachfolgende Abbildung 24 gibt einen groben Überblick über die befragten gemischten Teams.[602] Die realisierte Stichprobe umfasst 21 Einzelinterviews mit Mitgliedern von sieben gemischten Projektteams aus fünf unterschiedlichen Branchen und fünf verschiedenen Unternehmen. Die Teams aus dem Automobil- und dem Pharmabereich sind jeweils aus demselben Unternehmen. Die in der Abbildung abzulesende Teamgröße beinhaltet jeweils die Anzahl der Mitglieder des Kernteams und damit die tatsächlich eng und regelmäßig miteinander interagierenden Projektteammitglieder.[603] Alle Teams, sowohl die mit jeweils 10 bzw. 14 Mitgliedern größten Teams („Pharma") als auch die anderen mit 3 bis 5 Teammitgliedern, bearbeiten Projektaufträge im Softwareentwicklungsbereich. Die beiden großen Pharma-Teams sind im Vergleich zu den anderen Teams bzgl. der Teamzusammensetzung nach der organisationalen Zugehörigkeit mit mehr externen als internen Mitarbeitern ausgestattet.[604] In den beiden Automobil-Teams ist die Zusammensetzung mit jeweils 2 Internen und 2 Externen ausgeglichen; in den Teams F (3 Interne und 2 Externe) und G (2 Interne und 1 Externer) sind mehr Interne vertreten. Die Laufzeit der Projekte der Teams variiert zwischen teils konkreten Entwicklungsaufträgen, die nach Auftragserledigung

---

durch Freelancer unterstützte Teams einen sinnvollen Mehrwert für die Studie bilden würden, so dass die Akquisetätigkeit mit dem entsprechenden zeitlichen Vorlauf erst während der Durchführung der Studie stattfinden konnte.

601 Anhang A.12 zeigt das standardisierte Kurzkonzept, das für die Kontaktierung potenzieller Projektteams genutzt wurde.

602 Betrachtet wird hier und im Folgenden immer das Kernteam, bestehend aus den Teammitgliedern, die zentrale Verantwortung für die Entwicklung der Software haben. Falls darüber hinaus zusätzliche interne oder externe Personen hinzugezogen werden, ohne jedoch Mitglied des fokalen Projektteams zu werden, z. B. für Teilprojekte oder Abstimmungsaufgaben, wird dies entsprechend kenntlich gemacht.

603 Die für Abstimmungs- oder Feedbackprozesse unregelmäßig und lediglich vereinzelt involvierten Einzelpersonen von Unternehmensseite, z. B. Key User aus nur entfernt tangierten Fachbereichen, werden hierzu nicht gezählt. In Team B bspw. Ist in Vorgesprächen explizit von bis zu 8 Personen gesprochen worden, in Team D ist von bis zu 8 Personen „in der 2. Reihe" die Rede. Über die genaue Anzahl in den anderen Teams kann aus Datenschutzgründen der Unternehmen keine Auskunft gegeben werden.

604 In Team D sind 3 Interne und 7 Externe, in Team E 4 Interne und 10 Externe vertreten.

tendenziell abgeschlossen sind (Teams A, B, D, E), und kontinuierlichen und längerfristig laufenden (Teil-) Projekten und Modulen (Teams C, F, G). In allen Teams sind weitere Modulaufträge, wie z. B. die Weiterentwicklung der Software für ein neues Release (Team A), bereits angedacht oder wie in den letztgenannten „ongoing"-Projekten eingeplant. In Team D bspw. bedeutet dies, dass der betreffende Auftrag des Projektteams zum Zeitpunkt der Interviews kurz vor dem Abschluss stand, jedoch eine weitere Optimierung und der anschließende Test in weiteren Business Units in Planung war.

Abbildung 24: Kurzprofile der untersuchten Teams

	Branche	Thema	Teamgröße	Zusammensetzung	Laufzeit
Team A	▪ Automobil	▪ Software-Entwicklung Simulation	▪ 4	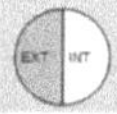	▪ Juni 2010 – Februar 2011
Team B	▪ Automobil	▪ Simulationsdaten-Management	▪ 4	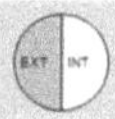	▪ Oktober 2010 - ongoing
Team C	▪ Optoelektronik	▪ Stammdaten-Management	▪ 5		▪ November 2010 – Juni 2011 (ongoing)
Team D	▪ Pharma	▪ Software-Entwicklung Prozessverbesserung	▪ 10		▪ Dezember 2010 – Juni 2011
Team E	▪ Pharma	▪ Aufbau Data Warehouse	▪ 14	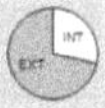	▪ Dezember 2010 – Dezember 2011
Team F	▪ Elektrotechnik	▪ Software-Entwicklung	▪ 5		▪ März 2011 – September 2011 (ongoing)
Team G	▪ Medien	▪ Konzeption Prototyp Software	▪ 3		▪ März 2010 – Juni 2011 (ongoing)

(Quelle: Eigene Darstellung)

Die Interviews dauerten zwischen gut 30 und gut 100 Minuten, die durchschnittliche Gesprächsdauer der insgesamt realisierten 21 Stunden Interviewzeit betrug 60 Minuten. Zur Aufbereitung der Audiodateien wurden die Interviews vollständig transkribiert und anonymisiert.[605]

605 Das Interviewmaterial wurde vollständig und wörtlich transkribiert. Geringfügige Anpassungen der Wort- an die Schriftsprache (z. B. Reduktion von Stottern oder pausenfüllenden „ähs" o.ä.) wurden als zulässig erachtet und dienten lediglich einer

Interviewsituation und Interviewleitfaden
Die Gestaltung der Interviewsituation und Durchführung der Interviews erfolgt mit Hilfe der Empfehlungen von Lamnek.[606] Im Wesentlichen stand während der Einzelinterviews, die i.d.R. in der regulären Arbeitsumgebung der Teams stattfand[607], im Vordergrund, eine offene und zur freien Erzählung anregende Atmosphäre zu schaffen und einen weitgehend neutralen, interessiert-zurückhaltenden Interviewstil beizubehalten. Dass die Unkontrollierbarkeit der konkreten Gesprächssituation und eine Ausgeglichenheit zwischen Nähe und Distanz eine Herausforderung darstellt, fasst Schondelmayer 2008 zusammen:

> „Die richtigen Fragen, der richtige Ort und eine perfekte Mischung aus vertrauenserweckender Nähe und kritischer Distanz gelten als Qualitätssicherung für objektive und wissenschaftlich korrekte Erhebungen." (Schondelmayer 2008, S. 75)

Aufgrund der Intention, Einblicke in konkrete Erfahrungen während der Zusammenarbeit zwischen Intern und Extern im Team zu bekommen, wurden die teilstrukturierten Interviews insbesondere zu Beginn narrativ konstruiert. Im Verlauf der Studie werden die Einzelinterviews zunehmend problemorientiert und fokussierter, insbesondere nachdem die ersten Interviews es ermöglichten, eine noch zielgruppenspezifischere Formulierung einzelner Fragen vorzunehmen. Die zentralen Themen des Interviews waren im *Leitfaden* zusammengestellt:[608]

- Im erzählstimulierenden *Eingangsteil* wurden Interviewpartner nach einleitenden Fragen zum Projekt, zur Zusammensetzung des Teams und zum eigenen Aufgaben- und Verantwortungsbereich zunächst gebeten, die Zusammenarbeit und Rollenverteilung im Team zu beschreiben sowie den Projektstart zu erläutern.
- Im Hauptteil des Gesprächs standen der *Prozess der Zusammenarbeit* zwischen Intern und Extern und die *Wirkung der Teamdiversität* im Mittelpunkt. Hier ging es insbesondere um kritische Interaktionssituationen, um besondere positive Diversitätspotenziale und Konfliktpotenziale gemischter

---

erleichterten Lesbarkeit. Nonverbale Aspekte des Interviews wie z. B. Pausen oder Räuspern wurden nicht berücksichtigt.

606 Vgl. Lamnek 2005, S. 361ff.

607 13 Interviews wurden persönlich, acht telefonisch geführt. Eine Übersicht der einzelnen Teilnehmer, ihre Teamzugehörigkeit sowie das anonymisierte Kürzel ist Anhang A.13 zu entnehmen.

608 Vgl. Anhang A.14.

Teamarbeit herausfiltern zu können. Um die Komplexität der Zusammenarbeit in *handhabbare* Einheiten gliedern und erheben zu können, wurde der Fokus auf zentrale *Interaktionsepisoden* der gemischten Teamarbeit gelegt.[609] Hierzu wurde die sog. „Critical Incident Technique" (CIT) genutzt. Die schon vielfach empirisch angewendete Technik der CIT[610] beinhaltet die Möglichkeit nach konkreten, als relevant eingeschätzten Situationen zu fragen. In Anlehnung an das Verständnis von Flanagan 1954 kann eine kritische Situation bzw. ein kritisches Ereignis folgendermaßen aufgefasst werden:

> "By an incident is meant any observable human activity that is sufficiently complete in itself to permit inferences and predictions to be made about the person performing the act. To be critical, an incident must occur in a situation where the purpose or intent of the act seems fairly clear to the observer and where its consequences are sufficiently definite to leave little doubt concerning its effects." (Flanagan 1954, S. 327)

Im vorliegenden Kontext wird unter einem kritischen Ereignis eine besonders positiv bzw. besonders negativ empfundene Situation in der Zusammenarbeit zwischen internen und externen Teammitgliedern verstanden.[611] Die Interviewpartner wurden gebeten, sich an eine besonders positiv bzw. negativ erlebte gemischte Teamsituation zu erinnern und (a) die Situation kurz zu beschreiben, (b) zu erläutern, wie es zu dieser Situation gekommen ist und (c) was genau als besonders positiv resp. negativ empfunden wurde. Weiterhin wurde nach einer Einschätzung gefragt, (d) inwiefern die Externen resp. Internen zu dieser Situation beigetragen haben, und (e) ob diese Situation in der weiteren Zusammenarbeit etwas geändert habe.

---

609 Vgl. hierzu die Ausführungen in den einführenden Bemerkungen dieser Arbeit.

610 Die CIT wird häufig im Dienstleistungsmarketing (vgl. z. B. Bitner et al. 1990) angewendet, aber auch in interkulturellen Studien (vgl. Schondelmayer 2008; Layes 2007). Vgl. im Rahmen der Teamforschung bspw. Doll 2009, der „critical incidents" für die Betrachtung von erfreulichen/unerfreulichen Situationen in Gründerteams nutzt, oder Gällstedt 2003 für die Erforschung von Arbeitsbedingungen in Projekten.

611 Die Schwierigkeit dieser retrospektiven Form der Datenerhebung liegt nach (Layes 2000, S. 131f. v.a. in der postaktionalen Verbalisierung und wirft die Frage auf, inwiefern bei der zeitlichen Distanz zwischen Erlebtem und Erzähltem tatsächliche Kognitionen und Empfindungen richtig rekonstruiert werden können (vgl. hierzu auch Nisbett/ Wilson 1977). Da diese Rekonstruktion eher möglich ist, je ungewöhnlicher oder auffälliger man ein Ereignis wahrgenommen habe (vgl. Wahl 1979, zit. nach Layes 2000, S. 132), spricht dies für die Anwendung der CIT.

Anschließend erfolgte – jeweils abstrahiert von der konkreten Situation – auf einer allgemeineren Bewertungsebene, eine Einschätzung zum *Nutzen* (z. B. Erleben von Synergien, Beitrag Externer zur Kreativität im Team) sowie *Konfliktpotenzialen von Diversität* (z. B. Vorbehalte, Gruppenbildung).

- Im abschließenden dritten Teil standen die *Besonderheiten gemischter Teams* im Vordergrund. In diesem Zuge wurden zentrale Erfolgsfaktoren und Führungsherausforderungen diskutiert sowie die Besonderheiten gemischter Teams und externer Mitarbeiter erörtert. In einem Gesamturteil konnten neben einer Erfolgseinschätzung des eigenen Teams/ der eigenen Führung auf einer Punkteskala von 1 (sehr schlecht) bis 10 (sehr gut) konkrete Praxisempfehlungen gegeben werden.
- Ergänzend wurden soziodemographische Daten der Interviewpartner erhoben. Hierzu zählten Alter (ungefähr), Geschlecht, Funktion im Unternehmen, Dauer der Betriebszugehörigkeit bzw. der bisherigen Freelancer-/Externen-Tätigkeit sowie die Erfahrung mit gemischten Projektteams.

2.5.3 Datenauswertung

Die Auswertung des gewonnenen Datenmaterials erfolgte mit Hilfe der *qualitativen Inhaltsanalyse* nach Mayring 2010. Ziel einer qualitativen Inhaltsanalyse ist es, „die manifesten und latenten Inhalte des Materials in ihrem sozialen Kontext und Bedeutungsfeld zu interpretieren, wobei vor allem die Perspektive der Akteure herausgearbeitet wird" (Bortz/ Döring 2009, S. 329).

Mayring hat hierzu ein systematisches, regelgeleitetes Vorgehen zur Auswertung auch umfangreicher Daten entwickelt, im Rahmen dessen Textmaterial analytisch zerlegt und interpretiert werden kann.[612] Im Zentrum steht dabei ein detailliertes *Kategoriensystem*, das mit Hilfe eines spezifischen Ablaufmodells induktiv aus dem Material heraus entwickelt wird. Dieses Kategoriensystem bildet die Grundlage für eine zusammenfassende Interpretation des Datenmaterials. Mayring unterscheidet drei *Grundtechniken* zur Textinterpretation:[613] Ziel der *Zusammenfassung* ist es, durch Reduktion des Ausgangsmaterials eine überschaubare Kurzversion aller wesentlichen Inhalte zu entwickeln. Durch die *Explikation* werden unklare Textbestandteile durch zusätzlich herangetragenes Material erläutert. Mit Hilfe der *Strukturierung* wird das Material unter zuvor

612 Vgl. Mayring 2010, S. 48ff. Diese spezielle Form der Inhaltsanalyse gilt im Kern als qualitative Technik, die gleichwohl auch quantitative Elemente wie z. B. Häufigkeitsauszählungen enthalten kann.

613 Vgl. Mayring 2010, S. 63ff.; Bortz/ Döring 2009, S. 332.

(theoretisch) festgelegten Kriterien geordnet und gegliedert (deduktive Kategorienanwendung), um bestimmte Aspekte herauszufiltern oder die Gesamtstruktur des Materials einschätzen zu können.

Für vorliegenden Kontext bietet sich eine Anlehnung an die *zusammenfassende, kategorienbildende Inhaltsanalyse* an. Durch das induktiv aus dem Interviewmaterial gewonnene Kategoriensystem ist zum einen eine inhaltliche Zusammenfassung der einzelnen Interviews möglich. Da bei dieser Reduktion nur bestimmte, inhaltstragende Textbestandteile, nicht aber jede - ggf. nicht inhaltstragende - Zeile eines Interviews berücksichtigt wird, handelt es sich um eine Art induktiver Kategorienbildung.[614] Zum anderen soll gewährleistet sein, Material und konkrete Textpassagen zu inhaltlich relevanten Themenbereichen des untersuchten Phänomens extrahieren zu können. Damit ist dieser Analyse gleichzeitig auch eine *strukturierende Zielsetzung* immanent.[615] Nicht nur Mayring 2010, S. 65 selbst konstatiert, dass bei der Analyse auch Mischformen denkbar sind; auch Bortz/ Döring 2009, S. 330 betrachten gerade bei der Kategorienbildung eine Mischung aus induktivem (aus dem Material) und deduktivem (theoriegeleit) Vorgehen in der Praxis als gängig, *„bei denen ein a priori aufgestelltes grobes Kategoriensystem bei der Durchsicht des Materials ergänzt und verfeinert wird"* (Bortz/ Döring 2009, S. 330). Entsprechend dient für die vorliegende Interviewauswertung der Leitfaden als erste Orientierung für die zentralen Themen und insofern als grobes Hauptkategorienschema. Im Zuge der Emergenz neuer Teilaspekte im Laufe der Materialdurchsicht wird dieses erheblich verfeinert.[616]

Um das genaue Vorgehen zur Auswertung zu konkretisieren, ist es erforderlich, ein den Zielsetzungen der vorliegenden Studie angepasstes *spezifisches Ablaufmodell* der qualitativen Inhaltsanalyse zu entwickeln. Folgende Phasen werden durchlaufen (vgl. auch Abbildung 25):

614 Vgl. Mayring 2010, S. 66.

615 Mayring 2010, S. 94 spricht hierbei auch von einer inhaltlichen Strukturierung.

616 Entsprechend werden die Kategorien teilinduktiv abgeleitet.

Abbildung 25: Spezifisches Ablaufmodell der qualitativen Inhaltsanalyse

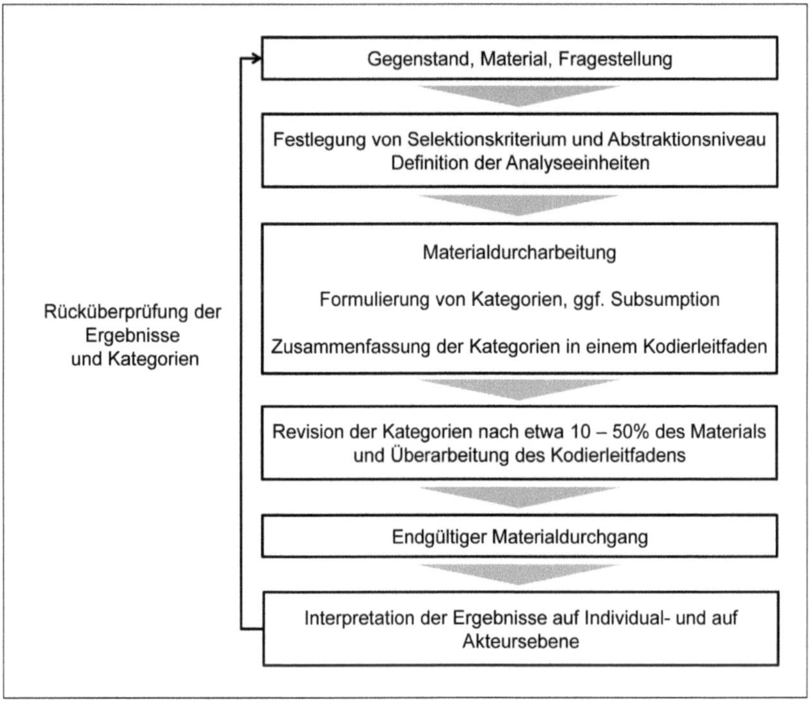

(Quelle: Eigene Darstellung in Anlehnung an Mayring 2008, S. 75)

- Zunächst müssen Gegenstand, Material und Fragestellung der Analyse konkretisiert werden, um Inhalt und Richtung der Datenauswertung zu bestimmen. In Abschnitt 2.3.1 ist dies bereits detailliert geschehen. Diese Analyse zielt darauf ab, anhand der kritischen Teamsituationen funktionale und dysfunktionale Diversitätseffekte in der Zusammenarbeit und erfolgreiche Verhaltensmuster offen zu legen. Ebenso sind Besonderheiten gemischter Teams, entsprechende Herausforderungen für ihre Führung und Lösungsansätze zu identifizieren.
- Zur Festlegung, welches Material Ausgangspunkt für Kategorienbildung (Selektionskriterium) und wie konkret oder abstrakt eine Kategorie zu formulieren ist (Abstraktionsniveau), gilt, dass nur inhaltstragende Textbestandteile im Prozess der Kodierung berücksichtigt werden. Ausschmückende, vom Thema abweichende oder wiederholende Äußerungen werden für die

weitere Analyse fallengelassen. In diesem Schritt wurden die Analyseeinheiten folgendermaßen bestimmt:[617]

- *Kodiereinheit:* Den kleinsten Materialbestandteil stellen Textpassagen (Antworten) eines einzelnen Interviews dar, die u.U. aus nur einem Wort bestehen (zum Thema Führungsherausforderung z. B. „Kommunikation") und sich im Wortlaut oder sinngemäß einer Kategorie zuordnen lassen.
- *Kontexteinheit:* Als größter Textbestandteil, der unter eine Kategorie fallen kann, sind verstreut in einem Interview verteilte Passagen zulässig.
- *Auswertungseinheit:* Die Auswertung des gesamten Materials erfolgt nacheinander und gemäß der Reihenfolge der Durchführung der Interviews, d.h. zunächst für jedes Interviews getrennt, anschließend separat nach Teams bzw. nach den drei Akteursgruppen, um ggf. übergreifende Zusammenhänge identifizieren zu können.

- Im Mittelpunkt der Analyse steht die Formulierung von Kategorien: Entsprechend dieser Festlegungen wird das Interviewmaterial Zeile für Zeile durchgearbeitet und kodiert, d.h. relevante Textstellen werden Kategorien zugeordnet,[618] unter bereits bestehende Kategorien subsumiert oder es werden neue Kategorien gebildet. Um die Zuordnung von Textteilen zu bestimmten Kategorien eindeutig festzulegen und damit auch intersubjektiv nachvollziehbar zu machen, werden die generierten Kategorien in einem Kodierleitfaden zusammengestellt: Nach Empfehlungen Mayrings enthält dieser Definitionen der Kategorien, Ankerbeispiele anhand konkreter Textzitate, die beispielhaft für eine Kategorie gelten können, sowie im Falle von Abgrenzungsproblemen zwischen einzelnen Kategorien Kodierregeln.[619] Um zu überprüfen, ob das entwickelte Kategorienschema der Zielstellung entspricht und das Abstraktionsniveau einigermaßen kongruent ist, erfolgt nach vier bis fünf Interviews eine Revision der Kategorien. Falls notwendig werden in diesem Rahmen Kategorien zusammengefasst oder hinsichtlich der Formulierung angepasst, bevor ein endgültiger Materialdurchgang erfolgt.

617 Vgl. Mayring 2010, S. 59.

618 Die Kategorienformulierung erfolgt dabei möglichst nah an der Textformulierung unter Beachtung des zuvor festgelegten Abstraktionsniveaus. Das induktive Vorgehen zielt auf ein möglichst gegenstandsnahes Abbild des Materials, ohne zu stark theoriegeleitete Vorannahmen, und ähnelt damit dem „Offenen Kodieren" im Rahmen der Grounded Theory (vgl. Strauss/ Corbin 1990).

619 Der Kodierleitfaden ist in Anhang 15 abgebildet.

- Im Ergebnis besteht dann ein Kategoriensystem zu den zentralen Themen des Interviewleitfadens verbunden mit konkreten Textstellen, wobei besonderes Augenmerk auf die o.g. Zielthemen gelegt wird. Abschließend erfolgt die Interpretation des Interviewmaterials anhand des Schemas auf Individual- bzw. im Besonderen auf Akteursgruppenebene. Auf diese Weise können Zusammenhänge zwischen den Themenbereichen und mögliche Unterschiede zwischen den Gruppen identifiziert werden. Ebenso können Relevanzstrukturen mit Hilfe von Häufigkeitsauszählungen zentraler Kategorien zu kritischen Teamsituationen, Diversitätseffekten, Besonderheiten gemischter Teams sowie Führungsherausforderungen sichtbar gemacht werden.

Zur *Analyse der Interviewdaten* kam neben dem Tabellenkalkulationsprogramm Excel, welches insbesondere für die Auswertung der kritischen Teamsituationen erlaubte, sinnvolle Übersichten zu erstellen und Zusammenhänge aufzuzeigen, die Software Atlas.ti zum Einsatz. Diese diente dazu, das gesamte Interviewmaterial inhaltsanalytisch aufzubereiten, sukzessive ein Kategoriensystem mit Hilfe konkreter Textpassagen und Ankerbeispielen entwickeln zu können.

2.5.4 Gütekriterien

Die Qualität empirischer Erhebungen wird für gewöhnlich anhand der drei zentralen Gütekriterien *Objektivität* (Ergebnisse sind unabhängig von der durchführenden Person), *Reliabilität* (Maß für die Zuverlässigkeit einer Untersuchung, d.h. eine wiederholte Durchführung unter gleichen Bedingungen sollte das gleiche Ergebnis erzielen) und *Validität* (Maß der Gültigkeit einer Untersuchung, d.h. inwiefern auch tatsächlich das gemessen wird, was gemessen werden soll) beurteilt. Diese für die quantitative Sozialforschung geltenden „klassischen" Gütekriterien lassen sich nicht problemlos auf den qualitativen Kontext transferieren bzw. sind zu modifizieren.[620] Insbesondere der Prozess der Kategorienentwicklung und Interviewaufbereitung bedingt die kreative und interpretative Eigenleistung des Forschenden, die sich kaum standardisieren lässt.[621]

---

620 Vgl. z.B. Bortz/ Döring 2009, S. 326 oder Lamnek 2005, S. 130f. Bspw. erweist sich bei der Bestimmung der Zuverlässigkeit einer Messung sog. Split-half-Methode als schwierig, da eine Teilung des Materials oder des Leitfadens kaum zu ähnlichen Ergebnissen führen dürfte. Denn der Interviewleitfaden ist gerade so konzipiert, dass im mittleren Teil zentrale, das Gesamtergebnis verändernde Ergebnisse auftauchen können (vgl. hierzu auch Mayring 2010, S. 116f.).

621 Vgl. u.a. Strübing 2002, S. 338. Für die weiteren Ausführungen zu den Gütekriterien qualitativer Forschung auch die Empfehlungen von Bortz/ Döring 2009, S. 326ff.

Zur Beurteilung der *inhaltsanalytischen Messgüte* sind damit unterstützende und an die vorliegende Untersuchung angepasste Kriterien heranzuziehen. Die Validität fungiert dabei als wichtigstes inhaltsanalytisches Gütekriterium, um sicherzustellen, dass „die verbalen Daten wirklich das zum Ausdruck bringen, was sie zu sagen vorgeben bzw. was man erfassen wollte“ (Bortz/ Döring 2009, S. 326). Als zentralen Anhaltspunkt zur Sicherung und Evaluation des Vorgehens gilt es vor allem die wesentlichen Entscheidungen offen zu legen und diese empirisch in den Daten zu verankern.[622] Allen voran dient die detaillierte und transparente *Dokumentation der Vorgehensweise* dazu, *intersubjektive Nachvollziehbarkeit* der Studie zu gewährleisten. Neben der o.g. ausführlichen Beschreibung des methodischen Vorgehens und der Stichprobe[623] wurde hierbei besonders auf die Entwicklung und Dokumentation des *Kodierleitfadens* und der darin enthaltenen Ankerbeispiele und Kategoriendefinitionen geachtet. Somit sollte eine präzise und interpersonell nachvollziehbare Verarbeitung des Ausgangsmaterials möglich sein.[624] Der Kodierleitfaden wurde - ebenso wie auch der *Leitfaden* zur Datenerhebung - zur Plausibilisierung und Diskussion ggf. uneindeutiger Kategoriennamen und -ausprägungen zwei weiteren Forschern vorgelegt.[625] Interpersonaler Konsens bedeutet nach ((Bortz/ Döring 2009, S. 326) auch, dass unterschiedliche Forscher zu vergleichbaren Ergebnissen kommen können. Anstatt der exakt gleichen Fragen und derselben Reihenfolge der Fragen für alle Teilnehmer, wie dies im standardisierten Fragebogen vorliegt, wurde in der Interviewstudie zumindest ein gleicher Themenkanon, jedoch mit unterschiedlichen Formulierungen und individuell angepassten Nachfragen entwickelt. Dieser Leitfaden basiert jedoch auf theoretischen Vorüberlegungen und erzielten empirischen Ergebnissen desselben Untersuchungsgegenstandes

622 Vgl. Strübing 2002, ebenda. Genau genommen werden die qualitativen Gütekriterien als unterschiedliche Kriterien der Validität aufgefasst (vgl. Bortz/ Döring 2009, S. 326).

623 Vgl. Abschnitt 2.5.2.

624 Vgl. Bortz/ Döring 2009, S. 330.

625 vgl. Krippendorff 1980, S. 158, zit. nach Mayring 2010, S. 119f.; Bortz/ Döring 2009, S. 328. Letztere Autoren nennen diesen Schritt mithin als wichtigstes Kriterium der sog. „konsensuellen Validierung“, der sowohl für die Validierung der Daten als auch der Interpretation herangezogen wird. Geringfügige Anpassungen betrafen die reine Formulierung von Kategorien und die Namensgebung bei der „Ausprägung“ eines Codes. Ein erneuter Materialdurchgang und ein Vergleich der Ergebnisse durch mehrere Personen („Intercoderreliabilität“) oder dieselbe Person zu einem späteren Zeitpunkt („Intracoderreliabilität“) wurde aufgrund der hohen Komplexität des ausdifferenzierten Kategoriensystems an dieser Stelle verworfen (vgl. hierzu auch Mayring 2010, S. 117).

und kann insofern zumindest als Indiz für die intendierte Objektivität in der Datenerhebung gelten.[626] Im Zuge der Interpretation der Studienergebnisse gilt es, ihre Gültigkeit zum einen anhand *direkter Zitate* aus den Daten zu belegen, welche die Vorüberlegungen stützen. Zum anderen müssen auch Alternativdeutungen und *abweichende Erklärungsmodelle* überprüft und ggf. entgegengesetzte Textbeispiele gefunden und angegeben werden.[627]

Insgesamt wird im gesamten Forschungsprozess der Datenerhebung, -auswertung und -interpretation insofern auf ein regelgeleitetes, transparentes und möglichst exaktes Vorgehen zurückgegriffen, das in Kombination mit einem triangulativen Einsatz unterschiedlicher Daten, Methoden und Befragtengruppen mögliche Verzerrungen reduziert und ein qualitatives, wissenschaftliches Vorgehen sichert.

2.6 Ergebnisse der qualitativen Interviewstudie

Die nachstehende Darstellung der qualitativen Ergebnisse lehnt sich an das Vorgehen der quantitativen Teilstudie an, indem zunächst von einer allgemeineren beschreibenden Makroebene ausgehend sukzessive die Ergebnisse zu Details der Zusammenarbeit im Team zusammengetragen werden. Zunächst erfolgen daher die Vorstellungen von Ergebnissen auf der Makroebene (2.6.1), welche zunächst die Teamzusammensetzung und anschließend a priori Erwartungen und Bedenken an die Zusammenarbeit sowie den Projektstart. Anschließend wird die Interaktionsperspektive zwischen internen und externen Mitarbeitern konkretisiert und Beziehungen veranschaulicht. Nach diesem Überblick über die Bedingungen der Zusammensetzung und grundlegenden Parametern der Zusammenarbeit wird für die nachfolgende Betrachtung der Diversitätseffekte die Besonderheiten hochqualifizierter externer und interner Mitarbeiter auf der Individualebene spezifiziert (2.6.2). Hierauf aufbauend kann in 2.6.1 die Interaktionsebene fokussiert werden. Hier werden kritische Teamsituationen und anschließend Diversitätseffekte und Führungsherausforderungen vorgestellt.

---

626 Objektivität wäre verletzt, wenn sich der Forscher bspw. lediglich auf seine langjährige Erfahrung im Interview berufen würde, ohne transparent sein Vorgehen und die Kernthemen angeben zu können. Die subjektiv an die Perspektive der Befragten angepasste Datenerfassung und Interviewführung steht der Objektivität nicht entgegen (vgl. Bortz/ Döring 2009, S. 326).

627 Vgl. Bortz/ Döring 2009, S. 335 und Yin 2009, S. 34. In diesem Rahmen ist zur empirischen Verankerung auch immer wieder das vollständige Transkript eines Interviews heranzuziehen.

2.6.1 Ergebnisse auf der Makroebene

Ein erster Eindruck, den die Interviews vermitteln, ist die Vielschichtigkeit intern-extern gemischter Projektteams. Daher wird nachfolgend zunächst die Zusammensetzung der Teams näher beleuchtet (2.6.1.1). Hier spielt die quantitative und zeitliche Verfügbarkeit der Mitarbeiter eine Rolle.

2.6.1.1 Beschreibung der Zusammensetzung der Teams

Zunächst gilt es, einen Eindruck davon zu bekommen, wie intern-extern gemischte Teams konkret aussehen, d. h. wie sie strukturell zusammengesetzt sind. Denn dies sind wesentliche Aspekte, die den Rahmen für die Zusammenarbeit zwischen Intern und Extern setzen und insofern die Interaktionen und Führungsmaßnahmen beeinflussen (könnten). Als wesentliche Aspekte haben sich hier das quantitative Verhältnis interner und externer Mitarbeiter und die jeweilige zeitliche Verfügbarkeit herausgestellt.

- Ein Aspekt ist das *quantitative Verhältnis interner und externer Mitarbeiter* im Team. Dieses variiert in den sieben Projektteams der untersuchten Stichprobe; in der Tendenz sind anteilsmäßig mehr interne als externe Mitarbeiter in einem Team. In den zwei Automobilteams, die mit vier Mitgliedern relativ klein sind, ist das quantitative Verhältnis ausgeglichen. In drei – ebenfalls kleineren Teams – sind externe Mitarbeiter in der Minderheit und machen unter 50% der Teammitglieder aus. Lediglich in den zwei Teams („Pharma 1 und „Pharma 2) sind die externen Mitarbeiter in der Überzahl.[628] Bei diesen beiden mit 10 bzw. 14 Personen im Kernteam größten Interviewteams fällt auf, dass nicht nur einzelne hochqualifizierte externe Mitarbeiter eingesetzt werden. In den Teams C und D und darüber hinaus ähnlich auch in Team B erfolgt eine *Zusammenarbeit mit mehr als einer externen Seite*: In den ersten beiden Fällen sind zwei externe Dienstleistungsunternehmen vertreten, die für verschiedene Teilbereiche verantwortlich sind, jedoch beide eng untereinander und mit den internen Mitarbeitern im Team interagieren. In letzerem Fall sind ebenfalls zwei externe Auftragnehmer im Projekt tätig: Hier ist jedoch ein externes Dienstleistungsunternehmen mit einer spezifischen, eng umgrenzten Aufgabe betraut, sodass nur der Verantwortungsbereich des interviewten Externen eine enge Interaktion im Team mit Internen erfordert. Teilweise werden in den Teams je *nach Bedarf weitere Stakeholder* hinzugezogen. Auf der *internen Seite* sind dies v.a. Kunden aus den jeweiligen Fachabtei-

628 In diesen beiden Teams stellen Externe fast 75% der Teammitglieder.

lungen („Business Units") und der internen IT-Abteilung, sog. „Keyuser".[629] Diese führen i.d.R. keine projektbezogenen Aktivitäten wie Spezifikation oder Programmierung aus, werden aber als Anwender und Endnutzer des Projekt-Outputs für Abstimmungszwecke, Besprechungen des aktuellen Projektfortschritts oder für Tests der Softwarefunktionalitäten gelegentlich involviert.[630] Auf der *externen Seite* werden in der Mehrzahl der Teams[631] ebenfalls weitere Personen hinzugezogen. Werden ad hoc spezifische, eng umrissene und teils standardisierte Aufgaben fällig, z. B. die Programmierung eines bestimmten Teilmoduls, die nicht im Rahmen gemeinsamer Teamarbeit erledigt werden muss, so dient das externe Teammitglied als Schnittstelle und Akquisitionskraft:[632] Durch sein eigenes Netzwerk verantwortet er in Eigenregie die Akquisition, Steuerung und Entlohnung weiterer „Externer", z. B. von Freelancern oder Angestellten seines Dienstleisters. Auf diese Weise bleibt er weiterhin der einzige Ansprechpartner und *„Single Point of Contact"* (P9, Team D, 43:43) in das auftraggebende Unternehmen hinein. Dieses Vorgehen sieht in Team B bspw. folgendermaßen aus:

> „(...) wir haben da eine Schnittstelle vor Ort bei [Unternehmen] von dem externen Dienstleister, der einen Teil der Prozessgestaltung macht, und dann gibt es noch einen Externen bei der gleichen Firma, der die Programmierung macht, also es ist eine Firma, wobei wir nur mit dieser Schnittstellenperson in Kontakt sind und die Programmierung im Hintergrund läuft." (P1, 23:23)

- Als weiterer Aspekt der Zusammensetzung hat sich die *zeitliche Verfügbarkeit der Teammitglieder für das Projekt* herausgestellt. Von 19 Interviewteilnehmern[633]

---

629 Vgl. hierzu auch die Ausführungen zur formalen Kommunikation in den untersuchten Teams in Abschnitt 1.1.2.3.2.

630 Beispielhaft beschreibt ein Externer dieses Vorgehen: „Die Information, wie bestimmte Anforderungen eben implementiert werden sollen, hole ich dann bei den Keyusern bei [Unternehmen] ab, und stimme das ganze dann mit dem Herrn [Projektleitung] als internen Projektleiter ab." (P5, 39:39).

631 Hiervon wird in fünf Teams explizit berichtet (Teams A, B, D, E, und G).

632 Vgl. bspw. hierzu auch die Vorgehensweise in Team D, in welchem ein externer Mitarbeiter als „Single Point of Contact für einen großen Partner, Supplier, Vendor" fungiert: „wenn ich jemand brauche, um eine Installation von dieser komplexen Applikation zu machen, mache ich nicht noch mal eine Anfrage, wie unser Resourcing, ich frage eine Person, wie [Name Externer 1], „Wer hat dir im letzten Projekt geholfen, du bringst diese Person her", er macht das und das geht sehr, sehr schnell" (P9, PL, 43:43). Diese Tätigkeiten werden teils auch im Rahmen von Offshoring erledigt (Teams C und D), indem einzelne Programmieraufgaben nach Indien ausgelagert werden.

633 Von den Teilnehmern P14 und P15 (Team E) liegen hierzu keine Informationen vor.

sind zehn Personen Vollzeit und neun Teilzeit im Projekt tätig. Dabei fällt auf, dass tendenziell eher die externen Teammitglieder zu 100% im Projekt verpflichtet sind: auf Seite der Externen sind Dreiviertel der Personen (6), die dazu Auskunft gegeben haben, Vollzeit und zwei Personen Teilzeit im Projekt. Auf Seite der internen Projektmitarbeiter verhält es sich anders, der Großteil von ihnen (vier von fünf Personen) ist Teilzeit im Projekt tätig. Lediglich in Team F sind sowohl interne wie externe Teammitglieder als auch Projektleiter zu 100% ihrer Arbeitszeit dem Projekt verpflichtet. Bei den Projektleitern ist es mit jeweils drei Vollzeit- und Teilzeitangaben ausgeglichen. Für die internen Projektmitarbeiter bedeutet die teils lediglich bis teilzeitige Verpflichtung im gemischten Projektteam, sodass sie parallel noch in ihrer Stammabteilung beschäftigt sind oder in anderen Projekten Aufgabenverantwortung wahrnehmen. Entsprechendes fasst die nachfolgendes Zitat zusammen:

> „Daher, dass ich eben in den anderen Teilprojekten auch noch mit drin bin, und ich auch nur zu 80 Prozent freigestellt bin für dieses Projekt, habe ich auch noch viel Tagesgeschäft.“ (P7, INT/ Team C, 35:35)

2.6.1.2 Erwartungen, Projektstart und Teamentwicklung

Für ein Verständnis der Interaktionen in der Zusammenarbeit und möglicher Diversitätseffekte aufgrund der unterschiedlichen Zusammensetzung wird nachstehend auf den Beginn bzw. das Vorfeld der Projektarbeit referiert. Denn Erwartungen und Bedenken bestehen bereits a priori. Weiterhin zeigen sich Unterschiede in den Teams hinsichtlich des Projektstarts und der Teamentwicklung auf Basis von Einarbeitungsprozessen.

Im Vorfeld der Zusammenarbeit: Erwartungen und Bedenken
Die Erwartungen an die Zusammenarbeit im gemischten Projektteam sind unterschiedlichen Inhalts und unterscheiden sich nach organisationaler Zugehörigkeit. Besonders explizit formuliert werden *Erwartungen an das Profil eines fachlich wie sozial und methodisch kompetenten externen Mitarbeiters.*[634] Wichtige Aspekte sind dabei allen voran die fachliche Expertise, für den die hochqualifizierten Externen ins Team geholt werden,[635] und besondere kognitive Fähigkeiten wie z. B. eine schnelle Auffassungsgabe, mit der Ideen generiert und

---

634 Vgl. hierzu im Kodierleitfaden F4 im Anhang A.14.

635 Vgl. z. B. die Aussagen eines internen Mitarbeiters (P7, Team C, 87:87), der die Orientierung externer an die Nachhaltigkeit des Projektsergebnisses für das Unternehmen in den Vordergrund stellt.

erkannt werden können.[636] Darüber hinaus werden auch „social skills" wie ein ehrlicher, offener Umgang mit den internen Projektmitgliedern erwähnt.[637] Daneben geht es auch um die Fähigkeit, Prioritäten entsprechend der Projekt- und Unternehmensziele zu setzen, sodass man proaktiv und ergebnisorientiert handelt und *„dass man Probleme nicht einfach liegen lässt"* (PL, P14, Team E, 85:85). Die Erwartungshaltung aufgrund dieses angenommenen Externen-Profils sind, wie ein Projektleiter es formuliert, Erleichterungen der eigenen Arbeit, *„so dass ich mich relativ wenig darum kümmern muss"* (P16, Team F, 77:77). Im Fokus steht damit der Anspruch an Externe als Ressourcenlieferanten, die problemlos in die eigentliche Aufgabenbearbeitung starten können:

> „Aber meiner Erwartung nach, wir kaufen uns ein wenig Know-how zu und damit habe ich einen fertigen Mitarbeiter, dem ich einfach sagen kann und es kommt auch was dabei raus. Und ich muss ihm jetzt nicht etwas Neues beibringen, dass er dann loslegen kann." (P16, PL/Team F, Team F, 77:77)

Dabei verfolgen die externen Mitarbeiter i.d.R. auch eigene Ziele und haben eigene Erwartungen an die Zusammenarbeit. Entsprechend äußert sich ein Externer:

> „Also es ist nicht so, dass der Freiberufler sich ohne Gefühle und ohne persönliche Erwartungen da an den Schreibtisch setzt, ja." (P18, Team G, 71:71)

Die gemeinsame Projektarbeit soll es vor allem ermöglichen, einen eigenen Beitrag zum Team leisten, sein Wissen anwenden und damit eine interessante Aufgabe bearbeiten zu können. So stellt sich bspw. ein externes Teammitglied aus Team D die Fragen, *„Was kann ich dazu beitragen? Und „Was ist das Spannende an dem Projekt für mich?"* (EXT, P12, Team 2, 31:31). Gleichermaßen sieht er aber für den Fall mehrerer Externer im Team auch den Anspruch, sich in diesem Zuge *„den größten Kuchenanteil (zu) sichern"* (EXT, P12, 31:31). Explizit *auf Interne bezogene Erwartungen* richten sich anhand lediglich der Aussage eines externen Mitarbeiters auf die *„intellektuelle, geistige Offenheit" (EXT, P18, Team F, 211:211)* seiner internen Kollegen.

---

636 Die beiden Aspekte der fachlichen Expertise (Häufigkeit von vier) und kognitiver Fähigkeiten (Häufigkeit von 3) werden von den Interviewpartnern dabei am häufigsten genannt.

637 Der Projektleiter aus Team B fasst unter die „vielen Facetten" u. a. folgendermaßen: „Zum einen der Umgang des Externen mit den Internen" und betont weiterhin: „Es kommen noch viele soziale Faktoren dazu. Es hat auch viel mit irgendwelchen subjektiven Geschichten zu tun: für wie ehrlich halte ich den Menschen, welche Erfahrungen habe ich mit ihm bisher gemacht." (P3, Team B, 173:173).

Die Interviewaussagen bzgl. der *Erwartungen an die gemischte Teamarbeit* zeigen, dass sowohl für externe als auch interne Teammitglieder der Anspruch einer gut funktionierenden, kollegialen Zusammenarbeit und qualitativ hochwertiger Projektergebnisse besteht. Die Kollegialität wird dabei als wesentlicher Bestandteil funktionierender Teamarbeit gesehen, jedoch unabhängig von der organisationalen Zugehörigkeit: *„Ich erwarte eigentlich von jedem, dass er flexibel ist und irgendwo auch sozial mit einem umgeht.*" (INT, P17, Team F, 83:83). Ein interner Projektmitarbeiter bringt seine Erwartungen an die Person des Externen mit seiner eigenen Vorfreude auf das Projekt und Projektergebnisse in Verbindung:

> „Man hat natürlich schon die Erwartung, dass zunächst einmal die Ideen schnell erfasst werden, dass sie noch schneller umgesetzt werden. Ich denke, ich habe da so eine gewissen Euphorie gespürt oder so etwas in der Art, dass man sagt ‚okay, ich hab jetzt da eine Idee und wir haben jetzt da eine Chance, etwas zu machen.' (…) Da möchte man einfach Ergebnisse haben, so schnell wie es geht." (P4, Team B, 75:75)

Diese Aussage umfasst damit den Aspekt, der schlussendlich für alle involvierten Seiten im Mittelpunkt steht: Das *Projektergebnis*, das ohne Probleme an die Endnutzer übergeben werden kann und einen Mehrwert für das Unternehmen darstellt.

Entsprechend der oben skizzierten Erwartungshaltungen äußern die Interviewpartner auch *Bedenken* hinsichtlich der Zusammenarbeit im Team. Diese beziehen sich v.a. auf die folgenden drei wesentlichen Fragen,

- ob das erwartete *Leistungspotenzial* tatsächlich gegeben ist. Dies gilt vor allem für das eigene Leistungspotenzial. So fragt eine interne Mitarbeiterin explizit, ob sie den besonderen Herausforderungen der Teamarbeit gerecht zu werden vermag und *„if I would be able to manage this team.*" (P10, 79:79), insbesondere da *„I didn't know the team*" (P10, 35:35).
- ob die *Zusammenarbeit* kollegial ist. Der Zugang zu externem Wissen wird zwar erwartet, aber eher als „gesetzte Größe" gewertet als dies bei der Zusammenarbeit im Team der Fall ist, wie einer Interner zu bedenken gibt:

  > „Da hatte ich jetzt keine Bedenken damit, dass wir Knowhow von außen bekommen, sondern wirklich, dass die Zusammenarbeit, und eben, ja, die Nachhaltigkeit oder die Nachhaltigkeit des Projektes für das Unternehmen." (INT P7, Team C, 91:91)

- ob das *Projektergebnis* erfolgreich und den Qualitäts- und Nachhaltigkeitsansprüchen gerecht wird. Dieser Leistungsaspekt wird mit vier Nennungen als häufigste Begründung für Bedenken genannt. Die Projekte werden nicht nur teils als „Wagnis" mit hohem Risiko eingeschätzt. Ein externer Mitarbeiter äußert Zweifel aufgrund der starken internen Hierarchien und gibt zu bedenken, ob kreatives Arbeiten in diesen Strukturen möglich sei.[638]

Auffällig ist, dass fünf Teammitglieder – drei Externe und zwei Interne – *keine Bedenken* hinsichtlich der gemischten Teamarbeit hegen bzw. zwei *keine Erwartungen* hätten. Als Begründung wird vor allem der Aspekt der *Erfahrung* angeführt: Gemischte Projektarbeit sei mittlerweile „Normalität" im Praxisalltag und insofern könnten teils langjährige Erfahrungen gesammelt werden. Andererseits betont ein Interner, dass er zu wenig Erfahrung habe, um überhaupt besondere Erwartungen entwickeln zu können und daher *„unvoreingenommen"* (P7, Team C, 99:99) in das Team starten konnte.

Projektstart – Projektplanung, Einarbeitung und Teamentwicklung

Den „typischen" *Ablauf eines Projektstarts*, wie er aus der Softwareentwicklung bekannt ist, beschreibt ein externer Mitarbeiter aus einem Automobilteam:

> „Also, erst einmal hat man gehört da kommt was. Bei [Unternehmen] ist es so, die erste Projektphase ist die sogenannte Auftragsklärungsphase, die zu vergeben ist. Die Auftragsklärungsphase ist ein Auftrag. Da wird man dann erst einmal gefragt, ob man prinzipiell Zeit hat, ob man es sich das vorstellen kann das zu machen, was eigentlich schon ein bisschen verfrüht ist, es kommt ja eigentlich erst in die zweite Phase rein. (…) Da gab es ein Kickoff. Ganz klar, das Kickoff-Meeting, dort wurde der Projektstand vorgestellt, da wurde die Rollenverteilung vorgestellt, da wurde das Ziel vorgestellt. (P2, Team A, 75:79)

In diesem Fall gab es vor dem offiziellen Projektstart jedoch noch eine *„Vorlaufphase"*, in der das Projekt gemeinsam von auftraggebendem Unternehmen und Externem geplant wurde, *„wie ist das Projekt aufgesetzt, was sind die Ziel, was sind die Rollen und die Leute die man noch nicht kennt"* (P2, 87:87). Im Gegensatz zu diesem frühzeitigen Einbezug der externen Mitarbeiter zeigt sich anhand zweier Interviewpartner, dass das Projekt selbst zu Beginn der gemeinsamen Projektarbeit noch nicht vorhanden ist und Zielsetzungen, konkrete Aufgaben und Projektbeschreibungen erst im Laufe der Arbeit entwickelt werden müssen.[639]

---

638 Vgl. hierzu die Äußerungen des externen IT-Spezialisten von Team G (P21), der das Projekt als „Wagnis" sieht (63:63) und den ausgefeilten internen Regelungen entgegenhält: „Es klappt einfach nicht. Man kann sozusagen mit Leuten die Strukturen hüten, keine neuen Strukturen schaffen" (P21, 71:71).

639 „Das Projekt war eigentlich am Anfang nicht vorhanden und wir haben uns halt zusammengesetzt, und dann hat sich das so evolutionär weiterentwickelt. Also ich glaube ehrlich gesagt nicht, dass sowohl unser Manager als auch der Projektmanager vom Kunden genau wussten, was wir tun werden" (P8, 141:141).

Neben diesen Planungsaspekten, die im Vorfeld des Projektstarts den mehr oder weniger frühen Einbezug der Externen umfassen, zeigen die Interviews unterschiedliche Vorgehensweisen beim offiziellen Projektstart und der Integration der Teammitglieder. Die Einführung der Teammitglieder in Projekt und Projektteam wird unterschiedlich gehandhabt. Als wesentliche Merkmale kristallisierten sich im Zuge der Datenauswertung die Aspekte „Standardisierung der Onboardingprozesse“ und „Offizieller Kick Off Ja- nein“ heraus.

Einarbeitungsprozesse
Lediglich ein externer Mitarbeiter eines größeren Pharmateams formuliert einen standardisierten sog. „Onboarding“-Prozess seiner neuen externen Kollegen. Diese seien durch einen etwa zwei bis vier Wochen dauernden *„learning circle“* (P15, 30:30) gegangen, in welchem sie mit den internen Strukturen, Produktdefinitionen und zentralen Ansprechpartnern in den relevanten Abteilungen vertraut gemacht wurden. Im Gegensatz dazu erwähnen vier Interviewpartner explizit, dass es *keinen* standardisierten Einarbeitungsprozess für interne oder insbesondere externe Teammitglieder gäbe. Vielmehr zeigen die Aussagen der Interviewpartner, dass die Teamarbeit mehrheitlich ohne besondere Einarbeitung oder formale Integrationsprozesse startet:[640]

> "I started directly on the project, without having let me say, induction or sort of detailed explanation, just a small overview. But of course, this is based on the experience that you have achieved in the past". (P13, EXT, 63:63)

Dieser „Quickstart“ bedeutet dann, dass max. eine kurze Orientierung z. B. in Form eines Leitfadens oder Organigramms gegeben wird und die Teammitglieder ansonsten – wie der Projektleiter des Teams F es für seinen externen und seine interne Mitarbeiterin beschreibt – *„relativ ins kalte Wasser geworfen“* (P16, 65:65) werden. Unter der Aufforderung *„Macht mal! Das ist die Aufgabe, darum geht's!“* (P16, 65:65) wird sofort und teils unter Zeitdruck mit der Aufgabenbearbeitung begonnen. Dies wird i.d.R. allerdings weniger problematisch gesehen, da sich die Teammitglieder untereinander teils a priori kennen, z. B. aufgrund langjähriger Zusammenarbeit mit dem externen Mitarbeiter oder der Fortführung des Projektes als Folgeprojekt[641], oder die externen Mitarbeiter die Gegebenheiten vor Ort bereits kennen:

640 Dies zeigt sich u. a. daran, dass sich die Aussagen von sieben Interviewpartnern unter „F5_Quickstart“ einordnen lassen (vgl. Kodierleitfaden zu F5 in Anhang A.14).

641 Vgl. bspw. die Aussage eines externen Mitarbeiters: „Dadurch, dass wir uns ja vorher schon alle gekannt haben, gab es jetzt kein richtiges Projektstartereignis.

„Die Externen kennen sich und das System. Die kennen das Umfeld halbwegs, obwohl das auch ein neues Thema war, aber die Basis ist da." (P1, PL, 95:95)

Kommunikation des offiziellen Projektstarts und Teamentwicklung
Hinsichtlich der *Kommunikation des offiziellen Projektstarts* in Form eines sog. Kick-Off-Meetings zeigen sich unterschiedliche Vorgehensweisen. So bestätigen Interviewpartner in vier der sieben Teams, dass offizielle Kick-Off-Meetings stattfinden.[642] Ein externer Mitarbeiter fasst diese offizielle Besprechung zusammen: *„dort wurde der Projektstand vorgestellt, da wurde die Rollenverteilung vorgestellt, da wurde das Ziel vorgestellt" (P2, Team A, 79:79).*

Dabei unterscheiden sich die Teams in der konkreten *Durchführung* und den *Inhalten* dieser offiziellen Projektstarts. Während Team A, B und D ein Kick-Off-Meeting in o.g. Form vor allem zu den strukturellen und projektspezifischen Gegebenheiten für das Kernteam durchgeführt haben, zeigt sich in Team C bspw. eine Zweiteilung: Einerseits ein Projektmanagement-Meeting, in welches der Unternehmensvorstand sowie hochrangige Managementebenen eingebunden waren[643], und andererseits ein kleineres *„Teamfindungs-Event"*, *„wo man sich einfach näher kennengelernt hat, (...) nicht nur im täglichen Arbeitsleben, sondern auch ein bisschen privat kennengelernt hat" (P7, INT, 115:115).* In diesem Rahmen wurde das informelle Kennenlernen des Kernteams mit einem konzeptionellen Workshop verknüpft, in welchem bereits Projektthemen gemeinsam erarbeitet wurden. Ein ähnliches Beispiel findet sich in Team G: Hier wurde der Kick-Off sogar als Wochenendveranstaltung außerhalb des Unternehmens durchgeführt, um durch die Kombination informellen Kennenlernens und bewusster Abschottung von der alltäglichen Arbeitsumgebung kreative konzeptionelle Arbeit zu

---

Letztendlich war das ja auch eine Fortführung des bestehenden, großen Projekts" (P5, 159:159).

642 Hinweis: Nicht jedes einzelne Teammitglied wurde nach einem Kick-Off befragt (Bsp. Team B, in dem mit der Projektleitung das Thema nicht näher erörtert wurde). In den Teams D und E kann aufgrund der Aussagen nicht auf ein offizielles Kick-Off-Meeting geschlossen werden, hier wird meist der sofortige Projektstart ohne große Einarbeitungszeit betont.

643 „Und das Kickoff war jetzt auch weniger für das Kernteam, also das Kernteam war da schon voll am Arbeiten, Kickoff war zum einen für das Projektmanagement, gedacht zum anderen auch um die mit einzubinden, die jetzt nicht unbedingt nicht zum Kernteam gehört haben damals. Das heißt, wir haben Kickoff mit dem Vorstand gehabt und hochrangigem [Unternehmen]-Management" (P6, PL, 124:124).

leisten.[644] Der externe Mitarbeiter im Team hebt hervor, dass in diesem Zuge auch gemeinschaftlich definiert wurde, *„wie wir Lösungen für bestimmte Probleme oder Zielsetzungen finden wollen"* (P20, 54:54). Damit bezieht er die Festlegung von Regelungen und Normen für die weitere Zusammenarbeit als wichtigen Bestandteil des Kick-Offs ein.

Insgesamt zeigt sich, dass offizielle Kick-Off-Meetings zu Projektbeginn unterschiedliche Funktionen haben (können) und unterschiedlich stark für die weitere Zusammenarbeit genutzt werden. Wie die Zusammenarbeit im gemischten Team konkret aussieht, wird im nächsten Abschnitt skizziert.

2.6.1.3 Zusammenarbeit und Interaktion in gemischten Teams

Nachdem nun ein grober Überblick über die zeitliche und inhaltliche Zusammensetzung der Teams gegeben wurde, steht im folgenden Abschnitt die Frage im Vordergrund, wie sich die Zusammenarbeit im gemischten Team konkret gestaltet. Wie die Interviews zeigen, hängen die Möglichkeiten für interne und externe Mitarbeiter miteinander zu interagieren stark von den strukturellen Gegebenheiten des Projektes ab. Als wesentliches Merkmal hat sich im Zuge der Datenauswertung herauskristallisiert, dass die vorhandenen „Projektressourcen" und speziell die räumliche Nähe oder Distanz der Teammitglieder die *Rahmenbedingungen für die Zusammenarbeit* festlegen.

Räumliche Nähe

In den teilnehmenden Teams ist die Zusammenarbeit mehrheitlich durch *räumliche Nähe* der Teammitglieder gekennzeichnet. In vier der Teams sitzen interne und externe Mitarbeiter des Kernteams in einem Projektbüro; in Team A sind sie auf demselben Flur untergebracht. Die beiden Automobilteams begründen die räumliche Trennung vor allem mit den arbeitsrechtlichen Bestimmungen:

> „Es gibt ja diese Regelung zur Arbeitnehmerüberlassung (...). Deswegen müssen bei uns die Externen und die Internen getrennt sitzen. (...) Wenn sie wirklich mal im gleichen Büro sitzen sollten, dann muss das gekennzeichnet werden, dass das ein Externer ist." (P3, PL/Team B, 87:91)

Während in Team G die drei Kernmitglieder und ihre jeweiligen freiberuflichen Kontakte deutschlandweit verteilt sind, gilt dies für Team D sogar weltweit. Denn

---

644 „Und da haben wir zweieinhalb Tage zusammen verbracht und haben dann im Grunde genommen gemeinsam die Plattform noch mal definiert, was wir wollen, was wir bis wann wollen, welche Sachen wir machen, wie wir Lösungen für bestimmte Probleme oder Zielsetzungen finden wollen" (P20, 54:54).

hier ist die Besonderheit, dass die interne Mitarbeiterin nicht vor Ort, sondern in Brasilien „offshore" ansässig ist, und das Projektteam insofern räumlich verteilt interagieren muss. Die Mitarbeiterin ist jedoch durch tägliche Online- oder Telefonmeetings mit ihrem externen Counterpart eng mit dem Team vor Ort verbunden. Dass die räumliche Nähe unter den anderen Teammitgliedern als besonders erfolgskritisch eingeschätzt wird, zeigt auch die Tatsache, dass im Laufe der Projektarbeit extra ein Projektbüro für alle Teammitglieder vor Ort Verfügung gestellt wurde:

> „Es war sehr, sehr challenging von Anfang an. Und dann haben wir gedacht, einer der entscheidenden Punkte ist, dass die Leute im gleichen Raum sind und seit dem Tag, seitdem die Leute in diesem Raum arbeiten, ist die Kommunikation – ich schätze jetzt viermal – effizienter (...)" (P9, PL/ Team D, 10:10).

Die Aussage des Projektleiters legt nahe, dass die räumliche Nähe zwischen Intern und Extern die Kommunikation im Team erleichtert. Das Beispiel von Team E konkretisiert diesen Aspekt:

> „(...) das heißt, die Schreibtische so gestellt, dass sie die Plätze direkt nebeneinander haben. Das heißt, sie müssen sich nur umdrehen, um den anderen irgendwas zu fragen." (P16, PL/Team F, 51:51).

> „Und wenn irgendwas ist, dann hockt man auch mal mit mehreren am Bildschirm oder im Besprechungsraum. Aber ob das jetzt interne oder externe Mitarbeiter sind?" (P17, INT/Team F, 119:119)

Auch der Projektleiter von Team C „Optik" schätzt es ähnlich relevant ein, dass im *„war room" „interne und externe Ressourcen räumlich nahe beieinander sitzen"* (P6, 51:51), betont jedoch diesbezüglich vor allem die Gleichbehandlung von Intern und Extern:

> „Also das ist ein großes Büro, da sind 4, 5 Schreibtische drin, und da sitzt sie (die externe Mitarbeiterin, Anm.d.V.) mitten unter [Unternehmen]ianern, quasi als wäre sie selber einer, auch als Externe. Wir sperren die Externen jetzt nicht irgendwo extra weg." (P6, PL/Team C, 47:47)

Damit zeigt sich anhand der Interviewaussagen, dass die räumliche Nähe der Teammitglieder die *Zusammenarbeit erleichtern* kann, da sie zum einen die Rahmenbedingung für eine spontane, auch informelle Interaktion darstellt und man ad hoc fachliche Themen besprechen oder Feedback einholen kann. Zum anderen erleichtert sie dadurch, dass Externe räumlich nicht separiert werden, die *Sichtbarkeit* als ein gemeinsames Team nach außen und schafft damit den Rahmen für eine gleiche Behandlung interner und externer Mitarbeiter. Die skizzierten Beispiele (Team G oder D) zeigen jedoch, dass räumliche Nähe für eine enge Interaktion zwischen den Teammitgliedern nicht zwingend erforderlich ist. Denn hier erfolgt die Interaktion zwischen internen und externen Teammitgliedern auf täglicher Basis – via Skype oder Telefonkonferenzen oder „daily calls", in denen man sich gegenseitig auf den aktuellen Stand bringt. Hiermit ist bereits ein weiterer Aspekt angesprochen, der neben den räumlichen Rahmenbedingungen die konkrete Interaktion im Team bestimmt: Die *Kommunikation* insgesamt.

Kommunikation als zentrales Mittel der Interaktion
Interaktion kann, wie in Abschnitt 1.1.1.2 erläutert, als wechselseitiger Austauschprozess aufgefasst werden, wobei Kommunikation als zentrales Mittel zum Austausch fungiert. Daher wird im Folgenden vor allem die Art und Weise der Kommunikation im Team fokussiert. Konkretisiert wird die Zusammenarbeit darüber hinaus später anhand der kritischen Teamereignisse (vgl. Abschnitt 2.6.1.1). Es können in Anlehnung an Högl 1998 Formalisierungsgrad, Häufigkeit, Struktur und Offenheit teaminterner Kommunikation differenziert werden.[645]

Hinsichtlich des *Formalisierungsgrads* lassen sich zunächst offizielle bzw. formal institutionalisierte sowie informelle, spontane Kommunikation im Team unterscheiden. Neben den bereits erläuterten Kick-Off-Meetings zu Projektbeginn wird auch projektbegleitend von regelmäßigen Projektbesprechungen berichtet. Die Aussagen der Gesprächspartner zeigen, dass gemischte Projektteams eine ausgeprägte „Meeting-Kultur" haben, wie dies v.a. bei größeren (IT-) Projekten die Regel ist. *Offizielle Kommunikation* findet in Form von regelmäßigen Projektmeetings statt. Im Vordergrund stehen regelmäßige, meist wöchentliche „Jours fixes" mit dem Kernteam, von denen neun Interviewpartner aus fünf Teams berichten. Hier werden der aktuelle Projektstand, Meilensteine und konkrete Aufgaben und Schwierigkeiten im Team thematisiert:

> „Ansonsten haben wir einmal die Woche ein Projektmeeting gehabt, ganz normal Projektteammäßig mit durchgehend offenen Punkten und der Meilensteine." (P2, EXT/Team A, 39:39)

Ein Projektleiter weist in diesem Zusammenhang auf regelmäßig von ihm durchgeführte, separate Besprechungen mit seinem externen Mitarbeiter hin, in dem es ihm sowohl um den aktuellen Projektstand als auch um den persönlichen Austausch geht.[646] Auch spontan einberufene Meetings mit dem Team, zu

---

645 Vgl. Högl 1998, S. 78 sowie die Ausführungen in Abschnitt 1.1.2.3.2.

646 „Dann gibt es natürlich auch, neben alldem gibt es auch noch diese Status-Meetings – wie erwähnt – und so weiter, wo man sich gezielt trifft, ich gehe jetzt zum Beispiel einmal pro Woche Mittagessen mit diesen externen, also mit dem Projektleiter

denen man sich *„ad hoc zu speziellen Terminen, also nicht unbedingt Eskalationsterminen"* trifft, dienen dazu, *„wenn es irgendwo einmal brennt"* akute Angelegenheiten aus dem Weg zu räumen (P1, PL/ Team A, 79:79).[647] Darüber hinaus erfolgen meist in mehrwöchigen Abständen Informationsrunden oder sog. „Statusmeetings", zu denen auch teamexterne Personen hinzugezogen werden, z. B. Entscheidungsträger höherer Hierarchieebenen oder phasenweise Kunden aus den jeweiligen Business Units. Hier werden v.a. der Fortgang des Projektes oder Änderungsvorschläge diskutiert sowie Qualitätskontrollen („quality checks") durchgeführt und Entscheidungen getroffen.[648]

Neben dieser formalisierten Kommunikation wird in den gemischten Teams auch *informelle Kommunikation* gepflegt. Hierunter fallen z. B. teaminterne Mittagessen, zu denen teils auch Externe in die unternehmenseigene Kantine gehen, aber auch außerdienstliche Aktivitäten wie *„auch mal ein Bier trinken. Das hilft auch, um die Leute kennen zu lernen" (P6, Team C, 124:124)*. Auch in informeller Hinsicht können hier arbeitsrechtliche Regelungen eine Rolle spielen, wie der Projektleiter von Team B unterstreicht, denn man *„sollte eigentlich auch nicht mit den Externen zusammen zu Mittag essen gehen etc., also da gibt es einige Regelungen die man da einhalten sollte" (P3, PL/Team B, 91:91)*. Als weitere informelle Gelegenheit erwähnen Interviewpartner aus fünf Teams das gemeinsame *Feiern von Projekterfolgen* und das Erreichen eines wichtigen Meilensteins:

> „Wir hatten etwas erreicht und haben gesagt, um das jetzt zu feiern und uns mal etwas zu gönnen, gehen wir halt schön essen." (P8, EXT/ Team C, 353:353)

Insgesamt wird die informelle Kommunikation durch die bereits angesprochene räumliche Nähe der meisten Teammitglieder erleichtert; aber auch die *Häufigkeit* der Kommunikation trägt hierzu bei. Denn es zeigt sich, dass unabhängig von der räumlichen Zusammensetzung die internen und externen Mitglieder der Teams i.d.R. täglich interagieren. In jedem der sieben Projektteams findet

---

dieser externen Firma, und ich habe einmal pro Woche ein Meeting mit diesem Business-Analysten, eine Stunde, also es geht beides immer über eine Stunde, wo ich neben der ganzen Projektstatus-Meetings und so weiter, einfach auch noch die persönliche, den persönlichen Austausch behalte." (P14, 65:65).

647 Von dieser Möglichkeit, die durchaus zusätzlich zu regelmäßigen Besprechungen fungieren, machen acht Interviewpartner Gebrauch.

648 „Die formelle Kommunikation, das machen wir so: Das ist mehr außerhalb dieses Coreteams, außerhalb dieses Raums. Wir haben offizielle Steering-Committee-Meetings, wo wir einen formellen Status zeigen, das ist hier der Monat oder hier der zweite Monat, das ist mehr Bottom-up quasi für das Management." (P9, PL/ Team D, 18:18).

der Austausch täglich statt. Der Kontakt kann dabei auf täglichem Sehen im Büro und spontane Begegnungen auf dem Flur (Team A) beruhen, oder durch tägliche Skype-Konferenzen (Team G) und „daily calls" (Team D).[649]

Damit werden auch die unterschiedlichen *Mittel*, die für diese Interaktionen zum Einsatz kommen, bzw. nach Högl die *Struktur der Kommunikation* offensichtlich. Obgleich die persönliche, direkte Kommunikation auch aufgrund der räumlichen Situation im Vordergrund steht,[650] wird auch auf indirekte Kommunikationsmedien zurückgegriffen: Sieben Interviewpartner erwähnen explizit die Nutzung vor allem indirekter Kommunikation, v.a. Email und Telefon, aber auch virtuelle Medien wie Skype oder TeamViewer. Eine weniger persönliche Form der Kommunikation im Team, die aber gleichermaßen auch die Koordination der Aufgaben beinhaltet, beschreiben mehrere Teams als Ticket- oder Dokumentationssystem. In Team B bspw. können Anforderungen, Rückmeldungen und Änderungen teils direkt in ein Ticketsystem eingegeben werden. Die Mitglieder von Team C und G arbeiten mit einem gemeinsamen Cloud-Dokumentensystem, auf welches auch die Kunden Zugriff haben und Änderungen formulieren können. Ein externer Mitarbeiter schätzt dieses Vorgehen als *„extrem transparent" ein* und beschreibt es folgendermaßen:

> „Also das heißt, auch viele interne Dokumente liegen auf google.docs, wo dann auch die Kunden Zugriff drauf haben. Teilweise sind die Kunden sogar an der Formulierung von Angeboten oder so an kollaborativen Dokumenten mit beteiligt, also dass man die gleichzeitig schreibt an mehreren Standorten. (...) Man telefoniert manchmal, dort schreiben alle in dem Dokument rum, bis sie so zufrieden sind." (P21, EXT/Team G, 35:35)

Ein ebenfalls mittelbares Vorgehen in der Zusammenarbeit beschreibt der Projektleiter von Team A als *„normalen Ablauf"* (P1, 75:75): *„Wir haben*

649 Insgesamt geben neun Interviewpartner explizit an, dass sie täglichen Kontakt untereinander haben. Eine Auffälligkeit zeigt sich diesbzgl. in Team B: Hier konstatiert der interne Mitarbeiter, dass *„wir sehen uns auf jeden Fall nicht täglich, und Kommunikation erfolgt über E-Mail, per Telefon (...)"* (P4, 59:59). Sein externer Kollege hingegen stellt in den Vordergrund, dass er fast täglichen Kontakt mit seinen internen Kollegen hat: *„Dadurch, dass ich ja vier Tage die Woche direkt vor Ort bin, gehe ich dann auch direkt zu den Anwendern hin... wenn ich von den Entwicklern wieder etwas bekommen habe"* (P5, 111:111). Ein finaler Abgleich ist an dieser Stelle bzgl. der Häufigkeit der Interaktion somit nicht möglich und auch nicht intendiert. Die Tendenz häufiger Interaktion bleibt gleichwohl offensichtlich.

650 Sechs Interviewpartner erwähnen explizit, dass die Kommunikation insbesondere über unmittelbar persönliche Gespräche „face to face" oder gemeinsame Bildschirmarbeit erfolgt.

Anforderungen, sprich das Lastenheft, das übergeben wir dem Externen, der dann im Prinzip das technische Konzept macht, das Pflichtenheft" (P1, PL/Team A, 135:135). Dieser standardisierte Ablauf wird jedoch im konkreten Fall für eine kollaborativere Form der Interaktion zwischen Intern und Extern abgewandelt:

> „Aber konkret in dem Fall zum Beispiel erstellt der Externe einmal eine erste Version und die schaut man sich dann schon einmal gemeinsam vor dem Bildschirm an, das ist dann bei uns in den Räumlichkeiten vor Ort, und schaut wie das lookandfeel ist. Da holt man den Anforderer her, ob ihm das gefällt, ob es seinen Anforderungen genügt und da kommen dann meistens die nächsten Anforderungen wieder herein." (P1, 175:175)

Aus diesem Zitat geht hervor, dass die Zusammenarbeit durchaus nach explizit vereinbarten Regelungen und Abläufen erfolgt. Zur Sicherstellung einer *offenen Kommunikation* wird bspw. in Team G *„auch immer in aller Klarheit drüber gesprochen"*, wie der interne Mitarbeiter skizziert: *„Also kannst du mal bitte mit diesem Geklecker aufhören, hier alle halbe Stunde anzurufen oder dreimal am Tag anzurufen, (...) kannst du das bitte kanalisieren?"* (P20, INT/ Team G, 130:130)

2.6.1.4 Beziehungen zwischen Intern und Extern und Gleichbehandlung

Für eine nähere Beschreibung der Zusammenarbeit zwischen internen und externen Teammitgliedern dient auch die Einschätzung der *Beziehungen* untereinander und des *Umgangs* miteinander. Die Aussagen der Interviewpartner lassen darauf schließen, dass die Beziehung zwischen beiden Gruppen mehrheitlich *positiv* eingeschätzt wird. So beschreiben sechs Gesprächspartner die Beziehungen untereinander als *kollegial* und charakterisieren damit eine als offen empfundene Atmosphäre auf arbeitsbezogener Ebene, in der *„keine Barrieren"* (P7, INT/Team C, 299:299) zwischen Intern und Extern bestehen. Ein externer Mitarbeiter in Team D, in welchem mehrere externe Dienstleister mit Internen zusammenarbeiten, betont dabei die offene und vertrauensvolle Gesprächskultur:

> „Wir haben immer offene Diskussionen geführt, mehr auf der IT-Seite für uns jetzt oder für mich jetzt persönlich. Aber auch zu den Businessleuten, also ich glaube, da ist ein Vertrauensverhältnis da." (P12, 111:111)

Im Gegensatz dazu empfindet der externe Mitarbeiter in Team A zu seinen internen Kollegen eher *„so eine Soldatenkameradschaft"*, in der man sich *„auf der menschlichen Ebene sehr gut"* versteht, aber vor allem aufgrund der gemeinsamen Zielsetzung und der Aufgabendefinition zusammenarbeitet:

„man rauft sich da zusammen" (P2, EXT/ Team A, 347:347). Etwa ein Viertel der Interviewpartner empfindet die Beziehung untereinander hingegen explizit als *freundschaftlich.*[651]

In diesem Zusammenhang wird häufig auch über den *Umgang* untereinander und insbesondere mit Blick auf den Externen von einer *Gleichbehandlung* interner und externer Teammitglieder gesprochen. Mehrheitlich wird betont, dass die Projektmitarbeiter unabhängig von ihrer organisationalen Zugehörigkeit gleich und gleichwertig behandelt werden.[652] Ein Projektleiter bringt diese Grundhaltung in seinem Motto„*Best Person for the Job, regardless of the badge*" (P9, Team D, 91:91) zum Ausdruck. Ähnlich handhaben es auch andere Projektleiter:

> „Bei uns werden in vielen Bereichen die Externen genauso behandelt wie die Internen, bis auf die vorher erwähnten Einschränkungen, dass man eben in verschiedenen Büros sitzt etc. werden wirklich in sehr, sehr vielen Bereichen bei beiden von der Arbeitsweise und auch davon wie man ihnen begegnet keine Unterschiede gemacht." (P3, PL/ Team B, 273:273)

> „Also ich differenziere da eigentlich gar nicht so stark zwischen internen und externen Mitarbeitern. Ich sehe die beide im Prinzip als gleiche Mitarbeiter an." (P16, PL/ Team F, 121:121)

Letztgenannter Projektleiter betrachtet seine hochqualifizierten Externen folglich als *„vollwertiges Teammitglied"* und macht daher *„keine Unterscheidung zwischen Internen und Externen"* (P16, PL/Team F, 245:245). Diese Gleichwertigkeit äußert sich auch im konkreten Verhalten dem Externen gegenüber: In Team A bspw. sei es nicht so, *„dass der Externe nur Befehlsempfänger ist und der Interne auch etwas sagen darf" (P1, PL/Team A, 219:219).* Entsprechend empfindet es auch der Externe im Team als positiv, dass *„Externe nicht ausgegrenzt werden"* (P2, 91:91):

> „Die Externen (...) werden voll mitgenommen, die gehen mit auf die richtigen Meetings, auf die Treffen mit den Kunden, die können auch Fragen stellen, werden vollständig als Projektmitarbeiter akzeptiert und das fand ich schon sehr wichtig." (P2, EXT/ Team A, 95:95)

---

651 *„Die Chemie passt"* (P4, 376:376), betont ein Interner, der den Eindruck hat, dass *„ich mit den Kollegen relativ gut auskomme"* (P4, Team B, 380:380).

652 Von den 12 Interviewpartnern, mit denen die Gleichbehandlung bzw. mögliche Unterscheidung zwischen Intern und Extern explizit angesprochen wurde, bestätigten acht die Gleichbehandlung, sieben gaben an, dass Externe als vollwertige Teammitglieder akzeptiert werden und sechs betrachtetet Externe „quasi als Interne", die auch von außen nicht als Externe sichtbar seien (vgl. Kodierleitfaden Anhang A.14).

In der Folge dieser weitgehenden Gleichbehandlung bestätigen insgesamt sieben Personen die *Akzeptanz* Externer als gleichwertige Teammitglieder. In diesem Rahmen sind auch die Aussagen zweier Externer zu sehen, die sich als *„ganz normal integriert, ja, wie jeder andere auch“* (P18, Team G, 467:467) sehen und das Gefühl haben, *„dass ich sofort akzeptiert wurde. Da habe ich keine Berührungsprobleme festgestellt“* (P5, Team B, 199:199). Entsprechend wird auch von interner Seite konstatiert:

> „Also in der Zusammenarbeit, sage ich, da merkt man es nicht, wenn man es nicht weiß, ob das ein interner oder externer Kollege ist.“ (P7, INT/Team C, 71:71)[653]

Damit zeigt sich, dass externe Kollegen teilweise gar nicht mehr als „externe Kräfte“ wahrgenommen werden, sondern vielmehr zu „Quasi-Internen“ werden: So betonen sechs Interviewpartner, dass Externe quasi wie Interne im Team sind und auch von außen als solche sichtbar sind. Dies gilt insbesondere bei langjähriger Kenntnis bzw. freundschaftlicher Verbundenheit[654] oder bei fortschreitender Zusammenarbeit, so dass *„Externe zu Internen“* werden, wie eine externe Mitarbeiterin konstatiert:

> „Das heißt, je länger man natürlich da ist, desto mehr wird man vielleicht – man ist zwar immer noch der Externe – aber man wird dann mehr als Mitglied des Ganzen gesehen. (...) Also je länger das eben geht, und wenn die Leute sich verstehen, also ich meine, das kann natürlich auch mal schiefgehen, aber, desto mehr wird man als Externer zum Internen, könnte ich mir vorstellen.“ (P8, Team C, 205:205)

Gleichwohl bedeutet die skizzierte gleiche oder gleichwertige Behandlung hochqualifizierter externer Mitarbeiter nicht, dass es teilweise nicht auch *konkrete Unterscheidungen* zwischen Intern und Extern in der täglichen Praxis gemischter Teamarbeit gibt. Hierzu zählt nicht nur die bereits skizzierte Kennzeichnungspflicht Externer aufgrund rechtlicher Bestimmungen, aus der teils eine räumliche Separierung folgt.[655] Insbesondere auch in der täglichen Zusammenarbeit

---

653 Ähnlich äußert sich auch die Projektleitung von Team B: „Es ist wirklich oft so, dass man im Meeting mit Leuten, die man vielleicht noch nie gesehen hat, sitzt und dass man gar nicht mitbekommt, wer Interner und wer Externer ist“ (P3, 277:277).

654 Vgl. bspw. die Aussage des Projektleiters in Team G, der als Begründung die langjährige Freundschaft und Kenntnis der Teammitglieder anführt: „Aber das ist halt, glaube ich, auch diese Sonderbarkeit dieser Konstellation, dass ich persönlich ja die [Unternehmensname Externer] gar nicht so als Externen ansehe, ja?“ (P19, 249:249).

655 Als Gegenbeispiel hierzu kann die Aussage eines Externen fungieren, der anmerkt: „Ich bin zum Beispiel im normalen E-Mail-Empfänger drin, ich kann ganz normal

wird dies offensichtlich. Während eine interne Mitarbeiterin den wesentlichen Unterschied der organisationalen Zugehörigkeit Interner und Externer z. B. darin erkennt, *„woher die ihr Geld kriegen"* (P17, 411:411), haben externe Mitarbeiter teilweise weniger weitreichende *Befugnisse*: Trotz sonstiger Anerkennung als *„sogenannte interne Externe"* konstatieren Externe, dass sie *„keine Entscheidungen treffen"* und *„keine Freigaben oder ähnliches machen"* dürfen (P2, 35:35). Dies ist mithin das häufigste Unterscheidungsmerkmal in der konkreten Zusammenarbeit, das viermal genannt wurde. Aus früheren Projekten wird berichtet, *„dass man sehr genau entscheidet, wohin der Externe mitgeht, was er machen darf, was er wissen darf, wo er informiert wird"* und Externe *„bei Meetings mit Kunden (...) außen vor gehalten worden sind"* (P2, 91:91). Wenngleich diese Handhabe bei den untersuchten Teams der vorliegenden Studie nicht im Vordergrund zu stehen scheint,[656] schlägt sich die Unterscheidung zwischen Intern und Extern auch in der *Ressourcenplanung* nieder, z. B. im Fall von Team F, in welchem Externe ein *„paar weniger Meetings haben"*, sodass *„wir da den Prozentsatz für die Arbeit ein wenig höher ansetzen können, was sie denn so tun.* (P16, PL, 41:41). Eng mit den skizzierten Befugnissen ist auch der *Status* Externer im Unternehmen ein Unterscheidungsmerkmal, wie ein interner Beschäftigter zu bedenken gibt:

> „Ich denke, Externe haben einen anderen Status, wenn es darum geht, mit Nicht-Corporate-Mitgliedern zu diskutieren und zu sprechen." (P7, Team C, 356:356)

Die Ausführungen zeigen, dass interne und externe Projektmitarbeiter in den untersuchten Teams mehrheitlich als gleich(wertige) Teammitglieder gelten und behandelt werden. Gleichwohl bestehen konkrete Unterscheidungsmerkmale aufgrund räumlicher, finanzieller oder statusbezogener Differenzen, wie einige Interviewaussagen belegen. Inwiefern Unterschiede in den Kompetenz- oder Persönlichkeitsprofilen „Externer" und „Interner" gesehen werden wird im nächsten Abschnitt vorgestellt.

2.6.2 Ergebnisse auf der Individualebene

In diesem Abschnitt geht es darum, die jeweiligen Besonderheiten externer und interner Mitarbeiter zu identifizieren und einander gegenüberzustellen. Dieses

---

Emails versenden, da steht auch nicht drunter [Externer] extern, da steht drunter [Externer]. Also, wenn Sie von mir eine Email bekommen, denken Sie, ich arbeite bei [Unternehmen]" (P18, Team F, 231:231).

656 So betont bspw. ein externer Mitarbeiter explizit: „Der damalige Projektleiter hat mich dann zu einem dieser Meetings mitgenommen, also habe ich dann die Aufgaben so nach und nach übernommen." (P5, 187:187).

Verständnis um die jeweiligen Profile der Teammitglieder dient als Ausgangspunkt, für die anschließend erfolgende Darstellung der Ergebnisse auf der Interaktionsebene, d. h. den kritischen Teamsituationen wie den Diversitätseffekten.

2.6.2.1 Besonderheiten hochqualifizierter externer Mitarbeiter

Im vorangegangenen Abschnitt war deutlich geworden, dass die Beziehungen zu den jeweiligen Kollegen im gemischten Team mehrheitlich positiv assoziiert und als kollegial bis freundschaftlich beschrieben werden. Externe fühlen sich i.d.R. im Team akzeptiert und integriert. Dies dürfte auch auf die mehrheitlich geäußerte Gleichbehandlung externer und interner Projektmitarbeiter zurückzuführen sein, im Rahmen welcher Externe teils sogar als „Quasi-Interne“ oder „interne Externe“ charakterisiert wurden. Gleichwohl zeigten sich auch objektive Unterscheidungsmerkmale. Diese können die Zusammenarbeit beeinflussen. Um die Besonderheiten hochqualifizierter externer Mitarbeiter im Teamkontext genauer eruieren und anschließend auch mögliche Auswirkungen auf die Zusammenarbeit abschätzen zu können, gilt es zunächst, mögliche weitergehende Besonderheiten interner und externer Mitarbeiter herauszuarbeiten. Im Zuge der Datenauswertung zeigten sich in dieser Hinsicht spezifische Kompetenz- oder Persönlichkeitsprofile „Externer“. Aufgrund der Vielzahl einzelner Nennungen wurde eine grobe Einteilung in Anlehnung an die Kompetenzprofile nach Erpenbeck/ von Rosenstiel 2007 vorgenommen, die zwischen fachlichen, methodischen, sozialen und personalen Kompetenzen unterscheiden. Wenngleich im Folgenden weniger „tatsächliche“ Kompetenzen, sondern vielmehr „zugeschriebene“ Fähigkeiten, Verhaltensweisen und Persönlichkeitsmerkmale im Vordergrund stehen, scheint die o.g. Zuordnung eine sinnvolle Vereinfachung. Die Besonderheiten hochqualifizierter externer Mitarbeiter werden damit nicht ganz überschneidungsfrei nach eher *fachlichen* (Wissen und Erfahrungen), *methodischen* (Methodik mit Bezug zu Leistung und Arbeitsweise), *sozialen und persönlichen* Aspekten (soziale Fähigkeiten und charakterliche Wesenszüge und Einstellungen, die v.a. im Umgang mit anderen relevant sind) eingeordnet.

Fachliche Aspekte

Die Interviewaussagen indizieren zunächst, dass hochqualifizierte externe Mitarbeiter über aktuelles, intern nicht verfügbares *Expertenwissen* verfügen, und bestätigen damit die vorangegangenen theoretisch-konzeptionellen Überlegungen.[657] Insgesamt bescheinigen 14 der Interviewpartner die Besonderheit

657 Vgl. hierzu auch die Ausführungen in Abschnitt 1.2.2.

hochqualifizierter externer Mitarbeiter in fachlicher Hinsicht, 14 in eher methodischer Hinsicht und zehn auf der sozialen bzw. persönlichen Ebene. Den Externen wird vor allem – wie 11 Nennungen zeigen – der Status als *„absolute Spezialisten“* (P3, PL/ Team B, 193:193) und *“highly skilled IT sources” (P15, EXT/ Team E, 30:30)* attestiert. Sie bringen einerseits *aktuelles und intern nicht vorhandenes Know-how* zu hochwertigen Technologien mit.[658] In diesem Rahmen wird auch die *Kombination* von Businessverständnis und technischem Wissen, *„was es bedeutet, unterschiedliche Systeme abzustellen und den ganzen Prozess extern vergeben“* (P14, PL/ Team F, 25:25), erwähnt. Andererseits wird Externen ein besonderer *Erfahrungshintergrund* zugeschrieben, der neben spezieller Branchen- und einer breiten Themenerfahrung[659] vor allem das aus früheren Projekten und Kundenkontakten gewonnene Wissen einschließt. Entsprechend nehmen die Kenntnisse von sog. „Best-Practices“ und bereits in anderen Kontexten erfolgreich umgesetzte Lösungsansätze bei sechs Interviewpartnern einen zentralen Stellenwert ein. Ein Projektleiter hebt hervor:

> „Was er auch kann, nachdem die Software nicht nur bei uns sondern auch woanders genutzt wird, ist, erzählen wie es woanders genutzt wird.“ (P3, PL/ Team B, 289:289)

Durch die Vielzahl an Kundenkontakten bringen Externe *„aber auch ein gutes Netzwerk mit“* (P6, PL, 140:140) und können somit im Bedarfsfall auf ihrerseits bekannte Dienstleister für Adhoc-Aufgaben zurückgreifen, z. B. für kurzfristige, hochspezialisierte Programmierung von Teilmodulen.

Methodische Aspekte

Nicht ganz trennen lässt sich von der fachlichen die methodische Ebene. Denn dieses Erfahrungswissen wird im Besonderen mit der kontinuierlichen *Projektarbeit* externer Mitarbeiter begründet: *„Die leben im Projektgeschäft. Das denke ich ist das große Besondere“*, wie der Projektleiter von Team C betont und daraus schlussfolgert, dass seine externen Mitarbeiter *„methodisch mehr Erfahrung an der Stelle“* (P6, 264:264) hätten. Gleichwohl stellt ein anderer Projektleiter gerade hinsichtlich des Projektmanagement-Know-hows externe

---

658 So charakterisiert bspw. ein Interner die Besonderheit: „they can bring the knowledge of new technologies“ (P10, INT/ Team D, 139:139).

659 So äußert der externe Mitarbeiter aus Team G bspw. die Besonderheit einer ausgeprägten Themenvielfalt dank langjähriger Projekterfahrung: *„auch über diese vielen verschiedenen Projekte, die sie meistens gemacht haben, überall mal reingeschnuppert haben und nicht so monothematisch an einer Sache gefangen sind“ (P21, 283:283).*

Defizite fest.[660] Der Erfahrungshintergrund Externer wird zum einen mit einer ausgeprägten *Problemlösungskompetenz* verknüpft, da sie *„zum Teil neue Perspektiven“* (P3, PL/ Team B, 289:289) auf die zu behandelnden Aufgabenstellungen mitbringen:

> „Die haben andere Kompetenzen, weil sie sich eventuell ja schon mit Problemen beschäftigt haben, die sie für andere schon gelöst haben, die zum Beispiel bei internen Lösungen noch gar nicht vorgekommen sind in dem Fall.“ (P19,PL/ Team G, 391:391)

Aufgrund ihrer methodischen Herangehensweise zeichnen sie sich durch einen *„ganzheitlichen Blick“* aus, *„ohne sich irgendwo in Details zu verlieren. Klare Vorgehensweisen, in welchen Schritten man vorgeht (...) da sind Externe sicherlich stärker als interne Ressourcen“* (P6, PL/ Team C, 268:268). Zum anderen wird vor dem Hintergrund unterschiedlicher Projekterfahrungen deutlich, dass externen Mitarbeitern aufgrund ihrer *parallelen Tätigkeit* – teils an mehreren Projekten gleichzeitig – bestimmte Kompetenzen zugeschrieben werden: Die Fähigkeiten, effizient und auf das Wesentliche konzentriert zu arbeiten und sich *„sehr schnell an neue Situationen anpassen können, weil sie es einfach gewöhnt sind, und weil sie es gerne tun“* (P8, EXT, Team C, 105:105). Die Arbeit in verschiedenen Projekt- und Arbeitskontexten verlangt jedoch eine ausgeprägte *Flexibilität*: Dies wird in methodischer Hinsicht vor allem mit Bezug zu dem zeitlichen und inhaltlichen Einsatzmöglichkeiten Externer insgesamt gesehen (sechs Nennungen), aber auch bzgl. ihrer kognitiven Fähigkeiten (fünf Nennungen) deutlich: Zwei Externe beschreiben sich und ihre externen Kollegen als *„in der Regel geistig flexibler, mobiler“* (P2, 311:311) und mit einer schnellen Auffassungsgabe ausgestattet:

> “We recognize those same skills elsewhere and therefore (...) we haven´t had to spend a lot of time bringing people on or developing them.” (P11, 71:71)

Soziale und persönliche Aspekte

Externe selbst sehen vor allem persönliche und spezielle leistungsbezogene Eigenschaften als „externe Besonderheiten“ im Vordergrund: Fünf von ihnen bezeichnen sich als sehr *leistungs- und ergebnisorientiert*:[661] Sie seien *“eigentlich hungriger”* und versuchten, *“Dinge zu erreichen, zu erzielen und umzusetzen”*

---

660 „Ja, das ist meine Erfahrung, dass es da ein Defizit gibt. Deswegen bin ich als Projektleiter umso mehr gefordert, damit das Projekt zusammen hält, damit nichts aus dem Ruder läuft.“ (P1, 159:159).

661 Von den acht Interviewpartnern, die eine Leistungs- und Ergebnisorientierung als besonders charakteristisch für externe Mitarbeiter formulieren, sind fünf Externe.

(P12, 91:91). Dies wird teils mit einer spezifischen Nachweispflicht der eigenen Leistung begründet, da *"you have to demonstrate, (...) that you have actually done something each day (...) because you are getting paid for it". (P11, 67:67).*[662] Aber auch eine ausgeprägte eigenständige (vier Nennungen insgesamt) und eigenmotivierte (vier Nennungen insgesamt) Handlungsweise werden von den Interviewpartnern unabhängig von ihrer Funktion oder organisationalen Zugehörigkeit angeführt. Sie bilden die Basis für eine teils attestierte ausgeprägte Leistungsbereitschaft,[663] z. B. das Engagement, *„noch abends um zehn zu arbeiten. Das ist natürlich nicht bei allen Internen so weit ausgeprägt"* (P6, PL/ Team C, 268:268). Dass die *"Bereitschaft, Sachen (...) zu erledigen, die sonst keiner tun will" (P16, PL/ Team F, 223:225) – „go that extra mile"* (P15, EXT/ Team E, 90:90) – auch eine gewisse Belastbarkeit oder „Leidensfähigkeit" voraussetzt, zeigt die Aussage eines internen Mitarbeiters:

> „Ich habe den Eindruck, dass die Externen manchmal deutlich mehr wegstecken müssen als die Internen. Ich glaube, das schafft man nur mit Sozialkompetenz, dass man sich nicht persönlich angegriffen fühlt" (P4, INT/Team B, 404:404)

Damit werden auch einige als besonders ausgeprägt wahrgenommene persönliche Eigenschaften und soziale Kompetenzen erkennbar, die für *„den Kontakt mit den Internen, also den Kunden, (...)"* als notwendige *„persönliche Voraussetzungen"* (P3, PL; 325:325) eingestuft werden. Externe Mitarbeiter werden in der Zusammenfassung als kontaktfreudige, kommunikationsstarke Persönlichkeiten beschrieben, die tendenziell extrovertierter[664] und neugieriger[665] seien als dies bei internen Mitarbeitern der Fall ist. Vor allem die *Kommunikationsfähigkeit* spielt im sozialen Teamkontext eine maßgebliche Rolle (drei Nennungen), wie die Aussage eines Externen zeigt:

> „Erst einmal, als Externer kann man nicht überleben, wenn man nicht reden kann. Sprich, wenn man irgendwo reinkommt und sich dann in die Ecke setzt und kein Wort

---

662 Sein Teamkollege eines anderen externen Dienstleisters drückt es so aus: „(...) ich glaube man muss ein bestimmter Typ Mensch sein, um Berater zu sein. (...) die mögen diese ständigen Challenges und jeden Tag etwas Neues und jeden Tag ganz andere Fragen und das trotzdem irgendwie hinkriegen müssen, sich beweisen müssen" (P12, EXT/ Team D, 95:95).

663 Aber *„nicht zwangsweise"* sehen die Befragten die Leistungs- und Ergebnisorientierung an Externe gekoppelt, wie P20 (292:294) bemerkt.

664 Vgl. hierzu die Aussage des Externen in Team A: „Sie sind schon extrovertierter tendenziell, und sie haben eben auch die Erfahrung" (P2, EXT/ Team A, 179:179).

665 „Also es ist bestimmt ein Schlag Leute, die sich schnell langweilen, könnte ich mir vorstellen" (P8, EXT/ Team C, 105:105).

> sagt, als Interner funktioniert das schon. (...) da muss man sich schon verkaufen können, weil man eben keinen Vertrag mit deutschem Kündigungsrecht, wie Arbeitnehmerschutz und ähnliches." (P2, EXT/ Team A, 179:179)

Dies führt er zurück auf das „*klassische(s) Ausleseprinzip, d.h. da sammeln sich halt die Leute, die das können, die sammeln sich eher bei den Externen an*" (P2, 179:179). Als tendenziell kontaktfreudigere Personen würden nach seiner Erfahrung häufig die externen Teammitglieder die initiale Vernetzung in Projektteams in sog. „*Zusammenballungspunkte(n)*" aufbauen, „ *wo sich das Vertrauen zuerst entwickelt zwischen zwei oder drei Personen und der Rest dann außen rum, der klumpt dann dazu*" (P2, 175:175). Die sozialen Kompetenzen im täglichen Umgang werden darüber hinaus ebenso in einer externen „*Professionalität vielleicht*" (P2, 315:315) deutlich, die ein genaues Verständnis dessen beinhalte, wie man sich in bestimmten Situationen verhalte. Auch eine gewisse Fähigkeit für eine Vermittler- und Übersetzerrolle zum „*liaisoning with what business is saying and what IT can deliver*" (P15, 78:78) sei in diesem Rahmen entscheidend.

Damit zeigt sich anhand der skizzierten Aussagen, dass hochqualifizierten externen Mitarbeitern in der Tendenz differenzierte Besonderheiten zugeschrieben werden. Wenngleich drei Interviewpartner keine pauschale „Andersartigkeit", sondern vielmehr personenbezogene Unterschiede erkennen, zeigen die Ausführungen, dass zugeschriebene Besonderheiten vor allem fachlich-methodische Aspekte, aber auch Kommunikationsfähigkeiten und Persönlichkeitsmerkmale umfassen.

2.6.2.2 Besonderheiten interner Mitarbeiter und zentrale Unterschiede

Zusammenfassend betrachtet werden die besonderen Merkmale von internen Mitarbeitern vor allem hinsichtlich eines spezifischen Prozesswissens und in bestimmten Persönlichkeitsaspekten gesehen.

- *Prozesswissen*: Zwar werden vor allem die Externen, wie vorangegangen skizziert, von eigener wie interner Seite als Experten klassifiziert. Aber auch internen Projektmitarbeitern werden spezifische Wissensvorteile bescheinigt. Allen voran zählt hierzu ihr unternehmensspezifisches Wissen: In der teils langjährigen Beschäftigung sind interne Prozesse, Verfahrensweisen z.B. bei vergleichbaren Projekten, Strukturen und Hierarchien bekannt. Gleiches gilt für interne Standards, die im Unternehmen gelten und in die Projektarbeit wirken, und die Unternehmensbedürfnisse und Zielvorstellungen, die im Projekt realisiert werden sollen. Die interne Mitarbeiterin aus Team D fasst es folgendermaßen zusammen:

"And the internals, we have the knowledge of how [Company] works. (...) we have the knowledge from business and the necessities for business, the requirements." (P10, 175:175)

Dadurch, dass Interne – wie bspw. in Team B – *bereits „seit langer Zeit in der Abteilung (sind), sie kennen die Leute"* (P2, 131:131) und damit eine gewisse *„Kontinuität"* haben, kennen sie auch die relevanten Ansprechpartner: *„Die wissen, wen man fragen muss, das sind die Internen typischerweise"* (P2, 131:131).

- *Persönlichkeit*: Aus o.g. Tatsache wird von externer Seite teils auch geschlussfolgert, dass sich ihre internen Kollegen durch eine gewisse *Trägheit* auszeichnen[666] und das Verfahren nach bekannten Richtlinien ein weniger kreatives Arbeiten impliziere (zwei Nennungen). Konkret nach etwaigen Unterschieden gefragt, erwähnen fünf Interviewpartner neben der Trägheit vor allem *Mentalitätsunterschiede*. Eine externe Mitarbeiterin stellt die externe leistungsorientierte und professionelle Vorgehensweise einer tendenziellen internen „Wohlfühlatmosphäre" gegenüber:

„Also das ist eine andere Mentalität, ja. Bei uns ist das alles so zack-zack-zack, und da gibt es eben bestimmte Regeln, nach denen gespielt wird. Und bei denen ist es eben sehr viel netter vielleicht, (...) das macht man eben einfach nicht." (P8, EXT, 233:233)

Auch die Einstellung bzgl. der Sicherheit des eigenen Arbeitsplatzes und damit verbundenes grundsätzliches *„Sicherheitsdenken"* (P18, 523:523)[667] sowie Eigenschaften wie Offenheit und Neugier variieren gemäß den Aussagen. Schließlich zeigt sich ein zentraler Unterschied auch in der *Neutralität* für die Projektthemen: So wird die Besonderheit Externer, *„dass sie natürlich jetzt da völlig wertfrei draufschauen auf die gegenwärtige Situation"* einer gewissen Betriebsblindheit Interner gegenüberstellt, die eine wertfreie Perspektive verhindere.[668] Hingegen

666 Ein externer Mitarbeiter deutet diesbzgl. explizite Unterschiede zwischen Intern und Extern an: „Und zwar ist es so, wenn ich so Externe/Interne generell vergleiche, dann sind Interne tendenziell eher ein bisschen träger als die externen Berater, so meine Erfahrung in verschiedenen Projekten auch hier." (P12,EXT/ D, 91:91).

667 „Ganz, ganz deutlich durch Sicherheitsdenken. Na, also ich habe zum Beispiel mit Sicherheit nicht das Sicherheitsdenken. Ich habe auch mit einem Kollegen unten da, wir unterhalten uns sehr gut und er sagt zu mir „Auch, wenn du das Doppelte oder Dreifache verdienst, für mich wäre das nichts, weil ich brauche einen sicheren Arbeitsplatz", ja?" (P18, 523:523).

668 Ein Projektleiter begründet dies, „weil entweder haben Sie Leute, die gar keine Ahnung von dem Thema haben(...). Und die Leute, die das Thema kennen, die sind ja in der Regel nicht ganz unschuldig an der Misere, weil die ja in dem Bereich

attestiert ein externer Mitarbeiter seinem internen Kollegen eine besonders hohe Lernbereitschaft und *„finde(t) es schon recht beachtlich, wie tief sich die [Unternehmen] internen Mitarbeiter in unsere Materie einarbeiten“* (P5, 431:431). Insofern zeigen sich nicht nur rein negativ oder positiv assoziierte Besonderheiten interner und externer Mitarbeiter.

Inwiefern diese wahrgenommenen bzw. zugeschriebenen Unterschiede in der konkreten Zusammenarbeit im Team zu Tage treten und mit welchen Effekten sie in der Interaktion wirken können, wird im nachfolgenden Abschnitt anhand der kritischen Teaminteraktionen und Diversitätseffekte konkretisiert.

2.6.3 Ergebnisse auf der Interaktionsebene

Im Rahmen der Betrachtung der Interaktionen zwischen internen und externen Mitarbeitern im Team werden in diesem Abschnitt zunächst die identifizierten kritischen Teamsituationen vorgestellt (2.6.1.1). Anschließend erfolgt die Darstellung der Diversitätseffekte (2.6.1.2).

2.6.3.1 Kritische Teamsituationen

Im Zuge der Interviewauswertung konnten insgesamt 46 kritische Teamsituationen aufgezeichnet werden, die analysiert werden konnten. Davon waren 21 positive und 25 negative Teamereignisse. Die Situationen, über welche die Interviewpartner berichteten, umfassten dabei sowohl *konkrete Situationen* wie etwa Diskussionen in Form interaktiver Meetings und Workshops, in denen das Projekt inhaltlich und konzeptionell weiterentwickelt wurde oder weitere Projektschritte und Vorgehensweisen erörtert wurden. Weiterhin waren die Diskussion und Präsentation von Ergebnissen im Fokus. Ebenso berichteten die Probanden von eher abstrakten Erlebnissen, die sie mit bestimmten positiven oder negativen Emotionen und Erinnerungen assoziierten (z. B. das Gefühl von Akzeptanz und keiner Ausgrenzung als Externer. Explizit wurde teilweise auch von „Aha-Erlebnissen“ gesprochen, die ausgelöst durch ein Erlebnis konstruktiver aufgabenbezogener Diskussion eine konkrete Wirkung auf den eigenen Gefühlszustand zeitigte. Um einen Eindruck davon zu erlangen, wovon diese Ereignisse im Wesentlichen handeln, sind die *zentralen Themen* sowie die jeweils anteiligen Häufigkeiten zunächst aus Abbildung 26 abzulesen.

---

gearbeitet haben. Die neigen jetzt natürlich dazu, nicht ganz objektiv zu sein“ (P6, Team C, 168:168).

Abbildung 26: Zentrale Themen der kritischen Teamsituationen

Zentrale Themen positiver Teamsituationen		Zentrale Themen negativerTeamsituationen	
Wertschätzung eigener Beiträge	21,6%	Widerstand/ Mikropolitik	27,8%
Einbringung neuer Ideen	16,2%	Kommunikationsdefizit	25%
Konstruktive Diskussion	13,5%	Fehlende Transparenz (Erwartungen, Fähigkeiten)	19,4%
Gemeinsames Ziel- und Aufgabenverständnis	13,5%	Ungleiche Projekt-Verfügbarkeit	11,1%
Gegenseitige Offenheit für Ideen	10,8%	Unklare Rollen/ Verantwortlichkeiten	8,3%
Ausgewogenheit der Beiträge	8,1%	Fehlende Wertschätzung/ Gleichbehandlung	8,3%
Kommunikation	8,1%	Auswahl externer Mitarbeiter	2,8%
Gleichbehandlung	8,1%		

(Quelle: Eigene Darstellung)

Hier fällt auf, dass im Rahmen der positiven Teamereignisse die Wertschätzung eigener Beiträge mit 21,6% das am häufigsten auftretende Thema im gemischten Teamkontext ist. Mit geringem Abstand folgt die Einbringung neuer Ideen sowie mit jeweils 13,5% die konstruktive Diskussion im Team und ein gemeinsames Verständnis von Projektzielen und –aufgaben. Während bspw. Kommunikation im Zusammenhang mit positiven Teamerlebnissen eher von geringerer Relevanz zu sein scheint, sieht dies hinsichtlich negativer Teamerlebnisse anders aus. Hier steht das Thema der Kommunikation im Sinne eines Kommunikationsdefizits mit einem Viertel der genannten Ereignisse an zweiter Stelle. Häufigste Kategorie ist „Widerstand/ Mikropolitik" mit 27,8%.

Hinsichtlich der Frage, was genau positiv resp. negativ empfunden wurde und welche *Effekte* aus den Erlebnissen resultierten, können mit der obigen ersten Themenübersicht u. a. folgende positive und negative Erlebnisse *konkretisiert* werden:

- *Positive Konkretisierung:* Stolz, Freude über gemeinsam erreichte Meilensteine, konstruktive Diskussion, Möglichkeit, eigene Kompetenz zu zeigen, Verständnis der Teamkollegen insgesamt, Hilfsbereitschaft durch Externe, Lernmöglichkeit durch Interne
- *Negative Konkretisierung:* Enttäuschung, Unverständnis, Gefühl von eigener Minderwertigkeit, Zweifel bzgl. Projekterfolg, mangelnde Wertschätzung,

Zeitverzug im Projekt (z. B. durch Iterationen, Liegenlassen von Problemen), Verschlechterung der Qualität der gemeinsamen Leistung (z. B. Leistung nicht so hochwertig wie erwartet)

Der aus der Datenerhebung folgenden *ersten Einteilung (positiv - negativ)* der Teamereignisse folgte ein weiterer Klassifizierungsschritt, der sich während der Datenauswertung als evident herausstellte. Für eine bessere Übersichtlichkeit konnte ein zweiter Klassifizierungsschritt nach der genaueren *inhaltlichen Ebene* erfolgen. Hier diente die klassische Dualität von aufgabenbezogenen, koordinativen, organisatorischen und insofern eher *leistungsbezogenen Themen* (1) einerseits und beziehungsorientierten, emotionalen, *persönlichen Themen* (2) andererseits als sinnvoller Ausgangspunkt. Entsprechend lassen sich die in Abbildung 26 dargestellten zentralen Themen unter (1) „Aufgabenbezug/Koordination" (v.a. konstruktive Diskussion, gemeinsames Ziel- und Aufgabenverständnis, Ausgewogenheit der Beiträge, fehlende Transparenz, ungleiche Projekt-Verfügbarkeit, Unklare Rollen/ Verantwortlichkeiten, Auswahl Externer) und (2) „Beziehungsbezug/ Umgang im Team" (v.a. Wertschätzung eigener Beiträge bzw. fehlende Wertschätzung, Einbringung neuer Ideen, gegenseitige Offenheit, Gleichbehandlung, Widerstand/ Mikropolitik) einordnen. Hinsichtlich der Kommunikation bzw. des Kommunikationsdefizits ist eine eindeutige Zuordnung schwierig, zum einen da sowohl quantitative wie qualitative hochwertige Kommunikation im Team angesprochen wurde und zum anderen da kommunikatives Handeln gewissermaßen die Basis aller Teamsituationen darstellt.

Berücksichtigt werden sollte für die nachfolgenden Erläuterungen allerdings, dass diese Zwei-Ebenen-Klassifizierung keine grundsätzliche, vollständig trennscharfe Einteilung der Ereignisse zulässt. Wie in der nachfolgenden Erläuterung deutlich wird, ist es schwierig, zwischen *tatsächlichen Auslösern, angesprochenen Themen und tatsächlichen Wirkungen* eines positiv oder negativ wahrgenommenen Ereignisses zu unterscheiden. Ebenfalls wirken die Ereignisse i.d.R. auf verschiedenen Ebenen: So kann eine Situation der gemeinsamen Konzeption und Diskussion (positive Aufgabenebene) auch auf der emotionalen, beziehungsorientierten Ebene wirken, da z. B. positive Emotionen wie Stolz verursacht werden. Daher sind die Klassifizierungen vielmehr als „zentrale Themen der Teamereignisse" zu verstehen.

Aus der skizzierten Clusterung ergibt sich eine 2x2-Matrix, in welche sich die identifizierten Themen der kritischen Teamereignisse einordnen lassen (vgl. Abbildung 27).

Abbildung 27: 2x2-Matrix der Hauptkategorien der Teamsituationen

	Aufgabenebene	**Beziehungsebene**
Positive Teamsituation	*Quadrant (A)* Inhaltliche Konzeption ➔ **Gemeinsames Ziel- und Aufgabenverständnis**	*Quadrant (B)* Umgang mit Externen ➔ **Gleichbehandlung und Akzeptanz**
Negative Teamsituation	*Quadrant (C)* Verzögerung von Teilleistungen ➔ **Fehlende Transparenz und mangelnde Projekt-Verfügbarkeit**	*Quadrant (D)* Rückmeldung zu Teilleistungen ➔ **Mikropolitisches Verhalten**

(Quelle: Eigene Darstellung)

Um einen Eindruck über die in den Interviews wesentlichen Themengebiete geben zu können und gleichzeitig die in den Interviews vorhandenen Redundanzen zu vermeiden, die es unmöglich erscheinen lassen, eine vollständige Liste positiver wie negativer Teamsituationen angemessen darzustellen, wird nachfolgend aus jedem der vier Quadranten jeweils eine *„typische" Situation* skizziert. Diese steht insofern „exemplarisch" für die vier Unterkategorien (A) Positiv - Aufgabenbezug, (B) Positiv - Beziehungsbezug, (C) Negativ - Aufgabenbezug sowie (D) Negativ - Beziehungsbezug.

2.6.3.1.1 Positive Teamsituationen und erlebte Synergien

Nachstehend folgen zunächst zwei „typische" Praxisbeispiele für positiv erlebte Interaktionen zwischen internen und externen Mitarbeitern. Hier wird zunächst ein konkretes Erlebnis skizziert und anschließend Gemeinsamkeiten zu ähnlichen Teamsituationen aufgezeigt.

Quadrant (A)

Eine typische interaktive Situation im gemischten Team ist die gemeinsame *inhaltliche Konzeption.* Der Interviewpartner P11 bspw. berichtet von der herausfordernden Aufgabe, dass zu Projektbeginn zunächst eine Struktur für jene Unternehmensdaten ausgearbeitet werden muss, die zwischen verschiedenen IT-Systemen zu transferieren sind. Hierfür müssen interne und externe Mitarbeiter vor allem zu einem gemeinsamen Verständnis der strukturellen Gegebenheiten der (internen) IT-Infrastruktur sowie insbesondere mit Blick auf die beabsichtigten Projektziele und –aufgaben gelangen. Dies ist ein wichtiger Schritt im technischen und koordinativen Prozess der gemeinsamen Leistungserstellung und ssomit aufgabenrelevant. Ebenso ist hiermit jedoch auch eine emotionale Wirkung auf die agierenden Teammitglieder und die Qualität ihres Interaktionsprozesses verbunden. So zeigt sich anhand des positiv bewerteten Teamerlebnisses aus Quadrant (A), dass durch die Entwicklung eines gemeinsamen Ziel- und Aufgabenverständnisses zum einen eine wechselseitige Offenheit und gegenseitiger Respekt sichtbar wird, denn Interne wie Externe müssen ihre jeweiligen Perspektiven einbringen und ihre Meinung offen äußern. Zum anderen ist es möglich, gemeinsam einen wichtigen Meilenstein im Prozess der Leistungserstellung weiter zu kommen. Konkret berichtet der Interviewpartner von einem wichtigen „path forward", den er als Erfolgserlebnis wertet.[669] Gleichzeitig wird betont, dass gerade in Situationen inhaltlich intensiver Arbeit potenzielle Spannungsfelder bestehen, welche die Teamarbeit besonders herausfordernd machen. Hierzu zählt ein unkooperatives Kommunikationsverhalten, z. B. indem man den jeweils anderen nicht ausreden lässt, ihm nicht zuhört und seine Meinung nicht genügend wertschätzt.

Quadrant (A) – Positiv/Aufgabenebene

	Situation	Kernthema	positiv/negativ
P11 (EXT)	Inhaltliche Konzeption	Gemeinsames Ziel- und Aufgabenverständnis	• gemeinsames Verständnis entwickelt • gemeinsam einen Schritt vorwärts gekommen („path forward")/ Erfolgserlebnis • Wahrnehmung von Offenheit und gegenseitigem Respekt, z. B. indem man seine Meinung offen sagen kann

669 Die Bedeutung der Entwicklung eines gemeinsamen Verständnisses hebt auch ein anderer externer Mitarbeiter hervor. In seiner Aussage wird zusätzlich deutlich, wie wichtig gerade eine zukünftige Verstärkung und Ermöglichung positiver Teamerlebnisse ist, in denen Gemeinsamkeiten entdeckt werden können: *„Gerade wieder am Beispiel mit [Softwaresystem] war es anfangs so, dass der Entwicklungsprozess vorgestellt worden ist und so viele Gemeinsamkeiten mit dem bestehenden System gar nicht zu erkennen gewesen sind und in ein Paar weiteren Sitzungen hat man letztendlich doch erkannt, dass doch einiges an Gemeinsamkeit vorhanden ist und man vieles wieder verwenden kann, von dem man vorher eigentlich dachte, dass das gar nicht so der Fall ist."* (P5, EXT, 263:263).

Gerade in den positiven Situationen fallen besonders kooperative Verhaltensmuster der Teammitglieder auf. So wird beschrieben, dass sich die jeweils andere Seite als sehr offen und aufnahmebereit für neue Ideen zeigt oder bei akuten Fragen unterstützend eingreift. Ein externer Interviewpartner skizziert das Verhalten Interner in einer als positiv empfundenen Workshop-Situation und zeigt die Relevanz dieser Offenheit auf:

> „I think more or less if I talk about [Company] they are receptive of new ideas. So it really, really depends at this. I mean I´ve had situations or I faced situations where some internals are not receptive to new ideas. And then there are of course certain teams which are receptive to new ideas, they appreciate new thoughts coming in and they learn from it." (P14, Team E: 122:122)

Quadrant (B)
Als Ankerbeispiel für eine positiv erlebte Teamsituation, die v.a. auf der Beziehungsebene verortet werden kann, hat sich der *Umgang mit Externen* herausgestellt. Der Interviewpartner P2, ebenfalls ein externer Mitarbeiter, berichtet davon, dass er insgesamt aus seiner Sicht angemessen in sein Team integriert sei und insbesondere auch in allen relevanten Meetings und für das Team relevanten Entscheidungen involviert sei. Gerade dies habe ihn positiv überrascht, da er diesbzgl. schlechte Erfahrungen in früheren Kundenprojekten gemacht habe, in denen zwar Externe die Entscheidungen durch ihr Fachwissen maßgeblich mitbestimmten, dies jedoch offiziell nicht anerkannt worden sei. Durch die selbst erlebten Partizipationsmöglichkeiten entsteht ein Gefühl, als „vollwertiges Teammitglied" akzeptiert zu sein und nicht ausgegrenzt zu werden. Dies wird nicht nur damit in Verbindung gebracht, dass die eigene Arbeit entsprechend „mehr Spaß" mache, sondern auch der Projekterfolg insgesamt positiv beeinflusst werde. Denn die Informationen werden nicht gefiltert.

Quadrant (B) – Positiv/Beziehungsebene

	Situation	Kernthema	positiv/negativ
P2 (EXT)	Umgang mit Externen	Gleichbehandlung und Akzeptanz	• Partizipation an wichtigen Entscheidungen für das Team • Gefühl, als „vollwertiges Teammitglied" akzeptiert zu sein • keine Ausgrenzung • Spaß an der Arbeit

2.6.3.1.2 Negative Teamsituationen und Konflikte

Nachstehend folgen zwei Ankerbeispiele zur Vorstellung typischer negativer Teamsituationen im gemischten Projektkontext.

Quadrant (C)

Im Rahmen der negativ wahrgenommenen Teamsituation fallen, wenn man sich Abbildung 26 noch einmal vor Augen führt, besonders strukturbedingte, aufgabenbezogene Aspekte als zentrale Themen auf. Eine typische Teamsituation, von welcher ein interner Mitarbeiter (P7) berichtet, betrifft die verzögerte Lieferung von Teilleistungen, die durch den fehlenden Einblick Externer in Aufgaben und Arbeitsbelastung von Internen zurückzuführen ist. Im konkreten Fall steht von interner Seite eine Abgabe bestimmter Projektleistungen an, jedoch kommt es aufgrund der lediglich anteiligen Verfügbarkeit der internen Kollegen sowie weiterer langwieriger Unternehmensprozesse zu Verzögerungen, auf welche von Projektseite kein Einfluss genommen werden kann. Im Versuch, die Lieferung zu beschleunigen, bauen gemäß des Interviewpartners die Externen im Team erheblichen Druck auf und zeigen wenig Verständnis für die interne Situation. Im konkreten Fall kann diese Situation durch ein direktes Gespräch zwischen den betreffenden internen und externen Mitarbeitern geklärt werden. Als eines der wenigen Incidents ist bei diesem Beispiel möglich, die externe Perspektive auf das geäußerte Kernthema hinzuzuziehen. So schildert die externe Mitarbeiterin im Team (P8), dass der Mehrwert Externer darin liege, Geschwindigkeit in die Zusammenarbeit zu bringen, indem sie auf vereinbarten Zielen bestehen und ergebnisorientiert handeln:

> „Ich glaube, es ist relevant, weil wir eben trotzdem weiter pushen. Also wir rennen dann ebene 5 mal hin und sagen halt, „So, du musst jetzt eskalieren, du musst jetzt hier etwas tun. Ich glaube, wir bringen Geschwindigkeit hinein“ (P8, 217:217)

Im Zuge der Interviews zeigt sich jedoch, dass die Vielzahl hierarchischer Ebenen in (meist größeren) Unternehmen, fehlende Ansprechpartner und langwierige Entscheidungsprozesse Kernthemen in negativ wahrgenommenen Teamsituationen darstellen.[670] Auch eine nur unklare Verteilung von Rollen und Verantwortlichkeiten zwischen Intern und Extern werden mehrfach genannt. Die Folge sind Iterationen und Projektverzögerungen, aber auch ein Abschieben von Verantwortung, ggf. Überlastung des anderen und Gefühle einer ungerechten Behandlung.

---

670 Vgl. bspw. auch die Erläuterungen von P21 hierzu.

Quadrant (C) – Negativ/Aufgabenebene			
	Situation	**Kernthema**	**positiv/negativ**
P7 (INT)	Verzögerung Teilleistungen	Fehlende Transparenz und ungleiche Projekt-Verfügbarkeit	• mangelnder Einblick Externer in interne Aufgaben und Arbeitsbelastungen • Druckaufbau durch Externe • fehlendes Verständnis für eigene Situation

Quadrant (D)
Schließlich zeigen sich auf der Beziehungsebene negative Erlebnisse – wenngleich, wie oben bereits skizziert, keine eindeutige Trennung zu einem verursachenden Problem auf der Aufgabenebene gezogen werden kann (s. auch die Ausführungen zu Quadrant C). Als besonders negativ wird etwa ein abwehrendes Kommunikationsverhalten geschildert, das wie etwa im konkreten Ankerbeispiel (P18) zu wahrgenommenen Statusunterschieden zwischen Intern und Extern führt. Im konkreten Fall gibt ein interner Mitarbeiter auf eine fehlerfreie Analyseleistung seines externen Kollegen eine lediglich kurze Rückmeldung und verbindet dies mit der Kontrolle der anderen externen Aufgaben. Auf der externen Seite führt diese gefühlte „interne Kontrolle" zu einem Gefühl geringer Wertschätzung („Mitarbeiter ohne Willen") und interner Machtausübung: Explizit wird von Missfallen an diesem „subtil" mikropolitischen Verhalten ausgedrückt. Eine Klärung war im betreffenden Fall durch ein direktes Gespräch mit der Projektleitung möglich. Das Thema mangelnden Respekts und insbesondere auf der externen Seite auch verbunden mit einem Gefühl zu starker interner Kontrolle und eingeschränktem Handlungsspielraum wird von mehreren Teilnehmern expliziert.

Quadrant (D) – Negativ/Beziehungsebene			
	Situation	**Kernthema**	**positiv/negativ**
P18 (EXT)	Rückmeldung zu Teilleistung	Mikropolitisches Verhalten	• Gefühl interner Kontrolle • Sichtbarkeit eigener Unterlegenheit • mangelnde Sensibilität und Wertschätzung für Kompetenz

Insgesamt zeigt die Auswertung der positiven und negativen Teamsituationen unterschiedliche sich wiederholende typische Interaktionen zwischen internen und externen Teammitgliedern, die mit verschiedenen Kernthemen verknüpft sind. Interessanterweise wird im Besonderen im Rahmen der negativ erlebten

Incidents deutlich, dass nicht allein das initiale Problem bzw. der Konflikt die negativ empfundene Teaminteraktion bestimmt, sondern vielmehr das Verhalten der Teammitglieder bzw. die erfolgreiche Bewältigung der Situation. So waren in den „positiven Ereignissen" zunächst einige Konflikte im Team skizziert worden, etwa durch P11, die durch konstruktive Diskussion oder gemeinsame Lösungssuche erfolgreich bewältigt werden konnten, so dass schließlich eine positive Gesamtbeurteilung der Situation resultierte.

2.6.3.2 Effekte durch hochqualifizierte externe Mitarbeiter im Team

Über die skizzierten kritischen Teamsituationen hinaus zeigen die Interviewdaten insgesamt, dass die unterschiedliche organisationale Zugehörigkeit in gemischten Teams mit verschiedenen Effekten auf die Zusammenarbeit in Zusammenhang gebracht werden.[671] Die Aussagen der Interviewpartner verdeutlichen, dass die Teams in erheblichem Maße von ihrer unterschiedlichen Zusammensetzung profitieren können, wenngleich auch spezifische Herausforderungen auftreten können:

> „Was ich positiv fand ist, dass jeder seinen Anteil dazu beigetragen hat. (…) Das war (…) teilweise sehr langwierig, weil man erst mal (…) gemeinsames Verständnis aufbauen musste. Wenn ich eine Frage stelle in meinem IT-Deutsch, dann hat der in seinem Business-Deutsch das noch lange nicht verstanden und umgekehrt. Aber wir haben es trotzdem immer geschafft, irgendwo am Ende eine Antwort zu finden, die dann eben auch umgesetzt wurde, in letzter Konsequenz." (P12, Ext, 87:87)

Von einem internen Projektmitglied ist hingegen auf potenzielle Spannungen in der konstruktiven Zusammenarbeit zu schließen:

> „Ich kenne Projekte bei uns, wo Heerscharen von Externen arbeiten, die oftmals das Ganze von der Kapazität her dominieren. Da hört man immer wieder Aussagen von Kollegen, dass man in Besprechungen mit 10 Externen und einem Internen sitzt und man sich dann vielleicht schon ein bisschen unterbesetzt vorkommt." (P1, PL, 195:195)

Diese konträren Perspektiven auf den Einsatz hochqualifizierter Externer als temporäre Teammitglieder werden nachstehend erläutert. Dabei erfolgt zunächst die Darstellung funktionaler Diversitätseffekte und Synergien (2.6.1.2.1)

---

671 Die nachfolgenden Ausführungen zu funktionalen (2.6.1.2) und dysfunktionalen Diversitätseffekten (2.6.1.3) sind in einer zusammengefassten Version in einem Projektbeitrag zum Forschungsprojekt FlinK der Universität der Bundeswehr München ausgekoppelt worden (vgl. Kaiser et al. [Im Erscheinen, 2013]).

und anschließend die Präsentation dysfunktionaler Diversitätseffekte und Konflikte (2.6.1.2.2).

2.6.3.2.1 Funktionale Diversitätseffekte und Synergien

Die Interviewaussagen lassen erkennen, dass aus der intern-extern gemischten Zusammensetzung von Teams ein spezifisches Diversitätspotenzial während der gemeinsamen Leistungserstellung erwachsen kann. Im Rahmen der Datenauswertung konnten hier insbesondere drei wesentliche förderliche Effekte destilliert werden, die nachfolgend skizziert werden: Zunächst kann durch die Kombination unterschiedlicher Fähigkeiten und Wissenshintergründe die Fähigkeit des Teams zur *effektiven Problemlösung* verbessert werden (a). Weiterhin ermöglicht die Kombination unterschiedlicher Denkweisen und Erfahrungshintergründe die *Entstehung von Kreativität* (b) und erleichtert im Zuge regelmäßiger Interaktionen die *Initiierung von wechselseitigen Lernprozessen* (c). Weiterhin sind Motivationseffekte im Team möglich (d).

(a) Effektive Problemlösung durch Kombination von Wissen und Erfahrung

Ein zentraler Diversitätsvorteil wird zunächst auf fachlicher Ebene gesehen (11 Interviewpartner). Gerade in fachlicher Hinsicht bringen Externe einen Mehrwert, v.a. durch ihre umfangreiche Projekt- und Branchenerfahrung (6 Nennungen), aus welcher sie erfolgreiche Kundenbeispiele mitbringen und insgesamt ihre externe Perspektive und damit einen Außenblick auf das Projekt (5 Nennungen). Die Kombination von internem und externem Wissen sehen sechs der Interviewpartner in gemischten Teams als bedeutsamen Mehrwert.

Den Externen wird der Status als *„absolute Spezialisten"* (Projektleitung, P3, 193:193) attestiert, die einerseits aktuelles Know-how zu hochwertigen Technologien mitbringen. Die spezifischen Kompetenzen beziehen sich dabei nicht nur auf Programmierkenntnisse, die in der Softwareentwicklung häufig von Externen erwartet werden, sondern auch auf Projektmanagement und besondere methodische „Kniffe". Sie bringen andererseits *„aber auch ein gutes Netzwerk mit"* (P6, PL, 140:140) und können somit im Bedarfsfall auf ihrerseits bekannte Dienstleister für Adhoc-Aufgaben zurückgreifen, z. B. für kurzfristige, hochspezialisierte Programmierung von Teilmodulen. Eine Projektleitung aus dem Medienbereich fasst diese *Problemlösungskompetenz* folgendermaßen zusammen:

> „(...) die haben einfach andere Erfahrungen. Und das tut einem neuen Projekt, glaube ich, sehr, sehr gut. Die haben andere Kompetenzen, weil sie sich eventuell ja schon mit Problemen beschäftigt haben, die sie für andere schon gelöst haben, die zum Beispiel bei internen Lösungen noch gar nicht vorgekommen sind in dem Fall." (P19, 301:301)

Bedeutung wird auch dem *vielfältigen Erfahrungshintergrund* hochqualifizierter Externer aufgrund früherer Projekte zu: Neben interessanten *Kundenkontakten*, die zum Aufbau des eigenen Unternehmensnetzwerkes nutzbar sind[672], sind sie in der Lage, konkrete *Best-Practices* von anderen Unternehmen und Projekten in aktuelle Aufträge einzubringen. In der Kombination mit den spezifischen Kenntnissen interner Mitarbeiter, die sich vor allem auf die unternehmensinternen Prozesse und Zielrichtungen beziehen, sind damit *neue Lösungsansätze* möglich:

> „Da wird das Thema externe Ressourcen besonders effektiv, weil Sie hier auf der einen Seite Leute von Intern haben, die die internen Prozesse kennen (...), die kein Externer kennen kann. Das hat aber immer den Nachteil, dass man so eine gewisse Betriebsblindheit an den Tag legt und quasi immer in den gleichen Dingen denkt, immer in den gleichen Lösungsansätzen denkt. Wenn Sie das aber kombinieren, wenn Sie das schaffen, dass Sie eigene Lösungsansätze mit dem vergleichen können, was andere Firmen tun oder was auch externe Berater an Wissen mitbringen, dann können sie das sehr stark verändern." (P6, 140:140)

Mit Hilfe dieser „externen Brille" und der Branchen- und Projekterfahrung der hochqualifizierten Externen können gemäß den Interviewaussagen große Kreativitätspotenziale genutzt werden, wie nachfolgend gezeigt wird.

(b) Entstehung von Kreativität durch die Kombination von Wissen und Denkweisen

Eng verknüpft mit der skizzierten synergetischen Nutzung spezifischer fachlicher Kompetenzen interner und externer Mitarbeiter sehen die Interviewpartner die Entstehung von Kreativität im gemischten Team. Zum einen tragen die komplementären Fähigkeiten im Team hierzu bei. Zum anderen scheinen insbesondere die unterschiedlichen Erfahrungshintergründe zu implizieren, dass durch den Einsatz Externer, die einen ganzheitlicheren *„Überblick über die Systemgrenzen hinaus"* (P4, 159:159) haben und neue Perspektiven einbringen, innovative und neue Ideen entstehen können. Entsprechend attestieren die Interviewpartner den Externen mit großer Mehrheit[673], einen Beitrag zur Kreativität im Team

672 Die Bedeutung dieses als „Sozialkapital" kodierten Aspektes unterstrichen zwei Interviewpartner. Dieser Aspekt ist jedoch eng verknüpft mit dem Erfahrungshintergrund und der Kenntnis um Best-Practices.

673 Eine *abweichende* Meinung wird lediglich von einem Projektleiter vertreten, der den Kreativitätsvorteil interner Mitarbeiter darin sieht, dass sie sich weniger mit der konkreten Umsetzung der Anforderungen wie Externe beschäftigen, sondern in ihrer Projektaufgabe die spezifischen Benefits für das Unternehmen im Blick haben und insofern bessere Anregungen geben könnten: *„Zur Innovation tragen*

zu leisten. Von den 17 Personen, mit welchen das Thema explizit angesprochen wurde, sahen 15 einen eindeutigen Kreativitätseffekt durch externe Mitarbeiter im Team.[674] Als Begründung fügt ein externer IT-Berater an eine Meta-Sicht und Best-Practices an:

> „(…) man bringt Beispiele von anderen Kunden mit, man bringt auch einfach nur andere Ideen mit, weil man ständig irgendwelche neuen Dinge sieht, hat man natürlich auch ein bisschen breiteres Blickfeld als jemand, der immer nur auf das Gleiche guckt." (P12, 103:103)

Besonders zwei wesentliche Gründe werden für die Kreativitätseffekte angeführt:

- *Zum einen beruht die Entstehung von Kreativität im Team vor allem auf dem externen Kreativitätspotenzial.* Dies basiert zum einen auf dem *Fachwissen* Externer, d. h. sie sind kreativ *„dadurch, dass sie sich verdammt gut mit dem System auskennen, das sie betreuen"* (P4, 159:159). Zum anderen wird ihre Fähigkeit gesehen, *„wertneutral"* (P7, 167:167), und damit mit einem Außenblick anstelle von Betriebsblindheit die Aufgabenstellung zu reflektieren und eigene Ideen einzubringen.
- *Zum anderen wird Kreativität durch die Kombination von Wissen und Denkweisen und die wechselseitige Stimulation kreativer Prozesse ermöglicht.* Damit attestieren Interviewpartner gemischten Teams nicht nur das Potenzial einer „gegenseitigen Befruchtung" externen Expertenwissens, das mit internem Prozesswissen kombiniert werden kann, sondern auch der Ideengenerierung im Team aufgrund unterschiedlicher Denkmuster und Erfahrungshintergründe. Durch die Arbeit in unterschiedlichsten Arbeits- und Firmenkontexten verfügen Externe damit neben einem breiten Erfahrungsschatz auch über ein erhebliches Maß an flexiblem und unternehmerischem Denken, das sie mit ihrem *„Nichtscheuklappenblick von außen" (P7, INT, 275:275)* unvoreingenommen einbringen können. Externe werden als gewisser *"type of person"* beschrieben, der *„relativ flexibel und interessiert daran"* ist, *„etwas Neues zu machen"* (P8, 189:189) besonders aufgaben- und ergebnisorientiert arbeitet und sich vor allem durch ein *"fresh thinking"* (P10, EXT) auszeichnet. Damit attestieren die Interviewpartner gemischten Teams das Potenzial, *unterschiedliche Denkweisen zu kombinieren:*

---

in meinem Projekt Externe nicht viel bei. Die meisten Anregungen kommen von Internen. (…) Weil die Internen natürlich ihre konkreten Projektaufgabe haben, bei der ihnen diese Software helfen soll, und da kommen mehr neue Ideen als von jemandem, der deren Projektaufgabe von außen sieht (…)" (P3, 285:285).

674 Mit vier Personen wurde das Thema im Rahmen des Gesprächs nicht erörtert.

> „Also auf der einen Seite hast du die Leute, die halt sehr ich sage es mal [Unternehmen]-Denke haben, und auf der anderen Seite hast du die Externen, die mit einem anderen Ansatz, mit einem anderen Verständnis an Dinge herangehen. Ich glaube, das ist immer wichtig. Und ich glaube auch, das ist ein Grund, wieso man teilweise auch Externe holt, weil man einfach über den Tellerrand gucken will und die Sache mal umdrehen und von einer anderen Seite, was man eben, wenn man in seinem Trott drin ist, einfach nicht mehr so tut." (P8, EXT/ Team C, 185:185)

Die Besonderheit externer Mitarbeiter manifestiert sich auch in einer intrinsischen Motivation. Mitarbeiter werden dann vor allem durch die Aufgabe selbst motiviert, da sie als herausfordernd und interessant erlebt wird, und weniger durch externe Anreize wie z. B. Gehalt oder Kontrolle.[675] Der Eindruck aus den Interviews bestätigt damit bestehende Literatur, die Wissensarbeiter durch eine starke intrinsische Motivation und ein hohes Interesse an herausfordernder Arbeit charakterisiert.[676] Da interne und externe Mitarbeiter eng interagieren und relevante Informationen und Wissen austauschen müssen, sind auf diese Weise *kreative Synergien* möglich. Dies nicht nur vor dem Hintergrund der Anwendung gemeinsam entwickelter Tools und Techniken. Synergetische Teamarbeit findet vor allem in informellen Interaktionen statt, die kognitive Denkprozesse fördern[677] oder Situationen unter besonderem Zeitdruck, die das Team veranlassen, auch einmal gewohnte Pfade zu verlassen, sodass *„dass man vielleicht auch mal zu irgendwelchen Mitteln greift, die vielleicht nicht Standard oder nicht üblich sind, oder man hier irgendwie besonders kreativ wird" (P7, 271:271).* Die Möglichkeit der gegenseitigen Befruchtung (P2, 167:167) trägt zu einer offenen, vertrauensvollen Atmosphäre im Team bei, die eine konstruktive Zusammenarbeit erst ermöglicht. Externe Mitarbeiter können so als *Impulse* für neue Denkanstöße im Team geben.[678]

(c) Initiierung wechselseitiger Lernprozesse

Durch das Kennenlernen der jeweils anderen Kontexte und Informationen können wechselseitige Lernprozesse initiiert werden. 12 Interviewpartner bestätigen, dass sie persönlich aus der Zusammenarbeit im gemischten Team lernen

---

675 Vgl. Amabile et al. 1996.

676 Vgl. Swart et al. 2003 sowie die Ausführungen in Abschnitt 1.2.2.1.

677 Vgl. Perry-Smith 2006.

678 *„Es gibt Störungen und Störungen führen zu Überlegungen, zu Ideen. Prozesse werden vielleicht angeschaut, anders gehandhabt. Es tauchen tatsächlich wirklich neue Ideen auf, die einem sonst nicht gekommen wären, dann probiert man etwas aus."* (P2, Team A, 163:163).

können. Vor allem werden Lernvorteile im Bereich Methodik und Verbesserung der Arbeitsabläufe (neun Nennungen), aber auch hinsichtlich Fachwissen (fünf Nennungen) und Prozesswissen (Unternehmensabläufe, vier Nennungen) und Funktionsweise von Teamarbeit (vier Nennungen) gesehen. Dabei können sich die Inhalte von Lernprozessen zwischen internen und externen Mitarbeitern unterscheiden. Ein externer Mitarbeiter fasst die Lernmöglichkeiten Externer bspw. folgendermaßen zusammen:

> "So in such mixed teams with internals and externals, of course externals also get to learn a lot. They learn about the organization setup, they learn about how big organizations are set up in their own way. Not from their own industry, but from a client industry, (...) there are a lot of examples." (P15, 146:146)

Externe lernen entsprechend interne Prozessabläufe, *„firmenspezifisches Wissen“* (P8, 157:157), Ansprechpartner und Hierarchien kennen und damit auch den Umgang mit (teils großen Konzern-) Strukturen, während Interne durch den engen Austausch – teils vor demselben Bildschirm mit ihren externen Kollegen – neuestes Expertenwissen im Hinblick auf Best-Practices, methodische Kniffe und Projektmanagement-Skills erlernen. Eine besondere Stellung nimmt auch ein besseres Verständnis unternehmensinterner Prozesse insgesamt sowie eigener Arbeitsweisen ein. So beschreibt ein Projektleiter den Lernvorteil seiner internen Mitarbeiter insbesondere darin, dass der *„Anwender sieht, dass es Möglichkeiten gibt, seine Arbeitsweise zu verbessern“* (P3, 237:237). Ein externer Mitarbeiter hebt vor allem den Paradigmenwechsel hervor, die Möglichkeit, das Gesamtbild und Zusammenhänge in der Projektarbeit besser zu verstehen:

> "I think, what I realized was I felt I was doing the project, just my small part of it, okay, which would fit into a larger bit but I didn't worry about it. And I had to change my paradigms and say now I have to look at the whole picture, so I can see it. Because I can't just look at my bit." (P11, 195:195)

Auch zwischenmenschliche Aspekte in der Zusammenarbeit können Gegenstand von Lernprozessen sein. Dies kann die Erkenntnis sein, dass es ein persönliches „Learning“ ist, *„Vertrauen zu haben, auch in die Kompetenz der anderen, ganz wichtig“* (P20, 226:226), aber auch die Funktionsweise gemischter Teamarbeit insgesamt.[679] Durch die Präsenz des Externen im Team kann damit

679 „Und wahrscheinlich auch so ein bisschen dieses unterschiedliche Zusammenarbeiten. Also es ist schon interessant, wenn ich jetzt andere Kunden betrachte, wo ich war. Also wirklich jedes Unternehmen tickt da anders, und die Leute agieren unterschiedlich miteinander, und ich glaube, das lernt man viel zwischenmenschliche Sachen.“ (P8, 157:157).

gemäß den Interviewaussagen nicht nur eine neue Perspektive – ein frischer Wind – kennen gelernt werden. In einem weiteren Lernschritt kann der Externe durch seine andere Herangehensweise auch wichtige Impulse für ein Überdenken bisheriger Abläufe und interner Systeme geben. Dabei zeigen einige Interviewaussagen, dass die Teammitglieder zwischen bewusst institutionalisierten Lernprozessen, z. B. durch einen expliziten Aufgabentausch wie in Team F,[680] und einem eher spontanen „Lernen en passant“[681] unterscheiden.

(d) Motivationseffekte

Auch mit Blick auf einen möglichen Ansporn oder Motivationseffekt auf ihre internen Kollegen, der in der quantitativen Teilstudie offensichtlich wurde, wird das Beeinflussungspotenzial externer Mitarbeiter im Team offenkundig – jedoch etwas weniger ausgeprägt als dies bei der Entstehung von Kreativität der Fall war. Von den 13 hierzu befragten Interviewpartnern stimmen sieben einem eindeutigen Motivationseffekt zu, zwei geben keine pauschale Antwort, sondern beurteilen dies eher personenabhängig. Vier Gesprächspartner, darunter drei Projektleiter, hingegen sehen externe Mitarbeiter nicht als Ansporn. Vielmehr hebt einer von ihnen die *demotivierende Wirkung* auf Interne hervor und sieht interne Neid- oder Gerechtigkeitsgedanken als zentrale Begründung:

> „Fakt ist, als Externer Mitarbeiter verdienst du viel Geld. Als Freelancer verdienst du mehr Geld als alle anderen, die um dich rumsitzen. Und ich denke, es ist eher demotivierend, wenn ein interner Mitarbeiter sieht, der kriegt viel mehr Kohle als ich, weil er einfach mal davon ausgeht, das ist einfach so, vom Stundensatz ist der einfach so viel höher als meiner. Der kriegt so viel mehr Kohle als ich, aber schafft dabei nicht mal was. Ich fühle mich ungerecht behandelt oder so. (…) Ich glaube nicht, dass man die Leute dadurch zusätzlich motivieren kann.“ (P16, 127:127)

Im Gegensatz zu dieser Ansicht wird Externen mehrheitlich eine tendenziell motivierende Wirkung auf interne Mitarbeiter zugeschrieben. Externe fungieren

680 Vgl. hierzu die Anmerkung der internen Mitarbeiterin: “Ich denke mal, wenn der externe Mitarbeiter, der hat ja schon in verschiedenen Firmen gearbeitet und bringt ja auch gewisse Kompetenzen mit, von denen man natürlich lernen kann. Deswegen tauschen wir auch unsere Arbeiten manchmal, damit halt jeder vom anderen dann auch was lernen kann” (P17, 211:211).

681 „Da kuckt man sich vielleicht ein paar Methoden ab von einem Externen“ (P16, 125:125). „Ich lerne schon etwas über die [Unternehmen]-Prozesse und wie man die Sache macht. Und man lernt auch was Neues, was die Leute geschickt oder besser machen, jetzt technisch vielleicht gar nicht mal so sehr, aber dann sieht man viel an sich vorbeiziehen und vieles nimmt man sich dann mit“ (P2, 135:135).

teils als *Rollenmodell* und können damit Vorbildcharakter für Interne haben, *„die das toll finden, dass man halt flexibel ist, dass man sich schnell anpassen kann und dass man es gewöhnt ist, auch mit schwierigen Situationen umzugehen“* (P8, 161:161). Darüber hinaus können externe Teammitglieder aufgrund ihres Erfahrungshintergrundes auftauchende Probleme und Aufgaben im Team gezielt analysieren und passgenaue und kosteneffiziente Lösungsalternativen kalkulieren. Auf diese Weise kann ein Ansporn daraus resultieren, dass ein spezifischer Mehrwert bei gleichzeitiger Kosteneinsparung für das Unternehmen aufgezeigt wird.[682]

2.6.3.2.2 Dysfunktionale Diversitätseffekte und Konflikte

Die Ausführungen zeigen, dass mit der diversen Zusammensetzung des Teams verschiedene positive Effekte verbunden sein können. Jedoch können auch diversitätsinduzierte Störfaktoren zum Tragen kommen, die eine konstruktive Zusammenarbeit zwischen Intern und Extern erschweren. Die empirischen Daten vermittelnden Eindruck, dass insbesondere Vorbehalte und Neidaspekte (a) und infolgedessen mikropolitisches Verhalten und Demotivation (b) und die Bildung von Subgruppen (c) eine konstruktive Zusammenarbeit und die Ausschöpfung des Teampotenzials behindern.

(a) Vorbehalte und Neid

Es wurde gezeigt, dass gemischte Teams nicht nur durch unterschiedliche Wissens- und Erfahrungshintergründe ihrer Mitglieder zusammengesetzt sind, sondern dass interne und externe Mitarbeiter sich möglicherweise auch in Bezug auf ihre Mentalität und Denkmuster unterscheiden. Wie ein externer IT-Spezialist sagt:

> “I think one of the things is that, when you are a consultant, you are much more driven because you have to. You are in that culture, you have to deliver every day. (…) as a consultant you have to demonstrate, you have to know that you have actually done something each day that moved on, because you are getting paid for it. (P11, Team D, 220:222)”

Die Selbsteinschätzung von Externen als besonders ergebnis- und leistungsorientiert beeinflusst nicht nur ihr eigenes Verhalten *(“impatience”),* sondern auch die Einstellung ihrer internen Kollegen zu ihrem Einsatz. Ein interner Mitarbeiter eines anderen Teams bestätigte bspw. das typische *“Klischee (.) eines Consultants”* (P7, 95:95) hinsichtlich einer gewissen Arroganz, das er bereits vor dem Projektbeginn im Kopf hatte. Insgesamt stimmen 10 Interviewpartnern der

682 Vgl. hierzu die Aussagen von P6, PL/ Team C (172:172).

Möglichkeit von Vorbehalten zu, zwei können sich dies weniger vorstellen und weitere zwei betonen im Besonderen die Personen- oder Kontextabhängigkeit (z. B. das Unternehmensumfeld).

Wenngleich nicht selbst erlebt, können sich einige interne Mitarbeiter durchaus eine gewisse Grundskepsis gegenüber Externen vorstellen, wenn diese als *Bedrohung* wahrgenommen werden. Als Begründung wird z. B. Angst vor dem Verlust des eigenen Arbeitsplatzes oder des Verantwortungsbereichs genannt. Vor allem für die Situation, wenn viele hochqualifizierte Externe im Unternehmen sind, hat das gefühlte Bedrohungspotenzial erhebliche Auswirkungen auf die konstruktive Zusammenarbeit zwischen Intern und Extern. Als Konsequenz sieht ein externer Interviewpartner z. B. die Bildung von *Subgruppen* innerhalb des Teams:

> „Also ich glaube, wenn man natürlich jetzt mit Internen zusammenarbeitet, die von Vornherein Vorurteile gegen Externe haben, dann ist natürlich sehr viel schneller so eine Gruppe gebildet und solche Fronten aufgebaut, als wenn das alles relativ harmonisch abläuft". (P8, 265:265)

Darüber hinaus sehen die Interviewpartner den Aspekt des *Neids* als bedeutsam an. Dies zeigt sich vor allem im Neid Interner auf die Entlohnung hochqualifizierter externer Mitarbeiter, aber auch Externe schätzen vor allem die unternehmensinternen Personalentwicklungs- und Unterstützungsleistungen wert. In diesem Rahmen spricht bspw. ein interner Mitarbeiter von der Arbeitsplatzsicherheit, die Externe sich wünschen könnten:

> „Aber wir haben z. B. andere Leute die für uns Datenaufbereitung machen, also da merkt man schon ganz deutlich, dass der Arbeitsplatz bei [Unternehmen] sicherer ist als bei einem externen Dienstleister, der doch ein bisschen kleiner ist. Da könnte ich mir durchaus vorstellen, dass da auch Neidgedanken aufkommen." (P4, 260:260)

Externe Projektmitglieder zeigen zwar durchaus Verständnis für das Unverständnis interner Kollegen, *„warum verdient der jetzt den doppelten Tagessatz (...) von dir?"* (P7, 388:388), welches Neid begünstigen kann. Gleichzeitig wird zu bedenken gegeben, dass es sich auch um eine Art *„Schmerzensgeld"* (P12, 79:79) für ein außerordentliches Engagement handele.

(b) Mikropolitisches Verhalten und Demotivation als Konsequenz

Die Wahrnehmung von Konfliktpotenzial aufgrund von Vorbehalten, externen Bedrohungen und Neidgefühlen äußert sich teils konkret in mikropolitischem Verhalten im Team. Wie die Aussagen indizieren kann hierdurch die weitere Zusammenarbeit negativ beeinträchtigt werden, v.a. da die Möglichkeiten für einen wechselseitigen und offenen Informations- und Erfahrungsaustausch erheblich geschmälert werden. So wird bspw. berichtet, dass interne Projektmitarbeiter relevante Informationen filtern und, wie ein externer Mitarbeiter aus früherer Projekterfahrung kennt, Informationen monopolisieren und damit Eintrittsbarrieren für Externe aufbauen. Konkret nennt ein externern Interviewpartner erhebliche *Intransparenz* als direkte Folge dieser Abwehrhaltung:

> "Because the internal guy can create entrance barriers to the external, or more complexity in understanding things that he knows perfect to do the last 10 years." (P13, EXT; 202:202)

Weitere mikropolitische Verhaltensweisen äußern sich unterschiedlich:

- *zum einen in Widerstand und Blockadeverhalten:* Beispiele sind die Nicht-Annahme von Terminen, Liegenlassen von Problemen, Missachtung von Anweisungen oder schlicht die Ablehnung von Ideen, die Teamkollegen einbringen.
- *zum anderen in der Ausübung von Macht:* Beispiele sind die Abwertung anderer Meinungen, psychologischem Druckaufbau (durch Externe), die Isolation Externer und die Bildung von Subgruppen.

In der Folge erhöht sich nicht nur der Abstimmungsaufwand zwischen internen und externen Teammitgliedern insgesamt. Auf der *Leistungs- oder Aufgabenebene* werden teils mehrfache Iterationen notwendig, um Informationsdefizite auszugleichen, so dass sich u.U. erhebliche Verzögerungen im Projektablauf ergeben. Ebenso führen die durch mikropolitisches Verhalten hervorgerufene Informations- und Ressourcendefizite zu Leistungsdefiziten: Diese machen, wie ein Externer betont, nicht nur *„keinen Spaß"*, sondern führe auch zu *„Blindleistung, d. h. man tut was, aber es kommt nichts dabei raus"* (P2, 191:195).

Wie die Interviewaussagen nahe legen, wird damit die *Demotivation* der Teammitglieder zu einem relevanten Diversitätseffekt. Die Interviews lassen vermuten, dass gemischte Teams ihr Potenzial teils deshalb nicht zur Gänze entfalten könnten, weil die externen Teammitglieder ein hohes Maß an *organisationaler Kontrolle* seitens des Unternehmens wahrnehmen. Die Aussagen einiger externer Interviewpartner scheinen diese Tendenz einer gewissen Skepsis Externer gegenüber zu starker hierarchischer Kontrolle[683] zu bestätigen, indem sie die Annahme vertreten, Interne könnten gerade deshalb weniger Vorbehalte hegen, *„weil sie einfach diejenigen sind, die immer die Kontrolle über die Projekte behalten, zumindest aus Projektmanagementsicht"* (P12, 71:71). Gerade die intrinsische Motivation externer Teammitglieder kann jedoch, wie zwei Externe hervorheben, unter einer zu starken Kontrollen seitens des Unternehmens leiden.

---

683 Vgl. hierzu auch die Ausführungen zum Profil des hochqualifizierten externen Mitarbeiters in Abschnitt 1.2.2.2.

(c) Bildung von Subgruppen
Die Möglichkeit der Bildung von Subgruppen als Konsequenz von Vorurteilen und Bedrohungspotenzials wurde im vorangegangenen Abschnitt bereits erwähnt. Auf die explizite Frage *„Könnten Sie sich vorstellen, dass es zu einer Gruppenbildung innerhalb des Projektteams kommen kann?"* sind die Antworten der Interviewpartner gemischt. Jedoch gibt eine Mehrheit von 12 Personen an, dass sie sich eine Bildung von Subgruppen im gemischten Team tendenziell vorstellen kann oder diese bereits selbst erlebt hätte. Lediglich zwei Interviewpartnern erscheint dies auf die explizite Frage nach einer potenziellen Gruppenbildung nicht vorstellbar. Ursachen hierfür werden darin gesehen, dass interne und externe Mitarbeiter *unterschiedliche Interessen* im Team hätten, interne Mitarbeiter z. B. ihre eigenen Karriereziele im Unternehmen verfolgten, während Externe eher den konkreten Projektfokus hätten, um einen guten Eindruck beim Arbeitgeber für Folgeaufträge zu geben. Die Bildung von Teilgruppen scheint auch mit der *Teamgröße* zusammenzuhängen, wie eine externe Mitarbeiterin anmerkt – ohne jedoch explizit auf interne und externe Teilgruppen zu referieren:

> „Also je größer das Team, desto höher ist sicher die Wahrscheinlichkeit, dass sich bestimmte Leute zusammentun und besser verstehen oder an anderen Interessen arbeiten als andere." (P8, 253:253)

Ein Zusammenhang wird auch mit dem *Projekterfolg* hergestellt: Gruppenbildung sei umso wahrscheinlicher, je schwieriger die derzeitige Projektphase sei und je eher der Projekterfolg gefährdet scheine: *„wenn kein Erfolg mehr erreichbar ist (...) und das Ding zu scheitern droht"* würde man außerdem eher versuchen *„gemeinsam irgendwelche Sündenböcke zu suchen"* (P7, 257:251), was die Gruppenbildung noch verstärke. Die Interviews zeigen jedoch auch, dass gerade die besondere Funktion Externer im Team die Bildung von Subgruppen verhindern müsste. Da Externe als Problemlöser im Team seien und entsprechend eine sehr enge Verflechtung zwischen Internen und Externen bestünde, sei eine Gruppenbildung eher ausgeschlossen.[684]

Hinsichtlich einer *Beurteilung der Gruppenbildung* ergibt sich zwischen den Befragten ein differenziertes Bild. Mehrheitlich werden *negative Konsequenzen* für die Qualität der Zusammenarbeit zwischen Intern und Extern gesehen: Nicht nur konkrete Auswirkungen auf der affektiven Ebene (Gefühl der Demotivation,

684 Vgl. die Aussage von P19 auf die Frage zur Möglichkeit von Gruppenbildung: „Bei uns nicht, würde ich sagen. (...) Also, da wir halt so eng verflochten sind mit dem Projekt, hängen wir natürlich mehr mit den Externen herum als mit den Internen. Weil die unsere Probleme ja auch lösen." (P19, 297:297).

Unfairness) werden genannt, sondern auch direkte *Leistungseinbußen* aufgrund mikropolitischer Verhaltensweisen der Teamkollegen.[685]

2.6.3.3 *Führungsherausforderungen*

Über die bereits im Rahmen der kritischen Teamereignisse diskutierten Herausforderungen gemischter Teamarbeit hinaus zeigen sich anhand explizit nachgefragter „Führungsherausforderungen" noch ergänzende Aspekte. Zunächst fällt in den Interviews auf, dass durch den Einsatz Externer im gemischten Team vereinzelt geringere Herausforderungen für die Führung gesehen werden. Nachfolgend werden zuerst die von den Interviewpartnern genannten Begründungen hierfür skizziert, bevor die identifizierten Themen besonderer Führungsherausforderungen vorgestellt werden.

Verknüpfung des Einsatzes Externer im Team mit weniger Herausforderungen
Interessanterweise geben drei Interviewpartner von Unternehmensseite an, dass die Zusammenarbeit mit Externen und ihre Führung teils mit weniger Herausforderungen verbunden sei als dies etwa bei rein intern besetzten Teams der Fall sei.[686] Hierfür werden mehrere Begründungen gesehen. Die Beziehung zum Externen sei eine andere und erleichtere der Projektleitung die Führung: So sieht ein Projektleiter *„dann weniger diese Chef-Mitarbeiter-Beziehung, sondern es ist dann mehr (..) eine kollegiale Beziehung"* (P14, 205:205). Dabei geht er weniger von einer gleichen *„Augenhöhe"* aus, sondern betont:

> „ (...) es geht mehr darum, einfach, dass man bei allem, was man sagt und macht, ist man vorsichtiger bei eigenen Mitarbeitern als bei externen, denke ich, weil man einfach da weniger diese persönliche Komponente drin hat, (...) wo man in den Jahren sozusagen seinen Bonus definiert." (P14, 209:209)

Im Einzelfall verspreche der gesamte Einsatz externer Mitarbeiter einen geringeren Führungsaufwand. Dies liege vor allem daran, dass die Zielsetzungen des Einsatzes von Beginn an klar seien und falls notwendig mit geringem

685 Eine abweichende Meinung bzgl. positiver Effekte von Subgruppen äußert ein externer Mitarbeiter, der Gruppenbildung nicht per se als negativ oder produktivitätshinderlich für ein Team ansieht. Vielmehr erfolge die Bildung aufgrund gegenseitiger Sympathie und führe infolgedessen zu engeren und informelleren Beziehungen der Teammitglieder untereinander und verstärkter Interaktion. Dies fördere die Entwicklung eines gemeinsamen Verständnisses um das Projekt und eines Zugehörigkeitsgefühls (vgl. P18, 419–427).

686 Konkret konstatieren sie eine einfachere Handhabung Externer zwei Projektleiter und ein interner Mitarbeiter.

Aufwand ein „Teamchange“ vorgenommen werden kann, d. h. „*wenn das auf der sozialen Ebene nicht passt, dann wird der (der Externe, Anm.d.V.) ausgetauscht*“ (P6, 244:244). Darüber hinaus sei bei Externen weniger Vorsicht in der Zusammenarbeit notwendig: Interne Mitarbeiter müssten weniger Rücksicht nehmen, und die Führungskraft müsse weniger Konkurrenz zwischen den Teammitgliedern und individuelle, potenziell gefährdete Machtpositionen berücksichtigen.[687] Inwiefern tatsächlich weniger Führungsherausforderungen durch den Einsatz Externer bestehen, hängt jedoch auch davon ab, wie gut oder langjährig die Kenntnis und Verbundenheit zu dem oder den Externen sei.[688]

Verknüpfung des Einsatzes Externer im Team mit mehr Herausforderungen
Dass die Führung gemischter Teams durchaus mit besonderen Herausforderungen verknüpft ist, konstatieren alle 21 Interviewpartner. Themen der Führungsherausforderungen beziehen sich sowohl auf die besondere Persönlichkeit und Rolle der Führungskraft als auch auf speziell aufgabenorientierte Projektmanagementthemen wie z. B. die Budgetverhandlungen mit externen Mitarbeitern und beziehungsorientierte Themen auf der Teamebene wie z. B. die Reduzierung von Gruppenbildung.

Die Herausforderungen der Führung intern-extern gemischter Teams lassen sich anhand der Interviewaussagen für eine bessere Übersichtlichkeit grob in zweifacher Hinsicht gliedern: Einerseits nach eher *aufgaben- oder eher beziehungsorientierten Themen* (Ebene des *Inhalts*) und andererseits nach der *Betrachtungsebene* (Ebene der *Personen*). Die sich ergebende Matrix ist in Abbildung 28 dargestellt. Hier sind die wesentlichen Beispiele der explizit genannten Herausforderungen aus den Interviews eingeordnet. Gleichwohl zeigen die nachfolgenden Ausführungen, dass Aufgaben- und Beziehungsbezug nicht überschneidungsfrei sind, sondern – wie die Zitate zeigen werden – insgesamt auf die Zusammenarbeit im Team wirken.

687 „Das ist so der große Vorteil. Und ich glaube, dass der Vorteil von, was so Konkurrenz, Macht, etc. angeht, mit Externen generell ein Vorteil ist gegenüber internen Teams.“ (P20, INT/ Team G, 290:290).

688 „Jetzt in diesem Fall mit dieser Firma ist es einfacher. Die sind relativ eng, würde ich sagen, verbunden miteinander, die kennen sich alle schon relativ lange selbst. Das macht einen großen Unterschied.“ (P14, PL/ Team E, 109:109).

Abbildung 28: Darstellung wesentlicher Führungsherausforderungen nach inhaltlicher und personenbezogener Ebene

	Bezug zur Aufgabenebene	**Bezug zur Beziehungsebene**
Externer Mitarbeiter	- Eigenziele - Beurteilung - Budgetverhandlung - Auswahl	- Aufbau Vertrauensverhältnis
Interner Mitarbeiter	- Arbeitsbelastung	- Neid
Team	- Zielidentifikation - Management gegenseitiger Erwartungen - Koordination unterschiedlicher Verfügbarkeiten	- Teamintegration - Sicherstellung gegenseitiger Akzeptanz - Reduzierung von Gruppenbildung
Projektleitung	Führungskraft als „Boundary-Manager“	

(Quelle: Eigene Darstellung)

Nachfolgend werden die identifizierten Themen jeweils nach ihrem Bezug zur Personenebene dargestellt, zuerst nach ihrem individuellen Bezug zu externen und internen Mitarbeitern, dann hinsichtlich der Teamebene und abschließend hinsichtlich der Person und Rolle der Projektleitung.

- Zu den Herausforderungen im Zusammenhang mit dem *hochqualifizierten externen Mitarbeiter* zählen zunächst eher aufgabenorientierte, koordinative und „projektmanagementorientierte“ Aspekte wie Budgetverhandlungen (1 Nennung) und vor allem *Auswahlprozesse* zu Beginn der Projektarbeit (5 Nennungen). So konstatiert ein Projektleiter, *„diese Person zu finden ist ein Key Successfactor“* und spricht damit zum einen *„die Gaps zwischen Curriculum und Realität“* (P9, Team D, 55:55) und zum anderen das Commitment von Seiten des Externen und ggf. seines Dienstleistungsunternehmens[689] an. Gerade die Komponente der notwendigen Sozialkompetenz müsse in diesem Rahmen zwingend sichergestellt werden.[690] Die Schwierigkeit der *Beurteilungsmöglichkeit* der tatsächlichen Leistung Externer durch die Projektleitung greift ein externer Mitarbeiter auf (1 Nennung). Er spricht von *„Lösungen, die üblicherweise so fortschrittlich sind, dass sie in keiner internen IT (.) auch nur*

689 Vgl. die Aussage von P9, 51:51.

690 Vgl. die Aussage von P6, 240:240 zur Relevanz von Sozialkompetenz Externer.

in der Evaluation eine Rolle gespielt haben" und gibt zu bedenken, *„dass es in Deutschland (...) nur eine Hand voll Leute (gibt), die überhaupt die Qualität unserer Arbeit in Bezug auf Cloud Computing einschätzen kann*" (P21, Team G, 327:327). Dagegen stellt ein Projektleiter eines Automobilteams fest: *„Fachlich denke ich kann ich es einigermaßen beurteilen*" (P3, PL/Team B, 317:317). Mit den *Eigenzielen* spricht ein Proband in leitender Funktion auf die eigenen Zielvorstellungen und Prioritäten an, die Externe mit ihren Einsätzen verfolgen.[691] Gerade vor dem Hintergrund dieser besonderen Konstellation bzw. Rolle des Externen als Mitarbeitender und Auftragnehmer gleichermaßen und der damit verbundenen finanziellen Aspekte der Beziehung wird auch der *Aufbau eines Vertrauensverhältnisses* (2 Nennungen) angesprochen:

> „Wir sind Auftraggeber, ihr seid Auftragnehmer. Und da auch ein Vertrauensverhältnis hinzukriegen, dass man eben nicht über den Tisch gezogen wird, dass man die aber auch nicht über den Tisch zieht, das finde ich auch relativ wichtig. Die müssen ja auch glücklich sein mit dem, was sie davon haben und so. Wenn wir nicht so eng vorher zusammengearbeitet hätten, wäre das eine Aufbauarbeit, die wäre sehr viel aufwendiger gewesen." (P19, Team G, 313:313)

- Im konkreten Zusammenhang mit *internen Mitarbeitern* wird zum einen ihre besondere *Arbeitsbelastung* als zu bewältigende Aufgabe für die Führung erwähnt. Dies wird im Zusammenhang mit der Koordination zeitlicher Verfügbarkeit und *„other priorities*" (P10, INT/ Team D, 163:163) interner Ressourcen gesehen. Zum anderen wird explizit von internen wie externen Teammitgliedern (2 Nennungen) der Aspekt des *Neides* interner Kollegen angesprochen. Aufgrund der teilweisen Intransparenz über den Einsatz Externer sei es für eine interne Mitarbeiterin *„natürlich schwierig, zu sagen: Okay, warum verdient der jetzt den doppelten Tagessatz (..) von dir*" (P7, 388:388), sodass ein externer Mitarbeiter die Sensibilisierung ihrer internen Kollegen als wichtig erachtet, *„dass ich gar nicht so teuer bin, und dass man erst mal vielleicht eigene Kosten kennen muss, um so was zu sagen.*" (P18, 375:375).
- Unter Beachtung dieser separat skizzierten Themenfelder besonderer Führungsherausforderungen gelingt der Übergang von der individuellen Ebene zur *Teamebene*, in welche o.g. Aspekte gemäß der Interviews hineinspielen. Zu den eher koordinativen und aufgabenorientierten Themen des Projektmanagements lassen sich insbesondere die Gewährleistung einer gemeinsamen

691 „Der Nachteil ist halt, dass man nicht unter Kontrolle hat, ist, dass diese Mitarbeiter selbst halt dann Ziele haben und selbst wechseln oder relativ schnell auch nicht mehr verfügbar sein können." (P14, PL/ Team E, 157:157).

Zielidentifikation für das Team (3 Nennungen) und die *Koordination ggf. unterschiedlicher zeitlicher Verfügbarkeiten* interner und externer Teammitglieder (5 Nennungen) hinzufügen. So betont ein interner Mitarbeiter:

„Also gerade von Seiten der Externen auch, dass man einfach das Gefühl hat, zumindest mehr Ansprechpartner zu haben und nicht nur einen einzigen Ansprechpartner, der, wenn er gerade im Urlaub ist oder nicht verfügbar ist oder gerade mit einem anderen Problem kämpft, also, es dann nicht vorwärts geht." (P4, Team B, 444:444)

Auch die Koordination der internen und externen Ressourcen, die teils aus der Distanz erfolgen muss wie bspw. in Team D steht in diesem Zusammenhang. Ebenfalls nennen 4 Interviewpartner das *Management von Erwartungen* als besondere Herausforderung für die Führungskraft: Denn im Gegensatz zur Führung eigener Mitarbeiter, *„aus der eigenen Firma, und die halt schon relativ eingespielt sind oder halt ähnliche Erwartungen haben, wissen, wie so etwas abläuft"* sei es durch die Hinzuziehung Externer, *„die ganz anders mentalitätsmäßig ausgeprägt sind, andere Erwartungen haben"* schwieriger für die Führungskraft zu gewährleisten, *„dass du weißt, was sie von dir erwarten, was sie vom Projekt erwarten"* (P8, EXT/ Team C, 293:293).

Mit Bezug zur Teamebene stehen ebenfalls Aspekte im Vordergrund, welche die Zusammengehörigkeit, die positive Atmosphäre im Team und Passung der Teammitglieder – kurzum: die *Integration der internen und externen Teammitglieder zu einem leistungsfähigen Teams* umfassen. Die Herausforderung dieser als *„Teamintegration"* kodierten Thematik (3 Nennungen) fasst der Projektleiter in Team A prägnant zusammen: *„Die Leute zusammenbringen, schauen, dass diese Leute anständig zusammen arbeiten"* (P1, 259:259). Die besondere Aufgabe der Projektleitung umfasst insbesondere, *„das Team zu integrieren und mit allen möglichen Nuancen, die da auftreten"* (P18, 587:587), Individualitäten zu einem Team zu formen und dabei *„jede Partei zufriedenzustellen"* (P18, 539:539). Eine besondere Führungsherausforderung wird in diesem Rahmen in dem Thema der *Gewährleistung einer kooperativen Zusammenarbeit* gesehen: Hierunter lassen sich vor allem kohäsionsbezogene Aspekte wie die Reduzierung von Gruppenbildung (4 Nennungen – interessanterweise 3 INT und 1 EXT), die Akzeptanz Externer (2 Nennungen) anstatt ihrer Ausgrenzung subsumieren, die in den Interviews einen zentralen Stellenwert einnehmen. Eng damit verknüpft ist die *gleiche und faire Behandlung* interner wie externer Teammitglieder zu sehen (1 Nennung): Entsprechend sieht die Projektleitung in Team F die essenzielle Herausforderung darin, *„dass man sie (Interne und Externe, Anm.d.V.) nicht unterschiedlich behandelt. (...), dass sich dann keiner benachteiligt vorkommt."*

- Schließlich wird eine wesentliche Herausforderung für die *Person und Rolle der Führungskraft* von gemischten Teams gesehen. Als schwierig und besonders herausfordernd wird die *persönliche Leistungsfähigkeit* der Führungsperson resp. der Projektleitung skizziert (4 Nennungen): Hierzu werden ein *„besonderes Fingerspitzengefühl"* und *„Menschenkenntnis"* genannt, die vor allem mit der genannten schwierigen Beurteilungsmöglichkeit Externer und der Notwendigkeit der Integration unterschiedlicher organisationaler Zugehörigkeiten im Zusammenhang stehen; ebenso die persönliche Autorität und auch (örtliche) Präsenz der Projektleitung. Im Besonderen wird schließlich die *spezifische Rolle* der Projektleitung als herausfordernd betrachtet, die u. a. als „Schnittstellenfunktion", „Zwickmühle" oder „Spagat" tituliert wird (6 Nennungen). In der Abbildung ist dies als Funktion eines *„Boundary-Managers"* überführt worden. Teilweise sprechen die befragten Führungskräfte von ihrer spezifischen Schnittstelle – zwischen Team und umgebenden Managementhierarchien, Unternehmen, Kunden(anforderungen) und somit ihrer Rolle als teils *„zwischen den Stühlen"*, da sie unterschiedlichen Anforderungen gerecht werden müssen. Ein Projektleiter spricht konkret von der notwendigen Balance:

  > „Sie haben auf der einen Seite ein Projekt, wo sie einen gewissen Scope haben, oder auch ein bestimmtes Budget, und Sie müssen das Projektteam verteidigen, auf der anderen Seite arbeite ich natürlich für [Unternehmen] und will für [Unternehmen] das bestmögliche Ergebnis rausholen. Das beißt sich manchmal." (P6, PL, 136:136)

  Diese Balance betrifft auch das *Management von Konflikten* (3 Nennungen), was z. B. auch das notwendige Ausbalancieren von Wettbewerb im Team bedeuten kann.[692] Die Projektleitung wird damit sowohl in der Funktion als Schnittstelle und Vermittler zwischen den Interessen interner und externer Mitglieder innerhalb des Teams als auch in der Funktion der Handhabung der Verbindungen des Teams zu dem umgebenden Kontext und zur Verteidigung des Teams nach außen gesehen.

Die vorstehenden Ausführungen zeigen Grundmuster unterschiedlicher Herausforderungen für die Führung intern-extern gemischter Teams. Gleichwohl konnte zu Beginn dieses Abschnitts vereinzelte, potenziell „erleichternde" Effekte externer Mitarbeiter auf die jeweilige Projektleitung skizziert werden. Im Zuge

692 „Es gibt praktisch so ein kleinen Hahnenkampf, nach dem Motto: Wer ist jetzt hier der Schönste, Tollste, Beste und wer kriegt den größten Teil vom Kuchen? Ich denke, das ist eine der Herausforderungen, die man als Projektmanager in [Projektleitung]-Rolle hat, diese Dinge unter Kontrolle zu halten." (P12, EXT/ Team D, 35:35).

der Datenauswertung ergab sich darüber hinaus die Thematik einer *notwendigen Führung externer Mitarbeiter.* Auf diese Weise wird schließlich eine neue Facette der Führung gemischter Teams skizziert – die Frage, inwiefern eine Führung externer Mitarbeiter im Team überhaupt notwendig sei. So beschreibt ein Projektleiter, dass Externe im Grunde genommen *nicht geführt* werden müssten: „*Sie müssen nicht die Externen managen, das machen nur ganz wenige Personen, die Projektleiter oder die Führungskräfte (...)*" (P9, Team D, 168:168). Vielmehr läge die Verantwortung und Herausforderung für die Projektleitung „*beim Lancieren des Projektes (...), da kann ich nämlich feststellen, ob der zeitliche Rahmen zum Beispiel vernünftig gelebt ist*" sowie später bei „*ein- oder zweiwöchentlichen Meetings*" (P18, EXT/ Team F, 459:459). Insofern scheint dies auch mit der Sichtweise des externen Mitarbeiters in Team G übereinzustimmen, der als „*wichtigste Herausforderung*" betrachtet, „*neugierige und engagierte und glückliche Menschen in so einem Team zu haben, die sich auch selbst als Team führen*" (P21, 363:363).

2.7 Limitationen

Mit den vorangegangenen Ausführungen der quantitativen und qualitativen Teilstudie konnten interessante Erkenntnisse zur Zusammenarbeit in und Führung von gemischten Teams generiert werden. Bevor diese im nachfolgenden Kapitel einer Diskussion unterzogen und Implikationen für Wissenschaft und Praxis daraus abgeleitet werden können, müssen diese Ergebnisse aufgrund methodischer wie inhaltlicher Limitationen kritisch reflektiert werden. Insbesondere sind hinsichtlich der (a) *Datenerhebung und Generierung der Stichprobe* sowie mit Blick auf die (b) *Datenauswertung* Einschränkungen zu berücksichtigen.

(a) Datenerhebung und Generierung der Stichprobe

- Im Hinblick auf die Datenerhebung sind erstens potenzielle Verzerrungen durch die *Akquise und Auswahl* der Studienteilnehmer denkbar. Hierzu war sowohl auf öffentliche Kanäle wie persönliche Kontakte und dem damit verknüpften Schneeballprinzip zurückgegriffen worden. Damit sind nicht nur Aussagen hinsichtlich der *Rücklaufquote* der quantitativen Erhebung eingeschränkt möglich. Auch beinhaltet der Vorteil einer *Selbstselektion* potenziell interessierter Teilnehmer aus unterschiedlichen (Unternehmens-)Kontexten und die Nutzung des *Schneeballprinzips* gleichermaßen Nachteile: So kann die tatsächliche „inhaltliche Passung" von Zweit- oder Drittkontakten nicht beurteilt werden; ebenso ist auch eine zu enge Eingrenzung des Teilnehmerkreises denkbar. Daher wäre es bspw. in der quantitativen Studie wünschenswert gewesen, einen größeren Kreis von Mitgliedern und Verantwortlichen hoch interaktiver Teams zu generieren – tatsächlich lag der geschätzte Anteil gemeinsamer Aufgabenbearbeitung in der Mehrheit bei 20 bis 40%.[693] Inwiefern bspw. tendenziell autonomer arbeitende externe Spezialisten (z. B. reine Programmierer o.ä.) antworteten, kann nicht beurteilt werden. Darüber hinaus ist die tatsächlich realisierte Stichprobe kritisch zu reflektieren, die durchaus zum Vorwurf mangelnder Generalisierbarkeit der Ergebnisse berechtigt. Hierzu zählen erstens die *Stichprobengrößen.* Aufgrund der relativ kleinen quantitativen Stichprobe von N = 131 Personen und davon lediglich 31 internen Mitarbeiter sind die identifizierten Einflussfaktoren und indizierten Ergebnisse zu denkbaren Vorbehalten insofern als *Hinweise* und *Tendenzen* zu verstehen und zu interpretieren. Dies war bereits in der Vorstellung der Untersuchungsziele (2.1) berücksichtigt worden.[694] Entsprechend bedeutet die mangelnde Repräsentativität gerade auch der Interviewstudie mit sieben Teams bzw. 21 Interviewpartnern im Hinblick auf die intendierte explorative Untersuchung keinen Widerspruch zur Nutzung der vorliegend generierten Erkenntnisse. Jedoch muss die *Übertragbarkeit* auf andere Kontexte kritisch betrachtet werden. Die hier gewonnenen Ergebnisse können insofern *Pilotcharakter* für zukünftige empirische Forschungsanstrengungen haben.

- Zweitens stellt die Zusammensetzung und insbesondere die *Heterogenität der Stichprobe (insbesondere der Externen)* eine wichtige Limitation dar. Externe Studienteilnehmer waren sowohl im Bereich der Angestelltentätigkeit in IT-Beratungen als auch freiberuflich tätig. Diese Vorgehensweise ist insofern als sinnvoll zu beurteilen, als es für Unternehmen, die Externe in gemischten Teams einsetzen, und die jeweilig am Projekt beteiligten Führungskräfte als zentral erachtet wurde, dass ein Teammitglied unternehmens*extern* ist. Daher wurde zugunsten der Betrachtung der Interaktionsperspektive und der Generierung einer größeren Stichprobe bewusst ein breiteres Spektrum an hochqualifizierten externen Mitarbeitern in die Betrachtung einbezogen. Die wesentlichen Charakteristika der Externalität, Professionalität und einiger besonderer Persönlichkeitsmerkmale wurde für Externe als tendenziell gegeben angenommen.[695] Trotzdem muss konstatiert werden, dass hochqualifizierte externe Mitarbeiter im Grunde genommen *keine in sich homogene*

693 Vgl. Abschnitt 2.4.2.1.

694 Für diese Studie war Untersuchungsziel, Hinweise auf zentrale Themen (Online-Befragung) zu generieren und eine differenziertere Betrachtung des Phänomens zu ermöglichen (Interviewstudie).

695 Vgl. Abschnitt 1.2.2.

Gruppe darstellen.[696] Insbesondere für Freelancer können die skizzierten Besonderheiten als tendenziell stärker ausgeprägt angenommen werden.[697] Daher sollten zukünftige Studien diesbezüglich exakter zwischen einzelnen externen Mitarbeitern unterscheiden.

- Drittens ist die intendierte Multiperspektivität und die *Annahme der Probanden als prototypische Vertreter ihrer Befragtengruppen* kritisch zu hinterfragen. Die Zielsetzungen dieser Arbeit waren auf eine möglichst ganzheitliche Betrachtung des Phänomens intern-extern gemischter Projektteams gerichtet. Daher sollte die Methodik der Datenerhebung den unterschiedlichen Perspektiven der „Betroffenen" in intern-extern gemischten Projektteams Rechnung tragen. Fraglich bleibt, inwiefern die Teilnehmer beider Teilstudien aus den drei Gruppen tatsächlich als „prototypisch" gesehen werden können. Wünschenswert wäre daher mit Blick auf die Interviewstudie eine Vollerhebung gewesen, mit Hilfe derer ein differenzierteres Bild über die einzelnen Teams und die Zusammenfassung der Ergebnisse auf aggregierter Teamebene einfacher möglich gewesen wären. Sog. *„key-informant bias"* als Verzerrungen durch Befragung von lediglich einzelnen Teammitgliedern ist möglich, die z. B. zu Selbstdarstellungseffekten führen können.[698]
- Schließlich besteht eine vierte Limitation in der *mangelnden Repräsentativität* der empirischen Ergebnisse. Softwareentwicklungs-Teams waren als besonders „typischer" Fall intern-extern gemischter Projektarbeit ausgemacht worden, da ja gerade bei dieser Aufgabenstellung die für diese Arbeit wichtige interaktive Zusammenarbeit zentraler Bestandteil der Problemlösung ist. So ist vorstellbar, dass Externe vor allem als Freelancer z. B. auch im Medienbereich sehr eng mit intern Beschäftigten zusammenarbeiten.[699] Insofern wäre eine Ausweitung des Gegenstandes „hochqualifizierte externe Professionals" auf weitere Bereiche, Projekte und Branchen sinnvoll. Weitere Forschungsbemühungen dürften in anderen Feldern als der IT und

---

696 Vgl. hierzu beispielhaft das Review von de Cuyper et al. 2008 oder Kalleberg 2000.

697 Vgl. hierzu auch die Ausführungen in Abschnit 1.2.2.1. Eine häufig untersuchte Differenz wird bspw. hinsichtlich Commitment angenommen (vgl. z. B. Felfe et al. 2008 oder für Commitment speziell von IT-Freelancern Süß 2006 bzw. Süß 2008 zusätzlich für arbeitsbezogene Erwartungen). Bei externen Mitarbeitern, die bei einem Dienstleister angestellt sind, ist hier z. B. zu erwarten, dass sie sowohl ihrem Arbeitgeber als auch ihren Kunden gegenüber Formen von Commitment empfinden, was sich in ihrem im Team gezeigten Verhalten niederschlagen dürfte.

698 Vgl. Hurrle/ Kieser 2005, S. 560.

699 Vgl. hierzu auch Team G.

Softwareentwicklung Aufschluss über ähnliche oder differierende Mechanismen geben.

(b) Datenauswertung

- Erstens sind methodische Einschränkungen aufgrund des *qualitativen Vorgehens* anzumerken. Insbesondere ist in diesem Rahmen die Nutzung der CIT zu nennen. Diese Methode, ebenso wie die gesamten qualitativen Antworten der Interviews, lieferte detaillierte Informationen aus der individuellen Erfahrungs- und Relevanzperspektive der betroffenen Akteure im Team. Hieraus ließen sich Hinweise zu konkreten Handlungsempfehlungen ableiten. Gleichwohl ist das besondere Problemfeld der per *se retrospektiven Form der Datenerhebung*[700] zu berücksichtigen. Die zeitliche Distanz zwischen tatsächlich erlebten und wiedergegebenen Situationen und Erfahrungen wirft Fragen nach einer „richtigen Rekonstruktion" und potenziellen Interpretationsfehlern auf.[701] Besonders offensichtlich wird die skizzierte Schwierigkeit bei der Thematik der *Erwartungen*, die hier ex post erfolgte, aber sinnvoller Weise zukünftig a priori, d. h. vor tatsächlichem Beginn einer gemischten Zusammenarbeit, erhoben werden sollte.
- Zweitens muss in enger Verknüpfung zur Methode der CIT auf die grundsätzliche *Schwierigkeit der Interpretation* v.a. qualitativer Ergebnisse hingewiesen werden. Der Vorteil der qualitativen Inhaltsanalyse war gerade im regelgeleiteten, systematischen Vorgehen gesehen worden, das auch für die große Materialmenge der vorliegenden Interviewstudie einsetzbar war. Mayring selbst weist darauf hin, dass in Fällen, wenn diese Systematik von Gegenstand oder Fragestellung weniger angemessen scheine (z. B. bei stärker explorativen Untersuchungen), andere Verfahren zu wählen seien. Insbesondere solle auf eine nicht zu starre und unflexible Anwendung geachtet werden.[702] Genau dies wurde im Rahmen der Interviewstudie der vorliegenden Arbeit umgesetzt, indem ein individuell zugeschnittenes Ablaufschema auf den vorliegenden Untersuchungsgegenstand angewendet wurde. Die Nachvollziehbarkeit des Vorgehens konnte durch eine detaillierte Dokumentation erleichtert werden.[703] Nichtsdestotrotz

---

700 Vgl. Layes 2000, S. 131f.; Gremler 2004, S. 67 sowie Abschnitt 2.5.2. Für eine ausführliche Erläuterung der Vor- und Nachteile dieser Methodik sei an dieser Stelle bspw. auf Gremler 2004 verwiesen.

701 Vgl. hierzu auch Nisbett/ Wilson 1977 und Gabbott/ Hogg 1996.

702 Vgl. Mayring 2010, S. 124.

703 Vgl. Abschnitt 2.5.4 sowie im Anhang A.14.

bleibt die Interpretation der qualitativen Ergebnisse letztendlich der *Subjektivität* des Forschenden überlassen.

- Drittens und abschließend stellt sich die Frage nach der *Validität der Antworten.* Relevante Fehlerquellen finden sich in der Selbsteinschätzung der Probanden. Zwar waren gerade die *subjektiven Einschätzungen* der Teilnehmer beabsichtigt. Jedoch dürfte bei der Bewertung der Ergebnisse eine gewisse Skepsis hinsichtlich einer hinlänglich korrekten *Selbstwahrnehmung* berücksichtigt werden. Da mit individuellen Persönlichkeitsmerkmalen und Leistungspotenzialen, aber auch gerade negativen Erfahrungen und mikropolitischem Verhalten „sensible" Themen Inhalt der Studien waren, darf die *Gefahr sozial erwünschter Antworten* nicht außer Acht gelassen werden.[704] Obwohl zur Entschärfung auf eine möglichst objektive, einfache Fragenformulierung, v.a. in den Interviews, geachtet wurde, können hieraus Verzerrungseffekte erwachsen. Gerade im vorliegenden Kontext sind Verzerrungen durch ein *besonders offenes Antwortverhalten externer Mitarbeiter* denkbar. In den Interviewsituationen vermittelten insbesondere Externe den Eindruck spezifischen Interesses an der Thematik und „Offenheit" im Gespräch. Dieser Eindruck bestätigte sich im Zuge der Datenauswertung bspw. in den gerade externen Spezialisten attestierten Kommunikationsfähigkeiten. Möglicherweise fiel es ihnen leicht(er), über konkrete und persönliche Erlebnisse, aber auch über ihre Rolle und bestimmte Sachverhalte zu reflektieren, weil sie es aus ihrem Erfahrungshintergrund eher gewohnt sind als interne Mitarbeiter.

704 Vgl. Diekmann 2005, S. 448 oder Bühner 2006, S. 56f.

3. Diskussion der Ergebnisse und Implikationen

Aufbauend auf dem konzeptionell erörterten Denkrahmen (Teil I) wurde im vorangegangenen Teil II dieser Arbeit eine empirische Untersuchung zum Phänomen intern-extern gemischter Projektteams vorgestellt. Mit Hilfe eines zweistufigen Forschungsdesigns wurden anhand von zwei Teilstudien relevante Einflussfaktoren, Zusammenhänge und Herausforderungen der Zusammenarbeit intern-extern gemischter Teams empirisch konkretisiert. Eine Interpretation der bislang separat vorgestellten Ergebnisse erfolgte noch nicht. Entsprechend liegt der Fokus in diesem dritten Kapitel darauf, die gewonnenen empirischen Ergebnisse der zwei Teilstudien zusammenzuführen und vor dem Hintergrund der theoretischen Grundlegung kritisch zu reflektieren. Die Diskussion erfolgt unter Einbezug der Forschungsfragen und der bereits skizzierten Limitationen der Erhebung.

Zunächst werden die zentralen Ergebnisse der empirischen Untersuchung rekapituliert und diskutiert (3.1). Dies erfolgt unter Rückbezug auf die drei Forschungsfragen dieser Arbeit, welche diesem Kapitel die grundlegende Struktur geben. Die Interpretation der Ergebnisse beruht zum einen auf der theoretisch-konzeptionellen Grundlegung, an welche die vorliegenden Erkenntnisse anknüpfen sollen. Zum anderen werden die Interviews herangezogen, um die gewonnenen Erkenntnisse mit individuellen Erfahrungen und Deutungsmustern als Erklärungsbeiträgen anzureichern. Hierdurch kann das Verständnis für skizzierte Ergebnisse und Zusammenhänge zwischen den Teilergebnissen erleichtert werden.

Dieses Kapitel bildet die Grundlage für die anschließend zu treffenden Ableitungen von Implikationen für Praxis und Wissenschaft. In diesem Rahmen werden zunächst Schlussfolgerungen für eine effektive Führung gemischter Projektteams in der Praxis entwickelt (3.2). Auf Basis des konzeptionellen Denkrahmens und der empirischen Erkenntnisse kann die Steuerung des Spannungsfeldes funktionaler und dysfunktionaler Diversitätseffekte vor dem spezifischen Kontext als zentrale Herausforderung für die Führung vorgestellt werden. Anhand zweier wesentlicher Stellhebel lassen sich daran anschließend konkrete Lösungsansätze entwickeln. Hierbei werden insbesondere einzelne Zitate und Best-Practices der Interviewpartner die Diskussion anreichern, um einen konkreten Praxisbezug und tatsächlich als wirksam einzuschätzende Maßnahmen vorstellen und für den vorliegenden Kontext präsentieren zu können. Anschließend werden die

Erkenntnisse der vorliegenden Arbeit auf ihren wissenschaftlichen Beitrag zur aktuellen Diskussion der Forschung um Teamdiversität und Teamführung vor dem Kontext der neuen Beschäftigungsformen beleuchtet (3.3).

Abbildung 29 visualisiert die Struktur dieses dritten Teils der Arbeit.

Abbildung 29: Übersicht über Teil 3 dieser Arbeit

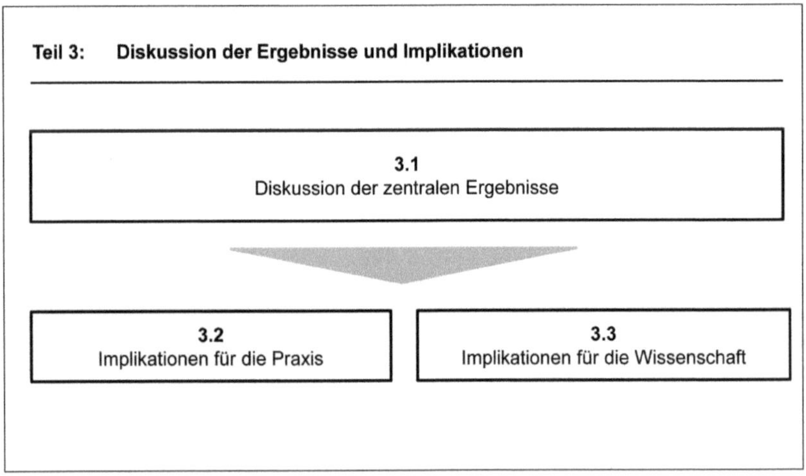

3.1 Diskussion der zentralen Ergebnisse

Im Mittelpunkt dieses Kapitels stehen die Zusammenführung der Ergebnisse der zwei empirischen Teilstudien und die Diskussion der zentralen Erkenntnisse. Im Besonderen wird dies mit Rückbezug zu den drei wesentlichen Forschungsfragen dieser Arbeit erfolgen, d. h. den wesentlichen Parametern intern-extern gemischter Zusammenarbeit, funktionalen und dysfunktionalen Effekte sowie Führungsherausforderungen. Im Rahmen der Vorstellung der Teilergebnisse konnten verschiedene Einzelaspekte, unterschiedliche Effekte und vor allem bei den offenen Fragen ein breites Spektrum relevanter Aspekte bereits präsentiert werden – von wahrgenommenen Vor- und Nachteilen des Einsatzes Externer im Unternehmen, spezifischen Einflussfaktoren auf eine funktionierende Zusammenarbeit und mögliche Handlungsfelder für die Führungskräfte sowie konkrete Teaminteraktionen. Um die bislang separat vorgestellten Studienergebnisse zu einem ganzheitlichen Verständnis intern-extern gemischter Teamarbeit integrieren zu können, gilt es insbesondere, die *zentralen Linien* und die aufgezeigten Tendenzen zu rekapitulieren, um dadurch mit Hilfe der qualitativen Daten und aufgearbeiteter Literatur Erklärungsbeiträge auch für die teils widersprüchlichen Ergebnisse zu liefern.

In der Zusammentragung der zentralen Ergebnisse kann nachstehende Gesamtmodellierung der Zusammenarbeit in und Führung von intern-extern gemischten Projektteams entwickelt werden. Aufbauend auf dem in der theoretischen Grundlegung entwickelten Denkrahmen (1.4) können mit Bezug zu den drei Forschungsfragen drei inhaltliche Ebenen differenziert werden. Diese bilden den Ausgangspunkt für die nachfolgende Diskussion der Ergebnisse und definiert gleichermaßen die Struktur dieses Kapitels (vgl. Abbildung 30).

Abbildung 30: Gesamtmodellierung der Zusammenarbeit in und Führung von intern-extern gemischten Projektteams

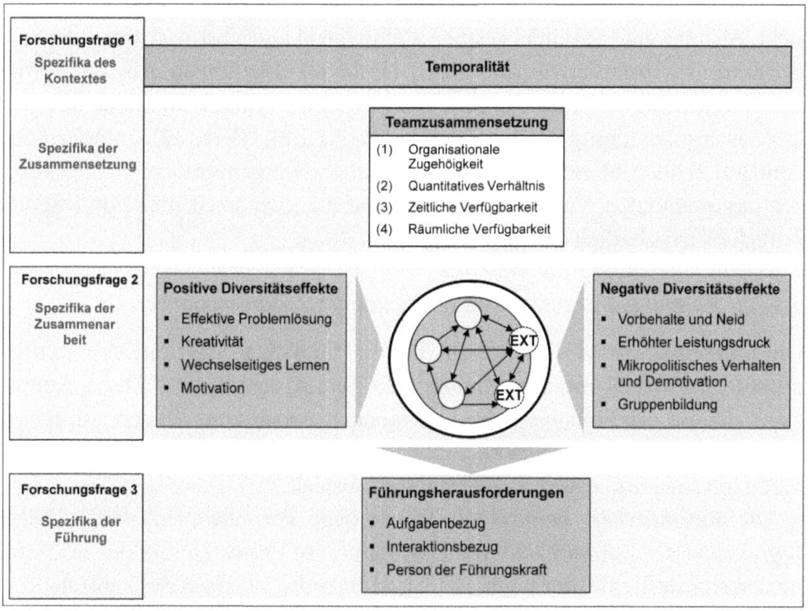

(Quelle: Eigene Darstellung)

Zunächst stehen hinsichtlich der Beantwortung der Forschungsfrage 1 die Besonderheiten und zentralen Parameter der Zusammenarbeit in gemischten Teams im Vordergrund (3.1.1). In diesem Rahmen wird auf die Besonderheiten aufgrund des Kontextes, in dem die Zusammenarbeit stattfindet, sowie der Teamzusammensetzung eingegangen. Mit Blick auf Forschungsfrage 2 kann anschließend das Spannungsfeld funktionaler und dysfunktionaler Diversitätseffekte als

Spezifikum der Zusammenarbeit gemischter Teams vorgestellt werden (3.1.2). Hieraus können spezifische Führungsherausforderungen (Forschungsfrage 3) abgeleitet werden (3.1.3). Hierbei wird sowohl auf die verschiedenen Ebenen der Führung wie auch inhaltliche Schwerpunkte fokussiert.

3.1.1 Besonderheiten und zentrale Parameter der Zusammenarbeit in gemischten Teams

Betrachtet man zunächst die Ergebnisse zur Zusammensetzung intern-extern gemischter Projektteams und speziell die relevanten Aspekte für die Zusammenarbeit, wird die Erkenntnis gewonnen, dass es *das einheitliche* Projektteam nicht gibt. Vielmehr ist die Zusammenarbeit durch Vielfalt und Komplexität gekennzeichnet, die schließlich auch die Führung vor besondere Herausforderungen stellt. Als relevante Spezifika können nachfolgend zunächst *relevante Parameter des Kontextes* diskutiert werden (3.1.1.1), die als situationsspezifisches Setting die Zusammenarbeit beeinflussen. Anschließend werden strukturelle Spezifika der Zusammensetzung der Teams erläutert (3.1.1.2). Hierzu zählen neben dem konstituierenden Merkmal der unterschiedlichen organisationalen Zugehörigkeit das quantitative Verhältnis Interner und Externer sowie die räumliche und zeitliche Verfügbarkeit der Teammitglieder.

3.1.1.1 Relevante Parameter des Kontextes der Zusammenarbeit

Die Ergebnisse der vorliegenden Arbeit verdeutlichen, dass intern-extern gemischte Teamarbeit vor einem besonderen Kontext stattfindet.[705] Dieser Kontext kann anhand der Ergebnisse der vorliegenden Arbeit konkretisiert werden. Er fungiert als *situationsspezifisches Setting*, in dem sich die Zusammenarbeit zwischen internen und externen Mitarbeitern abspielt.[706]

Die Besonderheit gemischter Teams liegt vor allem in der *zeitlichen Begrenzung der Zusammenarbeit*. Der temporäre Projekteinsatz der hochqualifizierten externen Mitarbeiter als Teammitglieder ist damit der zentrale Kontextfaktor, der die Arbeit im Team entscheidend beeinflusst. Neben der häufigen

705 Die nachfolgenden Ausführungen zur Spezifikation des Kontextes aufgrund der Temporalität wurden in den Beiträgen von Kaiser et al. [Im Erscheinen, 2013] sowie Rössing/ Kaiser 2012, S. 156f. zusammenfassend ausgekoppelt.

706 Aspekte des Kontexts stellen den situativen Rahmen für Verhalten in Organisationen, wie Joshi/ Roh 2009, S. 601 konstatieren: "Drawing on this perspective, we propose that context can set specific constraints and opportunities that either enhance or minimize the direct effects of work team diversity on performance."

Zusammensetzung von Teams mit Experten unterschiedlicher Disziplinen war die zeitliche Begrenzung als eines der wesentlichen Merkmale von Projekten charakterisiert worden, um neuartige und komplexe Aufgabenstellungen zu bewältigen.[707] Für intern-extern gemischte Teams resultiert daraus insbesondere, dass die Zusammenarbeit unter einem erheblichen *Zeitdruck* stattfindet und insgesamt zu einem *komplexen Anliegen* wird. In einem engen Zeitfenster müssen meist ehrgeizige Meilensteine eingehalten werden. Hierzu werden einerseits über das Kernteam hinaus interne und externe Stakeholder hinzugezogen: Seien es mehrere spezialisierte externe Dienstleister, teils vereinzelt auch in Offshore-Gebieten, damit verbunden diverse Kulturen, Sprachen oder Hierarchieebenen (Bsp. Team C), oder sei es die Einbettung der Teams als Teilprojekte[708] in größere Gesamtprojekte. Interne Stakeholder, etwa aus den betroffenen Fachbereichen oder der internen IT-Abteilung, sind über den Projekt- und Ergebnisfortschritt auf dem Laufenden zu halten und in Abstimmungsprozesse einzubeziehen.Diese Ausgangslage macht die gemischte Teamarbeit nicht nur insgesamt zu einem komplexen Anliegen, sondern erfordert auch ständige *iterative Feedbackprozesse* in der Koordination und eine schnelle Sichtbarkeit von (Teil-)Ergebnissen. Ein solch enges und ergebnisorientiertes Zeitfenster kann ein persönliches Kennenlernen zwischen den internen und externen Teammitgliedern über die gemeinsame Arbeit hinaus erschweren. Denn interne wie externe Teammitglieder sind häufig *spezifischen Doppelbelastungen* neben der Projektarbeit ausgesetzt. Die Interviewstudie zeigt bspw., dass interne Mitarbeiter tendenziell nur mit einem anteiligen Zeitkontingent für das gemischte Projektteam tätig sind, da sie simultan in anderen Projekten und der Stammabteilung Aufgabenverantwortung wahrnehmen. Externe Mitarbeiter hingegen sind tendenziell eher vollzeitig für das Projekt „gestaffed“.

In Anlehnung an Mayrhofer/ Meyer 2002 kann bei hochqualifizierten externen Mitarbeiterin tatsächlich von einer *temporären Mitgliedschaft* gesprochen werden, und zwar im Vergleich zu ihren internen Kollegen *sowohl im Team- als auch im Unternehmenskontext.*[709] Insofern können Externe der vorliegenden Studie als permanente „Grenzgänger“ quasi an der Schnittstelle der Unternehmensgrenze lokalisiert werden, sodass sie – im Interaktionsverlauf als zunehmend „Quasi-Interne“ – gewissermaßen eine Zwischenstellung zwischen Innen und Außen einnehmen. Ähnlich hatten dies auch Bonss et al. 2012 speziell auf

707 Vgl. Schreyögg 2008, S. 160 sowie die Ausführungen in Abschnitt 1.1.4.1 zu den Besonderheiten von Projekten.

708 Vgl. z. B. Högl et al. 2005b oder Wurst 2001.

709 Vgl. hierzu auch die Überlegungen in Abschnitt 1.2.2.1.

Freelancer bezogen formuliert.[710] Aufgrund der lediglich temporären Mitgliedschaft im Team ist es für Externe wichtig, bereits parallel zur aktuellen Projektarbeit oder nach Ende der Tätigkeit neue Kunden zu akquirieren.[711] Dies trifft insbesondere für selbstständig tätige Freelancer zu, die u.U. simultan mehrere Auftraggeber haben (können) – auch wenn die einzelnen Projekte durchaus über mehrere Jahre und mehrere Folgeprojekte längerfristig einen Großteil ihrer Kapazitäten binden können. Diese der Beschäftigungsform immanente *„kontinuierliche Mehrgleisigkeit“*[712] erfordert daher klare Prioritäten und Verantwortlichkeiten und vor allem eine stringente zeitliche Planung. Jede Verzögerung im aktuellen Projektverlauf kann für den Externen selbst bzw. für das externe Dienstleistungsunternehmen Folgen für die Annahme und Planung anderer Projekte haben. Somit wird deutlich, dass der Externe nicht nur im Interesse des Unternehmens handelt, sondern in letzter Konsequenz eigene Ziele und Prioritäten verfolgt. Diese als *„Herding-Cats-Phänomen“* skizzierte Problematik[713] fasst ein Projektleiter folgendermaßen zusammen:

> „Der Nachteil ist halt, dass man nicht unter Kontrolle hat, (.) dass diese Mitarbeiter selbst halt dann Ziele haben und selbst wechseln oder relativ schnell auch nicht mehr verfügbar sein können. Das ist je nachdem ein großer Nachteil.“ (P14, 157:157)

Damit zeigt sich nicht nur die schwierige Kontrollierbarkeit hochqualifizierter externer Mitarbeiter. Es lässt sich auch vermuten, dass eine wechselseitige Motivation für Externe und Interne gegeben sein muss, sich in das Team zu integrieren und sich längerfristig kennenzulernen in temporären Projekten dieser Art eher geringer ausfallen dürfte. Vor diesem Hintergrund kann auch die skizzierte Skepsis interner Mitarbeiter aus der quantitativen Studie hinsichtlich der *Integrationsfähigkeit* externer Mitarbeiter eingeordnet werden. Denkbar ist, dass sich interne Projektmitarbeiter aufgrund ihres eigenes Arbeitskontextes und ihrer weniger flexiblen Erfahrungen nicht konkret vorstellen können, wie Externe das erfolgreich bewältigen.

Für die Führung eines Projektteams lässt sich die Notwendigkeit schlussfolgern, mit diesen temporären Aspekten adäquat umzugehen, indem eine *Balance* zwischen den begrenzten Handlungs- und Entscheidungsspielräumen und dem

710 Vgl. Bonss et al. 2012, S. 190.

711 Vgl. Trittin 2003, S. 141.

712 Vgl. Rössing/ Kaiser 2012, S. 157.

713 Vgl. Kaiser 2011. Auch von Nordenflycht 2010 spricht bereits im Kontext wissensintensiver Dienstleistungen vom sog. „cat herding“ als spezifische Problematik aufgrund des Autonomiebedürfnisses und der Kontrollaversion von Wissensarbeitern.

menschlichen Bedürfnis der Teammitglieder nach Zugehörigkeit, Wertschätzung und Sicherheit[714] zu finden ist.

3.1.1.2 Spezifika der Zusammensetzung

Neben dem skizzierten Kontext ist ein weiteres Spezifikum gemischter Teamarbeit die *besondere Zusammensetzung des Teams.* Die Ergebnisse der vorliegenden Arbeit können zu vier wesentlichen Parametern der Zusammensetzung verdichtet werden, welche die Zusammenarbeit im Team beeinflussen. Zunächst und vor allem zählt hierzu das konstituierende Merkmal der unterschiedlichen (1) *organisationalen Zugehörigkeit* der Teammitglieder. Darüber hinaus haben die Interviews drei weitere Stellhebel in der Zusammensetzung erkennen lassen, bei denen ein moderierender Einfluss auf die Zusammenarbeit vermutet werden kann: (2) das *quantitative Verhältnis*, (3) die *zeitliche Verfügbarkeit* und (4) die *räumliche Verfügbarkeit* interner und externer Mitarbeiter.

(1) Organisationale Zugehörigkeit

Das Spezifikum der unterschiedlichen organisationalen Zugehörigkeit kann anhand der vorliegenden Studienergebnisse konkretisiert werden, indem es als tendenziell sichtbares Diversitätsmerkmal verstanden wird, das verschiedene tiefer liegende Besonderheiten interner und externer Mitarbeiter umfasst.

- *Inhaltliche Merkmale:* Die Ergebnisse verdeutlichen *tendenzielle* fachliche, methodische und persönliche Eigenschaften, die externe Mitarbeiter von ihren internen Kollegen unterscheiden, und bestätigen damit in Ansätzen bestehende Zusammenfassungen der externen Besonderheiten.[715] Die Erkenntnisse dieser Arbeit tragen damit zu einer Erweiterung des Profils hochqualifizierter externer Mitarbeiter bei. Anzumerken bleibt, dass die hochqualifizierten externen Mitarbeiter der vorliegenden Arbeit keine in sich homogene Gruppe darstellen.[716] Zu vermuten ist vielmehr, dass die aufgezeigten Besonderheiten tendenziell insbesondere bei Freelancern stark ausgeprägt sind.[717]

714 Vgl. Miller et al. 2000, S. 19.

715 Vgl. u. a. Kaiser et al. 2007, S. 17ff. sowie Abschnitt 1.2.2.1 und die dortige Literatur.

716 Vgl. hierzu beispielhaft das Review von de Cuyper et al. 2008 oder Kalleberg 2000.

717 Bspw. unterscheiden sie sich von den anderen beiden fokussierten Gruppen externer Mitarbeiter dadurch, dass sie aufgrund ihrer Selbstständigkeit keiner anderen Organisation angehören und entsprechend unterschiedliche Foki von Commitment zeigen können (vgl. Süß 2006; Felfe et al. 2008; Swart et al. 2007), was

- *Sichtbarkeit:* Die organisationale Zugehörigkeit wird für die Teammitglieder *salient* und damit zur *wahrscheinlichen Grundlage von Kategorisierungsprozessen*. Damit kann die Erkenntnis von Broschak/ Davis-Blake 2006 für vorliegende Studie gestützt werden.[718] Aufgrund einer i.d.R. möglichen *physischen Unterscheidung* durch sog. *„distinctive markers"* (Broschak/ Davis-Blake 2006, S. 375, z.B. spezielle Ausweise) oder/und *organisationale Praktiken* (z.B. Separation bei unternehmensinternen Aktivitäten) ist davon auszugehen, dass die Zugehörigkeit bzw. Nicht-Zugehörigkeit externer Mitarbeiter den internen Teammitgliedern *salient* ist.[719] Da funktionale und dysfunktionale Effekte von Teamdiversität auf der Annahme der Salienz von Unterschieden basieren[720], werden soziale Kategorisierungsprozesse in gemischten Teams wahrscheinlicher. Als potenzielle Moderatorvariable für einen Zusammenhang zwischen der Zugehörigkeit und potenziellen Effekten könnte beispielhaft das Niveau der wahrgenommenen Gleichbehandlung im Team genannt werden: In vorliegender Studie konnte mehrheitlich von einer mindestens tendenziellen Gleichbehandlung im Unternehmen und durch die Führungskraft im Speziellen ausgegangen werden. Eine genaue Erhebung könnte hierzu genauer Aufschluss geben.[721]

Für die *Führung* gemischter Teams folgt daraus: Die organisationale Zugehörigkeit der Teammitglieder impliziert spezifische Unterschiede, die in den Interaktionen zum Wirken kommen können. Durch die Salienz der Zugehörigkeit können soziale Kategorisierungsmechanismen bei den Teammitgliedern ausgelöst werden, welche zu *teaminternen Grenzen* führen können. Diese müssen berücksichtigt werden.

---

erheblichen Einfluss auch auf die Identifizierung mit Projektteams, in denen sie eingesetzt werden, haben kann.

718 Vgl. Broschak/ Davis-Blake 2006, S. 375.

719 Die Art der Zugehörigkeit kann jedoch für andere Unternehmensangehörige jenseits der Teamgrenzen nicht sichtbar sein. Sie ist bspw. in Meetings mit Keyusern teils von außen nicht unterscheidbar, sondern nur anhand der Entscheidungsverantwortung zu erkennen. Für die Zusammenarbeit zwischen den internen und externen Mitgliedern des Kernteams kann jedoch von der Salienz organisationaler Zugehörigkeit ausgegangen werden.

720 Vgl. hierzu auch Turner et al. 1987, S. 131f. sowie die Ausführungen in Abschnitt 1.3.3.

721 Vgl. hierzu z.B. Erkenntnisse zu Beschäftigtenreaktionen auf Teamdiversität, die dadurch beeinflusst werden können, wie fair flexibel und Festangestellte behandelt werden (vgl. Pearce 1993; Broschak/ Davis-Blake 2006, S. 383).

- *Status:* Trotz der skizzierten teils gleichen Behandlung und Wahrnehmung Externer als „Quasi-Interne" können mit der organisationalen Zugehörigkeit neben funktionalen und persönlichen Besonderheiten auch *Statusunterschiede* verbunden sein. Begründungen lassen sich anhand konkreter Interviewbeispiele finden, in denen u. a. geringere Zugangsmöglichkeiten zu Ressourcen für Externe festgestellt werden (z. B. Räumlichkeiten, Partizipation an Entscheidungen). Explizit spricht ein interner Mitarbeiter von einem anderen Status:

  > „Ich denke, Externe haben einen anderen Status, wenn es darum geht, mit Nicht-Corporate-Mitgliedern zu diskutieren und zu sprechen. (...) wenn jetzt ein Manager von außen kommt, also mit Manager-Level und diskutiert jetzt eben mit internen Personen, und der findet vielleicht auch ein bisschen mehr Gehör." (P7, 356:356)

  Ein höherer oder niedrigerer Status kann auch von einem (tatsächlichen oder zugeschriebenen) Expertentum Externer ausgehen. Da jedoch auch interne Mitarbeiter über spezifische Kenntnisse verfügen, die durch die interaktive Zusammenarbeit mit Externen kombiniert werden müssen, könnten in funktionaler Hinsicht auch beide Mitglieder-Gruppen einen hohen Status aufweisen.[722] Diese Annahme würde mit Erkenntnissen von Haas 2005 zu Statusunterschieden zwischen lokal verorteten „Locals" und global versierten „Cosmopolitans" in internationalen Teams übereinstimmen. Statusunterschiede werden in der Zusammenarbeit relevant, weil sie zur Grundlage für Statusrivalitäten werden und damit leistungshinderliche Spannungen im Team erzeugen können.[723]

(2) Quantitatives Verhältnis interner und externer Mitarbeiter

Es konnte festgestellt werden, dass das quantitative Verhältnis interner und externer Teammitglieder erheblich variieren kann und dies als relevanter Parameter für Teamdynamiken betrachtet wurde. Anhand der Interviewstudie waren *in der Tendenz* anteilsmäßig mehr interne als externe Mitarbeiter in einem Team vertreten, wobei Externe auch teils über- oder unterrepräsentiert waren. Damit treten insbesondere zwei Themen in den Vordergrund: Zum einen kann die zahlenmäßige Proportion – neben der in vorliegender Arbeit zugrundeliegenden inhaltlichen Fokussierung – als *relevante Diversitätsvariable* verdeutlicht

---

722 Für diese Überlegung spricht auch, dass letzlich auch interne Mitarbeiter als hochqualifizierte Wissensmitarbeiter mit spezifischen Kenntnissen in ihren Gebieten gelten können (vgl. hierzu bspw. auch die Studie von Schabel et al. 2012).

723 Vgl.hierzu Haas 2005 sowie die Diskussion dysfunktionaler Effekte (3.1.2.2).

werden.[724] Zum anderen ist das quantitative Verhältnis interner und externer Mitarbeiter als *moderierende Variable für funktionale und dysfunktionale Effekte* wahrscheinlich. Auf diese Weise wird der Einfluss von Majoritäten bzw. Minoritäten im Team relevant. Zur *Beurteilung potenzieller Effekte* einer (nicht-) proportionalen Teamzusammensetzung kann auf Broschak/ Davis-Blake 2006 zurückgegriffen werden. Ihre Erkenntnis, dass über die reine Präsenz flexibel Beschäftigter auch ihr proportionaler Anteil im Team relevant ist, bestätigte sich in der vorliegenden Studie durch Aussagen von Probanden, die sich eine „Überfremdung" im Team vorstellen konnten und erhebliche negative Auswirkungen auf die Zusammenarbeit aufgrund Neid, Vorbehalten und Ängsten vermuteten.

Inwiefern tatsächlich die *Intensität* derartiger Effekte mit dem quantitativen Verhältnis zusammenhängt, kann im Rahmen dieser Studie nicht eindeutig beantwortet werden. Die empirischen Hinweise zur quantitativen Zusammensetzung lassen unterschiedliche Wirkungen zu. Bei *einer Majorität von Externen* können z. B. mit Chattopadhyay/ George 2001 und Broschak/ Davis-Blake 2006 negative Effekte für interne Mitarbeiter angenommen werden. Die Begründung liegt in der wahrgenommenen Gefahr für das eigene Prestige und den Status bzw. die positive Selbstidentität. Diese Effekte gälten jedoch nur unter bestimmten Bedingungen, u. a. kann es daran liegen, wie gewöhnt sie daran seien, mit Minoritäten-Situationen umzugehen oder diese antizipieren können.[725] Dies scheint allerdings im Widerspruch zum quantitativen Ergebnis der relativ gering eingeschätzten Relevanz der bisherigen Erfahrungen interner Mitarbeiter mit externen Spezialisten zu stehen.[726] Ein Projektleiter in einem quantitativ ausgeglichenen Team skizziert die potenzielle Problematik einer Externen-Majorität aus Sicht der internen Mitarbeiter folgendermaßen:

> „Ich als Interner habe eigentlich den Anspruch, dass ich das Ganze unter Kontrolle habe, weil ich das ja steuern muss. Und wenn ich das Gefühl habe, dass die Externen eher mich steuern, dann habe ich ein Riesenproblem oder würde ich das persönlich als problematisch sehen. Das glaube ich ist da schon ziemlich ausschlaggebend." (P1, Team A, 203:203)

Interne Mitarbeiter können dann ggf. Eintrittsbarrieren gegenüber ihren externen Kollegen kreieren, da *„they can feel themselves like people invading them, an invasion"* (P13, Team D, 190:190), wie ein externer Spezialist zu bedenken gibt. Außerdem ist auch eine verstärkte Konkurrenz unter den Externen denkbar, *„die*

724 Vgl. Mannix/ Neale 2005 oder Stock 2006.
725 Vgl. de Cuyper et al. 2008, S. 15.
726 Vgl. Abschnitt 2.4.2.2.

sich gegenseitig bekämpfen und, ja kämpfen ist zu hart, aber dass da einfach Ineffizienzen entstehen." (P12, 107:107).[727] Gleichwohl könnte auch vermutet werden, dass durch eine Unterrepräsentanz intern Beschäftigter auch weniger Vorbehalte im Team zum Tragen kämen.[728] Bei einer *Minorität externer Mitarbeiter* im Team könnte für Interne ein größerer Kontrollspielraum vermutet werden, jedoch scheint dann fraglich, inwiefern externes Know-how für eine qualitativ hochwertige Leistungserstellung ausreicht. Dagegen könnte gerade die Innovationskraft im Team durch Minoritäten gefördert werden.[729]

Eine strikte Empfehlung für ein rein quantitativ ausgeglichenes Projektteam[730] sollte insofern zugunsten der Berücksichtigung der Status- und Machtverhältnisse abgemildert werden. Wie folgendes Zitat eines externen Spezialisten aus einem von Externen überrepräsentierten Teams zeigt, geht eine quantitative Dominanz Externer im Team nicht zwangsläufig mit einer stärkeren Kontrollposition bzw. Macht einher:

> „Das heißt, da haben die (...) die Internen relativ wenig Vorbehalte gegenüber den Externen, weil wir nicht diejenigen sind, die in irgendeiner Form deren Positionen gefährden (...), sondern die steuern ja quasi uns Externe." (P12, 67:67)

Während Externe zwar die quantitative Majorität im Team innehaben, scheinen Interne mit einer machtbezogenen Majorität ausgestattet zu sein. Dies entspricht Stocks Auffassung von einem ausgeglichenen Grad der Interorganisationalität, in dem die Verteilung von Macht[731] als zweite Facette einbezogen wird. Gerade auch von der Machtbalance ausgeglichene Teams – und damit „truly interorganizational teams" (Stock 2006, S. 596) – beeinflussen die Erreichung der Teamziele positiv. Da, wie ein Projektleiter betont, das quantitative Verhältnis im Grunde genommen *„egal"*, sondern *„das Ziel die Stimmung im Team"* (P9, 93:95) sei, kann abschließend kein eindeutiges Bild abgeleitet werden, inwiefern Majoritäts- oder Minoritätsverhältnisse tatsächlich die Zusammenarbeit

727 Beispielhaft kann hier Team D genannt werden, in welchem mehrere externe Dienstleister eingesetzt sind.

728 „Hier im Projekt war das (Vorbehalte; Anm.d.V.) relativ wenig ausgeprägt, weil der Anteil interner Mitarbeiter eben auch relativ gering war, wenn man genau hinschaut." (P12, EXT/Team D, 63:63).

729 Nemeth 1986 bspw. zeigte, dass Minoritäten kognitive Prozesse in Teams auslösen. Minoritäteneinfluss führt zu divergentem Denken, während Mehrheiten eher zu konvergentem Denken führen (vgl. Tindale et al. 2005, S. 317).

730 Vgl. Kaiser et al. 2012a.

731 Macht wird hierbei als die Fähigkeit verstanden, das Verhalten anderer Personen (oder Subjekte) beeinflussen zu können (vgl. Stock 2003, S. 168).

zwischen Intern und Extern merklich beeinflussen. Festhalten lässt sich jedoch, dass eine „angemessene" quantitative Zusammensetzung gemischter Teams vor dem jeweiligen spezifischen Unternehmenskontext (z. B. Diversitätskultur) und der Teamsituation (z. B. Aufgabe) erfolgen muss.

(3) Zeitliche Verfügbarkeit

Die Auswertung der Interviews hat gezeigt, dass sich die zeitliche Verfügbarkeit interner und externer Mitarbeiter *unterscheiden* kann und dies als *relevanter Einflussfaktor* für die Zusammenarbeit gesehen wird. Dies entspricht der Erkenntnis, dass es bei zeitlicher Verfügbarkeit ebenso wie auch räumlicher Verfügbarkeit im Wesentlichen um die sog. *„face time"* geht, d. h. die sichtbare physische Anwesenheit[732] der Teammitglieder und die Visibilität ihrer individuellen Beiträge. Eine geringere face time durch Teilzeit im gemischten Projektteam impliziert, dass weniger Zeit und Ressourcen für die gemeinsame Aufgabenbearbeitung zur Verfügung stehen, da *„man keine Zeit mehr hat, an dem Projekt mitzuarbeiten aufgrund von Anrufen, Fragen von außen"* (P16, 131:131) und Doppelbelastungen durch andere Projekte und Verantwortungsbereiche bestehen (können). Insofern ist man gerade in (zeit-) kritischen Teamsituationen weniger im Team verfügbar:

> „Man muss es so verstehen: die Keyuser, die ich hier habe, für die ist das ein Nebenschauplatz". (P3, PL/ Team B, 99:99)

Die Aussagen legen die Vermutung konkreter *Leistungseffekte* nahe, da die Teilzeit-Verfügbarkeit interner Teammitglieder aufgrund der geringen Zeitressourcen eher eine „auf das Nötigste" reduzierte Mitarbeit anstatt intensiver Austauschprozesse impliziert. Damit steht auch zu vermuten, dass zeitlich bedingt eine geringe Bereitschaft zur nachhaltigen Integration externer Teammitglieder besteht. Diese Überlegungen sind konsistent mit empirischen Erkenntnissen, die v.a. *strukturelle, affektive* und *statusbezogene Herausforderungen* einer Teilzeit-Verfügbarkeit annehmen:

- Erstens ist die *geringere physische Sichtbarkeit* interner Mitarbeiter im Team mit einem höheren *Koordinationsaufwand* verknüpft,[733] da weniger Möglichkeiten für eine häufige, qualitativ hochwertige und synchronisierte Kommunikation bestehen. Damit werden Missverständnisse und verzögerte

732 Vgl. Drago et al. 1999, S. 35 sowie van Dyne/ Kossek 2007, S. 1124.

733 Vgl. Rapoport et al. 2002; Perlow 2001 sowie weiterhin zum Aspekt der strukturellen Herausforderungen van Dyne/ Kossek 2007, S. 1128f.

Feedbackschleifen wahrscheinlich, wie auch das Beispiel in Team D zeigt, in welchem die interne Mitarbeiterin die Koordination unterschiedlicher Prioritäten und (zeitlicher wie örtlicher) Verfügbarkeiten als äußerst schwierig schildert.[734] Eine geringere zeitliche Verfügbarkeit wird damit zu *einer strukturellen Barriere*, die Kommunikationsprozesse im Team verändern und das Bewusstsein im Team um die jeweiligen individuellen Bedürfnisse erheblich beeinträchtigen kann.[735]

- Zweitens können in *affektiver* Hinsicht Prozessverluste auftreten, die z. B. aus Unsicherheiten bzgl. der gegenseitigen Unterstützung resultieren.[736] Interne werden durch die Wahrnehmung mangelnden externen Verständnisses für die zeitlichen Engpässe und fehlende Rückmeldungen demotiviert.[737] Externe bekommen keine Rückmeldungen auf dringend zu erledigende Teilaufgaben und haben das Gefühl, dass ihnen von internen Mitarbeitern Zusatzaufgaben „zugemutet“ werden.
- Drittens kann die zeitliche Verfügbarkeit als Indikator für einen anderen *wahrgenommenen Status* der Mitglieder im Team fungieren.[738] Externe Mitarbeiter als Vollzeitmitglieder könnten als Personen höheren Status wahrgenommen werden und damit wiederum zu Subjektiven negativer affektiver Tendenzen wie Neid oder Bedrohungspotenzial werden. Dies kann damit

734 Vgl. die Schilderung bei P10, 155:155.

735 Vgl. van Dyne/ Kossek 2007, S. 1128.

736 Vgl. van Dyne/ Kossek 2007, S. 1129f.

737 Entsprechend können die Aussagen zweier interner Mitarbeiter zu negativen Teamsituationen herangezogen werden:„Aber was vielleicht manchmal ein bisschen (...) negativ ist (...), dass halt zum Teil manchmal die externen Kollegen jetzt nicht ganz so den Einblick haben, wirklich in die internen Prozesse, wenn es um irgendwelche Deliveries geht, oder wenn es eben um die sonstige (...) Arbeitsbelastung noch geht. Also wenn die einfach nicht so ein Gefühl haben, unter was für (...) Zeitproblemen, was eigentlich momentan so aktuell vorliegt.“ (P7, 191:191) „Ich fand die mangelnde Kommunikation relativ negativ. Also es wäre vielleicht nicht so dramatisch gewesen, wenn man wirklich klipp und klar gesagt hätte „ich kann das gerade nicht bearbeiten, weil ich eben andere Engpässe habe oder weil wir kapazitativ nicht gut genug bestückt sind“, oder wie auch immer. Aber die Tatsache, dass ich das Gefühl hatte, dass teilweise überhaupt keine Reaktionen gekommen sind, auch auf Nachfragen, das war insgesamt relativ unbefriedigend.“ (P4, Team B, 199:199).

738 Vgl. Avery et al. 2012, S. 6; Lawrence/ Corwin 2003.

begründet werden, dass Teilzeit-Teammitglieder eine „Exklusion" vom Gesamtteam und damit verknüpft reduzierte Machtpositionen empfinden.[739]

Diese strukturellen Ergebnisse widersprechen insofern auch anderen empirischen Ergebnissen, in denen teils von Unternehmensseite eine Vorteilhaftigkeit rein intern besetzter Teams aufgrund einer besseren Verfügbarkeit interner Projektmitarbeiter geäußert wird.[740] Für die Führung gemischter Teams lässt sich schlussfolgern, dass die zeitliche Verfügbarkeit eine relevante Größe ist, um interne und externe Projektmitglieder angemessen zu koordinieren und zu integrieren. Es muss berücksichtigt werden, dass jeder tatsächlich seinen Beitrag leistet bzw. leisten kann und an relevanten Entscheidungen partizipiert.

(4) Räumliche Verfügbarkeit
Als viertes zentrales Element hat sich die räumliche Verfügbarkeit herauskristallisiert, die den Gegensatz *Nähe versus Distanz* der Teammitglieder betrifft und in unterschiedlichen Ausprägungen, teils sogar weltweit verteilt, in den Teams auftritt. Hieraus können zwei Erkenntnisse abgeleitet werden:

- Erstens: Intern-extern gemischte Teams agieren häufig auch als *virtuelle* oder *geographisch verteilte* Teams, d. h. die Teammitglieder können sowohl innerhalb eines Gebäudes als auch teils weltweit verstreut sein[741]Dies bedeutet nicht nur eine geringere face time, wie dies bereits bzgl. der zeitlichen Verfügbarkeit thematisiert wurde, und damit verknüpfte Kommunikationshindernisse und strukturelle Barrieren. Insbesondere wird hierdurch die Thematik einer adäquaten Führung auf Distanz und damit eines „Selbst-Managements" von Teams bzw. „Shared Leadership" besonders relevant. Denn die institutionalisierte Führungskraft *kann* grundsätzlich nicht immer vor Ort sein und hat neben der eingeschränkten direkten Weisungsbefugnis, die teils für Externe *und* Interne (z. B. in Team B) gleichermaßen gilt, insgesamt weniger

739 Vgl. Lawrence/ Corwin 2003, S. 924. Zwar sind interne Teammitglieder im Unternehmen insgesamt i.d.R. Vollzeitbeschäftigte, sodass Marginalisierungstendenzen und geringere Integration für sie insgesamt nicht zutreffen dürften. Jedoch könnte ihr Status innerhalb gemischter Teams aufgrund ihrer Teilzeit-Anwesenheit und direkter Vergleiche mit Externen anders ausfallen.

740 Vgl. Kaiser et al. 2012a.

741 Vgl. zu virtueller Teamarbeit bspw. auch Berry 2011. Die globale Dispersion eines gemischten Teams war insbesondere in Team D offensichtlich geworden, aber auch in Team G waren die Mitglieder an mehreren Standorten verteilt.

Handlungsspielraum und Kontrollmöglichkeiten.[742] Der *Aufbau wechselseitigen Vertrauens* im Team wird vor diesem Hintergrund besonders bedeutsam für eine effektive Zusammenarbeit.[743]

- Zweitens: Eine räumliche Trennung aufgrund arbeitsrechtlicher Restriktionen kann als organisationale Praktik zur Separierung interner und externer Mitarbeiter eingesetzt werden.[744] Da die räumliche Nähe der Projektmitarbeiter einen Einfluss auf die Zusammenarbeit haben kann, kann sie als konkrete Teamintervention eingesetzt werden. Die Erkenntnisse aus den Interviews, in denen v.a. die räumliche Nähe aller Teammitglieder in einem Projektbüro als zwingende Voraussetzung für eine verbesserte teaminterne Kommunikation definiert wurde, sind damit vergleichbar mit den Erkenntnissen von Högl/ Proserpio 2004, wie das Beispiel in Team D verdeutlicht:

> "Being in the room where you can see the issues that are being put on the wall, the work that has been done, that will generate other conversations. And it´s those extra conversations were you pick up is some of this hidden perhaps, you see a problem or that is affecting your work, that´s really very quite critical. And that´s why the project has moved on a lot faster since we are able to come together in one room." (P11, Team D, 43:43)

Für die Führung gemischter Teams lässt sich entsprechend schlussfolgern, dass ein *geeignetes Management von Nähe und Distanz* wesentlich für eine gut funktionierende Zusammenarbeit im Team sein dürfte.

3.1.2 Funktionale und dysfunktionale Effekte unterschiedlicher organisationaler Zugehörigkeit

Aufgrund der unterschiedlichen organisationalen Zugehörigkeit bewegt sich die Zusammenarbeit zwischen internen und externen Mitarbeitern in einem Spannungsfeld funktionaler und dysfunktionaler Diversitätseffekte. Nachfolgend werden die identifizierten funktionalen (3.1.2.1) wie dysfunktionalen Effekte (3.1.2.2) diskutiert.

---

742 Ähnlich wie bei der zeitlichen Verfügbarkeit geht es hier um die geringe phsyische Sichtbarkeit der Teammitglieder.

743 Vgl. Pinto/ Pinto 1990, S. 212; Picot et al. 2003, S. 123 sowie für die Bedeutung von Kommunikation und Vertrauen speziell in virtuellen Teams bspw. auch Jarvenpaa/ Leidner 1999. Auch bei Högl 1998 waren Kommunikation und Information als eine der sechs zentralen Komponenten fokussiert worden, wobei Vertrauen dabei als wesentliche Voraussetzung für offene und vorbehaltlose Austauschbeziehungen im Team skizziert wurde (vgl. hierzu auch die Ausführungen in Abschnitt 1.1.2.3.2).

744 Vgl. hierzu auch die Ausführungen von Broschak/ Davis-Blake 2006.

3.1.2.1 Funktionale Effekte

Mit der vorliegenden Arbeit konnte gezeigt werden, dass der Einsatz hochqualifizierter externer Mitarbeiter als IT-Spezialisten im Unternehmen insgesamt wie speziell auch im Team mit spezifischen Vorteilen verbunden ist. Betrachtet man zunächst die funktionale Seite der Effekte des Einsatzes Externer im Team, so lassen sich (a) Produktivitätseffekte, (b) Kreativitätseffekte, (c) Lerneffekte sowie (d) Motivationseffekte identifizieren.

(a) Effektive Problemlösung und Produktivität

Aus den beiden Teilstudien kann ein eindeutiges Votum für *Produktivitätsvorteile* gemischter gegenüber rein intern besetzten Teams geschlussfolgert werden. Damit kann mit der nachgewiesenen Vorteilhaftigkeit eines derartigen „Team Blending" an bestehende Forschungserkenntnisse angeknüpft werden: Zum einen hat sich insbesondere vor dem *spezifischen Hintergrund* des hier fokussierten Projektkontextes neuartiger und mit Unsicherheit verbundener Softwareentwicklung sowohl der Aspekt der *Teamdiversität*[745] als auch die *Interorganisationalität*[746] im Sinne von Stock als positiver Einflussfaktor auf die Effektivität von Teams herausgestellt. Zum anderen können mit Blick auf die *spezifisch gemischte Zusammensetzung* von Teams mit internen und externen Mitarbeitern empirische Ergebnisse der Studie von Hays AG 2007 bzw. Rump 2008 bestätigt werden, die sog. Mixed Teams als „eindeutigen Produktivitätstreiber" bezeichnen. Auch in einer aktuellen quantitativen Studie von Kaiser et al. 2012a halten 88% der befragten Unternehmensvertreter gemischte Teams für produktiver.[747] Mit Hilfe der vorliegenden Studie können positiven Beurteilungsergebnisse der eher „globalen" Leistungsfähigkeit näher spezifiziert werden. Die Leistungsfähigkeit gemischter Teams im Sinne einer effektiven Problemlösung dürfte insbesondere auf zwei wesentliche Aspekte zurückzuführen sein:

---

745 Vgl. Cox et al. 1991; van Knippenberg et al. 2004 sowie die Ausführungen in Abschnitt 1.3.2.1.

746 Interorganisationalität als positiver Einflussfaktor auf Teameffektvität (vgl. Stock 2006) gilt insbesondere unter den Bedingungen, dass Aufgaben sehr komplex sind (z. B. bei Management Consulting Teams, vgl. Stock 2006, S. 596., und Unsicherheit hoch ist (z. B. bei technologischen Veränderungen).

747 Als hochqualifizierte externe Mitarbeiter wurden hier IT-Freelancerbetrachtet. Vgl. ebenfalls auch die Ergebnisse von Rump et al. 2011, S. 18f. und Stiehler 2012, S. 5.

- *Erstens: Gemischte Teams sind mit einem besonderen Ressourcenpool ausgestattet (Inputperspektive).* Die Annahme eines insgesamt *hohen fachlichen Potenzials* intern-extern gemischter Teams liegt der unternehmerischen Intention dieser spezifischen Zusammensetzung – insbesondere dem Ziel eines ad hoc Zukaufs externen Spezialwissens[748] – zugrunde und stellt insofern keine Überraschung dar. Besondere Relevanz dürfte für eine effektive Problemlösung im Team darüber hinaus jedoch zunächst die *besondere Problemlösekompetenz* hochqualifizierter externer Mitarbeiter haben. Der Erfahrungshintergrund und die mitgebrachten Best Practices Externer finden ihren Niederschlag in der Fähigkeit zur Problemerkennung[749], die gerade zu Beginn der Projektarbeit effektiv wird, wenn Externe für *„eine Es-Ist-Analyse (...) völlig wertfrei draufschauen auf die gegenwärtige Situation"* (P6, 168:168). Auch die Möglichkeit externer Mitarbeiter aufgrund ihres eigenen Netzwerks potenzielle weitere unternehmensexterne Wissensressourcen verfügbar zu machen und damit das *Sozialkapital* des gesamten Teams zu erweitern, trägt zu einem breiteren Ressourcenpool bei.[750] Darüber hinaus verfügen gemischte Teams nicht nur über unterschiedliches Wissen, sondern eine *komplementäre Wissens- und Fähigkeitsbasis*, wie folgende Aussage stellvertretend vermuten lässt:

  > „Also wir sind ziemlich unterschiedlich, alle, die da sind. Und alle, die da sind, haben ganz unterschiedliche Kompetenzen. Also dieses Team ist sehr, also von den Kompetenzen her, ist es heterogen, aber sehr ergänzend." (P20, INT/ Team G, 218:218)

  Insofern sind diese Ergebnisse kongruent mit den Erkenntnissen der Diversitätsforschung.[751] Die Diversität im Team wird zur *informationalen Ressource*, die einen leistungsförderlichen Effekt zeitigt.[752] Auf diese Weise wird eine effektive Problemlösung durch Wissens- bzw. Ressourcenpooling[753] möglich.
- *Zweitens: Gemischten Teams gelingt es, dieses Diversitätspotenzial effektiv zu nutzen und gemeinsam Synergien zu erzeugen (Prozessperspektive).* Legt man die Annahme zugrunde, dass nicht nur das Vorhandensein komplementärer

748 Vgl. die Ausführungen in Abschnitt 1.2.3.
749 Vgl. hierzu auch die Erkenntnisse von Hays AG 2007, S. 18.
750 Vgl. auch Cummings 2004, der den Mehrwert der Nutzung externer Wissensquellen gerade für strukturell diverse Teams wie jene des vorliegenden Kontextes nachweisen konnte.
751 Vgl. bspw. Cox et al. 1991 u.a. sowie die Ausführungen in Abschnitt 1.3.2.1.
752 Vgl. van Knippenberg 2007, S. 13.
753 Vgl. Köppel 2008, S. 104ff.; van Knippenberg/ Schippers 2007, S. 518. Bürkle 2004, S. 43 nennt diese Form der Komplementarität explizit „Pooling-Effekt".

Expertise und kognitiver Fähigkeiten, sondern insbesondere eine adäquate *Kombination* notwendig ist[754], lässt sich mit Hilfe einer Wissensperspektive für eine spezifische *Kompetenz der „knowledge integration"* gemischter Teams argumentieren. Denn neues (externes) Wissen müsse mit bestehendem (internem) Wissen eines Teams integriert werden. Ratcheva 2009 sieht in dieser notwendigen Teamkompetenz die Erklärung, warum trotz insgesamt hohen Wissenstandes im Team das Potenzial eines derartigen Ressourcenpools häufig nicht ausgeschöpft werden könnte.[755] Um die diesbzgl. *"critical challenge for teams performing analytic work (.) to extract, organize, and integrate all information"* (Woolley et al. 2008, S. 356) zu erfüllen, können hochqualifizierte externe Mitarbeiter den o.g. Integrationsprozess unterstützen, indem sie eine spezifische *Vermittler- und Interpretationsrolle*[756] einnehmen: Dies bedeutet, dass sie einerseits auf der Sprachebene eine Verbindung zwischen internen und externen Denkmustern und Interpretationsschemata herstellen und ggf. kontextspezifische Aspekte derart „übersetzen", dass ein *gemeinsames Verständnis* im Team erreicht wird.[757] Externe sind folglich in der Funktion eines „boundary spanners" bzw. eines „Integration Managers" im Team, wie nachfolgende Aussagen aus Team D zur Übersetzungsleistung zeigen:

> "I tried to establish a good team, good integration among the team. I have managed the different people. I am managing different people with different skills, trying to achieve the best integration and understanding among the people." (P13, EXT, 22:22)

> "(...) the way that he is extracting the information from the business side and translating this to IT for this technical person that is effectively developing the, doing the development in the system. So this is something that I, at the beginning, I thought this will be good for this project." (P10, INT, 51:51)

Externe Mitarbeiter sind darüber hinaus aufgrund ihres Erfahrungshintergrundes und ihrer Expertise in der Lage, *relevantes Wissen im Team zu*

754 Vgl. Grant 1996 sowie Ratcheva 2009, S. 208; Woolley et al. 2008, S. 353ff. oder Faraj/Sproull 2000, S. 1564.

755 Vgl. Ratcheva 2009, S. 208.

756 Vgl. hierzu auch Bonss et al. 2012, S. 195ff.

757 Vgl. hierzu auch die Ausführungen von Grant 1996, S. 115f. zum sog. „common knowlegde" wie z. B. Sprache als grundlegende Voraussetzung für erfolgreiche Integrationsmechanismen.

erkennen[758] und zu interpretieren, um auf diese Weise das Hindernis impliziten[759] und nicht geteilten, d. h. nicht allen Personen bekannten Wissens zwischen internen und externen Teammitgliedern zu überwinden. Vor diesem Hintergrund lässt sich auch der identifizierte hohe Stellenwert der *Sozialkompetenz externer Teammitglieder*[760] einordnen, die als wichtige Voraussetzung zur Ermöglichung der Wissensintegration angesehen werden kann. Insofern können Externe als *„Wissensintegrierer"* (Bonss et al. 2012, S. 197) unterschiedliche Wissensbasen und Denkmuster „überbrücken" und zu einer für Interne und Externe gleichermaßen zugänglichen Wissensbasis beitragen. Damit erweitern die vorliegenden Erkenntnisse gemischter Teams das Verständnis um die Rolle externer Mitarbeiter als Teammitglieder und zeigen Einsatz- und Funktionsmöglichkeiten, die über den reinen Zukauf und die Nutzung externen Wissens[761] hinausgehen.

Berücksichtigt man neben diesen Überlegungen auch die in den kritischen Teamereignissen skizzierte Relevanz konstruktiver aufgabenbezogener Diskussionen zeigt sich, dass in gemischten Teams ein besonderes Potenzial besteht, informationsrelevantes Wissen auszutauschen. Damit kann auch unter dem Blickwinkel der Teamdiversität nachgewiesen werden, dass nicht nur der informationale Mehrwert der Expertise externer Mitarbeiter eine zentrale Rolle im Team spielt,[762] sondern vor allem die im CEM hervorgehobenen wechselseitigen Informations- und Austauschprozesse in der Interaktion. Insofern scheinen die vorliegenden Studienergebnisse die leistungsförderliche Bedeutung der *Informations-Elaborations-Prozesse* in diversen Teams zu bestätigen.[763]

758 Vgl. hierzu die Aussage eines externen Mitarbeiters, der sich und seinen externen Kollegen attestiert: „(…) we all good in our own areas, okay, management specialists, but good consultants as well. We recognize those same skills elsewhere (…). And you don´t need to tell, you just need to ask, and every skilled often does it, because (…) they know what needs to be done." (P11,Team D, 71:71).

759 Vgl. auch Nonaka/ Takeuchi 1995, die laut von Rosenstiel/ Nerdinger 2011, S. 461 zwischen implizitem, *„nicht reflektiertem und somit verbal nicht kommunikativ vermitelbarem Wissen"* und explizitem Wissen unterscheiden.

760 Diesbzgl. waren höhere Erwartungen an Externe und eine höher eingeschätzte Relevanz für die funktionierende Teamarbeit erkennbar geworden.

761 Vgl. Matusik/ Hill 1998 oder Davis-Blake/ Uzzi 1993.

762 Vgl. hierzu die cognitive diversity (vgl. Cox et al. 1991) sowie die Ausführungen in Abschnitt 1.3.2.1.

763 Vgl. hierzu van Knippenberg et al. 2004; van Knippenberg 2007 sowie die Ausführungen in Abschnitt 1.3.3.

(b) Kreativität und Innovationskraft
In beiden Teilstudien zeigten sich positive Wirkungen des Einsatzes Externer als Teammitglieder auf die Kreativität und Innovationskraft im Team. Damit können Erkenntnisse der Diversitätsforschung bestätigt werden, da (v.a. informationale und aufgabenrelevante) Teamdiversität in besonderem Maße mit Kreativitäts- und Innovationsvorteilen in Verbindung gebracht wird.[764] Eine Anknüpfung an die Möglichkeit der „Entwicklung tragfähiger Lösungsmöglichkeiten", wie bei Hays AG 2007 einer der relevanten Vorteile gemischter Teams begründet wurde,[765] gelingt ebenfalls. Unter Beachtung des Spezifikums der unterschiedlichen organisationalen Zugehörigkeit lassen sich darüber hinaus folgende Begründungen für das besondere Kreativitäts- und Innovationspotenzial gemischter Teams anführen:

- *Die Entstehung von Kreativität im Team beruht auf dem externen Kreativitätspotenzial (Inputperspektive).* Setzt man die skizzierten Besonderheiten hochqualifizierter externer Mitarbeiter bspw. in Bezug zu Amabile's „componential theory of creativity", so lässt sich vermuten, dass Externe über ein spezifisches *Kreativitätspotenzial* verfügen.[766] Externe dürften tendenziell intrinsisch motiviert sein, aufgrund ihres intern nicht vorhandenen Spezialistenwissens über sog. domain-relevant skills" verfügen und ebenso "creativity-relevant skills" (Amabile/ Mueller 2007) und damit besondere kognitive Fähigkeiten haben. Diese können aufgrund der vielfältigen Projekterfahrungen in anderen Kontexten, welche ihre Fähigkeit zu flexiblem Denken erhöhen dürften,[767] für Externe angenommen werden.
- *Kreativität entsteht durch die Stimulation kreativer Prozesse im Team (Prozessperspektive).* Unter der Annahme, dass Interaktionen im Team eine wichtige Quelle kreativer und neuartiger Ideen sind[768] kann aus der vorliegenden Datengrundlage geschlussfolgert werden, dass die Präsenz von externen Teammitgliedern wichtige Impulse in der kreativen Zusammenarbeit geben kann.[769] Die verschiedenen Wissens- und Erfahrungshintergründe im Team

764 Vgl. hierzu die Ausführungen in Abschnitt 1.2.3.1 sowie beispielhaft Ancona/ Caldwell 1992b; van Knippenberg/ Schippers 2007; Taggar 2002).
765 Vgl. Hays AG 2007, S. 18.
766 Vgl. Amabile et al. 1996 sowie zum Transfer auf das Phänomen gemischter Teams auch die Überlegungen von Rössing/ Kaiser 2011, S. 9ff.
767 Vgl. Perry-Smith 2006.
768 Vgl. Paulus 2000; Miura/ Hida 2004.
769 Vgl. auch Rössing/ Kaiser 2011, S. 11.

geben Anlass für *konstruktive aufgabenbezogene Diskussionen*[770], da beide Seiten für eine effektive Leistungserstellung ihre jeweiligen Kompetenzen eng verflechten und informationale Unterschiede ausgleichen müssen. In der Literatur werden derartige Aufgabenkonflikte, wie sie in der CIT häufig mit positiven Teamerlebnissen verbunden wurden, mit förderlichen Wirkungen für kreatives Denken in Zusammenhang gebracht, da sie dazu anregen, ungeteilte Informationen intensiver auszutauschen und den jeweils aktuellen Status-Quo der Arbeit zu re-evaluieren.[771]

Darüber hinaus kann vermutet werden, dass externe Mitarbeiter im Team *als Impulsgeber* fungieren. *Erstens* kann die Präsenz kreativer Rollenmodelle die individuelle Kreativität interner Teammitglieder erhöhen.[772] *Zweitens* kann die impulsgebende Rolle externer Mitarbeiter über die Auslösung von Störungen zu erhöhter Reflexivität im Team führen:

> „Es gibt Störungen und Störungen führen zu Überlegungen, zu Ideen. Prozesse werden vielleicht angeschaut, anders gehandhabt. Es tauchen tatsächlich wirklich neue Ideen auf, die einem sonst nicht gekommen wären, dann probiert man etwas aus." (P2, Team A, 163:163)

Ähnliches ist aus der Forschung zu neuen Teammitgliedern bekannt. Gerade „Newcomer" im Team bringen nicht nur ungewöhnliche Ideen mit, *„sondern brechen auch prozessuale Verkrustungen auf"* (Busch/ Hobus 2012, S. 35), so dass im Ergebnis neue Richtungen im gemeinsamen Vorgehen eingeschlagen werden können.[773] Damit kann bei Externen u.U. eine Funktion ähnlich eines Advocatus diaboli vermutet werden, der zur Reflexion anregt. Aus der Modellierung der Teamentwicklung nach Gersick 1988, 1989 war bekannt, dass längere stabile Phasen eher selten durch kürzere Umbruchphasen unterbrochen werden, meist erst mit einem Dringlichkeitsbewusstsein etwa zur „Halbzeit" eines Projektes. Zu Projekbeginn bilden sich jedoch gewöhnlicherweise zeitnah Verhaltensmuster und Regeln, die erst einmal

770 Vgl. Jehn et al. 1999. Aufgabenkonflikte waren als "conflicts about the distribution of resources, procedures and policies, and judgments and interpretation of facts" (de Dreu/ Weingart 2003, S. 741) definiert worden.

771 Vgl. hierzu etwa Hülsheger et al. 2009; Shalley/ Gilson 2004.

772 Vgl. hierzu die Studien von Shalley/ Perry-Smith 2001 und Zhou 2003a.

773 Vgl. hierzu weiterhin auch Brunner et al. 2010, S. 8ff., die derartige Störungen als "novel stimuli that disrupt the execution of specialized routines" verstehen (S. 1). Ein interner Mitarbeiter schildert in seiner positiven Teamsituation gerade diese Störung als besonders positiv: „das ist wieder eine neue Richtung, die wir da mit unserem System einschlagen" (P4, 139:139).

beibehalten werden.[774] Wie Busch/ Hobus konstatieren, bedarf es „bestimmter Auslöser, die Reflexionsprozesse im Team initiieren" (S. 33). Eine solche Initiationsfunktion könnte mit Hilfe der empirischen Ergebnisse für Externe vermutet werden. Auf diese Weise können *drittens* in der Zusammenarbeit *kreative Synergien* realisiert werden. Synergetische Teamarbeit findet nicht nur in o.g. Reflexionsprozessen, sondern vor allem in informellen Interaktionen statt, die kognitive Denkprozesse fördern,[775] oder Situationen unter besonderem Zeitdruck, die das Team veranlassen, auch einmal gewohnte Pfade zu verlassen, sodass *„dass man vielleicht auch mal zu irgendwelchen Mitteln greift, die vielleicht nicht Standard oder nicht üblich sind, oder man hier irgendwie besonders kreativ wird"* (P7, INT/ Team C, 271:271). Die Möglichkeit der gegenseitigen „Befruchtung" trägt dann zu einer offenen und vertrauensvollen Atmosphäre im Team bei, die eine konstruktive Zusammenarbeit erst ermöglicht. Vor diesem Hintergrund ist zu verstehen, dass gerade in räumlich nahen Teams ein besonderer Kreativitätsvorteil durch den Einsatz Externer gesehen wird.

(c) Wechselseitige Lernprozesse

Im Rahmen der Betrachtung der Interaktionen im Team konnten wechselseitige Lerneffekte identifiziert werden. Unter Diversitätsgesichtspunkten überrascht dieses Ergebnis nicht. Denn das Kennenlernen der jeweils anderen Erfahrungskontexte und Denkstrukturen und die intensive Auseinandersetzung mit teils entgegengesetzten Meinungen und Vorgehensweisen setzen individuelle Lernprozesse in Gang. Durch die skizzierten Impulse zum Überdenken bisheriger interner Routinen ist eine verstärkte *Reflexivität im Team* denkbar. Diese Erkenntnisse sind damit kongruent mit bestehender Literatur zur lernorientierten Wirkungen von Teamdiversität.[776] Die tendenziell als kollegial bis freundschaftlich eingeschätzten Beziehungen untereinander dürften die sichere und lernförderliche Atmosphäre im Team unterstützen.[777]

Betrachtet man die *Lerninhalte* eignen sich interne wie externe Teammitglieder nicht nur neues Wissen an, sondern lernen gleichermaßen auch Handlungskompetenzen und erfolgreiche Verhaltensstrategien. In Anlehnung an

774 Vgl. Gersick 1988, 1989; Busch/ Hobus 2012, S. 33 sowie die Ausführungen in Abschnitt 1.1.1.3.

775 Vgl. Perry-Smith 2006.

776 Vgl. beispielhaft Horwitz/ Horwitz 2007, Webber/ Donahue 2001.

777 Vgl. bspw. Carmeli et al. 2009 zur lernförderlichen Wirkung einer sicheren Teamumgebung („psychological safety") und qualitativ hochwertigen Beziehungen.

die Förderung interkultureller Kompetenz in internationalen bzw. -kulturellen Teams[778] kann insofern auch in intern-extern gemischten Teams die Verbesserung der eigenen *„interorganisationalen Kompetenz"* vermutet werden.

Unterscheidet man nach den *Formen des Lernens*, so kann aus den Erkenntnissen zur Funktion externer Mitarbeiter als motivierendes Rollenmodell die Möglichkeit eines *Lernens am Modell*[779] abgeleitet werden. Unter Rückgriff auf Kolb 1984 kann insbesondere die Bedeutsamkeit von *Erfahrungslernen* für die Initiierung wechselseitiger Lernprozesse gemutmaßt werden. Hierzu eignen sich die jeweils *fremden Erfahrungen* der Teammitglieder anderer organisationaler Zugehörigkeit aufgrund ihrer unterschiedlichen Kontexterfahrungen.[780] Wie sich in den positiven kritischen Teamsituationen herausstellte, können gerade Interne von unmittelbaren, *eigenen „Learning-by-doing"-Erfahrungen* profitieren, etwa durch gemeinsames Experimentieren („trial und error") mit neuen Funktionen am Bildschirm.[781]

(d) Motivationseffekte

Die Ergebnisse beider Teilstudien zeigen, dass der Einsatz hochqualifizierter Externer im gemischten Team einen Motivationseffekt auf interne Teammitglieder bewirken kann. Dieses Ergebnis im Kontext intern-extern gemischter Projektteams bestätigt und konkretisiert damit bspw. eine der wenigen empirischen Erkenntnisse zum Ansporn in „Mixed Teams".[782] Begründungen für signifikante *Wahrnehmungsunterschiede* zwischen den Befragtengruppen in der

---

778 Vgl. bspw. Ely/ Thomas 2001.

779 Vgl. Bandura 1986.

780 Bspw. referiert Kaiser 2001 im Rahmen fremder Erfahrungen explizit auch auf unternehmensexterne Personen, z. B. Kunden, Lieferanten oder Unternehmensberater, die eine wichtige Erfahrungsquelle in der Kunden-Mitarbeiter-Interaktion darstellen können (vgl. Kaiser 2001, S. 97ff.). Genau genommen sei das Lernen auf Basis fremder Erfahrungen u. a. mit Hilfe der Beobachtung und Reflexion von Modellen möglich (vgl. ebd., S. 90).

781 Dieses Lernen zeichnet sich durch einen hohen Anwendungsbezug aus, sodass potenzielle Schwierigkeiten, Gelerntes auf konkrete praxisrelevante Aufgabenstellungen zu transferieren, nicht auftreten (vgl. Kaiser 2001, S. 80.) und externe Unterstützung eher angenommen werden kann. Auf diese Weise scheint die Neigung von Menschen, bestehende Verhaltensweisen nicht zu ändern (vgl. Kaiser 2001, S. 86), zugunsten des erkannten Mehrwerts bewältigt zu sein.

782 Eine Studie von Schabel et al. 2012 zeigt in der Befragung von festangestellten Wissensarbeitern nach Kenntnisstand der Autorin erstmals explizit die Möglichkeit eines verstärkten Motivationeffektes in Mixed Teams. 26% der befragten

quantitativen Teilstudie[783] könnten sich dabei vielleicht auf andere Rollenvorstellungen externer Mitarbeiter zurückführen lassen, die eine derartige motivationale Funktion nicht als ihre primäre Aufgabe im Team ansehen. Unternehmensverantwortliche könnten jenseits der „offiziellen" Zielsetzungen gerade diese „doppelte Rolle" bei der Make-or-Buy-Entscheidung intendiert haben (sog. „hidden agenda").[784] Dass von hochqualifizierten externen Projektmitarbeitern eine motivierende Wirkung auf ihre internen Kollegen ausgehen kann, lässt sich auf unterschiedliche mögliche Begründungen zurückführen. Im Vordergrund steht hier die Wirkung (1) über die reine Präsenz externer Mitarbeiter im Team, (2) über Anregung bestimmter (affektiver) Prozesse sowie (3) über Konkurrenzsituationen.

- Erstens kann eine Motivierung interner Mitarbeiter durch *soziale Erleichterung* („social facilitation")[785] erfolgen. Hierbei wird davon ausgegangen, dass allein die Präsenz anderer Personen die eigene Leistung beeinflussen kann. Ähnlich der Kreativität, zu dem Zhou 2003b die positive Wirkung der Anwesenheit kreativer Kollegen nachweisen konnte, kann auch für die Motivation interner Mitarbeiter ein ähnlicher *Präsenzeffekt* gemutmaßt werden.
- Zweitens können Externe auch unter motivationalen Gesichtspunkten als *Impulsgeber* wirken. Dies mag zunächst daran liegen, dass Externe als tendenziell besonders intrinsisch motivierte Personen[786] ihre internen Teamkollegen „mitreißen" können. Ergebnis dieser sozialen Ansteckung („social contagion") ist, dass *"the mere perception of another person's motivation for engaging in an activity affected the perceiver's own intrinsic motivation"* (Wild/ Enzle

Wissensarbeiter konnten dies konkret beobachten bzw. sich diesen Effekt vorstellen (vgl. Schabel et al. 2012, S. 21).

783 Externe konnten sich Motivationseffekte am wenigsten vorstellen.

784 Aus der Beraterforschung bspw. gibt es Hinweise, dass externe Unternehmensberater auch jenseits offizieller Rollen aus Gründen der eigenen Imagepflege für Führungskräfte oder in der Funktion eines „Sündenbocks" eingesetzt werden (vgl. Paust 2012). Auch für den Einsatz hochqualifizierter externer Mitarbeiter im gemischten Team könnten solche „Doppelrollen" denkbar sein, wie folgende Antwort eines externen Mitarbeiters bzgl. des Einsatzes Externer als Ansporn andeutet: *„Ja. Das war in dem Fall sogar explizit so, (..) also das wurde auch klar (…) dem damaligen Vertragsleiter so gesehen, dass er sagte, das muss man jetzt einfach einmal wagen"* (P21, Team G, 235:235).

785 Vgl. Aronson et al. 2008, S. 280ff.

786 Vgl. Amabile et al. 1996; Swart et al. 2003; die Ausführungen zum Profil Externer in 1.2.2.1 sowie die Studienergebnisse bspw. in 2.6.1.2.1.

2004, S. 146).[787] Diese Wirkung dürfte davon abhängen, inwiefern externe Mitarbeiter als „überbezahlt“ und damit von ihren internen Teammitgliedern eher als extrinsisch motiviert angesehen werden und insofern die *Salienz intrinsischer Motivation* tatsächlich zutage tritt. Darüber hinaus kommt Externen in der Wahrnehmung als *positives Rollenmodell* eine Funktion als *Vorbild* für ihre internen Kollegen zu, die besonders ihre Anpassungsfähigkeit und Belastbarkeit wertschätzen und durch ihr Verhalten inspiriert werden können.[788] Diese Wirkung dürfte insbesondere dann relevant werden, wenn der *eigene Vorteil* eines bestimmten Verhaltens erkannt und Handlungsstrategien angepasst werden können.[789]

- Drittens legen einige Interviewaussagen die Vermutung nahe, dass mit Externen eine *positiv wirkende Wettbewerbssituation* im Team entstehen kann. Externe Mitarbeiter werden von der Führungsseite durchaus *bewusst* eingesetzt, um bestehende Prozesse zu hinterfragen und für ein *„reasonable level of competition“* (P9, PL/ Team D, 115:115) sorgen zu können. Auch unter Berücksichtigung der Erkenntnisse zum Vorhandensein von Neid im Team kann teilweise von einer Konkurrenzsituation ausgegangen werden,[790] die für eine verstärkte individuelle Leistungsanstrengung eine Rolle spielen kann.

787 In mehreren Experimenten konnten Wild et al. 1992 zeigen, dass Schüler Unterrichtsstunden als zufriedenstellender erlebten und sich kreativer, neugieriger und interessierter darin zeigten, neue Fähigkeiten zu lernen, wenn sie ihre Lehrer als intrinsisch anstatt extrinsisch motiviert wahrnahmen.

788 Vgl. zur Wirkung positiver Rollenmodelle auch Lockwood/ Kunda 1997 und Lockwood et al. 2002. Voraussetzung für diese positive Wirkung ist jedoch, dass die Person mit Vorbildcharakter als relevant gesehen wird und ihr Erfolg bzw. ihre Leistung nicht außerhalb der eigenen Reichweite liegt.

789 Ein Vorteil wird im Rahmen der Interaktion erkannt, wie das Beispiel eines internen Projektmitarbeiters verdeutlicht, der in seiner positiven Teamsituation das Aufzeigen neuer Perspektiven und Vorgehensweisen sowie die Wertschätzung eigener Ideen durch den externen Teamkollegen als besonders positiv und anspornend schildert: *„Besonders positiv fand ich schon mal, das war allerdings auch relativ am Anfang noch, weil mit den Gedanken, dass ich eben nicht das Feedback bekommen habe „Ach, was habt ihr für utopische Vorstellungen?“, sondern dass sage ich mal die Ideen, die ich da hatte, eigentlich von Anfang an offensichtlich ganz gut zu den Systemen gepasst haben. Dass da eben das positive Feedback rüberkam „Ja, genauso oder annähernd genauso können wir das umsetzen“.* (P4, INT/ Team B, 123:123).

790 Gleichwohl müssen in diesem Zusammenhang auch einige Interviewaussagen berücksichtigt werden, nach denen mit Externen gerade *weniger Konkurrenz* im Team verbunden sei. Für eine detaillierte Diskussion des Neidaspektest sei auf Abschnitt 3.1.2.2 verwiesen.

Das *positive Motivationspotenzial von Wettbewerb im gemischten Team* lehnt sich damit an theoretische[791] und empirische Erkenntnisse[792] an.

Die Ausführungen zeigen insgesamt, dass durch unterschiedliche organisationale Zugehörigkeit in gemischten Projektteams verschiedene funktionale Diversitätseffekte in der Zusammenarbeit möglich sind. Die Ergebnisse verdeutlichen, dass positive Wirkungen zum einen auf einer „globaleren" Leistungsebene bzgl. Produktivität und Problemlösung im Team insgesamt möglich sind und bestätigen damit bisherige empirische Erkenntnisse. Zum anderen konnte mit Hilfe der identifizierten Kreativitäts-, Motivations- und Lerneffekte eine Spezifizierung und tiefer gehende Begründung der besonderen Vorteilhaftigkeit gemischter Teams vorgenommen werden. Damit ist unter dem Blickwinkel der Teamdiversität auch eine Konkretisierung und Erweiterung des Verständnisses der Wirkung einer externen Präsenz im Team möglich.

3.1.2.2 Dysfunktionale Effekte

Die Studienergebnisse zeigen, dass mit der diversen Zusammensetzung von Teams neben funktionalen auch dysfunktionale Effekte verbunden sein können, die eine konstruktive Zusammenarbeit zwischen Intern und Extern erschweren. In Anlehnung an die Argumentationslogik, dass Diversitätsvorteile häufig nicht ausreichend genutzt werden können,[793] konnten insbesondere (a) Vorbehalte und Neidaspekte und infolgedessen (b) mikropolitisches Verhalten und Demotivation sowie die Bildung von Subgruppen als dysfunktionale Effekte identifiziert werden.

(a) Vorbehalte und Neid
Die Ergebnisse der beiden Teilstudien lassen deutlich werden, dass es in intern-extern gemischten Projektteams zu gegenseitigen Vorbehalten und Neidgefühlen kommen kann. Mit Blick auf Erkenntnisse der Diversitätsforschung scheint diese Erkenntnis zunächst wenig überraschend, sondern bestätigt vielmehr Annahmen zur dysfunktionalen Wirkungsweise von Teamdiversität und die Aussagen des Ähnlichkeits-Attraktions-Paradigmas: Externe und interne Mitarbeiter nehmen ihre unterschiedliche organisationale Zugehörigkeit wahr und diskriminieren aufgrund dessen die andere, „fremdartige" Gruppe, was zu tendenziell

791 Vgl. die Ausführungen in Abschnitt 1.1.2.3.3 sowie Tjosvold 1995, S. 89 oder Pinto/ Pinto 1990, S. 212.

792 Vgl. Schröder 2010 oder Garsten 2003.

793 Vgl. Joshi/ Roh 2009.

negativen Einstellungen und Verhaltensweisen gegenüber den Mitgliedern anderer Zugehörigkeit führt.[794] Unter dem Blickwinkel der neuen Beschäftigungsformen und des Team Blending erweitern die vorliegenden Studienergebnisse darüber hinaus bisherige Forschungsergebnisse, die bspw. von mehrheitlich positiven, leistungsbezogenen Vorteilen einer gemischten Zusammensetzung von Projektteams ausgehen.[795]

Die festgestellten bzw. denkbaren Vorbehalte und Neidgefühle lassen sich insbesondere auf *Unsicherheitsprobleme und Informationsdefizite* zurückführen.[796] *Vorbehalte* gegenüber externen Mitarbeitern dürften eng verknüpft mit den geäußerten Bedenken und teils hohen Erwartungen an die Zusammenarbeit und das Leistungspotenzial im Team sein.[797] Eigene Unsicherheit diesbzgl. äußert sich in Skepsis gegenüber dem „unbekannten" neuen Teammitglied. Zum einen liegt die Vermutung nahe, dass Externen aufgrund eigener (negativer) Erfahrungen schädliches Verhalten, z. B. ein arrogantes Auftreten, *attestiert* wird. Zum anderen ist denkbar, dass Externe sich *tatsächlich schädlich verhalten*:[798] Da sie i.d.R. und auch im vorliegenden Kontext aus Wissens- und/oder Kapazitätsgründen im Unternehmen eingesetzt werden, könnten sie aufgrund des infolge jahrelanger Expertentätigkeit und der entsprechenden Erfahrung attribuierten hohen Status im Team eine gewisse Arroganz entwickeln. Diese wiederum kann bei den internen Mitarbeitern dann zu Widerständen und Reaktanzen führen. Gleichwohl geben(Kaiser et al. 2007 zu bedenken, dass die Unterstellung derartigen Verhaltens „auch eine der beliebtesten Methoden von Internen (ist), unliebsame Projekte zu unterminieren" (Kaiser et al. 2007, S. 70).

Anders kann es bei *Nicht-Vorliegen eigener Erfahrung* Interner mit Externen aussehen: Im Zuge der Interviews hatte sich herausgestellt, dass die Teammitglieder sich häufig vor Projektbeginn nicht kannten. Jedoch wurde gerade der wechselseitigen Kenntnis bzw. Vertrautheit eine hohe Relevanz für die Zusammenarbeit zugesprochen; ebenso helfe die jeweilige individuelle Erfahrung mit Internen resp. Externen eigene Bedenken zu reduzieren. Gleichzeitig lagen

---

794 Vgl. Byrne 1971 sowie Mannix/ Neale 2005, S. 41; van Knippenberg 2007, S. 12 und Abschnitt 1.3.2.2.

795 Vgl. Hays 2007; Rump 2008; Rump et al. 2011; Stiehler 2012.

796 Vgl. Kaiser et al. 2007, S. 67.

797 Gerade an den externen Mitarbeiter waren besonders hohe Erwartungen in fachlich-methodischer ebenso wie sozialer Hinsicht erkennbar geworden (vgl. Abschnitt 2.6.1.2). Gegenseitige Bedenken waren neben leistungs- und erfolgsbezogener Aspekte v.a. hinsichtlich einer kollegialen Zusammenarbeit geäußert worden.

798 Vgl. Kaiser et al. 2007, S. 70.

lediglich mangelnde Informationen über die tatsächlichen Fähigkeiten und Verhaltensweisen Externer wie Interner vor. Stereotype Vorurteile von „arroganten Beratern“ oder „flexible, leistungsorientierte Externe“ im Gegensatz zu eher „trägen Internen“ können aus *Kategorisierungsprozessen* resultieren, aufgrund derer die Teammitglieder sich anhand von Ähnlichkeiten und Unterschieden klassifizieren.[799] Derartige Kategorisierungen stellen einen vereinfachenden und komplexitätsreduzierenden Ordnungs- und Strukturierungsrahmen in sozialen Situationen dar. Mit diesen Kategorien sind Verhaltensannahmen und Erwartungen an eine soziale Gruppe verknüpft, die als Stereotype, d.h. kognitive Schemata, in wechselseitigen Interaktionen wirken.[800] Denn Stereotype und Vorurteile als *meist negative Bewertungen* von Stereotypen[801] beeinflussen Wahrnehmungs- und Urteilprozesse und können die Zusammenarbeit z. B. durch verzerrte Informationsverarbeitungsprozesse und selektive Wahrnehmung beeinträchtigen.[802] Vorurteile sind insofern Urteilsfehler.[803] Gerade bei geringen eigenen Erfahrungen mit gemischten Teams dienen dann die oben skizzierten *„Vor-Beurteilungen“* dazu, die bislang mangelnde eigene Erfahrung vor allem mit externen Kollegen oder fehlende Details zu ihrem „wahren“ Profil auszugleichen. Auch die (quantitative) Einschätzung potenzieller Integrationsschwierigkeiten Externer kann in diesem Rahmen als a priori Vorbehalt eingeschätzt werden. Dieser korrespondierte zwar realiter mit kurzen, nicht standardisierten „Onboarding“-Prozessen, erwies sich jedoch bei *gegenseitiger Kenntnis der Teammitglieder zu Projektbeginn* wie auch der *wahrgenommenen Gleichbehandlung und guten Integration Interner und Externer* als wenig problematisch. Auch hier dürfte also mangelnde gegenseitige Kenntnis eine wesentliche Rolle spielen, infolgedessen sich a priori wenig fundierte Einschätzungen als „Ersatzinformationen“ herausbilden (können).

Voreingenommenheit und Stereotype als Ergebnis vereinfachender Kategorisierungsprozesse tragen gemäß der Erkenntnisse von Schuler 2004, Brewer 1995 und Byrne 1971 dazu bei, andere als *„fremdartig“* wahrzunehmen

799 Vgl. Hogg/ Abrams 1988; van Knippenberg et al. 2004, S. 1009 sowie die Ausführungen in Abschnitt 1.3.2.

800 Vgl. Klauer 2008, S. 23; sowie allgemein Allport 1954; Cox 1993, S. 188; Kunda/ Spencer 2003, S. 522ff. Eine Übersicht zur Entstehung und Wirkungsweise von Stereotypen ist bspw. bei Köppel 2007, S. 96ff. zu finden.

801 Vgl. Köppel 2007, S. 97.

802 Dies ist bspw. der Fall, wenn die organisationale Zugehörigkeit als primär relevantes und sichtbares Merkmal Externer resp. Interner und die damit verbundenen Erwartungshaltungen selektiv wahrgenommen werden.

803 Vgl. Klauer 2008, S. 24.

und damit die *Salienz* von Unterschieden noch zu verstärken. Hierdurch wird man sich als Teammitglied der Grenzen zwischen Intern und Extern und der eigenen Gruppenzugehörigkeit bewusster; indem die soziale Identität an die Eigengruppe geknüpft wird, wird zur Aufrechterhaltung eines positiven Selbstbildes[804] die abweichende, „fremdartige“ Gruppe (von Externen resp. Internen) „abgewertet“.[805] Vor diesem Hintergrund können die identifizierten teils abwertenden Zuschreibungen gegenüber Externen/ Internen mit dem Aspekt der *Xenophobie* i.S.v. Fremdenangst oder sogar „Fremdenfeindlichkeit“ erklärt werden. Diese äußern sich insbesondere in ablehnenden Verhaltensweisen und Einstellungen gegenüber Externen,[806] sodass sie teils explizit als *Bedrohungspotenzial* eingestuft werden. Damit sind diese verzerrenden Effekte der Kategorisierungen mit den Erkenntnissen des CEM vereinbar, in welchem dysfunktionale Effekte auf Basis von Kategorisierungen insbesondere bei wahrgenommener Bedrohung der Selbstidentität auftreten.[807]

Eng verknüpft mit den erläuterten Stereotypisierungen und Vorbehalten infolge Informationsdefiziten und Unsicherheiten ist der Aspekt des *Neids*. Neid zeigte sich insbesondere hinsichtlich der Entlohnung hochqualifizierter externer Mitarbeiter (Interne), teils auch interne Personalentwicklungsmöglichkeiten und Sicherheit des Arbeitsplatzes (Externe). Begründungen für Neid können in *sozialen Vergleichsprozessen* und *wahrgenommenem Bedrohungspotenzial* gesehen werden.

- Neid als negative Emotion resultiert aus *sozialen Vergleichsprozessen*, im Zuge derer man sich bzgl. erwünschter Eigenschaften, erreichter Ziele oder Ressourcen anderer Personen benachteiligt fühlt.[808] So nehmen Interne teils wahr, dass Externe subjektiv besser bezahlt werden oder flexiblere Handlungsspielräume in der Aufgabenerfüllung haben. Hier ist auch die zwischen interner und externer Seite signifikant unterschiedliche Einschätzung der „wahrgenommenen Gerechtigkeit“ der Entlohnung Externer einzuordnen. Die Tagessätze wurden im direkten Vergleich als zu hoch angesehen, jedoch

804 Vgl. Paulsen 2003, S. 18.

805 Diese Form der Diskriminierung der „fremdartigen“ sozialen Gruppe aufgrund stereotyper „us-them“-Kategorisierungen und Vergleichsprozessen („social comparison“) entspricht den Erkenntnissen der SIT (vgl. Tajfel/ Turner 1986) und des Ähnlichkeits-Attraktionsparadigmas (vgl. Byrne 1971 sowie insgesamt zur diskriminatorischen Wirkung bspw. auch Guzzo/ Shea 1992).

806 Vgl. hierzu auch Kaiser et al. 2007, S. 74.

807 Vgl. van Knippenberg et al. 2004, S. 1015.

808 Vgl. Duffy et al. 2012, S. 645 mit Bezug u. a. zu Vecchio 2005.

dürfte die Vergleichbarkeit unter der kaum möglichen Beurteilung des tatsächlichen Profils (s.o.) und der Fähigkeiten Externer zusätzlich erschwert sein. Insofern scheint Intransparenz über die „wahren Kosten" des Einsatzes zu bestehen.

- Weiterhin ist für eine Grundskepsis interner Mitarbeiter und für die Entstehung von Neid das *wahrgenommene Bedrohungspotenzial*[809] entscheidend. Vergleichsprozesse der skizzierten Art können eine potenzielle *Gefahr für die eigene Identität und den Status* im Team bedeuten. De Cuyper et al. 2008 sprechen auch von potenziellen *"hidden costs"* für Festangestellte: Die Präsenz Externer könnte bei Internen ein Gefühl von *„locked in"* in ihren Jobs auslösen, da ihnen die begrenzten eigenen Karriereoptionen und die breiten Möglichkeiten anderer Arbeitskontexte bewusst wird.[810] Bedrohungspotenzial entspringt vor allem einer gefühlten Gefahr eingeschränkter Entscheidungsspielräume, Machtpositionen und damit insgesamt Angst um den eigenen Status im Team. Dies ist bspw. aus der Forschung zu neuen Teammitgliedern bekannt.[811] Dies ist insbesondere der Fall, wenn Externen ein hoher (Experten-) Status attribuiert wird und sie dann als Rivalen[812] angesehen werden. Die Entstehung von Neid im Team wird auch deshalb besonders *wahrscheinlich*, da Interne und Externe sich aufgrund ihrer Unterschiede *weniger miteinander identifizieren*.[813] Darüber hinaus dürfte für eine wahrgenommene eigene Unterlegenheit oder Benachteiligung auch eine zu *geringe tatsächliche Wertschätzung der Leistungen interner Mitarbeiter* ausschlaggebend sein, wie die Aussage eines externen Mitarbeiters vermuten lässt:

  „(…) was ich vielfach unterbewertet sehe, ist tatsächlich, wenn Externe da sind, gerade im großen Anteil, werden die internen Leistungen vielfach zu schlecht bewertet, also zu

---

809 Vgl. hierzu auch die „threat hypothesis" bei Strauss et al. 2003. Die Wahrnehmung von temporär Beschäftigten als Bedrohung wird explizit bei von Hippel/ Kalokerinos 2012 thematisiert.

810 "In much the same way, there may be hidden costs for permanent workers: permanent workers may feel locked into their jobs more than temporary workers do, because they may fear the costs associated with leaving. Furthermore, permanent workers may perceive increased supervision demands and reduced promotion opportunities and job security when temporary workers are hired" (vgl. de Cuyper et al. 2008, S. 18).

811 Ältere Teammitglieder sehen dann „Newcomer" als Bedrohung ihres derzeitgen Status Quo (vgl. Jackson et al. 1992, S. 58).

812 Vgl. Garsten 2003.

813 Vgl. Duffy et al. 2012, S. 658.

wenig wertgeschätzt. Weil, ich glaub schon, dass ganz viele Fragen, ich glaube ganz viele Entscheidungen viel besser auch von internen Mitarbeitern getroffen werden können, weil die ganz einfach wissen, wie es funktioniert. (...) Also dieses interne Know-how wird oft nicht genügend wertgeschätzt." (P12, 103:103)

(b) Mikropolitisches Verhalten, Demotivation und Gruppenbildung als Konsequenzen

Im Ergebnis sind a priori bestehende Vorbehalte, stereotypenbasierte Vorurteile und Neidgefühle Ausdruck *persönlicher Konflikte* im Team.[814] Diese äußern sich in konkretem *dysfunktionalen Verhalten*, das die Zusammenarbeit zwischen internen und externen Mitarbeitern beeinträchtigen kann. Dies ist kongruent mit Erkenntnissen aus der Teamdiversität[815] und auch der negativen Wirkung persönlicher „emotional conflicts" im Team.[816]

Konkret konnte etwa *mikropolitisches Verhalten* bei den Teammitgliedern identifiziert werden. Hierzu zählten etwa mit besonders forderndem, unter Druck setzenden Auftreten, dem Einschalten höherer Vorgesetzter und vor allem der Monopolisierung von Informationen unterschiedliche mikropolitische Taktiken, die sich ähnlich auch bei Neuberger 2002 oder mit Bezug zu Abwehrhaltungen und Widerständen bei Schreyögg 2008 finden lassen.[817] Mikropolitik lässt sich dabei folgendermaßen verstehen:

> „Mikropolitik bezeichnet das Arsenal jener alltäglichen ‚kleinen' (Mikro-!)Techniken, mit denen Macht aufgebaut und eingesetzt wird, um den eigenen Handlungsspielraum zu erweitern und sich fremder Kontrolle zu entziehen (...)." (Neuberger 2002, S. 685)

Legt man zugrunde, dass es sich bei dem sichtbaren, vorliegend dysfunktionalen Verhalten um mikropolitisch *motiviertes* Verhalten[818] handelt, lässt das sichtbare Verhalten interner und externer Mitarbeiter auf bestimmte Motive schließen. Relevant dürften hier v.a. die Abwehrung zu starker Kontrolle und die Durchsetzung und Erweiterung des eigenen Handlungsspielraums sein, welcher als bedroht wahrgenommen wird.[819] Spezifische Handlungsbedingungen, die auch im vorliegenden Kontext gegeben sind, betreffen etwa eine erhebliche

---

814 Vgl. Jehn et al. 1999; Pelled 1996.

815 Beispielhaft sei hier auf Pelled et al. 1999, S. 4 oder de Dreu/ Weingart 2003, S. 741 verwiesen.

816 Vgl. Jehn et al. 1999 sowie die Ausführungen in Abschnitt 1.1.2.3.3.

817 Vgl. Neuberger 2002, S. 714 und Schreyögg 2008, S. 407.

818 Vgl. Neuberger 2002, S. 687.

819 Vgl. hierzu auch die Ausführungen zu Neid und wahrgenommenem Bedrohungspotenzial im vorangegangenen Abschnitt.

Informationsabhängigkeit für die effektive Leistungserstellung, teils divergierende Interessen zwischen Intern und Extern oder die ungleiche Verteilung von Ressourcen und Macht.[820] Gerade auch die möglichen Doppelbelastungen der Teammitglieder und Boundary-Spanning-Aktivitäten (v.a. Externer), welche die Teammitglieder verschiedenen, u.U. konfliktären Interessen- und Verantwortungsbereichen aussetzen, können „hidden agendas“ und mikropolitisches Verhalten erleichtern. Damit wird die Blockierung offener und konstruktiver Wissensteilung erschwert.[821]

Auch bei *Widerständen und Abwehrhaltungen* infolge von Veränderungsprozessen sowie der Diskussion um die *eigene Identität* im Team können Begründungen für dysfunktionale Diversitätseffekte gefunden werden. So kann ein ablehnendes Verhalten gegenüber Veränderungen auch deshalb erfolgen, wenn diese Veränderungen *von außen* initiiert werden: Die sog. „Not-invented-here (NIH)“-Problematik als häufig untersuchtes Widerstands-Phänomen[822] wird als besonders typisch für Widerstände von interner Seite eingeschätzt, da es rein *emotionaler* Natur ist. Gerade aus der Notwendigkeit, Wissen und Fähigkeiten von externen Mitarbeitern zu nutzen und zu integrieren, kann das NIH für den vorliegenden Kontext insofern eine Schlüsselrolle spielen. Neben der emotionalen zeigt sich auch die *kognitive* Ebene für die Erklärung von Widerständen relevant. Hinsichtlich Vorbehalten und Vorurteile kann mit Hilfe von *kognitiven Strukturen* („cognitive maps“) eine erhebliche selektive Wahrnehmung des Einsatzes Externer im Team gemutmaßt werden. Gerade die indizierte Relevanz positiver Teamsituationen und die negative Wirkung schlechter Vorerfahrungen für die Zusammenarbeit kann insofern wie eine „self-fulfilling-prophecy“ wirken, sodass nur bestimmte gefilterte Informationen über Externe und Interne wahrgenommen werden und das Verhalten bestimmen. Da insbesondere unangenehme oder bedrohende Stimuli, wie dies im Fall externen Bedrohungspotenzials möglich ist, eine höhere Wahrnehmungsschwelle haben, werden diese

820 Vgl. hierzu auch die Überlegungen von Neuberger 2002, S. 696ff. Beispielhaft kann hier bzgl. der ungleichen Verteilung von Macht und Ressourcen interner und externer Mitarbeiter auf das Beispiel der eingeschränkten Partizipationsmöglichkeit Externer an Team- bzw. Projektentscheidungen oder teambezogenen Befugnissen (vgl. Abschnitt 2.6.1.4).

821 Vgl. bspw. die Studie zum Wissensaustausch in heterogenen Teams im militärischen Kontext von Friesl et al. 2011; zum mikropolitischen Verhalten insbesondere S. 79f.

822 Vgl. Schreyögg 2008, S. 407 sowie zum NIH insbesondere Katz/ Allen 1982.

Informationen auch eher relevant und erklären dysfunktionales abwehrendes und mikropolitisches Verhalten.[823]

Mit Bezug zur Diskussion um die eigene soziale Identität kann folgender Zusammenhang in gemischten Teams vermutet werden: Da Neid und die damit verbundene gefühlte Unterlegenheit einen signifikanten *Angriff auf Selbstwertgefühl und professionelle Identität* darstellt,[824] wird als Reaktion versucht, ein positives Selbstbild aufrechterhalten und gleichzeitig den jeweils anderen abzuwerten. Hierdurch lassen sich die Favorisierung der Eigengruppe und diskriminierende Verhaltensweisen anderen gegenüber erklären. Angst und das Gefühl von Kontrollverlust führen dazu, dass man als Interner versucht, ein positives Selbstgefühl aufrecht zu erhalten und daher die negativ konnotierte Interaktion mit Externen reduziert. Damit wird die Bildung von Subgruppen wahrscheinlich. Nicht zuletzt auch aufgrund räumlicher Verteilung von internen und externen Teammitgliedern wird ein solcher „*Zerfall einer sozialen Einheit in Teilgruppen*" (von Rosenstiel/ Nerdinger 2011, S. 305) denkbar.[825]

Im Ergebnis wird mikropolitisches, antisoziales Verhalten („social undermining") wie die hier identifizierten Eintrittsbarrieren, zeitlichen Verzögerungen und Ablehnung anderer Ideen wahrscheinlich. Für die Zusammenarbeit heißt dies im Ergebnis, dass Informationsverarbeitungsprozesse maßgeblich beeinflusst werden, die Möglichkeiten für wechselseitige und offene Austauschprozesse geschmälert werden und damit insgesamt quantitativ wie qualitativ weniger hochwertige Interaktionen zwischen internen und externen Mitarbeitern zustande kommen.[826]

Eine dysfunktionale Wirkung auf die eigene *Motivation* dürfte durch diese „kontrollierenden" Mechanismen in der Zusammenarbeit wahrscheinlich sein. Dies liegt nicht nur daran, dass aufgrund dieses zeit- und ressourcenintensiven schädlichen Verhaltens weniger Zeit für die eigentliche Aufgabenbearbeitung

823 Für die Wahrnehmung von temporär Beschäftigten als Bedrohung sei an dieser Stelle beispielhaft auf von Hippel/ Kalokerinos 2012 verwiesen.

824 Vgl. hierfür sowie die nachfolgenden Erläuterungen Duffy et al. 2012, S. 645.

825 Wenngleich aus der Interviewstudie keine direkte Kausalität zwischen räumlicher Nähe und der Bildung von Subgruppen durch *eigenes Erleben* der Teammitglieder nachgewiesen werden konnte, zeigten die Aussagen doch, dass Gruppenbildung prinzipiell denkbar ist und teils dysfunktionale Effekte haben kann. Die potenziell auch positive Wirkung von Gruppenbildung, z. B. als wettbewerbsbedingter Stimulus für Teamlernen, war bereits in Abschnitt 3.1.2.1 skizziert worden.

826 Vgl. Jackson et al. 1992 bzw. zur Behinderung des Informations- und Leistungsflusses im Team auch Kaiser et al. 2007, S. 72ff.

bleibt und damit der Zeitdruck im Projekt erheblich zunehmen dürfte. Diese Mechanismen könnten als direkter „Angriff" auf die professionelle Identität und den Status hochqualifizierter externer Mitarbeiter gewertet werden. Denn für sie dürfte eine autonome Handlungsausübung schwieriger möglich sein, da sie ihre Teilaufgaben nicht mehr so flexibel und selbstbestimmt ausüben können, sondern noch stärker von ihren internen Kollegen abhängen und ein hohes Maß an *organisationaler Kontrolle* seitens des Unternehmens wahrnehmen. Unter Berücksichtigung des skizzierten besonderen Bedürfnisses nach Autonomie und Zeitsouveränität kann auf reduzierte Motivation aufgrund einer tendenziellen Skepsis gegenüber formaler Supervision und Kontrollmechanismen[827] geschlossen werden. Misstrauen untereinander ist die Folge.

Die Ausführungen zeigen insgesamt, dass mit dem Einsatz hochqualifizierter externer Mitarbeiter im Team neben funktionalen auch dyfunktionale Diversitätseffekte verbunden sein können. Vorbehalte und Neid, mikropolitisches Verhalten, Demotivation und die Bildung von Subgruppen können das Leistungspotenzial gemischter Team beeinträchtigen, indem offene Austauschbeziehungen und konstruktive Informationsverarbeitungsprozesse unwahrscheinlich werden und auch auf der persönlichen Ebene leistungshemmende Spannungen entstehen. Damit bestätigen die vorliegenden Studienergebnisse erstens Annahmen und Erkenntnisse hinsichtlich Konflikten in Teams: Aufgrund der diversen Teamzusammensetzung können infolge der skizzierten Kategorisierungsprozesse und des wahrgenommenen Bedrohungspotenzials von Mitgliedern anderer organisationaler Zugehörigkeit *interpersonelle bzw. affektive Konflikte* im Team auftreten.[828] Diese können wir gezeigt mit negativen Empfindungen wie Misstrauen oder Neidgefühlen verbunden sein[829] und den persönlichen Umgang miteinander und das Beziehungsgefüge im Team erheblich verschlechtern.[830] Damit kann die von Högl 1998 skizzierte Gefahr, die von einer heterogenen Zusammensetzung von Innovationsteams für eine konstruktive Interaktion ausgeht, bestätigt werden.[831] Zweitens zeigt sich mit Blick auf Erkenntnisse aus der

827 Vgl. auch von Nordenflycht 2010, S. 160f.; Greenwood/ Empson 2003, S. 916 sowie die Ausführungen in Abschnitt 1.2.2.1.

828 Vgl. Pelled 1996; Jehn 1995. Insbesondere auch in der quantitativen Studie waren diesbezügliche Hinweise gefunden worden (vgl. Abschnitt 2.4.3.3).

829 Vgl. hierzu auch Pelled 1996, S. 620.

830 Vgl. de Dreu/ Weingart 2003, S. 741.

831 Vgl. Högl 1998, S. 49 sowie die Ausführungen in Abschnitt 1.1.2.3.3. Insofern würden durch dysfunktionale Diversitätseffekte die zentralen Komponenten der Teaminteraktion, insbesndere gemäß der vorangegangenen Ausführungen

Teamentwicklung, dass das erhöhte Konfliktpotenzial gemischter Teams auch für den zeitlichen Fortgang der Projektarbeit nicht ohne Folge sein wird. Unter Rückgriff auf Tuckman's Modell kann die Annahme gestützt werden, dass neu zusammengestellte Teams nicht sofort leistungsfähig sind[832] und darüber hinaus sogar eine besonders zeitintensive, leistungshemmende Konfliktphase haben können: Diese können aufgrund der skizzierten dysfunktionalen Effekte nicht nur relativ zu Beginn der Zusammenarbeit (Bsp. Vorbehalte), sondern auch während der gesamten Leistungserstellungsphase neu entstehen, etwa durch nicht vollständig geklärte Verantwortungsbereiche, „wieder aufflammende" Statuskonflikte oder schwelende Neidgefühle. Darüber hinaus knüpfen die vorliegenden Ergebnisse drittens an bisherige Forschung zu psychologischen Auswirkungen von Team Blending an, indem Schwierigkeiten in der Zusammenarbeit aufgrund interner Widerstände[833] oder Wahrnehmung flexibel Beschäftigter als Bedrohung[834] im Kontext des Hochqualifizierten-Bereichs spezifiziert werden.

Aus diesen Ausführungen kann insgesamt geschlossen werden, dass aufgrund potenziellen dysfunktionalen Verhaltens im gemischten Projektteam *Kooperation keine Selbstverständlichkeit* darstellt.[835] Damit wird die Balance zwischen einer notwendigen Kontrolle und einer möglichen autonomen Aufgabenbearbeitung zu einem Grundthema für eine effektive Führung gemischter Teams.

3.1.3 Herausforderungen für die Führung gemischter Teams

In der Zusammentragung der wesentlichen Ergebnisse der quantitativen und qualitativen Teilstudie ergibt sich ein vielschichtiges und komplexes Bild der Führung intern-extern gemischter Projektteams. Als zentrale Herausforderung kann die adäquate Steuerung des diversitätsinduzierten Spannungsfelds dargestellt werden.

Die vorangegangenen Ausführungen haben gezeigt, dass sich die Spezifika intern-extern gemischter Projektteams in einem *temporären Kontext* sowie einem diversitätsinduzierten *Spannungsfeld* darstellen lassen, in dem sich die Zusammenarbeit zwischen internen und externen Mitarbeitern abspielt. Vor diesem Hintergrund wird deutlich, dass die Führung gemischter Teams nur erfolgreich

---

Kommunikations- und Informationsprozesse, aber auch die Intensität gegenseitiger Unterstützung und des Teamzusammenhalts, beeinträchtigt werden.

832 Vgl. Tuckman 1965 sowie die Ausführungen in Abschnitt 1.1.1.3.

833 Vgl. Barley/ Kunda 2004, S. 199ff.

834 Vgl. von Hippel/ Kalokerinos 2012.

835 Vgl. Kaiser et al. 2007, S. 73.

sein kann, wenn es ihr gelingt, die vorhandenen Leistungspotenziale und -bereitschaften interner und externer Mitglieder bestmöglich auszuschöpfen. Da diese sich im Prozess der interaktiven Leistungserstellung wechselseitig beeinflussen und damit kontinuierlich darauf wirken, ob die Zusammenarbeit im Rahmen konkreter Teamsituationen gefördert oder beeinträchtigt wird, werden zwei Themen für die Führung notwendig: Die funktionalen Effekte zu fördern und zu verstärken und gleichzeitig potenzielle Störfaktoren bestmöglich zu minimieren. Hieraus lässt sich die adäquate Steuerung dieses diversitätsinduzierten Spannungsfelds als *die zentrale Herausforderung* für die Führung gemischter Teams ableiten. Unter Berücksichtigung der Spezifika des Kontextes wird die unterschiedliche organisationale Zugehörigkeit im Team damit zu einer entscheidenden Situationsvar able, die es im Führungskontext zu berücksichtigen gilt. Damit können die vorliegenden Studienergebnisse an die situative Führungsforschung anknüpfen.[836]

Diese zentrale Herausforderung lässt sich anhand der *(1) Ebenen der Führung* und der *(2) inhaltlichen Schwerpunkte* weiter konkretisieren. Abbildung 31 visualisiert diese Überlegungen und dient insofern auch der Strukturierung dieses Abschnitts.

Abbildung 31: Ebenen der Führung gemischter Projektteams

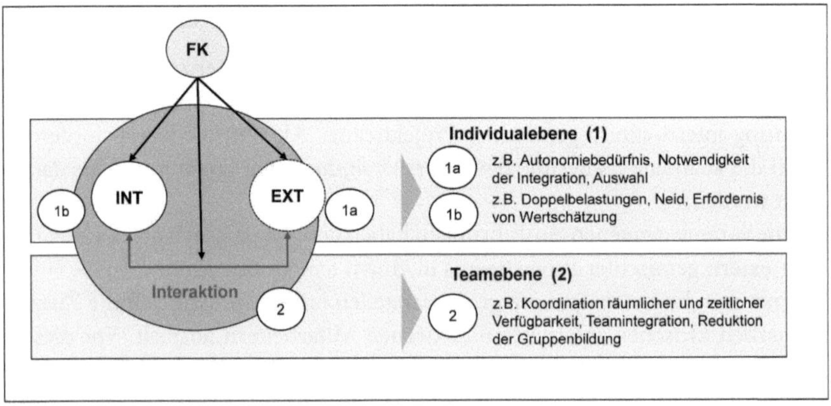

(Quelle: Eigene Darstellung)

836 In deren Kern geht es um die Identifizierung und Abschätzung der Wirkungen erfolgrelevanter Situationsvariablen des Führungskontextes und damit die Bestimmung der Rahmenbedingungen für einen Führungserfolg (vgl. Müller-Lindenberg 2004, S. 19; Weibler/ Deeg 2001, S. 76ff.).

3.1.3.1 *Ebenen der Führung*

Reflektiert man sowohl die jeweiligen Charakteristika interner und externer Teammitglieder als auch den interaktiven Prozess der Zusammenarbeit, so wird deutlich, dass Führung simultan auf mehreren Ebenen stattfindet (vgl. obige Abbildung 31). Es kann zwischen der *Individualebene* und damit der Dyade Führungskraft/ interner Mitarbeiter (in der Abbildung Nr. 1a) und Führungskraft/ externer Mitarbeiter (Nr. 1b) einerseits und der *Teamebene* andererseits (Nr. 2) unterschieden werden, welche die Interaktionen zwischen internen und externen Teammitgliedern umfasst. Damit zeigen die Studienergebnisse, dass Führung in gemischten Teams gleichzeitig ein dyadisches wie beziehungsbasiertes Phänomen ist.[837] Eine stärkere Integration von dyadischen Situationstheorien[838] und interaktionsbasierten Theorien[839] für den Kontext gemischter Teams scheint insofern zielführend. Begründungen für eine solche spezifische Mehr-Ebenen-Konzeption[840] sind in den unterschiedlichen *Bedingungen der Einflussnahme* innerhalb gemischter Teams zu sehen.

- Erstens legen die Ergebnisse nahe, dass zwischen der Projektleitung und den jeweiligen internen oder externen Mitarbeitern *unterschiedliche Beziehungen* und *Einflussmöglichkeiten* bestehen. Spezifische Situationsmerkmale sind zum einen, dass Führung – teils bei Externen *und* Internen – jenseits offizieller Weisungsbeziehungen und mit i.d.R. lediglich eingeschränkter Möglichkeit direkter Einflussnahme (räumliche und zeitliche Distanz) erfolgt. Zum anderen konnte gezeigt werden, dass gerade Externe jenseits ihrer Teamaufgabe für die Projektleitungen eine besondere Rolle haben können, bspw. ähnlich einer Art „Mentoren“- bzw. begleitenden Rolle und eine weniger hierarchische Beziehung wie dies zwischen Projektleitung und internen Mitarbeitern der Fall sein kann. Auch in Verbindung mit der höheren Autonomie Externer in ihrer Aufgabenerfüllung kann daraus eine stärkere Machtposition Externer in der Führungsdyade im Vergleich zu internen Mitarbeitern resultieren.[841] Dies könnte Neid bei internen Mitarbeitern noch befördern, jedoch gleichzeitig auch die erforderliche Führungsbreite reduzieren.
- Zweitens können tendenziell *unterschiedliche Führungsbedürfnisse* vermutet werden. Deutlich geworden sind in diesem Rahmen spezifische

837 Vgl. Abschnitt 1.1.3.1.

838 Vgl. bspw. Hersey/ Blanchard 1982.

839 Vgl. bspw. Graen/ Scandura 1987.

840 Vgl. Yukl 2010, S. 495.

841 Vgl. hierzu Bush 2009, S. 72.

Autonomiebedürfnisse Externer, eine tendenziell hohe intrinsische Motivation, welche durch eine zu intensive Kontrolle seitens der Führung gefährdet werden kann, sowie spezifische Fähigkeiten zur Selbststeuerung. Bei internen Teammitgliedern spielt sicherlich besonders die teils zeitlich bedingten Doppelbelastungen und das wahrgenommene Bedrohungspotenzial Externer eine Rolle. Dies dürfte verstärkte Steuerungshandlungen seitens der Projektleitung (z. B. in Form von Koordination der Teilaufgaben und Schaffung von Transparenz) erfordern. Auch die jeweiligen Interessen an der erfolgreichen Projektarbeit (Laufbahnmöglichkeiten bei Internen, Folgeaufträge bei Externen) können einen Einfluss auf die Führung haben.

- Drittens indizieren die Ergebnisse ein *Dilemma hinsichtlich des tatsächlichen Umgangs* mit internen wie externen Teammitgliedern. Zum einen zeigt die vorangegangen skizzierte tendenzielle Unterschiedlichkeit interner und externer Führungsbedürfnisse, dass Führungskräfte einerseits für Externe *geringere* und andererseits für Interne teils *verstärkte* Steuerunghandlungen zur Einflussnahme ausüben sollten. Dieses Dilemma impliziert widersprüchliche Anforderungen an die Führungskraft und wirft die Frage auf, wie es auch unter unterschiedlichsten Teamsituationen aufgelöst werden kann, ohne die Bedürfnisse einer Gruppe von Teammitgliedern zu negieren. Darüber hinaus scheint die in den Interviews hoch eingeschätzte Bedeutung von *Gleichbehandlung* einem Zielkonflikt mit *Fairness* zu unterliegen. Versteht man Fairness im Sinne einer „gerechten" Behandlung entsprechend der individuellen Bedürfnisse und Potenzialitäten interner und externer Mitarbeiter anstatt einer tatsächlich „gleichen" Behandlung wird die dritte Bedingung der Einflussnahme deutlich.

Unter diesen Bedingungen der Einflussnahme in gemischten Teams kann geschlussfolgert werden, dass vor allem eine individuell bzw. nach organisationaler Zugehörigkeit *differenzierende*, aber auf der interpersonellen Teamebene *faire* Führung relevant wird (Gleichberechtigung anstatt Gleichbehandlung). Entsprechend wird deutlich, dass eine zielbezogene Einflussnahme anstatt zuvorderst über eine hierarchische Kontrolle vor allem über andere Mechanismen erfolgen muss. Dies scheint bspw. kongruent mit Erkenntnissen zur Führung interkultureller und virtueller Teams.[842] Nicht zuletzt aufgrund der vorliegend generierten Erkenntnis, dass die Mitglieder gemischter Projektteams unterschiedlich zeitlich und räumlich für die Zusammenarbeit verfügbar sein können, wirft Fragen nach einer Führung auch „unsichtbarer" Teammitglieder auf. Dies werde oftmals in Führungstheorien

842 Vgl. bspw. die Studien von Köppel 2007 oder Orlikowski et al. 2004.

vernachlässigt, wie Reichwald/ Möslein 1996 bemerken.[843] Die notwendige Führung Externer wird eine neue Facette der Führung diverser Projektteams. Neben Zielvereinbarungen[844] und der Anweisung zu selbstständiger Tätigkeit kann dies v.a. durch die Wertschätzung interner wie externer Mitarbeiter gleichermaßen und den Aufbau von gegenseitigem Vertrauen erfolgen. In diesem Rahmen kann bspw. auch an Überlegungen von Sackmann 2007 angeknüpft werden, die für komplexe Führungssituationen jenseits bekannter Routinen das Konzept eines „*Relational Leadership*“ vorschlägt: Durch eine vertrauensvolle, wertschätzende und gleichermaßen leistungsintensive wechselseitige Beziehungsdynamik zwischen Führungskraft und Mitarbeitenden ist die Entwicklung zu einem Hochleistungsteam möglich. Vertrauen als wesentliches Charakteristikum von Relational Leadership kann für den vorliegenden Kontext ebenfalls neuartiger, komplexer Teamarbeit auch mit Hilfe eines Praxisbeispiels aus den Interviews verdeutlicht werden: Ein effektives Vorgehen jenseits strikt hierarchischer Kontrolle wird darin gesehen, den Kontrollaufwand nach Projektbeginn sukzessive zu reduzieren und stattdessen kontinuierlich *den Aufbau eines Vertrauensverhältnisses* (sowohl in den Dyaden wie auf Teamebene) voranzutreiben. Dies zeigt sich in der skizzierten „Best Practice“ aus Team C zur Reduktion des koordinativen Aufwands:

> „Meine Erfahrung oder mein Ansatz ist, am Anfang vielleicht ein bisschen Kontrolle, jeder Partner, jeder Externe muss einen Report jede Woche machen, was er gemacht hat und, und, und. Und mit der Zeit geht diese Kontrolle nach unten, man merkt, man kann jemand vertrauen oder nicht, und das schätzen viele (…).“ (P9, PL/ Team C, 131:131)

3.1.3.2 Inhaltliche Schwerpunkte

Ausgehend von dem indizierten zentralen Spannungsfeld der Diversitätseffekte lassen sich in der Zusammenführung der Ergebnisse beider Teilstudien verschiedene inhaltliche Themen kondensieren. Besonders zwei wesentliche Schwerpunkte können festgehalten werden und bedürfen nachfolgend der Diskussion: (a) die Dualität von Aufgaben- und Beziehungsbezug und (b) die spezifische Relevanz und Rolle der Führungsperson.

(a) Dualität von Aufgaben- und Beziehungsbezug

Zusammengenommen lassen sich die unterschiedlichen Einzelaspekte der Führungsherausforderungen zu zwei zentralen Themenbereichen kondensieren:

843 Vgl. Reichwald/ Möslein 1996, S. 691.

844 Zum Führungsansatz des „Management by Objectives“ und Zielvereinbarungen vgl. bspw. Locke/ Latham 1990 oder Di Martino/ Wirth 1990.

„Harte", eher aufgabenbezogene und koordinative, und „weiche", eher beziehungsorientierte Herausforderungen. Diese Dualität knüpft insofern an die aus der Führungsforschung bekannte klassische Dichotomie der Aufgaben- und Beziehungsorientierung bzw. der *Lokomotion* und der *Kohäsion* als Hauptfunktionen der personalen Führung an.[845] Im Zusammenhang mit diesen inhaltlichen Themenschwerpunkten sind besonders zwei Aspekte beachtenswert:

- *Die besondere Relevanz beziehungsorientierter Aspekte:* Dieses Ergebnis ist damit auch vergleichbar mit Erkenntnissen aus der Projektmanagementforschung zur Relevanz personaler Faktoren insgesamt und speziell zur Rolle der Projektleitung und ihrer Führungsqualitäten als kritische Erfolgsfaktoren.[846] Insbesondere gilt dies auch für die Führung unter Berücksichtigung der Teamdiversität.[847] Yukl 2010 bspw. hebt in diesem Rahmen als konkrete Stellhebel *Toleranz und Wertschätzung* sowie *Schaffung gleicher Möglichkeiten* hervor.[848] Entsprechend ist die besondere Betonung von Respekt und Wertschätzung im Team einzuordnen, die sowohl in der quantitativen wie der qualitativen Studie zum Ausdruck gebracht wurde. Ein Projektleiter stellt entsprechend auch eine Besonderheit gemischter Teams heraus:

  > „Respekt und Wertschätzung ist eine Besonderheit von gemischten Teams, das sollten Sie aber intern nie sagen." (P6, 240:240)

  Insofern kann die Untersuchung auch Tendenzen vorheriger Studien bestätigen, nach denen *personale Faktoren* eine höhere Relevanz als technische oder rein administrative zu haben scheinen[849] und die Führung gemischter Teams damit in besonderem Maße zu einer *„people management challenge"* (Pinto/ Slevin 1998, S. 386) werden.
- *Die Diskrepanz zwischen Relevanz und Steuerungsmöglichkeit zentraler Einflussfaktoren:* Es konnte eine „Lücke" zwischen der Relevanz und Möglichkeit der Steuerung der Einflussfaktoren auf eine funktionierende Teamarbeit durch die Führungskraft festgestellt werden. Während gerade die als weniger steuerbar eingeschätzten weichen Faktoren bedeutend schienen, wurden eher

---

845 Vgl. Cartwright/ Zander 1968 sowie die Ausführungen in Abschnitt 1.1.3.1 und 1.1.3.3.

846 Vgl. bspw. Hauschildt et al. 2000; Pinto/ Slevin 1998, S. 386; Thamhain 2004; Smith 1999 sowie die Ausführungen in Abschnitt 1.1.4.4.

847 Vgl. Yukl 2010, S. 471ff.; Ladwig 2003.

848 Vgl. Yukl 2010, S. 472f.

849 Vgl. bspw. Corsten/ Gössinger 2008, S. 45; Lechler 1997; Sudhakar 2011 sowie beispielhaft das Review von Turner/ Müller 2005.

aufgabenorientierte Faktoren wie die Koordination der Aufgaben, Ergebnisvereinbarung oder Identifizierung mit Projektzielen als eher steuerbar eingeschätzt.[850] Letztere können klassischen Aufgaben der Projektsteuerung zugeschrieben werden.[851] Hiermit kann die in den einführenden Bemerkungen und von Müller-Lindenberg 2004 skizzierte Annahme einer äußerst schwierigen Steuerbarkeit von Projektmitarbeitern und ihren Interaktionen untereinander als wichtige Einflussgröße in SE-Projekten bestätigt werden.[852] Für die steuerbaren Größen ist gemäß der Interviews zu berücksichtigen, dass gerade eine zu starre Festlegung von Ergebnissen und Vorgehensweisen kontraproduktiv für die Zusammenarbeit wirken kann, wie nachstehende Erklärung der quantitativen Studienergebnisse verdeutlicht:

> *„Feste Vereinbarung von Ergebnissen würde ich sagen, dass die absolut kontraproduktiv sind, ja, weil man weiß ja mittlerweile, dass Scrum-Teams nur aus faulen Kompromissen bestehen." (P18, 487:487)*

(b) Relevanz und Rolle der Führungsperson

Eng verknüpft mit den voranstehend erläuterten bedeutsamen personalen Faktoren der Führung sind mit der *Relevanz* der formalen Führungsperson und ihrer *spezifischen Rolle* zwei zentrale Aspekte diskussionswürdig.

- Überraschend sind zunächst die zusammengeführten Ergebnisse zur *Relevanz der Führungskompetenz* der Projektleitung, deren in der quantitativen Teilstudie eindeutig von allen Befragtengruppen zugeschriebene Relevanz in den Interviews teils auf Skepsis oder doch zumindest Überraschung gestoßen ist: Insbesondere zeigten sich Führungskräfte von dem quantitativen Ergebnis überrascht, das sie *„nicht so hoch bewertet"* (P3, 65:465) hätten oder konstatieren: *„Ich hätte nicht gedacht, dass man als Projektleitung unbedingt große Führungskompetenz braucht"* (P3, 469:469). Hingegen betont eine interne Mitarbeiterin:

> "Well, for me this leadership competence, I totally agree for this. The competence of the project manager (…) [Project Manager], it´s an example how we should lead a mixed team. He provides all the (…) the necessary conditions to work. And he managed the team, (…) he provides the conditions and also he tracks the results. He kept the people focused on the objective of the

850 Vgl. Abschnitt 2.4.2.2.

851 Vgl. Abschnitt 1.1.4.2 zum Projektmanagement sowie beispielhaft Kuster et al. 2011, S. 11.

852 Vgl. die einführenden Bemerkungen sowie Müller-Lindenberg 2004, S. 3 und die dort zitierte Literatur.

project. So, this is for me essential in a project. If you have a very strong management." (P10, 183:183)

Aus diesen Ergebnissen lässt sich ein *Wahrnehmungsdefizit* in der Praxis hinsichtlich der tatsächlichen Bedeutung der Führung gemischter Teams und damit der Relevanz der Führungskompetenz schlussfolgern. Eine Begründung könnte in der fehlenden offiziellen Weisungsbefugnis der Führungskräfte liegen, die eine untergeordnete Bedeutung tatsächlicher Führungsfunktionen suggerieren könnte. Auch die hohen Erwartungen an die Selbststeuerungsfähigkeiten externer Mitarbeiter und das ihnen zugeschriebene Autonomiebedürfnis dürften eine nicht unerhebliche Rolle spielen. Vor diesem Hintergrund ist zu verstehen, dass gerade die „Selbstmanagement-Kompetenz" der Mitglieder gemischter Teams für eine effektive Zusammenarbeit in konkreten Interaktionsepisoden besonders wichtig erscheint. Die Schaffung von Rahmenbedingungen für *„self-managed teams"*[853] wird so zu einer bedeutenden Führungsaufgabe. Insofern wird Führung zu einer *situationsbasierten Steuerung* des Teams.

- Weiterhin wird deutlich, dass die Führung intern-extern gemischter Teams besonders hohe Anforderungen an die Führungsperson stellt. Diese resultieren vor allem aus der spezifischen *Rolle*, welche die verantwortliche Projektleitung innehat. Die Projektleitung wurde einerseits in einer Schnittstellenfunktion und als Vermittler zwischen den Interessen interner und externer Mitglieder innerhalb des Teams gesehen. Andererseits wurde ihr eine wichtige Funktion in der Handhabung der Verbindungen des Teams zu dem umgebenden Kontext und zur Verteidigung des Teams nach außen attestiert. Damit gelingt zunächst die Bestätigung der *Relevanz teaminternen ebenso wie teamexternen Managements*[854] und die Rolle der Führungskraft als „Boundary-Manager". Darüber hinaus bedeutet dies für den teaminternen Rahmen, dass ein adäquates *Management teaminterner Schnittstellen* notwendig wird. Denn durch die interne-externe Zusammensetzung wird im Team die Thematik auch psychologischer Grenzziehung zwischen internen und externen Mitarbeitern relevant.[855] Die vorliegenden Ergebnisse haben gezeigt, dass diese Grenzen aufgrund der organisationalen Zugehörigkeit sichtbar und vor allem in der Zusammenarbeit wirksam werden (können). Dies sowohl aufgrund der a priori bestehenden Vorbehalte und Erwartungshaltungen als auch der sich im Projektverlauf

853 Zu dieser auch als „Empowerment" bezeichneten Übertragung von Verantwortung und Handlungsspielraum auf Mitarbeiter resp. Teammitglieder vgl. bspw. Kirkman/ Rosen 1999.

854 Vgl. Ancona/ Caldwell 1992a.

855 Vgl. Kaiser 2011, S. 49.

aufgrund von Kategorisierungsprozessen bildender Subgruppen. Aus der Forschung um Inter-Team-Zusammenarbeit ist die Notwendigkeit für Teams bekannt, ihre relevanten Schnittstellen („Interfaces") zu anderen Teams oder ihrer Umgebung zu erkennen.[856] Wie bei Högl et al. 2005b auch für teamexterne Beziehungen angesprochen, kann insofern auch für die hier untersuchten Teams das Erfordernis eines adäquaten teaminternen *„Interface Management"* als Steuerung der teaminternen Grenzen vermutet werden. Führungskräfte haben daher auch eine *integrierende Funktion* für die Zusammenarbeit inne. Anstelle einer Kontrollinstanz fungieren sie vielmehr als „Coach", vergleichbar einem *„social architect"* (Thamhain 2004, S. 36), der die Zusammenhänge der Verhaltensweisen im Teams verstehen, Teamprozesse erleichtern und eine Gruppe aus unterschiedlichen Teammitgliedern zu einem einzigen Team („unified team") integrieren muss, *"who provides overall project leadership for developing multidisciplinary task groups into unified teams and for fostering a project climate conducive to involvement, commitment, and conflict resolution"* (ebs.).

Die Anerkennung teaminterner Grenzen bedeutet nicht per se eine notwendige Reduzierung derselben: Gerade um die indizierten funktionalen Unterschiede im Team nutzbar machen zu können, müssen diese – und damit auch die Schnittstellen im Team – den Mitgliedern salient sein. Gleichzeitig kann eine *zu starke* Grenzziehung mit dysfunktionaler Gruppenbildung, Diskriminierungen u.ä. assoziiert werden. Insofern wird es für eine Führungskraft zu einem Grundthema, eine *passgenaue Ausgeglichenheit* zu erzeugen, eine Balance zwischen den teils widerstreitenden Grundprinzipien in der gemischten Zusammenarbeit – zwischen Wettbewerb und Kooperation, zwischen Kontrolle/ Hierarchie und Autonomie/Freiheit – zu halten.

3.2 Implikationen für die Praxis

Ausgehend von der vorangegangenen Diskussion stellt sich die Frage, welche Schlussfolgerungen aus den Erkenntnissen dieser Arbeit für die Praxis resultieren. Die Ergebnisse der konzeptionellen wie insbesondere empirischen Aufarbeitung können gerade für Praktiker insofern von erheblicher Bedeutung sein, da sie einerseits einen Beitrag zu einem fundierteren Verständnis des bislang wenig erforschten Praxisphänomens intern-extern gemischter Projektteams liefern. Andererseits bieten sie die Möglichkeit, gerade die führungsbezogene Perspektive

856 Mohrman et al. 1995 umschreibt diese Aufgabe als „specifying integration needs" (S. 269).

auf hochqualifizierte externe Mitarbeiter im Team mit Hilfe konkreter Ansätze bedürfnisgerechter zu gestalten. Dieser Abschnitt möchte hierzu Hinweise geben.

Auf Basis des konzeptionellen Denkrahmens und der empirischen Erkenntnisse wurde die Steuerung des Spannungsfeldes funktionaler und dysfunktionaler Diversitätseffekte im Team vor dem spezifischen Kontext als zentrale Herausforderung für die Führung vorgestellt. Die adäquate Steuerung dieses Spannungsfelds ist für eine effektive Führung gemischter Teams insofern von zentraler Bedeutung. Um konkrete Gestaltungsmaßnahmen ableiten zu können, gilt es, dieser Besonderheit Rechnung zu tragen. Konkrete Lösungsansätze zielen entsprechend darauf ab, das positive Diversitätspotenzial der Teams bestmöglich auszuschöpfen und gleichzeitig potenzielle dysfunktionale Effekte zu minimieren. Unter Rückgriff auf die integrierende Perspektive funktionaler und dysfunktionaler Diversitätswirkungen im CEM bedeutet dies für eine „externalitäts"- bzw. diversitätssensible Teamführung:

> "Managing diversity thus requires stimulating elaboration as well as preventing social categorization processes from resulting in intergroup biases." (Van Knippenberg 2007, S. 22)

Damit wird es für eine Führungskraft zu einem Grundthema, eine *passgenaue Ausgeglichenheit* zwischen den Grundprinzipien in der gemischten Zusammenarbeit – zwischen Wettbewerb und Kooperation, zwischen Kontrolle/ Hierarchie und Autonomie/Freiheit – zu erzeugen: Kurzum, eine adäquate Balance zwischen der Nutzung der positiven Diversitätsbeiträge und der Reduzierung möglicher negativer Effekte.

Als wesentliche Praxisimplikationen lassen sich *zwei zentrale Stellhebel* für die Führung gemischter Teams ableiten (vgl. Abbildung 32).[857]

- Zum einen ein *professionelles Projektmanagement,* das in 3.2.1 skizziert wird. Zielsetzung ist hier, über die gesamten Phasen des Einsatzes hochqualifizierter externer Mitarbeiter einen geeigneten strukturellen und organisatorischen Rahmen für die Zusammenarbeit zu setzen. Hierzu gehören v.a. die Steuerung der Zusammensetzung zu Beginn der Zusammenarbeit, die Gestaltung der Rahmenbedingungen, um während des Projektes eine produktive Zusammenarbeit gewährleisten zu können und das Management des Übergangs zum Projektende.
- Zum anderen die *Gestaltung der Zusammenarbeit* (3.2.2). Diese Führung im engeren Sinne fungiert als Antwort auf konkrete Herausforderungen der

857 Die nachfolgende Darstellung der zwei zentralen Stellhebel wurde in Form eines Beitrages für das Forschungsprojekt in zusammenfassender Form ausgekoppelt (vgl. Kaiser et al. [Im Erscheinen, 2013]).

Integration des externen Mitarbeiters, der Anforderungen an ein Transparenz- und Erwartungsmanagement sowie eines angemessenen, zeitnahen Konfliktmanagements.

Hierbei ist zu berücksichtigen, dass die einzelnen Lösungsansätze nicht getrennt voneinander betrachtet werden dürfen, sondern in einer nicht ganz überschneidungsfreien, interdependenten Wechselbeziehung stehen. Insoweit können sie mit Hilfe einer phasenbezogenen Betrachtung[858] in eine zeitliche Reihenfolge gebracht werden, die es der Führungskraft erleichtert, konkrete Maßnahmen in den unterschiedlichen Situationen und Phasen der Teamarbeit anzuwenden. Die im nachfolgenden erläuterten Ansätze orientieren sich daher zum einen an der zeitlichen Phase im Projektmanagement und zum anderen an den inhaltlichen Themen der Teamführung.[859]

Abbildung 32: Lösungsansätze für die Führung gemischter Teams

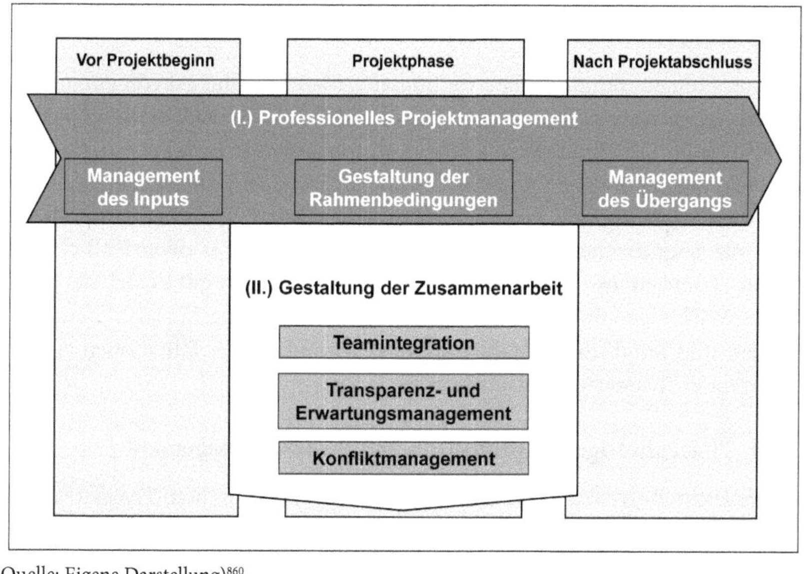

(Quelle: Eigene Darstellung)[860]

858 Vgl. hierzu auch insbesondere Kaiser et al. 2007, S. 50 und Abschnitt 1.2.3.2.

859 Die zeitlichen Abgrenzungen zwischen den einzelnen Themen sind dabei als fließend anzusehen. Bspw. reicht allein die Thematik des „Management des Übergangs" gewissermaßen vom Projektende bis *nach* dem offiziellen Projektabschluss.

860 Diese Abbildung ist ebenfalls Teil des zusammenfassenden Beitrages zum Forschungprojekt FlinK bei Kaiser et al. [Im Erscheinen, 2013].

Als grundlegendes Element und Ausgangspunkt für die konkreten Gestaltungsmaßnahmen fungiert jedoch eine angepasste Führungsperspektive: Die *wertschätzende und diversitätssensible Führung*[861], auf welcher das nachfolgend vorzustellende Konzept fußt. Ein solcher Blickwinkel auf gemischte Teams lässt sich vor allem in wertschätzender Kommunikation im täglichen Umgang mit den Teammitgliedern konkretisieren. Nicht nur lassen sich die vorliegenden Erkenntnisse zu Diversitätseffekten und typischen Spannungen im Team vor allem auf Kommunikationsdefizite zurückführen, z. B. in der mangelnden Kommunikation von gegenseitigen Erwartungshaltungen oder Auswahlkriterien Externer. Wie Regnet 2009 formuliert bedeutet Führen in erster Linie miteinander zu sprechen, sodass die Führungskraft insbesondere in der Funktion eines „Kommunikationsmanagers" unterwegs sei.[862] Nicht nur zwischen internen und externen Teammitgliedern, sondern in den jeweiligen Führungsdyaden ist eine kontinuierliche Kommunikation unabdingbar, damit gegenseitige Erwartungen geklärt, Meinungen berücksichtigt und Wertschätzung und Anerkennung tatsächlich erlebt werden kann.

Eine Führungskraft, welche die individuellen Handlungsbedingungen und Führungsbedürfnisse berücksichtigen und damit „diversitätssensibel" werden möchte, sollte schließlich ihr tägliches Führungshandeln in Anlehnung an Yukl's Empfehlungen vor allem an zwei Grundprinzipien ausrichten: Der Förderung von Wertschätzung und der Toleranz für Diversität.[863] Eine solche Sensibilisierung für Teamdiversität bedeutet nicht zwangsläufig, dass offensichtliche oder latente „Grenzen" im Team zu minimieren sind. Vielmehr gilt es, sich der potenziellen Wirkungen unterschiedlicher organisationaler Zugehörigkeit bewusst zu werden und durch die Gestaltung diversitätsfreundlicher Situationen zu einer gelingenden Teamarbeit beizutragen.

3.2.1 Phasenbezogenes, professionelles Projektmanagement

Die zeitliche Begrenzung der Zusammenarbeit im gemischten Projektteam impliziert neben dem i.d.R. hohen Zeit- und Ergebnisdruck die kontinuierliche Simultanität von Aktivitäten. Es wurde gezeigt, dass für interne Mitarbeiter damit

---

861 Vgl. auch die Überlegungen von Sackmann 2007 zum Ansatz eines „Relational Leadership", der als wertschätzende, vertrauensbasierte Führungskonzeption für gemischte Projektteams auf dem Weg zu produkiven Hochleistungsteams geeignet scheint und insofern angeknüpft werden kann (vgl. auch 3.1.3.1).

862 Vgl. Regnet 2009, S. 204.

863 Vgl. hierzu auch Yukl 2010, S. 472.

eine parallele Tätigkeit in der Linienfunktion verbunden sein kann, während externe Spezialisten als temporäre Mitglieder parallel die nachfolgenden Projekte planen und ggf. Akquisitionstätigkeiten durchführen müssen. Das bedeutet für die Teammitglieder, dass sie zwangsläufig schneller in die Phase der produktiven Leistungserstellung übergehen und möglichst schnell „gut funktionieren" müssen. Die „Norming"-Phase ist insofern erheblich verkürzt. Ein dieses Spezifikum berücksichtigendes Management des Einsatzes wird somit zum entscheidenden Erfolgsfaktor. Lösungsansätze für ein professionelles Projektmanagement in diesem Sinne lassen sich unter strukturellen Gesichtspunkten entlang eines Projektzyklus denken und damit in konkretem Bezug zu den Phasen des Einsatzes hochqualifizierter Externer im Team veranschaulichen. Konkret verdienen ein (a) Management des Inputs, (b) ein Management der Rahmenbedingungen sowie (c) ein Management des Übergangs besondere Beachtung.

(a) Management des Inputs

In der Zeit vor dem eigentlichen Projektstart gilt es zunächst vor allem, den Auswahlprozess für die Besetzung von Projektteams – sowohl mit hochqualifizierten externen als auch mit den geeigneten internen Mitarbeitern – zu steuern. Beide Teilstudien weisen eindeutig auf die Bedeutung des Auswahlprozesses hin. Zentrale Fragen für die Identifizierung passgenauer Kandidaten betreffen hierbei bspw. neben der Definition der in den konkreten Entscheidungsprozess involvierten Personen insbesondere die Festlegung relevanter Auswahlkriterien. Denn Entscheidungen hinsichtlich der Besetzung eines Projektteams sind essenziell für eine kooperative Zusammenarbeit im Team, vor allem auch eine gelingende Startphase, und erfordern daher bei gemischten Teams besondere Berücksichtigung. Die Interviews verdeutlichen, dass gerade hierbei die meist schwieriger zu messenden sog. „soft skills" und die gelingende persönliche Ebene die zentrale Rolle spielen:

> „Vor allen Dingen, wenn es auf der menschlichen Ebene nicht funktioniert, dann kann da auch nichts rauskommen; ist meine persönliche Meinung" (P7, 307:307)

Für den Fall, dass diese „Chemie" im Team nicht gegeben sein sollte, könnte trotz sehr guter Referenzen und eines vielversprechenden ersten Kontaktgesprächs mit dem Externen schnell eine Änderung der Teambesetzung (sog. „Teamchange") und damit ein Austausch des Externen notwendig sein. Eine genaue Kenntnis der benötigten fachlichen-methodischen *und* sozialen Kompetenzen vorhanden sein, damit sich Interne und Externe tatsächlich ergänzen und effektiv interagieren können. Ein relevantes Kriterium für die Auswahl Externe kann auch ihre *Vollzeit-Verfügbarkeit* sein:

> „Das war uns auch sehr wichtig und war bzw. ist ein absolutes Einstellungskriterium für unsere externen Mitarbeiter, das sie Vollzeit an den Standort kommen müssen. Weil wir sonst eine Know-how-Senke irgendwo produzieren, sprich der zieht nur Knowhow ab, gibt aber nichts zurück". (P16, 33:33)

Hinsichtlich der Teamzusammensetzung ist auch die Bestimmung eines „optimalen" zahlenmäßigen Verhältnisses externer und interner Mitarbeiter ein wichtiger Baustein, um die Zusammenarbeit untereinander von vornherein zu erleichtern und möglichen Vorbehalten proaktiv entgegenzuwirken. Eine explizite Empfehlung für ein quantiativ ausgelichenes Projektteam ließ sich aufgrund des vorliegenden Datenmaterials nicht aussprechen. Gerade wenn Unternehmen und Teams mit dem Einsatz externer Mitarbeiter bislang jedoch noch nicht viel Erfahrung haben, ist es wichtig, das wahrgenommene Bedrohungspotenzial einer externen Dominanz ernst zu nehmen. Hierfür kann im Besonderen eine transparente Kommunikation zur Notwendigkeit Externer und damit der Legitimation eines Externen-Einsatzes im Team sinnvoll sein, wie im nächsten Abschnitt gezeigt wird. Eine „richtige" Anzahl Externer und Interner im Team kann nur unter Berücksichtigung der projektspezifischen Zielsetzungen bestimmt werden.

Für die Koordination der Verfügbarkeiten lässt sich aus den Interviews die konkrete Empfehlung eines „Integration Managers" bzw. „Ressource Managers" heranziehen. Auch im Hinblick auf ein adäquates Erwartungsmanagement[864] könnte dieser die Visibilität der tatsächlichen und notwendigen Verteilung von Ressourcen im Team erheblich verbessern:

> "Having all this necessities from projects and prioritizing these resources that shared with other projects. I think, this is something that, if we had these, I don't know how to call these, should be, if you had a results manager to manage the shared resources, this would avoid tensions in projects. Because when you have someone that is 100% dedicated to the project, we have one goal. When you have a person that is not 100%, of course, this person has all the things to do and deliver and maybe other priorities that for example I'm not aware. So this conflict could be avoided. We had a better resources manager for those who is not 100% in the project." (P10, INT/Team D, 167:167)

(b) Management der Rahmenbedingungen

In der eigentlichen Projektphase, in welcher in Zusammenarbeit die Leistungserstellung erfolgt, spielen verschiedene Rahmenbedingungen eine zentrale Rolle für die Teamarbeit. Trivial erscheinende Aspekte wie die Verfügbarkeit von Räumlichkeiten, Netzwerken und zentralen Ansprechpartnern können die Effizienz der Teamarbeit ebenso wie die Motivation aller beteiligten

864 Vgl. hierzu die Ausführungen im nachfolgenden Abschnitt 3.2.2.

Teammitglieder entscheidend beeinflussen. Besondere Bedeutung erlangt in diesem Zusammenhang die *räumliche Nähe* von internen und externen Teammitgliedern. Falls möglich kann hier ein Projektbüro ein wichtiger Baustein sein, um einerseits den Abstimmungsaufwand zu reduzieren und andererseits besonders auch informelle Gespräche zu erleichtern. Ein Projektleiter hebt hervor, dass eine externe Spezialistin mitten unter Internen sitzt, *„quasi als wäre sie selber einer, auch als Externe. Wir sperren die Externen jetzt nicht irgendwo extra weg" (P6, 47:47).* Durch diese Sichtbarkeit kann einer strengen Separierung von Internen und Externen, die gegenseitige Vorbehalte und die Wahrnehmung von unfairer Behandlung verstärken kann, relativ leicht entgegengewirkt werden. Gleichwohl sind hierbei durchaus auch rechtliche Rahmenbedingungen zu beachten, die insbesondere für Freelancer striktere Maßnahmen erfordern, um einer Scheinselbstständigkeit die Grundlage zu entziehen.[865]

(c) Management des Übergangs

Zielsetzung des Übergangs-Management ist es, zum einen die zeitliche Befristung der gemischten Teamarbeit und damit den spezifischen Kontext zu adressieren und zum anderen gegenseitige Lernmöglichkeiten auch zum Ende eines Projektes nochmals gezielt zu ermöglichen. Das bedeutet vor allem, zum Ende eines Projektes, die erzielten Ergebnisse in ausreichendem Maße zu *dokumentieren*. Ebenso sollten für die nun anstehenden potenziellen neuen Projekttätigkeiten der Teammitglieder frühzeitig Nachfolgeregelungen getroffen und Verfügbarkeiten geklärt werden. Dies gilt im Besonderen für den Fall, dass weitere Teilmodule des aktuellen Projektes wie die Implementierung und weitere Anpassung der Software an Unternehmensbedürfnisse oder die Organisation von Schulungs-Workshops für intern Beschäftigte anvisiert sind. Möglichen Terminschwierigkeiten oder den in der Praxis mitunter nicht unüblichen Projektüberschneidungen, vor allem bei Leistungsträgern, kann auf diese Weise vorgebeugt werden. Darüber hinaus können Externe auch für gegenseitiges Lernen im Team *bewusst genutzt* werden. Denn oftmals sehen sich Externe in der Rolle eines „Coaches" und betrachten es als selbstverständlich, ihr Wissen auch an Interne weiterzugeben – ganz einfach, weil sie wissen, dass die Kunden es schätzen, Folgeaufträge wahrscheinlicher werden und es nicht zuletzt die Zusammenarbeit mit internen Mitarbeitern erheblich vereinfacht.[866]

865 Vgl. bspw. Panzer 2012.
866 Vgl. Kaiser et al. 2012a.

3.2.2 Gestaltung der Zusammenarbeit durch eine situationsangepasste Führung

Neben dem strukturellen und organisatorischen Rahmen muss für eine wirksame gemischte Teamarbeit das Team selbst zu einer zielgerichteten Aufgabenerfüllung gesteuert werden. In diesem Rahmen kommt insbesondere den personalen Führungsaspekten eine erhebliche Bedeutung zu. Den adäquaten Umgang mit dem skizzierten Spannungsfeld erreicht eine Führungskraft, indem sie die besonderen Vorteile von externen und internen Mitarbeitern gleichermaßen wertschätzt und für eine offene und vertrauensvolle Atmosphäre im Team sorgt, so dass die individuellen Leistungspotenziale und Teamsynergien effektiv ausgeschöpft werden können. Besonders wichtig ist hierbei auch die Möglichkeit, durch die Kenntnis relevanter (positiver wie negativer) Interaktionssituationen zwischen Intern und Extern die eigenen Führungsaktivitäten tatsächlich „situationsangepasst" ausüben zu können. Das bedeutet zum einen, potenzielle diversitätsinduzierte Konfliktsituationen besser antizipieren zu können und ggf. bereits im Vorfeld deeskalieren zu können. Zum anderen hat sich bei der Analyse der kritischen Teamsituationen auch gezeigt, wie leistungs- und motivationsförderlich insbesondere positive Teamerlebnisse wirken. Aber auch die zufriedenstellende Lösung einer zunächst negativ empfundenen Situation konnte zu einem insgesamt positiven Erlebnis beitragen. Derartige positive Teamerlebnisse durch geeignetes Führungshandeln überhaupt zu ermöglichen und im besten Sinne zu verstärken ist damit auch Ziel der nachfolgend skizzierten Gestaltungsansätze.[867] Dabei steht in allen vorgestellten Lösungsansätzen und Maßnahmen die *Kommunikation* als zentrales Element im Vordergrund. Konkret beinhaltet die Gestaltung der Zusammenarbeit (a) die Entwicklung des Teams und die Integration des Externen, (b) die Steuerung von Erwartungen und individuellen Beiträgen über ein Transparenz- und Erwartungsmanagement sowie ein (c) systematisches Konfliktmanagement.

(a) Teamintegration

Gerade zu Beginn der gemeinsamen Teamarbeit gilt es, die Weichen für eine konstruktive Zusammenarbeit zu stellen, in der alle Teammitglieder – unabhängig von ihrer organisationalen Zugehörigkeit – ihr Leistungspotenzial bestmöglich einbringen können. Daher kommt den Aspekten „Teamintegration(sprozessen)" und „Entwicklung des Gesamtteams" eine maßgebende Bedeutung zu. Diese

867 Vgl. bspw. Abschnitt 2.6.1.1.1 und insbesondere die Aussage von P5 zur Überwindung ursprünglich als unvereinbar wahrgenommener Verständnisschwierigkeiten.

wirken sowohl auf der fachlichen Ebene, um den Austausch von Wissen und Perspektiven zwischen Intern und Extern zu fördern, als auch auf der persönlichen Ebene, auf welcher durch Entwicklung vertrauensvoller Beziehungen zunächst die *Bereitschaft* zur Zusammenarbeit ermöglicht wird. Gerade in der Startphase der gemeinsamen Projektarbeit können gemeinschaftlich geteilte Verhaltens- und Leistungserwartungen, die über den gesamten Zeitraum der Teamarbeit verhaltenssteuernd wirken, positiv beeinflusst werden. Da Teamnormen allen Teammitgliedern bekannt sein und von ihnen akzeptiert sein sollten[868], kann hier eine Kick-Off-Veranstaltung ein geeigneter Rahmen sein. Ein gemeinsamer Kick-Off zur Festlegung der Zielrichtung des Projektteams, Konzeption und Aufgaben innerhalb des Projektes, aber vor allem auch zum gegenseitigen Kennenlernen ist unabdingbar. Die Interviews zeigen, dass gerade die gegenseitige Kenntnis der Teammitglieder untereinander eine wesentliche Voraussetzung für gelungene Interaktionen ist. Speziell auch bewusst eingeplante informelle Parts, sowohl im Kick-Off wie während der gesamten Projektarbeit, unterstützen den Aufbau wechselseitig tragfähiger Beziehungen der Teammitglieder untereinander und können damit auch spätere Konfliktsituationen frühzeitig entschärfen:

> "I think, (...) the chemistry helped because when we did hit the pressure, we had already built that relationships okay. So it could get to the stage where, if we are in a meeting I could actually tell somebody 'No, that's not what we are going to discuss now, this is not what this meeting is for' (...)." (P11, 83:83)

Eine wertschätzende Führung kann diesen Zusammenhalt durch die Betonung der *gemeinsamen Zielrichtung* unterstützen. Wenn die individuellen Beiträge ebenso wie die Synergien in der Zusammenarbeit sichtbar gemacht werden – z. B. im Rahmen einer gemeinsamen Feier bisher erreichter Meilensteine o.ä. – können nicht nur eine stressfreie Atmosphäre sowie die Motivation im Team, sondern vor allem auch die bessere Akzeptanz externer Mitarbeiter sichergestellt werden. Auf diese Weise kann dem skizzierten Neidpotenzial proaktiv entgegengewirkt werden.

In diesem Zusammenhang dürften auch sog. „team mental models" eine wichtige Rolle spielen. Wie bspw. Grasl et al. vorschlagen, könnte die Etablierung von *mentalen Modellen* gerade im IT-Bereich eine sinnvolle Handlungsempfehlung für Projektmanager sein.[869] Die Entwicklung solcher gemeinsam geteilter Vorstellungen könnte helfen, die offensichtlichen Unterschiede interner und

868 Vgl. Goodman et al. 1987, S. 159 sowie die Ausführungen zu Arbeitsnormen in 1.1.2.3.2.

869 Vgl. Grasl et al. 2004, S. 65.

externer Mitarbeiter bzgl. Denkmuster und Handlungsorientierungen einander besser verständlich zu machen. Eine vollstände Angleichung, die die kreativen Diversitätseffekte unterminieren könnte, bedeutet dies gleichwohl nicht.

(b) Transparenz- und Erwartungsmanagement

Eng verknüpft mit der Sichtbarkeit der Ergebnisse und der individuellen Beiträge ist der Aspekt der Transparenz. Auch und vor allem in der täglichen Teamführung heißt dies, frühzeitig und ausreichend Transparenz zu schaffen. Dies dürfte helfen, Vorbehalten und Neid entgegenzuwirken und die Teammitglieder auf einen einheitlichen Stand bzgl. der individuellen Fähigkeiten, Erfahrungen und Kompetenzen zu bringen. Denn nur auf diese Weise können auch implizite Erfahrungen von Teammitgliedern in die gemeinsame Problemlösung eingebracht werden. Um latent vorhandene Ressentiments von Teammitgliedern oder Teilgruppen gegeneinander zu erkennen, bedarf es besonders einer für die Bedürfnisse gemischter Teams sensibilisierten Führungskraft.[870] Dies gilt auch für die Transparenz der unterschiedlichen Rollen und Verantwortungsbereiche der Teammitglieder. Dazu zählt zunächst, die Gründe für den Einsatz externer Spezialisten gegenüber intern Beschäftigten von vornherein so offen wie möglich zu kommunizieren. Beispielsweise dürfte es wesentlich einfacher sein, Interne von der Notwendigkeit einer von allen Seiten kooperativen Zusammenarbeit zu überzeugen, wenn ihnen deutlich gemacht wird, dass Externe als zusätzliche Kraft mit Spezialwissen engagiert sind und gerade nicht als Ersatz interner Arbeitskraft. Aber auch mit Externen sollte spätestens zu Projektbeginn das Gespräch gesucht werden, um gegenseitige Erwartungen, aber auch besondere unternehmensinternen Strukturen und Vorgehensweisen zu erläutern. Auf diese Weise kann potenziellen späteren Überraschungen, z. B. aufgrund nicht bekannter Vorbehalte gegenüber Externen oder unterschiedliche Zeit- und Methodikverständnisse Interner wirksam entgegengearbeitet werden.

Darüber hinaus betrifft Transparenz auch die *Koordination der Teammitglieder* und ihrer Leistungen. Auch um die eigenen Handlungsspielräume eindeutig zu gestalten, sollte zu Beginn des Projektes die klare Definition von Rollen und Verantwortlichkeiten erste Priorität für die Projektleitung sein. So können tatsächliche ebenso wie lediglich wahrgenommene Überschneidungen der Verantwortungsbereiche oder „Kompetenzgerangel" im Vorfeld reduziert werden. Gerade wenn sich die Teammitglieder noch nicht persönlich kennen und die

---

870 Dies ist insofern Teil des skizzierten Grundpfeilers der wertschätzenden und diversitätssensiblen Führung.

individuellen Fähigkeiten entsprechend einschätzen können, ist dies eine sinnvolle Möglichkeit, potenziell dysfunktionalen Konflikten eine wichtige Grundlage zu entziehen. Ebenfalls kann die Spannweite der notwendigen formalen Kontrolle der einzelnen Teammitglieder durch die vorab festgelegten Aufgaben- und Verantwortungsbereiche erheblich reduziert werden, so dass Externe wie Interne bei Bedarf Spielräume für eigenständige Aufgabenbearbeitung ausnutzen können.

(c) Konfliktmanagement

Mit der Schaffung von Transparenz sollte ein systematisches Konfliktmanagement einhergehen, das neben Anreizen zur Kooperation und Prävention von teaminternen Konflikten auch eine frühzeitige Eskalation von Konflikten ermöglicht. Die klare Definition von Rollen und Verantwortlichkeiten als zentraler Stellhebel ist hierfür bereits angesprochen worden, um hierdurch bereits im Vorfeld Konfliktpotenzial zu minimieren. Jedoch sollte auch die Dualität von Konflikten berücksichtigt werden.[871] Während sachliche Konflikte i.S.v. intensivem fachlichem Austausch gerade aufgrund der unterschiedlichen Wissens- und Erfahrungshintergründe interner und externer Mitarbeiter bis zu einem gewissen Grad forciert werden sollten, gilt es Konflikte auf persönlicher Ebene im frühen Stadium zu erkennen, um wirksam eingreifen zu können. Denn gerade diese können den wichtigen Austausch zwischen Intern und Extern erheblich erschweren. Im konkreten Konfliktfall greifen dann festgelegte *Eskalationsmechanismen*: Durch eine frühzeitige Information nächsthöherer Hierarchieebenen etwa können zeitnah Lösungen mit den involvierten Abteilungen gefunden werden. Dies gilt z. B. bei Diskussionen um Verantwortlichkeiten oder auch Schwierigkeiten bei der Einhaltung von Abgabeterminen. Ein Team aus dem Pharmabereich hat hierzu eine standardisierte *„one-second-escalation"* mit Zeitfenstern und Ansprechpartnern etabliert. Auf diese Weise können sowohl Verzögerungen im Projektablauf vermieden als auch schnell „hochkochende" persönliche Störungen schnellstmöglich aus dem Weg geräumt werden. Auf diese Weise kann das Team zeitnah wieder zu konstruktiver Diskussion zurückgeführt werden.

Zusammenfassend zeigen die Ausführungen, dass mit der Diversität im Team widerstrebende Effekte verbunden sind. Eine Führungskraft im intern-extern gemischten Teamkontext muss für das zentrale Spannungsfeld sensibilisiert sein und in der täglichen Teamführung mit Kommunikation und Transparenz für Ausgeglichenheit sorgen. Eine diversitätssensible Team- und Projektführung sollte folglich insgesamt versuchen, die Balance zwischen notwendiger Kontrolle

871 Vgl. bspw. Jehn et al. 1999.

und Konfliktdeeskalation und gleichzeitiger Betonung von Eigenständigkeit und Transparenz in Kommunikation und Wertschätzung umzusetzen. So kann den unterschiedlichen Anforderungen und Bedürfnissen der internen und externen Teammitglieder Rechnung getragen werden. Daraus folgt auch für die fokale Projektleitung die entscheidende Aufgabe, die Balance zu halten zwischen positiv und negativ wirkenden Konflikten und Spannungen im Team:

> „Also man muss auch als Projektmanager hier die Balance finden zwischen dem natürlichen Wettbewerb der Leute untereinander, der sicherlich bei Externen viel ausgeprägter ist als wenn man Internen arbeitet, und eben den Willen, dass alle dazu beitragen, das es was wird, und den eigenen Bestrebungen, die man da so hat, den Egoismen." (P12, 55:55)."

3.3 Implikationen für die Wissenschaft

Neben den Implikationen für die Praxis lassen sich aus den vorliegenden Erkenntnissen Implikationen für die Wissenschaft ableiten. Diese werden nachfolgend diskutiert und verdeutlichen unter Rückgriff auf die eingangs skizzierten Forschungslücken den wissenschaftlichen Beitrag dieser Arbeit. Zunächst stehen Schlussfolgerungen für die verstärkte wissenschaftliche Rezeption neuer Beschäftigungsformen und der Einsatz hochqualifizierter externer Mitarbeiter als relevanter Teil hiervon in sog. Blended Teams an (3.3.1). Darauf aufbauend wird die der vorliegenden Arbeit zugrundegelegte Diversitätsperspektive in den Mittelpunkt gerückt, um hieraus Implikationen für die Forschung um Teams und Teamdiversität ableiten zu können (3.3.2) und anschließend für eine erweiterte Perspektive in der Führungsforschung zu plädieren (3.3.3).

3.3.1 Hochqualifizierte externe Mitarbeiter und Blended Teams im Rahmen der „Neuen Beschäftigungsformen"

Die vorliegende Arbeit hat sich mit der Betrachtung intern-extern gemischter Projektteams eines praxisrelevanten Phänomens angenommen, für welches in konzeptioneller wie empirischer Hinsicht erhebliches Explorationspotenzial konstatiert wurde. Entsprechend galt es, einen Beitrag zu einem besseren Verständnis für die Besonderheiten und bestimmenden Parameter dieser Form der Zusammenarbeit sowie Herausforderungen, die sich für die Führung ergeben, zu liefern. Die vorliegenden Erkenntnisse tragen zu einer stärkeren wissenschaftlichen Rezeption hochqualifizierter externer Mitarbeiter als relevanter Teil der neuen Beschäftigungsformen und Mitglieder von Blended Teams bei. Durch die konzeptionelle Aufarbeitung und die empirische Studie gelingt eine Erweiterung des bislang häufigen Fokus auf eher Geringqualifizierte in flexiblen

Beschäftigungsverhältnissen sowie eine Ergänzung der Betrachtung als Projektteammitglieder. Weiterhin kann das Profil hochqualifizierter Externer durch explorative Hinweise konkretisiert werden und ihr Einsatz im Team als manifestes Beispiel zunehmend verschwimmener Organisationsgrenzen dargestellt werden.

Indem gemischte Projektteams als Ergebnis zweier zentraler Tendenzen vieler Unternehmen – einerseits zu flexiblen Beschäftigungs- und Kooperationsformen und andererseits zur Erschließung von Wissens- und Leistungspotenzialen außerhalb der Unternehmensgrenzen – skizziert wurden, gelang es, zunächst den Hintergrund intern-extern gemischter Teamarbeit zu veranschaulichen. Auf diese Weise wurde entsprechend dem *theoretischen Anliegen* das praxis- wie forschungsrelevante Feld der sog. „Neuen Beschäftigungsformen", als dessen Teil der hochqualifizierte externe Mitarbeiter aufgefasst wurde, in den Blickpunkt gerückt. Im Rahmen der hier vorgenommenen *expliziten* Betrachtung hochqualifizierter externer Mitarbeiter in Form der drei wesentlichen Einsatzmöglichkeiten konnte die bislang häufig lediglich partikulare Perspektive auf externe Ressourcen[872] erweitert werden. Die Fokussierung auf den Bereich *Hochqualifizierter* ist Reaktion auf die zunehmende Verbreitung dieser speziellen Dienstleister im Unternehmensalltag und knüpft dabei vor allem an die Orientierung jüngerer wissenschaftlicher Reflexion an.[873] Gleichwohl ist zu konstatieren, dass es sich bei hochqualifizierten Externen im Sinne dieser Arbeit genaugenommen nicht um eine in sich *homogene* Gruppe handelt[874] – was es in praktischer Hinsicht insbesondere für arbeitsrechtliche Entscheidungen[875] zu berücksichtigen gilt. Über die zwei zentralen Charakteristika der Externalität und Professionalität hinaus konnten anhand des erhobenen Datenmaterials Hinweise für spezifische

872 Die partikulare Perspektive auf externe Ressourcen betrifft sowohl den rein wissens- oder/ und kapazitätsbasierten Zukauf externer Leistungspotenziale (vgl. bspw. Keller/ Seifert 2007, S. 15ff.; Kaiser 2011, S. 48) als auch die selektive Betrachtung einzelner Externen-Gruppen wie z. B. IT-Freelancer (vgl. bspw. Borchert/ Urspruch 2007; Süß 2006).

873 Vgl. bspw. Mallon/ Duberley 2000; George/ Chattopadhyay 2005 oder Süß 2006.

874 Für die Wissenschaft lässt sich insofern auch ein weiterer Forschungsbedarf ableiten, die Unterschiede zwischen den hier berücksichtigten drei wesentlichen Einsatzformen hochqualifizierter Externer verstärkt herauszustellen. Insbesondere für den Freelancer dürften bspw. die in der Tendenz angenommenen Persönlichkeitsmerkmale und Eigenschaften (z. B. Bedürfnis nach autonomer Aufgabenbearbeitung und Zeitsouveränität, wie es Kunda et al. 2002, S. 246ff. nahelegen) besonders zur Geltung kommen. Dies wäre z. B. in einer Vergleichsstudie denkbar.

875 Hierzu zählt bspw. die Gefahr der Scheinselbständigkeit bei Freelancern (vgl. Panzer 2012).

persönlichkeits-, kompetenz- und motivationsbasierte Eigenheiten entwickelt werden. Dies unterstreicht Ansätze zur Auflistung „typischer Eigenschaften“[876] und trägt als eine der ersten mixed methods-gestützten empirischen Ergänzung des Profils hochqualifizierter externer Mitarbeiter bei. Eine detailliertere Untersuchung dieser Besonderheiten – vor allem auch separat nach der jeweiligen Externen-Gruppe – dürfte sich zukünftig als zielbringend erweisen. Damit liefern die vorliegenden Erkenntnisse einen Beitrag zu einer differenzierten Kenntnis der Besonderheiten hochqualifizierter externer Mitarbeiter, welche gleichwohl noch einer stärkeren empirischen Verankerung bedürfen.

Indem mit Blick auf den Einsatz Externer im Team ihr Merkmal der Externalität in den Vordergrund gerückt wurde, konnte in Anlehnung an Mayrhofer/ Meyer 2002 von einer temporalisierten Mitgliedschaft gesprochen werden.[877] Damit trägt die hier gewählte Perspektive zu einer Erweiterung der Diskussion um *„Organizational Boundaries“* im Allgemeinen sowie der organisationalen Grenzziehung auf Teamebene im Speziellen bei.[878] Der Einsatz Externer im Unternehmen wie auch in Projektteams entspricht der Vorstellung von zunehmend *neuen Formen der Bindung* zwischen Organisationen und Mitgliedern und zeigt, dass die strikt binäre Codierung von Mitglied-Nichtmitglied im Unternehmenskontext obsolet wird. Indem diese strenge Kategorisierung aufgebrochen wird, verlagert sich der Fokus auf ein Beziehungsmanagement zu unterschiedlich (unternehmens-)nahen und entfernten Leistungspotenzialen.[879] Insofern scheint sich diesbezüglich ein Kontinuum als geeignete Darstellungsform unterschiedlicher Einsatzmöglichkeiten und Intensitäten von Bindung an ein Unternehmen und Integration in ein Team anzubieten.

Führt man den Blick von dieser Organisationsebene auf die Betrachtung des hochqualifizierten externen Mitarbeitern als Individuum zurück, so bleibt festzuhalten, dass externe Mitarbeiter im Sinne dieser Arbeit permanent *grenzüberschreitende* Aktivitäten ausführen – kontinuierlich Grenzen von Unternehmen, Projekten oder Teams überschreiten – und damit *Mitglieder auf Zeit* werden. Begreift man sie als „modern nomads“[880], gelingt der Transfer zum gesellschaftlichen Rahmen: Hochqualifizierte externe Mitarbeiter im Sinne dieser Arbeit

---

876 Vgl. Kaiser et al. 2007, S. 17ff. sowie die Ausführungen in Abschnitt 1.2.2.1.

877 Vgl. Abschnitt 1.2.2.1.

878 Vgl. bspw. Paulsen/ Hernes 2003; Picot et al. 2003 oder Santos/ Eisenhardt 2005.

879 Vgl. auch „network ambidexterity“ von Hansen 1999 sowie den Beitrag von Rössing/ Kaiser [Im Erscheinen, 2013]. Beispielhaft sei für neue Aspekte der Bindung auch auf Studien zu Commitment von Freelancern verwiesen, z. B. bei Süß 2006.

880 Vgl. Rössing/ Kaiser 2011, Garsten 2008.

sind damit nicht nur als externe Ressourcen und Wissenslieferanten i.S. einer Beschäftigungsform mit spezifischen Eigenschaften zu sehen, sondern als „boundary spanner“ und gewissermaßen als *Prototypen moderner, flexibler Wissensarbeiter.* Vor dem Hintergrund dieser Überlegungen gelingt zum einen eine Erweiterung der Perspektive um neue Anwendungsfelder und „Nutzungsmöglichkeiten“ hochqualifizierter externer Mitarbeiter im organisationalen Kontext. Zum anderen kann der vornehmlich wissens- und ressourcenbezogene Blickwinkel eines bedarfsgerechten Zugriffs auf externe Leistungspotenziale im Rahmen einer externen Flexibilisierungsstrategie[881] ergänzt werden.

Durch die Berücksichtigung dieser *besonderen Humanressourcen* als temporäre Mitglieder in gemischten Projektteams erweitert sich schließlich die Diskussion bzgl. *„blended teams“*[882] um den Kontext neuer Beschäftigungsformen. Bislang berücksichtigen nur wenige Beiträge hochqualifizierte externe Mitarbeiter explizit als neues Phänomen in Organisationen bzw. speziell als Teammitglieder[883] oder deren Produktivitätsvorteile in sog. *„Mixed Teams“*.[884] Die hier aufgezeigten empirisch verankerten Erkenntnisse bestätigen zunächst die Produktivitätsvorteile sog. „Mixed Teams“ und damit bspw. die eingangs aufgegriffene praxisorientierte Studie der Hays AG (2007) in durch explorative Untersuchung mit Mitgliedern und Führungskräften realer Projektteams. Auf diese Weise ist es möglich, die *wechselseitigen Einflüsse* interner und externer Teammitglieder *im Prozess der gemeinsamen Leistungserstellung* einzubeziehen, und zwar sowohl hinsichtlich förderlicher als auch weniger förderlicher Effekte. Damit tragen die vorliegenden Ergebnisse zu einer Ergänzung bisheriger empirischer Ergebnisse, die v.a. die einseitigen Auswirkungen temporärer, befristeter oder externer Beschäftigung auf Interne fokussieren[885], um einen *reziproken* Blickwinkel bei. Zukünftige Forschungsbemühungen sollten jedoch die in dieser Arbeit gewählte reine Fokussierung auf den Bereich der

881 Vgl. Keller/ Seifert 2007, S. 15ff.; Kaiser 2011, S. 48.

882 Vgl. für Blended Teams in der Form eines „teaming with the client“ z. B. Webber 2008), wobei hier i.d.R. der Kunde als „partial employee“ fungiert (vgl. Webber 2008, S. 72) und der „blended team approach“ (S. 72) insbesondere als B2B-Dienstleistungsstrategie. Eine Intergration dieser unterschiedlichen Perspektiven erscheint zielführend.

883 Vgl. bspw. Kunda et al. 2002; Davis-Blake et al. 2003.

884 Vgl. Rump 2008 sowie Rump et al. 2011.

885 Im Fokus standen hier etwa Loyalität und Fluktuation (vgl. Way et al. 2010; Davis-Blake et al. 2003) oder Einstellungen und Verhalten (vgl. das Review psychologischer Studien von de Cuyper et al. 2008).

Softwareentwicklung zugunsten einer Ausweitung der Perspektive auf andere Bereiche innovativer Projektteamarbeit verbreitern. Vielversprechend dürften bspw. Ingenieurteams oder andere wissensintensive, innovative Projektteams sein, auch in mittelständischen Unternehmen, in denen hochqualifizierte externe Mitarbeiter in ähnlicher Weise zum Einsatz kommen.[886]

3.3.2 Organisationale Zugehörigkeit im Rahmen der Teamdiversität

Aus den Ergebnissen dieser Arbeit lassen sich mehrere Schlussfolgerungen für die wissenschaftliche Erforschung von Teams und Teamdiversität ableiten. Diese beziehen sich vor allem auf die Spezifizierung der Unterschiedlichkeit gemischter Projektteams in Form organisationaler Zugehörigkeit und erweitern somit die Betrachtung von Teamdiversität durch den Einbezug der neuen Beschäftigungsformen.

- Zunächst liefert die konzeptionelle Erarbeitung und die anschließende empirische Konkretisierung der Besonderheiten interner und externer Mitarbeiter ein differenzierteres Verständnis des Aspektes der *„organisationalen Zugehörigkeit."* In *begrifflicher Hinsicht* wurde die organisationale Zugehörigkeit u. a. mit Hilfe der *Interorganisationalität* nach Stock 2003 erarbeitet.[887] Als i.d.R. sichtbares Charakteristikum interner und externer Teammitglieder konnte es im Rahmen der Interviewaussagen mit tiefer liegenden individuellen Eigenschaften in Verbindung gebracht werden. Hierzu zählten zuvorderst funktionale Besonderheiten, aber im weiteren Verlauf auch persönlichkeitsbezogene und insbesondere Statusunterschiede. Damit kann zunächst an die Vorstellung des *„trait model"* der Diversität angeknüpft werden, in welcher sichtbare Unterschiede auf nicht sichtbare schließen lassen.[888] Jedoch zeigten

886 Die Ergebnisse von Rump et al. 2011 zeigen, dass zwar Mixed Teams insbesondere in Großunternehmen verbreitet sind, wie dies auch die qualitative Stichprobe der Interviewstudie dieser Arbeit nahelegt, jedoch auch der Klein- und Mittelstand (52% der befragten Betriebe) bereits dieses Organisationsdesign einsetzt (S.11).

887 Wenngleich keine vollständige begriffliche Übereinstimmung diesbzgl. erfolgte, können die Untersuchungen der Autorin zu direkten und indirekten Effekten auf die Teamleistung für den vorliegenden Kontext als Anregung fungieren. Eine detaillierte quantitative Untersuchung, die den Leistungsbezug organisationaler Zugehörigkeit bemisst, könnte die Effekte des Einsatzes Externer noch besser greifbar machen und nicht zuletzt der Konkretisierung des hier explorativ skizzierten Unterscheidungsmerkmals dienen.

888 Vgl. bspw. McGrath et al. 1995; Webber/ Donahue 2001, S. 144 oder Milliken/ Martins 1996, S. 404 sowie die Ausführungen in Abschnitt 1.3.1.2.

die weiteren Erkenntnisse auch, dass Interne wie Externe mit spezifischen Erwartungen an die gemeinsame Teamarbeit gehen. Damit dürfte die Konkretisierung der organisationalen Zugehörigkeit auch in Anlehnung an das sog. *„expectation model"* der Teamdiversität Kongruenz aufweisen. Die Erkenntnisse der vorliegenden Arbeit tragen damit dazu bei, die Beziehung zwischen sichtbaren und weniger sichtbaren Diversitätsattributen zu erhellen.[889]

Indem die organisationale Zugehörigkeit als *relevantes strukturelles Unterscheidungsmerkmal* von Teammitgliedern in gemischten Projektteams identifiziert wird, kann ein Beitrag zur bestehenden konzeptionellen wie empirischen Literatur der Teamdiversität gegeben werden. Denn trotz der skizzierten Relevanz alternativer Beschäftigungskonzepte wurde ein erhebliches Rezeptionsdefizit in der diversitätsorientierten Wissenschaft im Hinblick auf die Auswirkungen heterogener Beschäftigungsformen auf die Mitglieder von Teams festgestellt.[890] Indem Teamdiversität um die Perspektive der Externalität bzw. organisationalen Zugehörigkeit erweitert wird, adressiert diese Arbeit die Forschungslücke in konzeptioneller wie empirischer Hinsicht.

- Die Fokussierung des Aspektes organisationaler Zugehörigkeit folgt dabei der Empfehlung von Webber/ Donahue 2001, Diversität weniger als *generisches Konzept* mit ausschließlich positiven Wirkungen zu betrachten, sondern genauer zu spezifizieren. Aus ihrer Meta-Analyse schlussfolgern die Autoren für weitere Forschungsbemühungen:

> „Stop treating diversity as a generic concept by suggesting that all types of diversity will have a positive outcome on group performance. Instead, they should theoretically demonstrate that diversity in demographic attributes is linked to differences in underlying task-related KSA; values, beliefs, and attitudes; and personality." (Webber/ Donahue 2001, S. 159)

Eng damit verknüpft ist die *Wirkung von Diversität im Team:* Der Prozess der gemeinsamen Leistungserstellung, die Führung gemischter Teams und die Effekte der Präsenz Externer im Team waren als eine Art „black box"[891] charaktersisiert worden. Durch Visualisierung *konkreter Interaktionen* zwischen internen und externen Teammitgliedern, insbesondere anhand der Interviewstudie, konnten die *wechselseitige Beeinflussung* der Teammitglieder und *funktionale wie dysfunktionale Effekte konkretisiert werden.* Damit tragen die

889 Vgl. Webber/ Donahue 2001, S. 159.

890 Vgl. die Ausführungen zu den Forschungslücken im einführenden Teil dieser Arbeit sowie insbesondere Broschak/ Davis-Blake 2006, S. 372.

891 Vgl. auch Ang/ Slaughter 2001, S. 322 und Pearce 1993, S. 1083.

vorliegenden Erkenntnisse zu einem besseren Verständnis des Prozesses gemischter Teamarbeit bei. Insbesondere auch in *methodischer Hinsicht* konnte mit Hilfe der Critical-Incident-Technique die konkrete Intern-Extern-Interaktion wissenschaftlich spezifiziert werden. Damit sind nicht nur abgestimmte Lösungsansätze für die Steuerung dieser Interaktionen in der Praxis ableitbar, wie die Praxisimplikationen in Abschnitt 3.3 zeigen werden.

Die empirischen Erkenntnnisse knüpfen ebenfalls an die von van Knippenberg et al. 2004 angestoßene Diskussion einer integrierten Betrachtung positiver und negativer Diversitätseffekte an und generieren zumindest Hinweise für die Empfehlung von Fay/ Guillaume 2007 nach empirischer Überprüfung des CEM. Die vorliegende Arbeit hat gezeigt, dass sowohl funktionale wie dysfunktionale Effekte der unterschiedlichen organisationalen Zugehörigkeit im Team zum Tragen kommen, jedoch in Abhängigkeit davon, inwieweit das vorhandene Diversitätspotenzial ausgenutzt wird. Im CEM wird die *wahrgenommene Bedrohung der eigenen (Subgruppen-) Identität* als zentrale Bedingung betrachtet, unter welcher Kategorisierungsprozesse zu verzerrenden Effekten führen können und damit die informationalen Prozesse im Team beeinträchtigen.[892] Auch in vorliegender Arbeit konnte in beiden Teilstudien das Bedrohungspotenzial externer Mitarbeiter verdeutlicht werden, was zumindest als empirischer Hinweis auf die Gültigkeit des CEM für den Kontext gemischter Teams gewertet werden kann: Der Logik folgend, dass Zusammenarbeit in diversen Teams ein mutlidimensionales Unterfangen ist, das eine singuläre Zuordnung von Effekten zu jeweils bestimmten Diversitätsdimensionen obsolet erscheinen lässt,[893] stellen sich weitere Forschungsleitfragen. Nicht nur die Annahme, dass jeder Diversitätsdimension teils gegensätzliche Effekte auf den Prozess der Zusammenarbeit prinzipiell immanent sind, bedarf der weiteren Überprüfung.[894] Auch die

---

892 Damit sind negative Diversitätseffekte gem. van Knippenberg und Kollegen auf verzerrende Effekte, nicht jedoch durch die Kategorisierungsprozesse an sich zurückzuführen.

893 Vgl. zu diesen Transferüberlegungen auch Rössing/ Kaiser 2011.

894 So waren bspw. insbesondere bei den Themen Neid oder Wettbewerb die teils gegensätzlichen Effekte erkennbar geworden. Neidgefühle konnten sowohl funktionale (z.B. Motivation) als auch dysfunktionale Effekte (z.B. mikropolitisches Verhalten und Misstrauen aufgrund von Gruppenbildung) in den Interaktionen zeitigen. Ebenso stand einer potenziell motivationsförderlichen Wettbewerbssituation im Team die Gefahr eines wahrgenommenen Bedrohungspotenzials oder Statusverlustes gegenüber.

Berücksichtigung potenzieller Zusammenhänge zwischen diesen Effekten, direkter und indirekter Auswirkungen auf messbare Teamleistungen oder weitere moderierende Variablen, dürfte sich als zielführend erweisen.[895] In diesen Rahmen wäre auch zu klären, inwiefern ggf. auch die organisationale Zugehörigkeit als Moderatorvariable auf die Zusammenarbeit wirkt.

Insgesamt trägt die vorliegende Arbeit damit der Forderung nach *prozessorientierter und situationsbasierter Betrachtung* von Teamdiversität[896] Rechnung. Die vorliegend generierten Erkenntnisse erweitern die Forschung um Teamdiversität um den Aspekt der organisationalen Zugehörigkeit als relevante strukturelle Diversitätsdimension und tragen zur Klärung der Beziehung zwischen sichtbaren und tiefer liegenden Unterscheidungsmerkmalen bei. Schließlich zeigen sie die Notwendigkeit einer integrierten Perspektive funktionaler und dysfunktionaler Effekte im Team auf. Zukünftig sollte die dynamische Natur von Teamarbeit insgesamt und speziell wechselseitige Interaktionen zwischen den unterschiedlichen Teammitgliedern noch stärker in den Forschungsdesigns verankert werden. Die vorliegende Arbeit kann hierzu ggf. Anregung sein. Das bessere Verständnis des Phänomens intern-extern gemischter Projektteams indiziert aber gleichermaßen das Erfordernis, die Diskussion um Grenzen von und innerhalb von Teams sowie mitgliedschaftsbasierte Identitäten zu erweitern. Indem der Begriff der Grenze weniger als eine *„clear line of demarcation between an inside and an outside"* (Marshall 2003, S. 56f.) gesehen wird und gemischte Projektteams das reale Beispiel zunehmend durchlässiger Grenzen werden, kann eine differenziertere Sichtweise zwischen der Dichotomie „drinnen" und „draußen" gelingen.

3.3.3 Erweiterung des Führungsverständnisses als situationsbasierte und individualisierte Steuerung

Mit Hilfe der Skizzierung der Besonderheiten intern-extern gemischter Zusammenarbeit konnten zunächst Herausforderungen für die Führung dieser besonderen Teams und konkrete, praxisrelevante Lösungsansätze abgeleitet werden. Ebenfalls lassen der temporäre Kontext sowie das Spannungsfeld infolge der interorganisationalen Zusammensetzung vermuten, dass herkömmliche Führungsinstrumente nur unzureichenden Zugriff auf das grenzüberschreitende Leistungspotenzial gemischter Teams gewährleisten. Damit wird eine *neue Führungsperspektive* erforderlich. Die vorliegende Arbeit liefert hier einen wertvollen

895 Vgl. hierzu etwa auch Gaitanides/ Stock 2004.
896 Vgl. bspw. Horwitz 2005, S. 237.

Beitrag zur Forschung hinsichtlich Teamführung, Führung in temporären Systemen und dem generellen Führungsverständnis in Organisationen.

Es kann an die *situationsbasierte Konzeption* von Führung angeknüpft werden[897], indem vor dem Hintergrund der Neuen Beschäftigungsformen die Besonderheiten intern-extern gemischter Projektteams in die Betrachtung des Führungskontextes einbezogen werden. Darüber hinaus zeigen die explorativen Ergebnisse der kritischen Teamsituationen spezifische situationsbezogene Anforderungen und Handlungsstrategien für die Führung auf. Damit ist ein besseres Verständnis teaminterner Interaktionsprozesse als „ongoing processes“[898] möglich, sodass die Führungssituation in intern-extern gemischter Projektarbeit in praktischer wie konzeptioneller Hinsicht konkretisiert werden kann. Die Erkenntnisse dieser Untersuchung verdeutlichen die Spezifika gemischter Projektteams und das grundsätzliche Spannungsfeld, in dem sich die Zusammenarbeit zwischen Intern und Extern bewegt und welches insofern den Resonanzrahmen für die Führung bildet. Die Zusammensetzung von innovativen Projektteams mit Mitgliedern unterschiedlicher organisationaler Zugehörigkeit – inklusive der damit potenziell verbundenen tiefer liegenden Persönlichkeitsunterschieden – wird damit zu einer *bedeutenden Situationsvariable* im Führungskontext. Der Aspekt der Temporalität, der sowohl die zeitliche Begrenzung intern-extern gemischter Zusammenarbeit wie mögliche Doppelbelastungen beider Beschäftigtengruppen als Kontextfaktoren einschließt, und das diversitätsbasierte Spannungsfeld markieren wesentliche Parameter der gemischten Teamarbeit. Damit leisten die vorliegenden Erkenntnisse einen Beitrag zu einem besseren Verständnis der *Führung in temporären und permeablen Systemen.* Insbesondere bestätigen die Ergebnisse bestehende Erkenntnisse der Projektteamforschung, dass mit der Führung von Projektteams die beiden zentralen Themen der Führung des Projektes und der Führung des Projektteams i.S. einer personalen Führung verbunden sind.[899] Diese grundlegende Dualität der Führung spiegelte sich sowohl in den Ergebnissen zu Einflussfaktoren und Steuerungsmöglichkeiten der Zusammenarbeit als auch im Rahmen der kritischen Teamereignisse und Fürhungsherausforderungen. Durch die Berücksichtigung der zunehmenden Relevanz neuer und flexibler Beschäftigungsformen im hier gewählten Führungskontext lassen sich schließlich folgende Implikationen in konzeptioneller Hinsicht ableiten:

897 Vgl. Abschnitt 1.1.3.2. sowie Weibler/ Deeg 2001, S. 76ff.

898 Vgl. Kirsch 1997, S. 464.

899 Vgl. Kuster et al. 2006, S. 196ff.; Kaulio 2008, S. 339f.

- Erstens bedeutet dies, dass Führung im vorliegenden Kontext *unter unterschiedlichen Bedingungen der Einflussnahme innerhalb des Teams* stattfindet und sich dies in angepassten konzeptionellen Darstellungen von Führung niederschlagen sollte. Die Unterscheidung war zwischen individueller und Teamebene einerseits sowie insbesondere der Differenzierung aufgrund unterschiedlicher Einflussmöglichkeiten und Führungsbedürfnissen bzgl. Interner und Externer getroffen worden. Damit erscheint eine *verstärkte Integration* dyadischer und beziehungs- bzw. interaktionsbasierter Ansätze zur Modellierung von Führung sinnvoll. Auf diese Weise sind Mehr-Ebenen-Konzeptionen denkbar.[900] Da zu vermuten ist, dass sich die Tendenz zunehmend lockerer Bindungen zwischen Organisation und Individuen, verbunden mit geringeren institutionellen Einfluss- und Kontrollmöglichkeiten, fortsetzen wird, muss dies in praktischer wie konzeptioneller Hinsicht in Führungskonzepten berücksichtigt werden. Diese beinhalten anstatt hierarchischer Kontrolle zunehmend die Verfolgung anderer Führungsprinzipien wie individueller Wertschätzung, zielorientierte Anleitung zu selbstständiger Tätigkeit und insbesondere die Entwicklung wechselseitiger Vertrauensverhältnisse.[901] Theoretische Anknüpfungspunkte lassen sich in diesem Zusammenhang mehrfach finden. Insbesondere da z. B. aufgrund räumlicher Distanz keine direkte Einflussnahme möglich ist, kann mit Hilfe der *„Super Leadership Theory“*[902] eine Vorstellung von eigenverantwortlicher Teamarbeit entwickelt werden. Verstanden als *„Befähigung der Mitarbeiter, die eigenen arbeitsbezogenen Aktivitäten eigenständig und zielgerichtet zu gestalten sowie sich selbst zu motivieren“* (Stock-Homburg 2010, S. 433) dient Führung hier der Entwicklung von Mitarbeitern zu „Self Leaders“, was insbesondere für interne Teammitglieder interessant sein könnte.

900 Die Notwendigkeit integrativer und Mehr-Ebenen-Konzeptionen effektiver Führung sieht bspw. auch Yukl 2010, S. 495: Er betont, dass die Erklärungskraft für effektive Führung gesteigert werden könnte, wenn Führung nicht nur als interpersonaler, dyadischer Beeinflussungsprozess konzipiert wird, sondern vielmehr als vielschichtiger organisationaler Prozess zur Verbesserung kooperativer Arbeit.

901 Vgl. beispielhaft Sackmann 2007 oder Di Martino/ Wirth 1990.

902 Vgl. Manz/ Sims 1987 sowie auch die Erläuterungen hierzu von Stock-Homburg 2010, S. 433ff. Gleichwohl bleibt anzumerken, dass dieser Prozess der Mitarbeiterentwicklung in der Theorie eher als langfristig angesehen wird und daher als grundsätzliche unternehmerische Strategie mit dem Ziel einer Verankerung intern-extern gemischter Projektteams und Unterstützung interner Beschäftigter fungieren könnte.

Die vorliegenden Untersuchungsergebnisse sind darüber hinaus im Lichte der *Transformationalen Führung*[903] in Ergänzung zur transaktionalen Führung zu reflektieren. Diese Form sinngebender und wertschätzender Interpretation personaler Führung wird dann als besonders wirksam erachtet, wenn Leistungen von Mitarbeitern nicht im Detail von Führungskräften beurteilt werden können. Dies gilt im vorliegenden Kontext aufgrund räumlicher und zeitlicher Distanz, aber auch aufgrund des intern nicht vorhandenen Expertenwissens externer Mitarbeiter. Da sich ihre Wirkung insbesondere bei Unsicherheit, z. B. infolge organisationaler Veränderungsprozesse, entfaltet, lässt sich auch auf eine angemessene Wirksamkeit für die Führung Interner gleichermaßen schließen. Insofern unterstreichen die vorliegenden Erkenntnisse die Relevanz transformationaler Führungsaktivitäten, gerade im herausfordernden Kontext komplexer, neuartiger und zeitlich befristeter Projektarbeit gemischter Teams.[904]

- Zweitens impliziert die Führung gemischter Teams auch die Einflussnahme auf jenes Leistungspotenzial, das *von außerhalb* eines organisationalen Rahmens *unternehmensintern* wirkt, d. h. über die Unternehmens- oder Teamgrenzen hinausgehen kann. Führung wird damit zu einem *grenzenüberschreitenden Phänomen* und erstreckt sich auch jenseits tradierter (Unternehmens-) Grenzen. Damit gelingt die Anknüpfung an die Diskussion um „organizational boundaries" und die Erweiterung des Führungsverständnisses vor dem Kontext neuer Beschäftigungsformen. In diesem Zusammenhang zeigt sich die *veränderte Rolle* der Führungskraft als zunehmend ausgleichende und integrierende Funktion. Leadership wird eher als sinngebende, weniger als formale Kontrolle ausübende Funktion wichtig, sodass es vielmehr einer *„strong leadership to perform integrative functions"* (Shamir 1999, S. 59) bedarf. Dies impliziert eine Konzeption von Führung und Führungsaktivitäten als *ständign Balanceakt* zwischen widerstreitenden Diversitätseffekten, individuellen Interessen und Prinzipien der Zusammenarbeit. Führung muss folglich stärker individualisiert und auf Teamebene integrierend erfolgen.[905]

903 Vgl. Bass/ Avolio 1990 sowie zur Erläuterung auch die Ausführungen von von Rosenstiel et al. 2003, S. 23ff.

904 Damit kann auch an empirische Ergebnisse bestätigt werden, bspw. von Keller 1992, der transformationale Führung vor allem in unsicheren Situationen bei Forschungs- und Entwicklungsteams nachweisen konnte.

905 Insbesondere die verstärkt individualisierte Berücksichtigung kann mit Hilfe von Gill et al. 1998, S. 53 direkt mit der transformationalen Führung in Verbindung

Insgesamt zeigen die Ausführungen, dass Führung im Kontext intern-extern gemischter Teams als *situationsbasiert und individualisiert* konzipiert werden kann. Auf diese Weise können die unterschiedlichen Gruppen von Teammitgliedern mit ihren Persönlichkeiten und Bedürfnissen ebenso wie das diversitätsinduzierte Spannungsfeld ausbalanciert werden. Zukünftige Konzeptionen von Führung in dieser Art temporärer, grenzenüberschreitender Systeme sollten dabei die erheblich gesteigerten Anforderungen an die (zentrale) Person der Führungskraft beachten und gleichzeitig berücksichtigen, dass Führung auf unterschiedlichen Ebenen und geminderter Einflussmöglichkeiten stattfindet. Die weitere theoretische wie empirische Anerkennung der Relevanz der Führung Externer und Führung gemischter Teams überhaupt als Thema in der Führungsforschung sollte zukünftig helfen, weiter für die skizzierten Besonderheiten zu sensibilisieren. Erste Ansätze wie z. B. das „Parallel Power Model" von Bush 2009, das v.a. die Rolle eines zentralen „Point of Contact" für die effektive Führung Externer propagiert, können hier als sinnvolle Anregung dienen. Ein verstärktes Ineinandergreifen von Konzepten der Führung und des Personalmanagements dürften ebenfalls helfen, hochqualifizierte externe Mitarbeiter nicht nur als Thema des Einkaufs in Unternehmen, d. h. nicht nur durch Betrachtung als externe Ressource, sondern als organisationales Leistungspotenzial anzuerkennen.

---

gebracht werden und zeigt insofern die Möglichkeit, direkt für den vorliegenden Kontext daran anzuknüpfen.

Schlussbetrachtung

Die vorliegende Arbeit hat sich mit der Thematik des Einsatzes hochqualifizierter externer Mitarbeiter in Teams mit internen Beschäftigten einem aktuellen, und gerade im Softwareentwicklungsbereich immer häufiger auftretenden Phänomens angenommen.

In den einführenden Bemerkungen wurden diese intern-extern gemischten Teams vor dem Hintergrund zunehmend relevanter flexibler Beschäftigungsverhältnisse und der verstärkten Nutzung unternehmensexterner Leistungspotenziale als *betriebswirtschaftlich bedeutsames Phänomen* skizziert. Auch unter Berücksichtigung der durch die sich ändernde Personalstruktur vieler Unternehmen verbundenen „workforce blending" überraschte das bisherige wissenschaftliche Rezeptionsdefizit für diese spezifische Art der Teamarbeit. Insbesondere konnten mit einer bislang lediglich geringen Fokussierung auf hochqualifizierte Externe sowie auf gruppendynamische Prozesse in „blended teams" und auf die Externalität bzw. organisationale Zugehörigkeit im Rahmen der Teamdiversität *drei zentrale Forschungslücken* an der Schnittstelle zu gemischten Teams diagnostiziert werden. Unter dem hier gewählten Blickwinkel der Teamdiversität konnten der Annahme von Produktivitätsvorteilen gemischter Teams im Vergleich zu rein intern besetzten Teams einerseits potenzielle Störfaktoren gegenübergestellt werden. Hieraus ließ sich vermuten, dass die Besonderheiten gemischter Teams herkömmliche Führungskonzepte als unzureichend ausweisen würden, sodass andererseits eine differenzierte Kenntnis der Besonderheiten dieser Teams, Wirkungszusammenhänge interner und externer Mitarbeiter und Effekte des „Blending" auf Zusammenarbeit und Führung notwendig sei.

Die identifizierten Forschungslücken bildeten damit den Ausgangspunkt für die konzeptionelle und empirische Aufarbeitung des skizzierten Phänomens in dieser Arbeit. Vor diesem Hintergrund ließ sich eine *zweifache Zielsetzung* ableiten: Zum einen sollte mit Hilfe einer theoretisch-konzeptionellen Aufarbeitung und einer anschließenden empirischen Konkretisierung das Praxisphänomen gemischter Teams einem besseren Verständnis hinsichtlich zentraler Parameter der Zusammenarbeit und Diversitätseffekte zugänglich gemacht werden (vgl. „black box" der Zusammenarbeit). Auf diese Weise sollte das betriebswirtschaftlich forschungsrelevante Feld der „neuen Beschäftigungsformen" durch die erweiterte Perspektive auf externe Ressourcen als temporäre Teammitglieder in den Blickpunkt gerückt werden, sodass unter dem Blickwinkel der Teamdiversität ein Beitrag zur aktuellen Diskussion der Diversitäts- und Führungsforschung geleistet werden konnte. Zum anderen zielte die Arbeit in einem pragmatischen Anliegen darauf ab, durch ein besseres Verständnis konkrete Steuerungsoptionen und Gestaltungsempfehlungen für eine adäquate Führung gemischter Teams entwickeln und begründen zu können.

Die zentralen Ergebnisse dieser Arbeit werden nachfolgend zunächst rekapituliert (1). Im Anschluss daran gilt es, darauf aufbauend einen Forschungsausblick zu geben (2). In diesem Rahmen erfolgt dann auch eine kritische Reflexion der Arbeit, welche die Limitationen der empirischen Untersuchung ebenso einschließt wie eine Heranführung der Erkenntnisse an die derzeitige Diskussion neuer Beschäftigungsformen und der damit verbundenen erweiterten Aufgaben für das Personalmanagement.

Zusammenfassung der zentralen Erkenntnisse

Im *ersten Teil* stand die theoretische Grundlegung der inhaltlichen Schwerpunktthemen im Mittelpunkt, um hierdurch eine fundierte Basis für ein Verständnis des Phänomens intern-extern gemischter Projektteams zu ermöglichen. In einem ersten Schritt wurde deshalb die Zusammenarbeit im Team als Ausgangspunkt für die vorliegende Arbeit skizziert und somit die Interaktionsperspektive als Bezugsgröße festgelegt. Hiervon ausgehend diente McGrath's Input-Prozess-Output-Modellierung als Fundament für die konzeptionelle Erörterung der Funktionsweise von Teams und Högl's sechs Komponenten der Teamarbeit zur Konkretisierung der Interaktion. Mit Blick auf die Führung von Teams wurde ein personales Führungsverständnis als direkte Beeinflussung durch eine Führungsperson zugrunde gelegt. Anschließend konnte die neuartige und zeitlich befristete Zusammenarbeit als charakteristische Merkmale von Projektteams als situative Besonderheiten für die Führung herausgearbeitet werden. In einem zweiten Schritt wurden diese Erkenntnisse zur Teamarbeit für den vorliegenden Kontext erweitert werden, indem hochqualifizierte externe Mitarbeiter als Teil der neuen Beschäftigungsformen in ihren charakteristischen Merkmalen und Einsatzformen vorgestellt wurden. Unter Berücksichtigung ihres Einsatzes als Teammitglieder wurde mit der Teamdiversität in einem dritten Schritt der zentrale Blickwinkel dieser Arbeit in den Vordergrund gerückt: Auf Basis der konzeptionellen Grundlagen aus der Teamdiversitätsliteratur konnten erstens die organisationale Zugehörigkeit als strukturelle Diversitätsdimension skizziert und zweitens die Dualität der Wirkung einer diversen Teamzusammensetzung rekapituliert werden. Aus diesen Erkenntnissen heraus konnte schließlich ein konzeptioneller Denkrahmen entwickelt werden, der als Ausgangspunkt für die nachfolgende empirische Untersuchung fungierte.

Im *zweiten Teil* erfolgte eine explorativ angelegte empirische Untersuchung des Einsatzes hochqualifizierter externer Mitarbeiter in gemischten Teams. Mit Hilfe eines zweistufigen, sequenziellen Forschungsdesigns galt es, die Zusammenarbeit in intern-extern gemischten Teams empirisch zu konkretisieren und zu erörtern, welche speziellen Parameter die Interaktion zwischen Intern und Extern und die Führung charakterisieren. Insbesondere galt es offenzulegen, welchen Einfluss der Einsatz hochqualifizierter externer Mitarbeiter i.S.v. funktionalen und dysfunktionalen Effekten auf die Zusammenarbeit hat und welche Schlussfolgerungen daraus für eine effektive Führung abgeleitet werden können.

Da die Softwareentwicklung ein besonders typischer Einsatzbereich für hochqualifizierte externe Mitarbeiter im Team ist, wurde sie als *Untersuchungsgegenstand* für die vorliegende empirische *Studie* herangezogen. Diese gliederte sich in zwei Teilstudien, in welcher eine qualitativen Interviewstudie als empirischer Schweerpunkt auf eine vorangestellte Online-Befragung folgte und teils auf ihren Ergebnissen aufbaute. Daher erfolge die Darstellung der Ergebnisse beider Teilstudien zunächst separat.

In einem ersten Schritt wurde im Rahmen der explorativ angelegten *Online-Befragung* ein Überblick über wesentliche Parameter, potenzielle Spannungsfelder und Führungsherausforderungen gemischter Projektteamarbeit geschaffen. In diesem Rahmen wurde deutlich, dass der Einsatz hochqualifizierter Externer im Team nicht nur praktisch relevant, sondern vor allem mit spezifischen Vorteilen und positiven Effekten, z. B. hinsichtlich Innovationskraft, verbunden ist. Gleichermaßen zeigten sich potenziell dysfunktionale Faktoren wie z. B. Vorbehalte interner Mitarbeiter. In Verbindung mit den identifizierten „harten" und insbesondere „weichen" Einflussfaktoren auf eine funktionierende Teamarbeit (v.a. die Führungskompetenz der Projektleitung) bei gleichzeitig teils eingeschränkter Steuerungsmöglichkeit durch die Projektleitung konnten erste Hinweise auch auf Führungsherausforderungen generiert werden.

In einem zweiten Schritt wurden diese Tendenzen anschließend im Rahmen der *Interviewstudie* vertieft und plausibilisiert. Kernanliegen war, die Vielschichtigkeit intern-extern gemischter Zusammenarbeit mit Hilfe konkreter Interaktionserfahrungen aus der individuellen Perspektive von internen und externen Mitgliedern sowie Leitungspersonen aus sieben realen SE-Teams sichtbar zu machen. Im Rahmen der Ergebnisdarstellung zeigte sich zunächst neben einer unterschiedlichen Zusammensetzung der Teams und Rollenverteilung zwischen Intern und Extern insbesondere die Bestätigung hoher Erwartungshaltungen und teilweise Vorbehalten und Skepsis aus der quantitativen Studie. Darüber hinaus waren auch Unterschiede hinsichtlich der Intensität der v.a. informellen

Kommunikation und der Einarbeitungsprozesse Externer erkennbar. Der besondere Fokus lag auf der Identifizierung funktionaler und dysfunktionaler Effekte durch die Präsenz Externer im Team. Hieraus sowie aus den kritischen Teamereignissen ableitend konnten besondere aufgaben-, beziehungs- und personenbezogene Führungsherausforderungen erkannt werden.

Teil II schloss mit der Darstellung der *Limitationen*, welche in methodischer und inhaltlicher Hinsicht die Verwertbarkeit der vorliegenden Ergebnisse einschränken.

Die Erkenntnisse beider Teilstudien wurden im *dritten Teil* dieser Arbeit zusammengetragen, in welchem die Diskussion und *Interpretation* der Ergebnisse und die Ableitung von *Implikationen* für Praxis und Wissenschaft im Mittelpunkt standen. Als *zentrale Erkenntnis* ließ sich festhalten, dass intern-extern gemischte Teams sich vor dem spezifischen Kontext zeitlich befristeter Zusammenarbeit in einem speziellen Spannungsfeld bewegen, das die Führung vor besondere Herausforderungen stellt. Die Diskussion der Ergebnisse der vorliegenden Untersuchung hat gezeigt, dass sich die Spezifika intern-extern gemischter Projektteams in einem *temporären Kontext* sowie einem *Spannungsfeld* funktionaler und dysfunktionaler Diversitätseffekte darstellen lassen, in dem sich die Zusammenarbeit zwischen internen und externen Mitarbeitern abspielt. Hieraus ließ sich die adäquate Steuerung dieses Spannungsfelds als *die zentrale Herausforderung* für die Führung gemischter Teams ableiten. Darunter ließen sich sowohl aufgabenbezogene wie beziehungsbezogene Teilaspekte einordnen, die ebenso wie die Rolle der Führungskraft als „Boundary"-Manager für eine effektive Führung gemischter Teams berücksichtig werden sollte. Vor diesem Hintergrund konnten mit einer wertschätzenden Führung als Fundament sowie den beiden Stellhebeln eines phasenbasierten, professionellen Projektmanagements sowie der situationsangepassten Gestaltung der Zusammenarbeit abschließend konkrete *Handlungsempfehlungen* für die Führung intern-extern gemischter Projektteams erarbeitet werden, welche den Besonderheiten dieser Teams Rechnung tragen.

Als wesentliche *wissenschaftliche Beiträge* konnten erstens Schlussfolgerungen für eine verstärkte wissenschaftliche Rezeption neuer Beschäftigungsformen und insbesondere hochqualifizierter externer Mitarbeiter in sog. Blended Teams aufgezeigt werden. Zweitens konnte die Diskussion um Teamdiversität um die organisationale Zugehörigkeit als relevante Diversitätsdimension erweitert und gleichermaßen die Notwendigkeit einer integrierten Betrachtung funktionaler und dysfunktionaler Diversitätseffekte aufgezeigt werden. In diesem Rahmen konnte nicht nur die Relevanz einer auch psychologischen Grenzziehung auf Teamebene offengelegt werden, sondern ebenso für eine erweiterte Perspektive in der Führungsforschung als situationsbezogene und individualisierte Führung plädiert werden.

Insgesamt zeigte sich, dass die Zusammenarbeit mit hochqualifizierten externen Mitarbeitern über den gesamten Prozess der gemeinsamen Leistungserstellung wesentlich komplexer ist als es die häufige Intention eines reinen ad hoc Zukaufs externen Know-hows von Unternehmensseite vermuten lässt.[906] Mit Hilfe der zugrunde gelegten Diversitätsperspektive konnte aufgezeigt werden, dass sich in gemischten Teams verschiedene Effekte durch die unterschiedliche organisationale Zugehörigkeit in der Zusammenarbeit ergeben: Positive Effekte aufgrund der Präsenz und stimulierenden Kraft Externer im Team und negativ wirkende Störfaktoren, welche die Ausnutzung dieses Potenzials minimieren.

In der Gesamtbetrachtung jedoch scheint der Mehrwert durch die Zusammensetzung von Teams mit externen Spezialisten potenziell erschwerte Bedingungen der Zusammenarbeit zu dominieren. Wie auch insbesondere mehrheitlich die Aussagen der Interviewpartner verdeutlichen, können intern-extern gemischte Projektteams als sinnvolle und notwendige Lösungsmöglichkeit gesehen werden, um hochkomplexe und innovative Aufgabenstellungen überhaupt bearbeiten zu können. Gerade das zentrale Spannungsfeld funktionaler und dysfunktionaler Effekte wirke insofern als Produktivitätstreiber:

> „Also man braucht dieses Spannungsfeld zwischen Internen und Externen, zwischen Träge und Dynamik, zwischen Gerangel und Zusammenarbeit, diese ganzen Spannungsfelder." (P12, EXT, 127:127)

Gleichwohl bedeutet die adäquate Steuerung dieses Spannungsfelds außerordentliche Anforderungen für die internen und externen Mitarbeiter und insbesondere für die Person und Kompetenz der institutionalisierten Führungskraft: Führung wird in gemischten Teams damit zu einem kontinuierlichen und anforderungsreichen *Balanceakt*.

Ausblick

Ausgehend von den rekapitulierten zentralen Erkenntnissen sollen im folgenden Ausblick zunächst aufgrund der *steigenden Bedeutung gemischter Projektteams* die *Notwendigkeit eines stärkeren Einbezugs externen Leistungspotenzials in Führungs- und Personalmanagementkonzepten* skizziert werden. Anschließend lassen sich auch unter Berücksichtigung der methodischen wie inhaltlich

906 Vgl. hierzu Kaiser et al. 2007 sowie Matusik/ Hill 1998.

begründete Limitationen der hier generierten Erkenntnisse *Anregungen zu weiteren Forschungsbemühungen* zusammenfassen.

Steigende Bedeutung intern-extern gemischter Projektteams
Wie die Erkenntnisse dieser Arbeit gezeigt haben, sind intern-extern gemischte Teams die auf Teamebene manifestierte Realität einer „Blended Workforce“. Es ist davon auszugehen, dass der Einsatz hochqualifizierter externer Mitarbeiter und gemischte Projektteams zukünftig noch stärker an Bedeutung gewinnen werden. Dies legen nicht nur die vorliegenden quantitativen Ergebnisse zur steigenden Relevanz eines Externen-Managements nahe.[907] Auch unter Berücksichtigung der anhaltend hohen Nachfrage nach externen IT-Spezialisten[908] und zunehmender Diversität flexibler Beschäftigungsformen[909] sowie des Pools an Beschäftigten insgesamt[910] werden Blended Teams verstärkt als „Normalfall“ in Unternehmen zu betrachten sein. Neue Beschäftigungsformen, gerade im hochqualifizierten Bereich, und damit grenzüberschreitende Kooperationsformen, dürften auch zukünftig in Form von Projekten und flexiblen Arbeitsbeziehungen verstärkt Einzug in den Praxisalltag halten.[911] Damit wird die effektive Führung dieser Teams zur zentralen unternehmerischen Herausforderung. Bereits in der Softwareentwicklung gibt es einen klaren Trend zu weiterem Outsourcing, der Auslagerung von Aktivitäten bei gleichzeitiger Konzentration auf die eigenen Kernkompetenzen. Damit werden „externe Leistungsressourcen“ in den unterschiedlichsten Formen wichtiger. Da Externe zunehmend auch in Kernbereichen von Unternehmen eingesetzt werden[912], bspw. im Fahrzeugdesign in der Automobilbranche, wird die professionelle Steuerung ihres Einsatzes im Unternehmen über die konkreten Einsatzphasen hinaus zu einer strategischen Aufgabe. Insofern scheint fraglich, inwiefern tatsächlich noch lediglich von einer „Randbelegschaft“ gesprochen werden kann.

Die Bedürfnisse externer Spezialisten zu berücksichtigen, ohne gleichzeitig die Anforderungen der „klassischen“ Festangestellten zu vernachlässigen, wird

907 Vgl. Abschnitt 2.4.1.

908 Vgl. bspw. Lüdendonk 2011 oder Hays AG 2009 sowie die Ausführungen in Abschnitt 1.1.1.3.

909 Vgl. Kaiser/Rössing 2011, S. 18. Als Beispiel können etwa Unterscheidungen nach intern/extern, Teilzeit/Vollzeit, hoch-, geringqualifiziert genannt werden.

910 Vgl. Horwitz 2005, S. 238.

911 Vgl. bspw. Schabel 2012.

912 Vgl. bspw. Nesheim 2003; Matusik 2002; Kaiser/ Rössing 2010 oder Rössing/ Kaiser [2013, im Erscheinen].

insofern zwingende Voraussetzung für die erfolgreiche Durchführung künftiger innovativer Projekte in Unternehmen.

Stärkung des Einbezugs externen Leistungspotenzials in Führungs- und Personalmanagementkonzepten

Die Erkenntnisse der vorliegenden Arbeit bestätigen die Annahme, dass Unternehmen durch den verstärkten Einsatz externer Leistungspotenziale immer mehr zu *offenen und atmenden Unternehmen* werden.[913] Durch den Einsatz externer Spezialisten als temporäre Teammitglieder können ad hoc auch außerhalb der eigenen Unternehmensgrenzen enorme Wissens- und Kreativitätspotenziale erschlossen und Lern- und Motivationsprozesse in Projektteams stimuliert werden.

Führt man sich vor Augen, dass dieses Potenzial jedoch vor allem unter externenfreundlichen bzw. diversitätssensiblen Rahmenbedingungen und professioneller Projektsteuerung entfaltet werden kann[914], erscheint die bislang häufige und vorrangige Verortung der Thematik „externer Mitarbeiter“ im *Einkauf* anstatt im Personalbereich umso überraschender. Häufig sind HR-Funktionen in die Entscheidungsprozesse von Auswahl und Einsatz hochqualifizierter externer Mitarbeiter nicht involviert.[915] Darüber hinaus ist zu vermuten, dass auch die Perspektive des Personalmanagement auf Externe als lediglich temporäre Kräfte einer tiefer gehenden Auseinandersetzung mit ihren Bedürfnissen, Zielen und Entwicklungsmöglichkeiten entgegensteht:

> “It may be asked why HR managers should concern themselves with the needs and hopes of ‘visitors’ to the organisation. But we argue that such questions are valid only within the context of more fixed organisational boundaries and stable employment arrangements. No matter how individuals might view their new relationship, it cannot develop as they might wish if organisational managers continue to construct them as outsiders.” (Mallon/ Duberley 2000, S. 43)

Das Zitat macht deutlich, dass hochqualifizierte externe Mitarbeiter insofern nicht nur ein manifestes Beispiel real zunehmend verschwimmender Unternehmensgrenzen[916] sind, sondern auch nach einem „personalen Management“ durch die HR-Funktionen *jenseits* der traditionellen Beziehungen zu Leistungsträgern

---

913 Vgl. Kaiser 2011.

914 Vgl. hierzu die Ausführungen in Kapitel 3.3.

915 Vgl. Mallon/ Duberley 2000, S. 41; Kloos 2011. Auch Kaiser et al. 2012a konnten in ihrer Studie zeigen, dass die Verantwortung für Entscheidungen bzgl. dem Externen-Einsatz insbesondere im Einkauf liegt.

916 Vgl. Picot et al. 2003, S. 2.

für das Unternehmen verlangen. Externe Mitarbeiter sind notwendigerweise verstärkt als personalwirtschaftlich relevantes Thema zu berücksichtigen. Damit wird deutlich, dass Unternehmen es sich schlichtweg kaum mehr werden leisten können, dieses enorme „externe Leistungspotenzial" lediglich als „eingekaufte Ressource" zu betrachten und somit einen steigenden Anteil ihrer Leistungsträger aus Führungs- und Personalmanagementkonzepten auszuschließen.[917] Vielmehr steht zu vermuten, dass ein stärkerer Einbezug externer Humanressourcen in die unternehmensinternen Personalprozesse zukünftig unabdingbar wird: D. h. in den Mittelpunkt muss verstärkt ein *Management der gesamten Workforce* eines Unternehmens gestellt werden und nicht nur der intern „fest"angestellten Mitarbeiter.[918] Hierfür können bspw. neue Kooperationsformen, die insbesondere zwischen der Einkaufsabteilung, der internen IT und den Personalverantwortlichen bestehen, eine ebenso sinnvolle Erweiterung darstellen wie die für den spezifischen Kontext flexibler Beschäftigungsformen angepasste bestehende HR-Instrumente:[919] Insbesondere für die Personalauswahl sind bereits in Abschnitt 3.3.2 Ansätze skizziert worden; Konzepte auch gerade aus dem *Diversity Management*[920] dürften erfolgreich angewendet werden können.

Damit verbunden sind neue Anforderungen und spezielle Rollenverständnisse an (interne) Mitarbeiter, Führungskräfte[921] und Organisationseinheiten. Picot et al. 2003 zählen hierzu etwa nicht nur erweiterte Fach- und vor allem Sozialkompetenzen, sondern v.a. die Fähigkeit zum Selbstmanagement. Dieses „Empowerment" von Mitarbeitern muss von Führungskräften durch angepasste Formen der Einflussnahme gesteuert werden, welche hierarchisch gesteuerte Anweisungen zunehmend durch persönliche Führung und vor allem ein adäquates *Beziehungsmanagement* ersetzen, um hierdurch Mitarbeiterpotenziale bestmöglich entfalten zu können.[922] Der Begriff des „Mitarbeiters" als interner

---

917 Vgl. auch Kaiser 2011.

918 Vgl. ebd.

919 Vgl. hierzu Kaiser/Rössing 2011, S. 26.

920 Vgl. bspw. die Sammelwerke von Wagner/ Voigt 2007 oder Becker/ Seidel 2006 sowie Ladwig 2003 zu Konzepten des Diversity Managements. Über ein gerade angloamerikanisches engeres Verständnis i.S. der Integration von Minderheiten (vgl. Süß/ Kleiner 2006, S. 522) hinaus kann Diversity Management in Anlehnung an als Nutzung und Gestaltungeiner gegebenen personellen Vielfalt (vgl. Becker 2006, S. 9f.) und Wertschätzung dieser Vielfalt als Grundlage (vgl. Hansen 2006, S. 335f.) verstanden werden.

921 Vgl. Picot et al. 2003.

922 Vgl. Picot et al. 2003, S. 516.

Festangestellter sollte insofern erweitert werden, um eine Entfaltung des Potenzials auch temporär „Mitarbeitender“ – unabhängig der tatsächlichen vertraglichen Mitgliedschaft – gewährleisten zu können. Voraussetzung hierfür ist ein kontinuierlicher Abbau des erkennbar gewordenen Wahrnehmungsdefizits hinsichtlich der Bedeutung der Führung beim Einsatz externer Mitarbeiter im gemischten Teamkontext.

Für Unternehmen ergibt sich hieraus die Herausforderung wie Chance gleichermaßen, im hart umkämpften *„War for Talents“* gerade durch spezielle Entwicklungsmöglichkeiten und Führungskonzepte ihren Blickwinkel auf „externe Talente“ zu erweitern. Eine nachhaltige Orientierung an einer grenzenübergreifenden „Arbeitgeberattraktivität“ dürfte auch für die Akquirierung leistungsfähiger und -bereiter hochqualifizierter externer Mitarbeiter eine weitere wegweisende Leitlinie für Unternehmen sein, verbunden mit dem Ziel, ein *„attraktiver Auftraggeber“* für hochqualifizierte Externe zu werden.

Anregung weiterer Forschungsbemühungen

Folgende theoretisch wie praktisch relevante Forschungsthemen dürften weiterhin von Interesse sein, nicht zuletzt um die skizzierten Limitationen und Forschungsdesiderata zu berücksichtigen:

- Hinsichtlich der hier gewählten *Methodik* des explorativ angelegten Forschungsdesigns kann vor allem eine *weitere empirische Untersuchung* gemischter Teams angeraten werden. Die vorliegend explorativ generierten Ergebnisse verdeutlichen z. B. potenzielle funktionale und dysfunktionale Effekte; eine detaillierte quantitative Überprüfung der einzelnen Effekte, auch ggf. der Leistungseffekte insgesamt, erscheint vielversprechend. Auf diese Weise könnten die Einzel- wie Gesamteffekte und ihre Wirkungsrichtung besser quantifiziert werden und hieraus ableitend konkrete Interventionsmaßnahmen entwickelt werden. In methodischer Hinsicht dürfte insbesondere auch eine repräsentative Untersuchung die hier identifizierten Hinweise und Tendenzen, z. B. zu denkbaren Vorbehalten, konkretisieren und somit greifbarer machen.
- In *inhaltlicher* Hinsicht erscheint es lohnenswert, die in dieser Arbeit aufgezeigte Vielschichtigkeit des Phänomens intern-extern gemischter Projektteams noch weitergehend zu konkretisieren. Bspw. könnten zunächst *branchen- und organisationsspezifische Fragestellungen* zielführend sein. Zum einen ist vor dem Hintergrund zunehmender genereller Flexibilisierungstendenzen in Unternehmen davon auszugehen, dass gemischte Teams verstärkt in unterschiedlichen Branchen vorzufinden sind. Zum anderen ist zu berücksichtigen, dass gerade innovative Projektteams in der Softwareentwicklung

häufig in einen größeren Kontext gebettet sind – und nicht lediglich eine einzelne Softwarekomponente für einen abgegrenzten Unternehmensbereich entwickeln.[923] Insofern dürften weitere Untersuchungen intern-extern gemischter Teams als Teil sog. *„Multi-Team-Projekte“* interessante Ergebnisse versprechen. Dies insbesondere auch vor dem Hintergrund der Erkenntnis, die auch in dieser Untersuchung sich herauskristallisierte, dass gerade auch teamexterne Beziehungen für die erfolgreiche Leistungserstellung eine wichtige Rolle spielen. Damit rückt die *Inter-Team-Zusammenarbeit*[924] in den Fokus. Interessant wäre bspw. die Untersuchung der spezifischen Rolle, die dann gerade hochqualifizierte externe Mitarbeiter als „gewohnte Grenzgänger“ spielen könnten. Auch Fragen nach veränderten Mechanismen der Zusammenarbeit, wenn Externe offiziell in der Führungsfunktion eingesetzt werden, erscheint in diesem Rahmen vielversprechend.

Insgesamt haben die Ausführungen dieser Arbeit erkennen lassen, dass die Beschäftigung mit dem aktuellen Phänomen intern-extern gemischter Projektteams vor dem Hintergrund zunehmender Flexibilisierungstendenzen von Unternehmen von entscheidender Relevanz ist. Sie stellt die notwendige Voraussetzung dar, um auf Basis eines besseren Verständnisses sowohl theoretisch-konzeptionelle Ansätze der Zusammenarbeit in und Führung von diversen Projektteams als auch konkrete Lösungsansätze für die Praxis entwickeln zu können. Die vorliegend generierten Erkenntnisse lassen sich dabei durchaus als Plädoyer für einen verstärkten Einsatz gemischter Teams – gerade auch in innovativen Projekten – verstehen. Dies gilt zumindest unter gleichzeitiger Berücksichtigung der aufgezeigten zentralen Führungsherausforderungen, um potenziellen diversitätsinduzierten Störfaktoren proaktiv entgegenzuwirken und auf diese Weise eine effektive Zusammenarbeit im Team zu ermöglichen.

Damit ist auch deutlich geworden, dass es sich bei der Führung gemischter Teams um ein komplexes Problemfeld handelt, das insbesondere die Führungskräfte vor erhebliche koordinative und persönliche Anforderungen stellt und nicht durch einzelne Führungsinstrumente gesteuert werden kann. Dies macht weitere Forschungsbemühungen für ein detaillierteres und quantifizierbares Verständnis des Phänomens notwendig. Darüber hinaus enthalten die skizzierten Impulse für konkrete Gestaltungsmaßnahmen für den Praxisalltag kein abschließendes Gesamtkonzept. Vielmehr muss die spezifische Ausgestaltung

923 Vgl. hierzu auch die obigen Ausführungen zum Einsatz Externer auch in strategisch relevanten Kernbereichen.

924 Vgl. bspw. Högl et al. 2005a.

notwendigerweise unternehmensindividuell konzipiert und an die jeweiligen projektspezifischen Prioritäten und Bedürfnisse der Mitarbeiter angepasst werden. Auch unter Berücksichtigung der rechtlichen Besonderheiten beim Einsatz hochqualifizierter externer Mitarbeiter[925] tragen die vorliegenden Erkenntnisse dazu bei, den ebenso vielversprechenden wie unumgänglichen Weg zu einem nachhaltig effektiven und „professionellen" Management gemischter Projektteams zu verdeutlichen.

925 Vgl. bspw. Panzer 2012 insbesondere hinsichtlich eines Freelancer-Einsatzes.

Literaturverzeichnis

Alderfer, C. P. (1987): An Intergroup Perspective on Group Dynamics. In: Jay William Lorsch (Hg.): Handbook of Organizational Behavior. Englewood Cliffs, NJ: Prentice-Hall, S. 190–222.

Aldrich, H.; Herkner, D. (1977): Boundary Spanning Roles and Organization Structures. In: *Academy of Management Review*, S. 217–230.

Algesheimer, R.; Herrmann, A.; Dimpfel, M. (2006): Die Wirkung von Brand Communities auf die Markenloyalität - eine dynamische Analyse im Automobilmarkt. In: *Zeitschrift für Betriebswirtschaft* 76 (9), S. 933–958.

Allport, F. (1962): A structuronomic conception of behavior: Individual and collective. In: *Journal of Abnormal and Social Psychology* 64, S. 3–30.

Alvesson, M. (1995): Management of knowledge-intensive companies. Berlin, New York: de Gruyter (De Gruyter studies in organization, 61).

Amabile, T.; Contti, R.; Coon, H.; Lazenby, J.; Herron, M. (1996): Assessing the Work Environment for Creativity. In: *Academy of Management Journal* 39 (5), S. 1154–1184.

Amabile, T. M.; Mueller, J. S. (2007): Studying Creativity, Its Processes, and Its Antecedents: An Exploration of the Componential Theory of Creativity. In: J. Zhou und C.E Shalley (Hg.): Handbook of Organizational Creativity. New York: Lawrence Erlbaum Associates, S. 31–62.

Amato-McCoy, D. M. (2005): The Blended IT Team. In: *Bank Systems & Technology* 42 (12), S. 26–29.

Ancona, D. G.; Caldwell, D. F. (1992a): Bridging the boundary: External activity and performance in organizational teams. In: *Administrative Science Quarterly* 37 (4), S. 634–665.

Ancona, D. G.; Caldwell, D. F. (1992b): Demography and design: Predictors of new product team performance. In: *Organization Science* 3 (3), S. 321–341.

Anderson, N.; Thomas, H. D. (1996): Work group socialization. In M. A. West (Ed.), Hand-book of work group psychology. In: Michael A. West (Hg.): Handbook of work group psychology. Chichester: Wiley, S. 423–450.

Ang, S.; Slaughter, S. A. (2001): Work outcomes and job design for contract versus permanent information systems professionals on software development teams. In: *MIS Quarterly* 25 (3), S. 321–350.

Angerer, T.; Foscht, T.; Swoboda, B. (2006): Mixed Methods — Ein neuer neuerer er Zugang in der empirischen Marketingforschung. In: *Der Markt* 45 (3), S. 115–127.

Antoni, C. (Hg.) (1994): Gruppenarbeit in Unternehmen. Konzepte, Erfahrungen und Perspektiven. Weinheim: Beltz.

Antoni, C.; Bungard, W. (2004): Arbeitsgruppen. In: Heinz Schuler (Hg.): Organisationspsychologie - Gruppe und Organisation. Göttingen: Hogrefe (Enzyklopädie der Psychologie, 4), S. 129–191.

Antoni, C.; Hofmann, K.; Bungard, W. (1996): Gruppenarbeit. In: Hans-Jörg Bullinger und Hans Jürgen Warnecke (Hg.): Neue Organisationsformen im Unternehmen. Ein Handbuch für das moderne Management. Berlin: Springer, S. 489–498.

Apte, U. M.; Mason, R. O. (1995): Global disaggregation of information-intensive services. In: *Management Science* 41 (7), S. 1250–1262.

Armbruster, H. (2005): Sozialstrukturen in Innovationsteams: Analyse sozialer Netzwerke. Wiesbaden: DUV Gabler Verlag.

Aronson, E.; Wilson, T. D; Akert, R. M; Wilson, T. D.; Akert, R. M. (2008): Sozialpsychologie. 6., aktualisierte Aufl. München: Pearson Studium.

Arrow, H.; McGrath, J. E. (1995): Membership dynamics in groups at work: A theoretical framework. In: *Research in Organizational Behavior* 17, S. 373–411.

Atkinson, J. (1984): Manpower strategies for flexible organisations. In: *Personnel Management* 16 (8), S. 28–31.

Auer-Srnka, K. J. (2009): Mixed Methods. In: Carsten Baumgarth, Martin Eisend und Heiner Evanschitzky (Hg.): Empirische Mastertechniken. Eine anwendungsorientierte Einführung für die Marketing- und Managementforschung. 1. Aufl. Wiesbaden: Gabler, S. 457–490.

Avery, D. R.; Volpone, S. D.; McKay, P. F.; King, E.; Wilson, D. C. (2012): A Caveat to Relational Demography: How Employment Status Influences Effects of Supervisor-Subordinate Demographic Similarity. Online verfügbar unter http://www.hospitalitydiversity.org/HIDI/pdfDocs/HidiPapers/Employment%20Status%20and%20Relational%20Demography.pdf, zuletzt geprüft am 03.12.2012.

Avolio, B.; Gardner, W. (2005): Authentic leadership leadership: Getting to the root of positive forms of leadership. In: *Leadership Quarterly* 16 (3), S. 315–338.

Avolio, B. J.; Bass, B. M. (2002): Developing potential across a full range of leaderships: Cases on transactional and transformational leadership. Mahwah, NJ: Lawrence Erlbaum Associates.

Baden-Fuller, C.; Grant, R.; Courtney, H.; Peck, S. (2008): Call for Phenomenon-based research. Online verfügbar unter http://www.lrp.ac/resources/Call_for_Phenomenon_Based_Research.pdf, zuletzt geprüft am 26.04.2012.

Bandura, A. (1986): Social foundations of thought and action: A social cognitive theory. Englewood Cliffs, NJ: Prentice-Hall.

Barker, K.; Christensen, K. E. (Hg.) (1998): Contingent work: American employment relations in transition. Ithaca: ILR Press.

Barley, S. R.; Kunda, G. (2004): Gurus, hired guns, and warm bodies. Itinerant experts in a knowledge economy. Princeton, NJ: Princeton Univ. Press.

Barley, S. R.; Kunda, G. (2006): Contracting: A New Form of Professional Practice. In: *Academy of Management Perspectives* 20 (1), S. 45–66.

Bartlett, C.A; Goshal, S. (1989): Managing across borders: The transnationall solution. Boston, Mass: Harvard University Press.

Bass, B. M. (2008): The Bass handbook on leadership: Theory, research and managerial applications. New York: Free Press.

Bass, B. M.; Stogdill, R. M. (1990): Bass & Stogdill's handbook of leadership. Theory, research, and managerial applications. 3. Aufl. New York: Free Press.

Bass, B. M.; Avolio, B. J. (1990): Developing transformational leadership: 1992 and beyond. In: *Journal of European Industrial Training* 14 (5), S. 21–27.

Bauer, H. H.; Sauer, N. E. (2004): Die Erfolgsfaktorenforschung als schwarzes Loch? In: *Die Betriebswirtschaft* 64 (4), S. 621–623.

Beck, D.; Orth, B. (2001): Wer spricht zu wem? Ordnungsmuster bei der Zusammenarbeit in aufgabenorientierten Kleingruppen. In: Rudolf Fisch, Dieter Beck und Birte Englich (Hg.): Projektgruppen in Organisationen. Praktische Erfahrungen und Erträge der Forschung. Göttingen: Verl. für Angewandte Psychologie (Schriftenreihe Wirtschaftspsychologie), S. 287–306.

Becker, M. (2006): Wissenschaftstheoretische Grundlagen des Diversity Management. In: Manfred Becker und Alina Seidel (Hg.): Diversity Management. Unternehmens- und Personalpolitik der Vielfalt. Stuttgart: Schäffer-Poeschel, S. 3–48.

Becker, M.; Seidel, A. (Hg.) (2006): Diversity Management. Unternehmens- und Personalpolitik der Vielfalt. Stuttgart: Schäffer-Poeschel.

Becker-Beck, U. (1997): Soziale Interaktion in Gruppen. Struktur- und Prozeßanalyse. Univ., Habil.-Schr.– Saarbrücken, 1995. Opladen: Westdt. Verl (Beiträge zur psychologischen Forschung, 37).

Becker-Beck, U.; Fisch, R. (2001): Erfolg von Projektgruppen in Organisationen: Erträge der sozialwissenschaftlichen Forschung. In: Rudolf Fisch, Dieter Beck und Birte Englich (Hg.): Projektgruppen in Organisationen. Praktische Erfahrungen und Erträge der Forschung. Göttingen: Verl. für Angewandte Psychologie (Schriftenreihe Wirtschaftspsychologie), S. 19–42.

Beckman, C. M. (2006): The influence of founding team company affiliations on firm behavior. In: *Academy of Management Journal* 49 (4), S. 741–758.

Belbin, M. (1993): Team roles at work. Repr. Oxford: Butterworth-Heinemann.

Belbin, R. M. (1983): Management teams. Why they succeed or fail. Reprinted. London: Heinemann.

Bergmann, R.; Garrecht, M. (2008): Organisation und Projektmanagement. Heidelberg: Physica-Verlag (BA KOMPAKT).

Berne, E. (1963): The structure and dynamics of organizations and groups. Philadelphia: Lippincott.

Berry, G. R. (2011): Enhancing effectiveness in virtual teams. Understanding Why Traditional Team Skills Are Insufficient. In: *Journal of Business Communication* 48 (2), S. 186–206.

Bettencourt, L. A.; Ostrom A. L.; Brown S. W.; Roundtree R. (2002): Client Co-Production in Knowledge-Intensive Business Services. In: *California Management Review* 44 (4), S. 100–128.

Bettenhausen, K. (1991): Five Years of Groups Research: What We Have Learned and What Needs to Be Addressed. In: *Journal of Management* 17 (2), S. 345–381.

Bidwell, M. J.; Briscoe, F. (2009): Who contracts? Determinants of the decision to work as an independent contractor among information technology workers. In: *Academy of Management Journal* 52 (6), S. 1148–1168.

Bitner, M. J. (1990): Evaluating service encounters: The effects of physical surroundings and employee responses. In: *Journal of Marketing* 54 (2), S. 69–82.

Bitner, M. J.; Faranda W. T.; Hubbert A. R.; Zeithaml V. A. (1997): Customer Contributions and Roles in Service Delivery. In: *International Journal of Service Industry Management* 8 (3), S. 193–205.

Bitner, M. J.; Booms, B. H.; Tetreault, M. S. (1990): The service encounter: Diagnosing favorable and unfavorable incidents. In: *Journal of Marketing* 54 (1), S. 71–84.

Blake, R. R.; Mouton, J. S. (1964): The managerial grid. 2. Aufl. Houston: Gulf Pub.

Blickle, G. (2004): Interaktion und Kommunikation. In: Heinz Schuler (Hg.): Organisationspsychologie – Gruppe und Organisation. Göttingen: Hogrefe (Enzyklopädie der Psychologie, 4), S. 55–128.

Bonss, U.; Kaiser, S. (2012): Freelancer als Quelle externen Wissens: Überlegungen zum Für und Wider eines Transfers von Wissen sowie daraus abzuleitende Managementimplikationen. In: Stephan Kaiser, Stefan Süß und Ingrid Josephs (Hg.): Freelancer als Forschungsgegenstand und Praxisphänomen. Betriebswirtschaftliche und psychologische Perspektiven. Frankfurt am Main u. a.: Peter Lang (Forschung und Praxis zukunftsfähiger Unternehmensführung (Herausgegeben von Stephan Kaiser), 2), S. 169–186.

Bonss, U.; Kozica, A.; Kaiser, S. (2012): Beiträge von Freelancern zur Wissensabsorption: Implikationen für die Managementpraxis. In: Stephan Kaiser, Stefan Süß und Ingrid Josephs (Hg.): Freelancer als Forschungsgegenstand und Praxisphänomen. Betriebswirtschaftliche und psychologische Perspektiven. Frankfurt am Main u. a.: Peter Lang (Forschung und Praxis zukunftsfähiger Unternehmensführung (Herausgegeben von Stephan Kaiser), 2), S. 187–203.

Borchert, M.; Günther, A.; Urspruch, T.; Goltz, W. von der (2005): Projektmanagement als Gegenstand der empirischen Forschung. Arbeitsbericht (Diskussionsbeiträge des Fachbereichs Betriebswirtschaft der Universität Duisburg-Essen, Campus Duisburg, Nr. 310).

Borchert, M.; Urspruch, T. (2007): Wer ist der IT-Freelancer? Duisburg: Univ. Duisburg-Essen Fak. 3 Wirtschaftswiss (Diskussionsbeiträge der Mercator School of Management der Universität Duisburg Essen, Campus Duisburg, 320).

Bortz, J.; Döring, N. (2009): Forschungsmethoden und Evaluation. Für Human- und Sozialwissenschaftler. 4., überarb. Aufl., Nachdr. Heidelberg: Springer-Medizin-Verl (Bachelor, Master).

Boynton, A. (1993): Punktlandung statt blindflug – mit den richtigen Informationssystemen. In: *Harvard Business Manager* 15 (4), S. 59–67.

Brannick, M. T.; Prince, A.; Prince, C.; Salas, E. (1995): The Measurement of Team Process. In: *Human Factors* 37 (3), S. 641–651.

Braun, T.; Oechsler, W. A. (2012): Segmentierung von Belegschaften und Herstellung von organisationalem Commitment. In: Stephan Kaiser, Stefan Süß und

Ingrid Josephs (Hg.): Freelancer als Forschungsgegenstand und Praxisphänomen. Betriebswirtschaftliche und psychologische Perspektiven. Frankfurt am Main u. a.: Peter Lang (Forschung und Praxis zukunftsfähiger Unternehmensführung (Herausgegeben von Stephan Kaiser), 2), S. 69–91.

Brewer, M. B. (1979): Ingroup Bias in the Minimal Intergroup Situation: A Cognitive-Motivational Analysis. In: *Psychological Bulletin* 86, S. 307–324.

Brewer, M. B. (1995): Managing Diversity: The Role of Social Identities. In: Susan E. Jackson und Marian N. Ruderman (Hg.): Diversity in Work Teams. Research Paradigms for a Changing Workplace. Washington: APA, S. 47–68.

Brewster, C. (1998): Flexible working in Europe: Extent, growth and the challenge for HRM. In: Paul Sparrow und Mick Marchington (Hg.): Human resource management: The new agenda. London: Financial Times Pitman, S. 245–258.

Brodbeck, F. C. (1993): Kommunikation und Leistung in Projektarbeitsgruppen. Eine empirische Untersuchung an Software-Entwicklungsprojekten. Giessen, Univ., Diss.

Brodbeck, F. C. (2004): Analyse von Gruppenprozessen und Gruppenleistung. In: Heinz Schuler (Hg.): Lehrbuch Organisationspsychologie. 3., vollst. überarb. u. erw. Bern, Göttingen: Huber (Aus dem Programm Huber: Psychologie-Lehrbuch), S. 415–438.

Broschak, J.; Davis-Blake, A. (2006): Mixing standard work and nonstandard deals: the consequences of heterogeneity in employment arrangements. In: *Academy of Management Journal* 49 (2), S. 371–393.

Brosius, F. (2011): SPSS 19. 1. Aufl. Heidelberg: Mitp.

Brown, R. (1988): Group Processes: Dynamics within an Between Groups. Oxford: Wiley-Blackwell.

Bruhn, M.; Stauss, B. (Hg.) (2003): Dienstleistungsnetzwerke. 1. Aufl. Wiesbaden: Gabler (Dienstleistungsmanagement, 2003).

Brunner, D.; Staats, B.; Tushman, M.; Upton, D. (2010): Wellsprings of creation: How perturbation sustains exploration in mature organizations. Working Paper 09-011. Harvard Business School.

Brusoni, S.; Prencipe, A.; Pavitt, K. (2001): Knowledge Specialization, Organizational Coupling, and the Boundaries of the Firm: Why do Firms Know More than they Make. In: *Administrative Science Quarterly* 46, S. 597–621.

Bstieler, L.; Hemmert, M. (2010): Increasing learning and time efficiency in interorganizational new product development teams. In: *The journal of product innovation management : an internat. publication of the Product Development & Management Association* 27 (4), S. 485–499.

Buckley, P.; Glaister, K.; Klijn, E.; Tan, H. (2009): Knowledge Accession and Knowledge Acquisition in Strategic Alliances: The Impact of Supplementary and Complementary Dimensions. In: *British Journal of Management* 20 (4), S. 598–609.

Bühl, A. (2006): SPSS 14. Einführung in die moderne Datenanalyse. 10., überarb. und erw. München: Pearson Studium (Scientific tools).

Bühl, A. (2010): PASW 18. Einführung in die moderne Datenanalyse ; [ehemals SPSS]. 12., aktualisierte Aufl. München: Pearson Studium.

Bühner, M. (2006): Einführung in die Test- und Fragebogenkonstruktion. 2., aktualisierte und erw. München: Pearson Studium.

Burke, C.; Stagl, K. C.; Klein, C.; Goodwin, G. F.; Salas, E.; Halpin, S. (2006): What type of leadership behaviors are functional in teams? A meta-analysis. In: *The Leadership Quarterly* 17 (3), S. 288–307.

Bürkle, T. (2004): Die effiziente Zusammensetzung von Arbeitsgruppen in Organisationen. In: *Zeitschrift für Personalforschung* 18 (1), S. 39–63.

Burton-Jones, A. (1999): Knowledge capitalism. Business, work, and learning in the new economy. Oxford: Oxford Univ. Press.

Busch, M.; Hobus, B. (2012): Kreativ und umsetzungsstark. Ambidextrie in Teams. In: *Zeitschrift Führung + Organisation* 81 (1), S. 29–36.

Bush, P. (2009): Leading independent contractors. A parallel power model. In: *Journal of Management Research* 9 (2), S. 72–82.

Buttrick, R. (1997): The project workout. A tool kit for reaping the rewards from all your business projects. London: Pitman.

Buttrick, Robert (2009): The project workout. The ultimate handbook of project and programme management. 4. ed. Harlow: Financial Times Prentice Hall.

Byrne, D. (1971): The Attraction Paradigm. New York: Academic Press.

Campion, M. A.; Medsker, G. J.; Higgs, C. A. (1993): Relations between work group characteristics and effectiveness: Implications for designing effective work groups. In: *Personnel Psychology* 46 (4), S. 823–831.

Cannon-Bowers; J. A.; Oser, R.; Flanagan, D. L. (1992): Work teams in industry: A selected view and proposed framework. In: Robert W. Swezey (Hg.): Teams. Their training and performance. Norwood, N.J: Ablex Publ, S. 355–377.

Carmeli, A.; Brueller, D.; Dutton, J. E. (2009): Learning Behaviours in the Workplace: The Role of High-quality Interpersonal Relationships and Psychological Safety. In: *Systems Research and Behavioral Science* 26 (1), S. 81–98.

Cartwright, D.; Zander, A. F. (1968): Group dynamics. New York: Harper and Row.

Cavalier, J.; Klein, J.; Cavalier, F. (1995): Effects of Cooperative Learning on Performance, Attitude, and Group Behaviors in a Technical Team Environment. In: *Educational Technology Research and Development* 43 (3), S. 61–71.

Chang, A.; Bordia, P.; Duck, J. (2003): Punctuated Equilibrium and Linear Progression: Toward a New Understanding of Groupd Development. In: *Academy of Management Journal* 46 (1), S. 106–117.

Chattopadhyay, P.; George, E. (2001): Examining the Effects of Work Externalization Through the Lens of Social Identity Theory. In: *Journal of Applied Psychology* 86 (4), S. 781–788.

Chen, G.; Klimoski, R. J. (2003): The Impact of Expectations on Newcomer Performance in Teams as Mediated by Work Characteristics, Social Exchanges, and Empowerment. In: *Academy of Management Journal* 46 (5), S. 591–607.

Chesbrough, H. W. (2003): Open innovation. The new imperative for creating and profiting from technology. Boston, Mass: Harvard Business School Press.

Christian, J.; Porter, L. W.; Moffitt, G. (2006): Workplace Diversity and Group Relations: An Overview. In: *Group Processes and Intergroup Relations* 9 (4), S. 459–466.

Clark, P. (2001): Address by the President of the Institue oder Actuaries, Communication, Culture and Companionship. In: *British Actuarial Journal* 70 (1), S. 1–32.

Clarke, S. (2003): The Contemporary Workforce: Implications for Organisational Safety Culture. In: *Personnel Review* 32 (1), S. 40–57.

Cohany, S. R. (1996): Workers in Alternative Employment Arrangements. In: *Monthly Labour Review* 119 (10), S. 31–45.

Cohen, S. G. (1994): Desiging effective self-managing work teams. In: Michael M. Beyerlein und Douglas A. Johnson (Hg.): Theories of self-managing work teams. Greenwich, CT: JAI Press (Advances in interdisciplinary studies of work teams, 1), S. 67–102.

Cohen, S. G.; Bailey, D. E. (1997): What makes teams work: From the shop floor to the executive suite. In: *Journal of Management* 23 (3), S. 239–290.

Cohen, W. M.; Levinthal, D. A. (1990): Absorptive Capacity: A New Perspective on Learning and Innovation. In: *Administrative Science Quarterly* 35 (1), S. 128–152.

Conger, Jay A. (1989): The charismatic leader: Behind the mystique of exceptional leadership. 1. Aufl. San Francisco: Jossey-Bass.

Connelly, C. E.; Gallagher, D. G. (2004): Emerging Trends in Contingent Work Research. In: *Journal of Management* 30 (6), S. 959–983.

Cooke-Davies, T. (2001): The real project success factors. In: *International Journal of Project Management* 20 (3), S. 185–190.

Corsten, H. (1985): Dienstleistungsmanagement. München: Vahlen Verlag.

Corsten, H.; Gössinger, R. (2008): Projektmanagement. Einführung mit Aufgaben und Lösungen (Lehr- und Handbücher der Betriebswirtschaftslehre). 2. Aufl. s.l: Oldenbourg Wissenschaftsverlag GmbH.

Cosier, R.; Dalton, D. (1990): Positive effects of conflict: A field assessment. In: *International Journal of Conflict Management* 1 (1), S. 81–92.

Cox, T.H. (1993): Cultural diversity in organizations. Theory, research and practice. Berrett-Koehler: San Francisco.

Cox, T. H.; Lobel, S. A.; McLeod, P. L. (1991): Effects of ethnic group cultural differences on cooperative and competitive behavior on a group task. In: *Academy of Management Journal* 34 (4), S. 827–847.

Coyle-Shapiro, J.; Kessler, I. (2002): Contingent and non-contingent working in local government: Contrasting psychological contracts. In: *Public Administration* 80, S. 77–101.

Cramer, J. (2004): Management wissensintensiver Dienstleistungen. In: S. Hermann (Hg.): Ressourcen strategisch nutzen – Wissen als Basis für den Dienstleistungserfolg. Stuttgart: Fraunhofer IRB, S. 181–206.

Cremer, J. (2002): Motivation in Projekten. Univ, Lengerich, Köln.

Creswell, J. W.; Plano Park, V. L. (2007): Designing and conducting mixed methods research. Thousand Oaks, Kalifornien: SAGE.

Cummings, J. N. (2004): Work Groups, Structural Diversity, and Knowledge Sharing in a Global Organization. In: *Management Science* 50 (3), S. 352–364.

Curtis, B.; Krasner, H.; Iscoe, N. (1988): A field study of the software design process for large systems. In: *Common ACM* 31 (11), S. 1268–1287.

Cuyper, N. de; Jong, J. de; Witte, H. de; Isaksson, K.; Rigotti, T.; Schalk, R. (2008): Literature review of theory and research on the psychological impact of temporary employment: Towards a conceptual model. In: *International Journal of Management Reviews* 10 (1), S. 25–51.

Dahlander, L.; O'Mahony, S. (2011): Progression to the center: Coordinating project work. In: *Organization Science* 22 (4), S. 961–979.

Darbi, M.; Karni, E. (1973): Free competition and the optimal amount of fraud. In: *Journal of Law and Economics* 16, S. 67–88.

Davidow, W. H.; Malone, M. S. (1992): The Virtual Corporation: Structuring and revitalizing the corporation for the 21st century. New York: Harper Business.

Davis-Blake, A.; Uzzi, B. (1993): Determinants of employment externalization: a study of temporary workers and independent contractors. In: *Administrative Science Quarterly* 38 (2), S. 195–223.

Davis-Blake, A.; Broschak, J. P.; George, E. (2003): Happy Together? How Using Nonstandard Workers Affects Exit, Voice, and Loyalty Among Standard Employees. In: *Academy of Management Journal* 46 (4), S. 475–485.

Dettmer, M.; Dohmen, F. (2012): Frei schwebend in der Wolke. In: *Der Spiegel* 6/2012, S. 62–64.

Deutsche Bank Research (2007): Deutschland im Jahr 2020. Neue Herausforderungen für ein Land auf Expedition. Online verfügbar unter http://www.dbresearch.de/PROD/DBR_INTERNET_DE-PROD/PROD0000000000209595.PDF, zuletzt geprüft am 15.05.2012.

Diekmann, A. (2005): Empirische Sozialforschung. Grundlagen, Methoden, Anwendungen. 13. Aufl. Hamburg: Rowohlt Taschenbuch Verlag.

Di Martino, V.; Wirth, L. (1990): Telework: A new way of working and living. In: *International Labour Review* 129 (5), S. 529–554.

Doll, B. (2009): Prototyping zur Unterstützung sozialer Interaktionsprozesse. Techn. Univ, Wiesbaden, München.

Dörre, K. (2005): Prekarität – Eine arbeitspolitische Herausforderung. In: *WSI-Mitteilungen* (5), S. 250–258.

Drach-Zahavy, A.; Somech, A. (2001): Understanding team innovation: The role of team processes and structures. In: *Group Dynamics Theory, Research, and Practice* 5 (2), S. 111–123.

Drago, R.; Caplan, R.; Costanza, D.; Brubaker, T.; Cloud, D.; Harris, N. et al. (1999): New estimates of working time for elementary school teachers. In: *Monthly Labor Review* 122 (4), S. 31–40.

Dreu, C. K. W. de; Weingart, L. R. (2003): Task versus relationship conflict, team performance, and team member satisfaction: A meta-analysis. In: *Journal of Applied Psychology* 88 (4), S. 741–749.

Duffy, M.; Scott, K.; Shaw, J.; Tepper, B.; Aquino, K. (2012): A social context model of envy and social undermining. In: *Academy of Management Journal* 55 (3), S. 643–666.

Dutton, J. E.; Dukerich, J. M.; Harquail, C. V. (1994): Organizational images and member identification. In: *Administrative Science Quarterly* 39 (2), S. 239–263.

Easley, R.; Devaraj, S.; Crant, M. (2003): Relating Collaborative Technology Use to Teamwork Quality and Performance: An Empirical Analysis. In: *Journal of Management Information Systems* 19 (4), S. 247–265.

Edmondson, A.; McManus, S. (2007): Methodological Fit in Management Field Research. In: *Academy of Management Review* 32 (4), S. 1155–1179.

Edmondson, A. (1999): Psychological safety and learning behavior in work teams. In: *Administrative Science Quarterly* 44 (2), S. 350–383.

Ely, R. J.; Thomas, D. A. (2001): Cultural Diversity at Work: The Effects of Diversity Perspectives on Work Group Processes and Outcomes. In: *Administrative Science Quarterly* 46 (2), S. 229–273.

Engelhardt, W.; Kleinaltenkamp, M.; Reckenfelderbäumer, M. (1993): Leistungsbündel als Absatzobjekte. In: *Zeitschrift für betriebswirtschaftliche Forschung* 45, S. 395–426.

Engwall, M.; Sjögren, J. A. (2003): The resource allocation syndrome: the prime challenge of multi-project management. In: *International Journal of Project Management* 21 (6), S. 403–409.

Erpenbeck, J.; Rosenstiel, L. von (2007): Handbuch Kompetenzmessung. Erkennen, verstehen und bewerten von Kompetenzen in der betrieblichen, pädagogischen und psychologischen Praxis. 2. Aufl. Stuttgart: Schäffer-Poeschel.

Espinosa, J. A.; Slaughter, S. A.; Kraut, R. E.; Herbsleb, J. D. (2007): Team Knowledge and Coordination in Geographically Distributed Software Development. In: *Journal of Management Information Systems* 24 (1), S. 135–169.

Faraj, S.; Sproull, L. (2000): Coordinating Expertise in Software Development Teams. In: *Management Science* 46 (12), S. 1554–1568.

Farh, J.-L.; Lee, C.; Farh, C. I. C. (2010): Task conflict and team creativity: A question of how much and when. In: *Journal of Applied Psychology* 95 (6), S. 1173–1180.

Fay, D.; Guillaume, Y. R. F. (2007): Team diversity. In: S. Clegg und J.R Bailey (Hg.): International Encyclopedia of Organization Studies. Thousand Oaks, CA: SAGE, S. 1510–1513.

Felfe, J.; Schmook, R.; Schyns, B.; Six, B. (2008): Does the form of employment make a difference? Commitment of traditional, temporary, and self-employed workers. In: *Journal of Vocational Behavior* 72 (1), S. 81–94.

Felsing, T. (2006): Aufgabenbezogene Diversität in interdisziplinären Teams. Messung und Konsequenzen für die Zusammenarbeit. Zugl.: Darmstadt, Techn. Univ., Diss., 2005. Aachen: Shaker (Berichte aus der Psychologie).

Fey, C.; Birkinshaw, J. (2005): External Sources of Knowledge, Governance Mode, and R&D Performance. In: *Journal of Management* 31 (4), S. 597–621.

Fiedler, F.E (1967): A Theory of Leadership Effectiveness. New York: McGraw-Hill.

Fink, M.; Riesenfelder, A.; Tàlos, E. (2001): Endbericht Atypische Arbeitsverhältnisse. Geringfügige Beschäftigung und Freie DienstnehmerInnen. Wien.

Fischer, L.; Wiswede, G. (1997): Grundlagen der Sozialpsychologie. München: Oldenbourg (Wolls Lehr- und Handbücher der Wirtschafts- und Sozialwissenschaften).

Flanagan, J. (1954): The critical incident technique. In: *Psychological Bulletin* 51 (4), S. 327–358.

Fleishman, E. A.; Mumford, M. D.; Zaccaro, S. J.; Levin, K. Y.; Korotkin, A. L.; Hein, M. B. (1991): Taxonomic efforts in the description of leader behavior: A synthesis and functional interpretation. In: *Leadership Quarterly* 2 (4), S. 245–287.

Flick, U. (2008): Triangulation: Eine Einführung. Wiesbaden (Qualitative Sozialforschung).

Forsyth, D. R. (1999): Group Dynamics. Belmont: Wadsworth.

Freidson, E. (1994): Professionalism Reborn. Theory, Prophecy, and Policy. Cambridge: Polity Press.

Frenzen, H. (2009): Teams im Vertrieb. Gestaltung und Erfolgswirkungen. Zugl.: Vallendar, WHU – Otto Beisheim School of Management, Diss., 2008. 1. Aufl. Wiesbaden: Gabler.

Frese, E. (1980): Projektorganisation. In: Erwin Grochla (Hg.): Handwörterbuch der Organisation. 2. Aufl. Stuttgart: Poeschel, S. 1960–1974.

Frese, E. (2000): Grundlagen der Organisation. Konzept – Prinzipien – Strukturen. 8., überarb. Wiesbaden: Gabler.

Friesl, M.; Sackmann, S.; Kremser, S. (2011): Knowledge sharing in new organizational entities. The impact of hierarchy, organizational context, micro-politics and suspicion. In: *Cross Cultural Management* 18 (1), S. 71–86.

Frietsch, R.; Gehrke, B. (2007): Bildungsstrukturen der Bevölkerung und Qualifikationsstrukturen der Erwerbstätigen in Deutschland und Europa. (Studien zum deutschen Innovationssystem, Nr. 7–2007).

Fritz, W. (2004): Die Erfolgsfaktorenforschung – ein Misserfolg? In: *Die Betriebswirtschaft* 64 (5), S. 623–625.

Furusten, S.; Werr, A. (2005): Bringing in Managerial Expertise from External Markets. In: Staffan Furusten und Andeas Werr (Hg.): Dealing with Confidence. The Construction of Need and Trust in Management Advisory Services. Copenhagen: Copenhagen Business School Press, S. 1–18.

Furusten, S.; Garsten, C. (2005): "New" Professionalism. In: Staffan Furusten und Andeas Werr (Hg.): Dealing with Confidence. The Construction of Need and Trust in Management Advisory Services. Copenhagen: Copenhagen Business School Press, S. 19–38.

Gabbott, M.; Hogg, G. (1996): The glory of stories: Using critical incidents to understand service evaluation in the primary healthcare context. In: *Journal of Marketing Management* 12 (6), S. 493–503.

Gaitanides, M.; Stock, R. (2004): Interorganisationale Teams: Transaktionskostentheoretische Überlegungen und empirische Befunde zum Teamerfolg. In: *Zeitschrift für betriebswirtschaftliche Forschung* 56, S. 436–451.

Gallagher, D. G.; McLean Parks, J. (2001): I pledge the my throth… contingently Commitment and the contingent work relationship. In: *Human Resource Management Review* 11 (3), S. 181–208.

Gallagher, D. G.; Sverke, M. (2005): Contingent Employment Contracts: Are Existing Employment Theories Still Relevant? In: *Economic and Industrial Democracy* 26 (2), S. 181–203.

Gällstedt, M. (2003): Working Conditions in Projects: Perceptions of Stress and Motivation Among Project Team Members and Project Managers. In: *International Journal of Project Management* 21 (6), S. 449–455.

Gann, D.; Salter, A. (2000): Innovation in Project-Based, Service-Enhanced Firms. The Construction of Complex Products and Systems. In: *Research Policy* 29 (7–8), S. 955–972.

Garsten, C. (2003): Colleague, Competitor, or Client: Social Boundaries in Flexible Work Arrangements. In: Neil Paulsen und Tor Hernes (Hg.): Managing Boundaries in Organizations: Multiple Perspectives. Basingstoke: Palgrave Macmillan, S. 244–261.

Garsten, C. (2008): Workplace vagabonds. Career and community in changing worlds of work. Basingstoke, Hampshire: Palgrave Macmillan.

Gebert, D. (2004): Durch diversity zu mehr Teaminnovativität? Ein vorläufiges Resümee der empirischen Forschung sowie Konsequenzen für das diversity Management. In: *Die Betriebswirtschaft* 64 (4), S. 412–430.

Gebert, D.; Rosenstiel, L. von (2002): Organisationspsychologie. 5., aktualisierte und erw. Stuttgart: Kohlhammer (Kohlhammer-Standards Psychologie).

Gemünden, H. G. (1990): Erfolgsfaktoren des Projektmanagements – eine kritische Bestandsaufnahme der empirischen Untersuchungen. In: *Projekt Management* (1&2), S. 4–15.

Gemünden, H. G.; Högl, M. (2005): Teamarbeit in innovativen Projekten: Eine kritische Bestandsaufnahme der empirischen Forschung. In: Martin Högl und Hans Georg Gemünden (Hg.): Management von Teams. Theoretische Konzepte und empirische Befunde. 3. Auflage. Wiesbaden: DUV Gabler Verlag, S. 1–31.

Gemünden, H. G.; Högl, M. (1998): Teamarbeit in innovativen Projekten: Eine kritische Bestandsaufnahme der empirischen Forschung. In: *Zeitschrift für Personalforschung* 12 (3), S. 277–301.

George, E.; Chattopadhyay, P. (2005): One Foot in Each Camp: The Dual Identification of Contract Workers. In: *Administrative Science Quarterly* 50, S. 68–99.

Gersick, C. J. (1988): Time and transition in work teams: Towards a new model of group development. In: *Academy of Management Journal* 31 (1), S. 9–41.

Gersick, C. J. (1989): Marking time: Predictable transitions in task groups. In: *Academy of Management Journal* 32 (2), S. 274–309.

Gill, R.; Levine, N.; Pitt, D. (1998): Leadership and Organizations for the New Millenium. In: *The Journal of Leadership Studies* 5 (4), S. 46–59.

Gioia, D. P. E. (1990): Multiparadigm Perspectives in Theory Building. In: *Academy of Management Review* 15 (4), S. 584–602.

Gladstein, D. L. (1984): Groups in context: A model of task group effectiveness. In: *Administrative Science Quarterly* 29 (4), S. 499–517.

Glaser, B.; Strauss, A. (1979): Die Entdeckung gegenstandsbezogener Theorie: Eine Grundstrategie qualitativer Sozialforschung. In: Christel Hopf und Elmar Weingarten (Hg.): Qualitative Sozialforschung. 1. Aufl. Stuttgart: Klett-Cotta (Sozialwissenschaften), S. 91–114.

Goode, W. J. (1972): Professionen und die Gesellschaft. In: Thomas Luckmann und Walter Michael Sprondel (Hg.): Berufssoziologie. Köln: Kiepenheuer & Witsch (Soziologie, 55), S. 157–167.

Goodman, P. S.; Ravlin, E.; Schminke, M. (1987): Understanding groups in organizations. In: Barry M. Staw und L.L Cummings (Hg.): Research in organizational behavior (Volume 9). Greenwich, CT: JAI Press, S. 121–173.

Graen, G. B.; Scandura, R. A. (1987): Toward a psychology of dyadic organizing. In: Jonathon N. Cummings und Barry M. Staw (Hg.): Research in organizational behavior. Greenwich, CT: Free Press, S. 175–208.

Grant, R. (1996): Toward a knowledge-based theory of the firm. Special Issue: Knowledge and the Firm (Winter 1996). In: *Strategic Management Journal* 170, S. 109–122.

Grasl, O.; Rohr, J.; Grasl, T. (2004): Prozessorientiertes Projektmanagement. Modelle, Methoden und Werkzeuge zur Steuerung von IT-Projekten. München. Online verfügbar unter http://books.hanser.de:8080/vkb/default.jsf?doi=9783446224940_ISBN.

Graumann, C. (1972): Interaktion und Kommunikation. In: C.F Graumann (Hg.): Sozialpsychologie. Handbuch der Psychologie. Göttingen: Hogrefe (7), S. 1109–1262.

Greenwood, R.; Empson, L. (2003): The Professional Partnership: Relic or Exemplary Form of Governance? In: *Organization Studies* 24, S. 909–933.

Gremler, D. D. (2004): The critical incident technique in service research. In: *Journal of Service Research* 7 (1), S. 65–89.

Grunwald, W. (1981): Konflikt – Konkurrenz-Kooperation: Eine theoretisch-empirische Konzeptanalyse. In: W. Grunwald, H.-G Lilge und M. Deutsch (Hg.): Kooperation und Konkurrenz in Organisationen. Stuttgart: Haupt, S. 50–68.

Guest, D. E.; Oakley, P.; Clinton, M.; Budjanovcanin, A. (2006): Free or precarious? A comparison of the attitudes of workers in flexible and traditional employment contracts. In: *Human Resource Management Review* 16 (2), S. 107–124.

Gully, S.; Devine, D.; Whitney, D. (1995): A meta-analysis of cohesion and performance. Effects of level of analysis and task interdependence. In: *Small Group Research* 26 (4), S. 497–520.

Gummesson, E. (1979): The Marketing of Professional Services. An Organisational Dilemma. In: *European Journal of Marketing* 13 (5), S. 308–318.

Guzzo, R. A.; Dickinson, M. W. (1996): Teams in organizations: Recent research of performance and effectiveness. In: *Annual Review of Psychology* 47, S. 307–388.

Guzzo, R. A.; Shea, G. P. (1992): Group Performance and Intergroup Relations. In: Marvin D. Dunnette und Leaetta M. Hough (Hg.): Handbook of industrial and organizational psychology. 2. Aufl. Palo Alto, CL: Consulting Psychologists Press, S. 269–313.

Haas, M. R. (2005): Cosmopolitans and Locals: Status rivalries, deference, and knowledge in international teams. In: *Research on Managing Groups and Teams: Status and Groups* 7, S. 201–227.

Haberfellner, R.; Daenzer, W. F. (1999): Systems Engineering. Methodik und Praxis. 10., durchges. Zürich: Verl. Industrielle Organisation.

Haberstroh, M. (2007): Individuelle Selbstführung in Projektteams. Univ, Wiesbaden, Kiel.

Hackman, J. R. (1987): The Design of Work Teams. In: Jay William Lorsch (Hg.): Handbook of Organizational Behavior. Englewood Cliffs, NJ: Prentice-Hall, S. 315–342.

Hall, A. (2007): Hall, A. (2007): Tätigkeiten und berufliche Anforderungen in wissensintensiven Berufen. Empirische Befunde auf Basis der BIBB/BAuA-Erwerbstätigenbefragung 2006. Hg. v. Bundesministerium für Bildung und Forschung. Bonn (Studien zum deutschen Innovationssystem, 3–2007).

Hans-Böckler-Stiftung (2007): Atypische Beschäftigung. Weniger Geld, weniger Perspektiven. In: *Böckler Impuls* (17/2007), S. 1–8.

Hansen, K. (2006): Umgang mit personeller Vielfalt. Alltagskonstruktionen von Verschiedenheit in deutschen Unternehmen. In: Manfred Becker und Alina Seidel (Hg.): Diversity Management. Unternehmens- und Personalpolitik der Vielfalt. Stuttgart: Schäffer-Poeschel, S. 334–348.

Hansen, K.; Rupprecht, M.; Gruber, H.; Mulder, R. H. (2009): Diversität als blinder Fleck in Beratungsorganisationen. In: Falko von Ameln, Josef Kramer und Heike Stark (Hg.): Organisationsberatung beobachtet. Hidden Agendas und blinde Flecke. 1. Aufl. Wiesbaden: VS Verl. für Sozialwiss, S. 296–299.

Hansen, M. T. (1999): The Search-Transfer Problem: The Role of Weak Ties in Sharing Knowledge across Organization Subunits. In: *Administrative Science Quarterly* 44, S. 82–111.

Harrison, D. A.; Price, K. H.; Bell, M. P. (1998): Beyond Relational Demography: Time and the Effects of Surface- and Deep-level Diversity on Work Group Cohesion. In: *The Academy of Management Journal* 41 (1), S. 96–107.

Harrison, D. A.; Price, K. H.; Gavin, J. H.; Florey, A. (2002): Time, Teams, and Task Performance: Changing Effects of Surface- and Deep-Level Diversity on Group Functioning. In: *Academy of Management Journal* 45 (5), S. 1029–1045.

Harrison, D.; Klein, K. (2007): What's the difference? Diversity constructs as separation, variety, or disparity in organizations. In: *Academy of Management Review* 32 (4), S. 1199–1228.

Hauschildt, J.; Gesche, K.; Medcof, J. (2000): Realistic criteria for project managers. *Selection and Development* 31(3), 23–32.

Hays AG (2007): Mixed Teams – Treiber des Projekterfolgs? Eine Studie der Hays AG. Mannheim.

Hays AG (2009): Management und Sourcing externer IT-Spezialisten in Deutschland 2009. Strategien, Herausforderungen, Erfolgsfaktoren. Mannheim.

Heeg, Franz Josef (1993): Projektmanagement. Grundlagen der Planung und Steuerung von betrieblichen Problemlöseprozessen. 2. Aufl. München: Hanser (REFA-Fachbuchreihe Betriebsorganisation).

Helfat, C. E. (1997): Know-how and asset complementarily and dynamic capability accumulation: The case of R&D. Strategic Management Journal, 18 (5), 339–360. In: *Strategic Management Journal* 18 (5), S. 339–360.

Hentschel, B. (1992): Dienstleistungsqualität aus Kundensicht: Vom merkmals- zum ereignisorientierten Ansatz. Wiesbaden: Dt. Univ.-Verl.

Hernes, T. (2003): Enabling and Constraining Properties of Organizational Boundaries. In: Neil Paulsen und Tor Hernes (Hg.): Managing Boundaries in Organizations: Multiple Perspectives. Basingstoke: Palgrave Macmillan, S. 35–54.

Hersey, P.; Blanchard, K. H. (1982): Management of organizational behavior. 4. Aufl. Englewood Cliffs, NJ: Prentice-Hall.

Hertel, G.; Scholl, W. (2006): Grundlagen der Gruppenarbeit in Organisationen. In: B. Zimolong und U. Konradt (Hg.): Enzyklopädie der Psychologie – Ingenieurpsychologie. Göttingen: Hogrefe, S. 181–216.

Hildreth, Paul M.; Kimble, Chris (2004): Knowledge networks. Innovation through communities of practice. Hershey, Pa: Idea Group Publ.

Hinkel, N. (1989): Teamentwicklung in einer Bildungsabteilung. In: Thomas Sattelberger (Hg.): Innovative Personalentwicklung. Grundlagen, Konzepte, Erfahrungen. Wiesbaden: Gabler, S. 317–327.

Hippel, C. von; Kalokerinos, E. K. (2012): When temporary employees are perceived as threatening: antecedents and consequences. In: *Leadership and Organization Development Journal* 33 (2), S. 200–216.

Hipple, S. (2001): Contingent work in the late 1990's. In: *Monthly Labour Review* 124 (3), S. 3–27.

Hitt, M.; Keats, B.; DeMarie, S. (1998): Navigating in the new competitive landscape: Building strategic flexibility and competitive advantage in the 21st century. In: *Academy of Management Executive* 12 (4), S. 22–42.

Hoffmann, E.; Walwei, U. (2002): Wandel der Erwerbsformen. Was steckt hinter den Veränderungen? In: Gerhard Kleinhenz (Hg.): IAB-Kompendium Arbeitsmarkt- und Berufsforschung. Nürnberg: Inst. für Arbeitsmarkt- und Berufsforschung der Bundesanst. für Arbeit (Beiträge zur Arbeitsmarkt- und Berufsforschung, 250), S. 135–144.

Hogg, M. A.; Abrams, D. (1988): Social Identifications: A Social Psychology of Intergroup Relations and Group Process. London: Routledge.

Hogg, M. A. (2005): The social identity perspective. In: Susan A. Wheelan (Hg.): The handbook of group research and practice. Thousand Oaks, Kalifornien: SAGE, S. 133–157.

Högl, M.; Weinkauf, K.; Gemünden, H. G. (2005a): Inter-Team Coordination, Project Commitment, and Teamwork in Multi-Team R&D Projects. In: Martin Högl und Hans Georg Gemünden (Hg.): Management von Teams. Theoretische Konzepte und empirische Befunde. 3. Auflage. Wiesbaden: DUV Gabler Verlag, S. 223–259.

Högl, M.; Proserpio, L. (2004): Team member proximity and teamwork in innovative projects. In: *Research Policy* 33, S. 1153–1165.

Högl, M. (1998): Teamarbeit in innovativen Projekten. Einflußgrößen und Wirkungen. Univ., Diss.– Karlsruhe, 1998. Wiesbaden: Dt. Univ.-Verl. [u. a.] (Gabler Edition Wissenschaft).

Högl, M.; Weinkauf, K.; Gemünden, H. G. (2005b): Managing Multi-Team Projects at the Team and Project Level. In: Martin Högl und Hans Georg

Gemünden (Hg.): Management von Teams. Theoretische Konzepte und empirische Befunde. 3. Auflage. Wiesbaden: DUV Gabler Verlag, S. 261–295.

Högl, M.; Gemünden, H. G. (2005): Teamarbeit in Innovationsprojekten. In: Martin Högl und Hans Georg Gemünden (Hg.): Management von Teams. Theoretische Konzepte und empirische Befunde. 3. Auflage. Wiesbaden: DUV Gabler Verlag, S. 93–126.

Homans, G. C. (1960): Theorie der sozialen Gruppe. Köln: Westdeutscher Verlag.

Homburg, C.; Krohmer, H. (2009): Marketingmanagement. Strategie - Instrumente - Umsetzung - Unternehmensführung. 3. Aufl.

Horwitz, F.; Chan Teng Heng, F.; Quazi, H. (2003): Finders, Keepers? Attracting, Motivating and Retaining Knowledge Workers. In: *Human Resource Management Journal* 13 (4), S. 23–44.

Horwitz, S. K. (2005): The compositional impact of team diversity on performance: Theoretical considerations. In: *Human Resource Development Review* 4 (2), S. 219–245.

Horwitz, S. K.; Horwitz, I. B. (2007): The Effects of Team Diversity on Team Outcomes: A Meta-Analytic Review of Team Demography. In: *International Journal of Project Management* 33 (6), S. 987–1015.

Howden, C.; Pressey, A. D. (2008): Customer Value Creation in Professional Service Relationships: The Case of Credence Goods. In: *The Service Industries Journal* 28 (6), S. 789–812.

Hromadka, W.; Maschmann, F. (2012): Arbeitsrecht Band 1. Individualarbeitsrecht. 5. Auflage. Berlin, Heidelberg: Springer-Verlag.

Hülsheger, U.; Anderson, N.; Salgado, J. (2009): Team-level predictors of innovation at work. A comprehensive meta-analysis spanning three decades of research. In: *Journal of Applied Psychology* 94 (5), S. 1128–1145.

Hurrle, B.; Kieser, A. (2005): Sind Key Informants verlässliche Datenlieferanten? In: *Die Betriebswirtschaft* 65 (6), S. 584–602.

Hus, C. (2012): Immer wieder neu. In: *Human Resources Manager* (April/Mai), S. 10–12.

Hüsgen, M. (2005): Projektteams. Das Sechs-Ebenen-Modell zur Selbstreflexion im Team - Instrument und Einsatz. Göttingen: Vandenhoeck & Ruprecht.

Iivari, J.; Hirschheim, R.; Klein, H. (2004): Towards a distinctive body of knowledge for information systems experts: coding ISD process knowledge in two IS journals. In: *Information Systems Journal* 14 (4), S. 313–342.

Ilgen, D. R.; Hollenbeck, J. R.; Johnson, M.; Jundt, D. (2005): Teams in Organizations: From Input-Process-Output Models to IMOI Models. In: *Annual Review of Psychology* 56, S. 517–543.

Jackson, S.; Stone, V.; Alvarez, E. (1992): Socialization Amidst Diversity: Impact of Demographics on Work Team Old Timers and Newcomers. In: *Research in Organizational Behavior* 15, S. 45–109.

Jackson, S. E.; May, K. E.; Whitney, K. (1995): Understanding the dynamics of diversity in decision-making teams. In: R. A. Guzzo und E. et al Salas (Hg.): Team Effectiveness and Decision Making in Organizations. San Francisco: Jossey-Bass, S. 204–261.

Jackson, S. E.; Ruderman, M. N. (1995): Introduction: Perspectives for Understanding Diverse Work Teams. In: Susan E. Jackson und Marian N. Ruderman (Hg.): Diversity in Work Teams. Research Paradigms for a Changing Workplace. Washington: APA, S. 1–13.

Janis, I. L. (1982): Groupthink: Psychological studies of policy decisions and fiascoes. 2. ed. Boston: Houghton Mifflin.

Jarvenpaa, S. L.; Leidner, D. E. (1999): Comunication and trust in global virtual teams. In: *Organization Science10* (6), S. 791–815.

Jehn, K. A.; Mannix, E. A. (2001): The dynamic nature of conflict: A longitudinal study of intragroup conflict and group performance. In: *Academy of Management Journal* 44 (2), S. 238–251.

Jehn, K. A. (1995): A multimethod examination of the benefits and detriments of intragroup conflict. In: *Administrative Science Quarterly* 40 (2), S. 256–282.

Jehn, K. A.; Northcraft, G. B.; Neale, M. A. (1999): Why Differences Make a Difference: A Field Study of Diversity, Conflict, and Performance in Workgroups. In: *Administrative Science Quarterly* 44 (4), S. 741–763.

Jeschke, K. (2004): Marketingsmanagement der Beratungsunternehmung. Wiesbaden: DUV Gabler Verlag.

Jeschke, K. (2007): Das Beziehungsmanagement professioneller Dienstleistungsunternehmen. Am Beispiel der Unternehmensberatung. In: Matthias H. J. Gouthier, Christian Coenen, Henning S. Schulze und Christoph Wegmann (Hg.): Service Excellence als Impulsgeber. Strategien, Management, Innovationen, Branchen. 1. Aufl. Wiesbaden: Gabler, S. 591–609.

Josephs, I.; Kettenbach, A. (2012): Sind Freelancer alle gleich? Bedürfnisse, Belastungen und Ressourcen von Soloselbstständigen im Medien- und IT-Bereich aus psychologischer Sicht. In: Stephan Kaiser, Stefan Süß und Ingrid Josephs

(Hg.): Freelancer als Forschungsgegenstand und Praxisphänomen. Betriebswirtschaftliche und psychologische Perspektiven. Frankfurt am Main u. a.: Peter Lang (Forschung und Praxis zukunftsfähiger Unternehmensführung (Herausgegeben von Stephan Kaiser), 2), S. 19–32.

Joshi, A.; Roh, H. (2009): The Role of Context in Work Team Diversity Research: A Meta-Analytic Review. In: *Academy of Management Journal* 52 (3), S. 599-627.

Kaas, K. P. (1992): Kontraktgütermarketing als Kooperation zwischen Prinzipalen und Agenten. In: *Zeitschrift für betriebswirtschaftliche Forschung* 44, S. 884–901.

Kaas, K. P.; Busch, A. (1996): Inspektions-, Erfahrung- und Vertrauenseigenschaften von Produkten. In: *Marketing Zeitschrift für Forschung und Praxis* 18 (4), S. 243–252.

Kaas, K. P.; Schade, C. (1993): Bindungsstärke in Kooperations- und Geschäftsbeziehungen am Beispiel der Dienstleistung Unternehmensberatung. In: Eva M. Thelen und Gaby B. Mairamhof (Hg.): Dienstleistungsmarketing: Eine Bestandsaufnahme. Tagungsband zum 2. Workshop für Dienstleistungsmarketing, Innsbruck, Februar 1993. Frankfurt am Main: Lang, S. 73–99.

Kador, J. (2000): The end of the work as we know it. In: *Infoworld* 22 (34), S. 63–64.

Kaiser, S. (2001): Entwicklung von Humanressourcen. Univ, Wiesbaden, Eichstätt.

Kaiser, S. (2011): Ein Blick in die Zukunft: Im offenen und atmenden Unternehmen gibt es für Personalmanager neue Aufgaben – Alle Mitarbeiter erfassen. In: *Personal – Zeitschrift für Human Resource Management* 63 (4), S. 48–50.

Kaiser, S.; Bonss, U.; Rössing, I. [Im Erscheinen, 2013]: Das Phänomen Freelancer aus organisationaler Perspektive. In: S. Kaiser; R. Klatt; Bamberg, E.; S. Schmicker (Hg.): Arbeits- und Beschäftigungsformen im Wandel.

Kaiser, S.; Rossbach, M. (2003): Flexibilisierung in der Personalausstattung. In: *Personal – Zeitschrift für Human Resource Management* 55 (1), S. 16–19.

Kaiser, S.; Rössing, I.; Bonss, U. (2012a): Produktivität durch professionelle Zusammenarbeit mit IT-Freelancern. Beitrag in der GULP Knowledge Base. Online verfügbar unter http://www.gulp.de/kb/org/Produktivitaet-durch-professionelle-Zusammenarbeit-mit-IT-Freelancern.html, zuletzt aktualisiert am abgerufen am: 15.07.2012.

Kaiser, S.; Ringlstetter, M. (2003): Management einer Blended Workforce. In: *Personalmagazin* 10, S. 24–26.

Kaiser, S.; Rössing, I. (2011): Freelancer als Phänomen einer wissensbasierten Arbeitswelt: Herausforderungen und Ansätze eines professionellen Managements. Webinar. Kelly OCG. München, 18.01.2011.

Kaiser, S.; Paust, R. (2004): Der Einsatz hochqualifizierter externer Mitarbeiter. Neue Ansätze für ein zu wenig beachtetes Phänomen. In: *Der Betriebswirt* 45 (3), S. 27–33.

Kaiser, S.; Süß, S.; Josephs, I. (2012b): Das Phänomen Freelancing: Eine neue Beschäftigungsform und ihre Herausforderungen. In: Stephan Kaiser, Stefan Süß und Ingrid Josephs (Hg.): Freelancer als Forschungsgegenstand und Praxisphänomen. Betriebswirtschaftliche und psychologische Perspektiven. Frankfurt am Main u. a.: Peter Lang (Forschung und Praxis zukunftsfähiger Unternehmensführung (Herausgegeben von Stephan Kaiser), 2), S. 7–18.

Kaiser, S.; Rössing, I. (2010): Die Nutzung unternehmensexterner Kompetenzen zwischen Innovation und Routine: Eine empirische Analyse in wissensintensiven Arbeitskontexten. In: Erich Barthel, Anke Hanft und Joachim Hasebrook (Hg.): Integriertes Kompetenzmanagement im Spannungsfeld von Innovation und Routine. Münster: Waxmann, S. 135–150.

Kaiser, Stephan; Kampe, Tim; Paust, Robert (2007): Externe Mitarbeiter: Erfolgreiches Management externer Professionals, Freelancer und Dienstleister. Wien: Linde.

Kalleberg, A. L. (2000): Nonstandard Employment Relations: Part-time, Temporary and Contract Work. In: *Annual Review of Sociology* 26, S. 341–365.

Kannheiser, W.; Hormel, R.; Aichner, R. (1993): Planung im Projektteam. Band 1: Handbuch zum Planungskonzept Technik-Arbeit-Innovation (PTAI). München: Hampp.

Kappelmann, L. A.; McKeeman, R.; Zhang, L. X. (2006): Early Warning Signs of IT Project Failure: The Dominant Dozen. In: *Information Systems Management* 23 (4), S. 31–36.

Karantinou, K. M.; Hogg, M. K. (2009): An empirical investigation of relationship development in professional business services. In: *Journal of Services Marketing* 23 (4), S. 249–260.

Katz, D.; Kahn, R. L. (1966): The Social Pychology of Organizations. New York, NY: John Wiley and Sons.

Katz, R.; Allen, T. (1982): Investigating the Not Invented Here (NIH) Syndrome: A Look at the Performance, Tenure, and Communication Patterns of 50 R&D Project Groups. In: *R&D Management* 12, S. 7–20.

Katzenbach, J. R.; Smith, K. G. (1993): The Discipline of Teams. In: *Harvard Business Review* 71 (2), S. 111–120.

Kauffeld, S. (2001): Teamdiagnose. Göttingen: Verl. für Angewandte Psychologie.

Kauffeld, S.; Grote, S.; Lehmann-Willenbrock, N. (2009): Traum oder Albtraum: Zusammenarbeit in Projektteams. In: Monika Wastian, Isabell Braumandl und Lutz von Rosenstiel (Hg.): Angewandte Psychologie für Projektmanager. Ein Praxisbuch für die erfolgreiche Projektleitung. Berlin, Heidelberg: Springer Berlin Heidelberg, S. 167–185.

Kaulio, M. A. (2008): Project leadership in multi-project settings: Findings from a critical incident study. In: *International Journal of Project Management* 26, S. 338–347.

Keller, B.; Seifert, H. (2007): Atypische Beschäftigungsverhältnisse. Flexibilität, soziale Sicherung und Prekarität. In: Berndt Keller und Hartmut Seifert (Hg.): Atypische Beschäftigung – Flexibilisierung und soziale Risiken. Berlin: Ed. Sigma (Forschung aus der Hans-Böckler-Stiftung, 81), S. 11–26.

Keller, B.; Seifert, H. (2006): Atypische Beschäftigungsverhältnisse: Flexibilität, soziale Sicherheit und Prekariat. In: *WSI Mitteilungen* (5), S. 235–240.

Keller, R. T. (2001): Cross-functional project groups in research and new product development: Diversity, communications, job stress, and outcomes. In: *Academy of Management Journal* 44 (3), S. 547–555.

Keller, R.T. (1992): Transformational leadership and the performance of research and development groups. In: *Journal of Management* 18 (3), S. 489–501.

Kelleter, K. (2009): Selbständige in Deutschland. Ergebnisse des Mikrozensus 2008. In: *Wirtschaft und Statistik* (12), S. 1204–1217.

Kelley, S. W.; Donnelly, J. H.; Skinner, S. J. (1990): Customer Participation in Service Production and Delivery. In: *Journal of Retailing* 66 (3), S. 315–335.

Kirkman, B.L.; Rosen, B. (1999): Beyond self-management: Antecedents and consequences of team empowerment. In: *Academy of Management Journal* 42 (1), S. 58–74.

Kirsch, W. (1992): Kommunikatives Handeln, Autopoiese, Rationalität. Sondierungen zu einer evolutionären Führungslehre. München: Kirsch (Münchener Schriften zur angewandten Führungslehre, 66).

Kirsch, W. (1997): Beiträge zu einer evolutionären Führungslehre. Stuttgart: Schäffer-Poeschel.

Kirsch, W.; Weber, M.: Die Praxis der erfahrungswissenschaftlichen (Organisations-) Forschung: Betrachtungen vor dem Hintergrund einer erkenntnispluralistischen Führungslehre. Arbeitstext. München.

Klaasen-van Husen, Wilma (2007): Interkulturelles Personalmanagement bei Professional Service Firms. Theoretische Konzepte, empirische Befunde und Handlungsempfehlungen. Wiesbaden: Dt. Univ.-Verl.

Klauer, K.C. (2008): Soziale Kategorisierung und Stereotypisierung. In: L.-E. Petersen und B. Six (Hg.): Stereotype, Vorurteile und soziale Diskriminierung. Theorien, Befunde und Interventionen. 1. Auflage. Beltz Verlag: Weinheim, Basel, S. 23–32.

Kliemt, H. (1986): Antagonistische Kooperation. Elementare spieltheoret. Modelle spontaner Ordnungsentstehung. Freiburg (Breisgau): Alber.

Klimoski, R.; Jones, R. G. (1995): Staffing for effective group decision making: Key issues in matching people and teams. In: R. A. Guzzo und E. et al Salas (Hg.): Team Effectiveness and Decision Making in Organizations. San Francisco: Jossey-Bass, S. 291–332.

Kloos, U. (2011): Auswahl externer Skills: Personaler contra Einkauf. In: *IT-Freelancer Magazin* (5), S. 24–25.

Kloppenborg, T. J.; Opfer, W. A. (2002): The Current State of Project Management Research: Trends, Interpretations, and Predictions. In: *Project Management Journal* 33 (2), S. 5–18.

Kolb, D.A (1984): Experiental learning. Experiences as the source of learning an development. Englewood Cliffs, NJ: Prentice-Hall.

Kolltveit, B.; Karlsen, J. G. K. (2007): Perspectives on project management. In: *International Journal of Project Management* 25 (1), S. 3–9.

Köppel, P. (2008): Konflikte und Synergien in multikulturellen Teams. Virtuelle und face-to-face-Kooperation. Wiesbaden: Deutscher Universitäts-Verlag | GWV Fachverlage GmbH Wiesbaden.

Kosnik, R. D. (1990): Effects of board demography and directors' incentives on corporate greenmail decisions. In: *Academy of Management Journal* 33 (1), S. 129–150.

Kraus, R. (2008): Leistungshemmnisse in Projektteams. In: *Projektmanagement* (5), S. 21–30.

Kraut, R. E.; Streeter, L. A. (1995): Coordination in Software Development. In: *Communications of the ACM* 38 (3), S. 69–81.

Krauth, J. (1995): Testkonstruktion und Testtheorie. Weinheim: Psychologie Verlags Union.

Krippendorff, Klaus (1980): Content analysis. An introduction to its methodology. 2. Aufl. Beverly Hills: Sage Publications.

Krogh, G. von; Rossi Lamastra, C.; Haeflinger, S. (2012): Phenomenon-based research in management and organization science: When is it rigorous and does it matter? Online verfügbar unter http://www.smi.ethz.ch/people/stefhaef, zuletzt geprüft am 26.04.2012.

Krosnick, J. (1999): Survey Research. In: *Annual Review of Psychology* 50, S. 537–567.

Krüger, W.(1994): Organisation der Unternehmung. 3. Aufl. Stuttgart: Kohlhammer.

Kuhn, T. S. (1967): Die Struktur wissenschaftlicher Revolutionen. Frankfurt a. Main: Suhrkamp.

Kunda, G.; Barley, S. R.; Evans, J. (2002): Why do contractors contract? The experience of highly skilled technical professionals in a contingent labor market. In: *Industrial and Labor Relations Review* 55 (2), S. 234–261.

Kunda, Z.; Spencer, S. J. (2003): When Do Stereotypes Come to Mind and When Do They Color Judgement? A Goal-Based Theoretical Framework for Stereotype Activation and Application. In: *Psychological Bulletin* 129 (4), S. 522–544.

Kuster, J.; Huber, E.; Lippmann, R.; Schmid, A.; Schneider, E.; Witschi, U.; Wüst, R. (Hg.) (2006): Handbuch Projektmanagement. Berlin u. a.: Springer-Verlag.

Kuster, J.; Huber, E.; Lippmann, R.; Schmid, A.; Schneider, E. (2011): Handbuch Projektmanagement. 3., erw. Aufl. Berlin: Springer.

Ladwig, D. H. (2003): Team-Diversity – Die Führung gemischter Teams. In: Michel E. Domsch (Hg.): Führung von Mitarbeitern. Handbuch für erfolgreiches Personalmanagement. 5., überarb. Aufl. Stuttgart: Schäffer-Poeschel, S. 448–459.

Lamnek, S. (2005): Qualitative Sozialforschung: Lehrbuch: Beltz, PVU.

Lautsch, B. A.; Kossek, E. E. (2011): Managing a blended workforce: Telecommuters and non-telecommuters. In: *Organizational Dynamics* 40 (1), S. 10–17.

Lawrence, T.; Corwin, V. (2003): Being there: The acceptance and marginalization of part-time professional employees. In: *Journal of Organizational Behavior* 24 (8), S. 923–942.

Layes, G. (2000): Grundformen des Fremderlebens. Eine Analyse von Handlungsorientierungen in der interkulturellen Interaktion. Münster: Waxmann.

Layes, G. (2007): Kritische Interaktionssituationen. In: Jürgen Straub, Arne Weidemann und Doris Weidemann (Hg.): Handbuch interkulturelle Kommunikation und Kompetenz. Grundbegriffe - Theorien - Anwendungsfelder. Stuttgart: Metzler, S. 384–391.

Lazarus, R. S.; Folkman, S. (2008): Stress, appraisal, and coping. [Nachdr.]. New York: Springer.

Lechler, T. (1997): Erfolgsfaktoren des Projektmanagements. Univ, Frankfurt am Main, Karlsruhe.

Lechler, T.; Gemünden, H. G. (1998): Kausalanalyse der Wirkungsstruktur der Erfolgsfaktoren des Projektmanagements. In: *Die Betriebswirtschaft* 58 (4), S. 435–450.

Lee-Kelley, L.; Loong, K. L. (2003): Turner's five-functions of project-based management and situational leadership in IT services projects. In: *International Journal of Project Management* 21 (8), S. 583–591.

Leenders, M.R; Fearon, H.E (1997): Purchasing and supply management. 11. Aufl. Chicago: Irwin.

Leonard-Barton, D. (1995): Wellsprings of knowledge. Building and sustaining the source of innovation. Boston, Mass: Harvard Business School Press.

Lindgren, M.; Packendorff, J. (2007): Project leadership revisited: A post-heroic perspective and research agenda. Beitrag für die '19th Nordic Academy of Management Conference', 9.–11. August, Bergen/Norwegen.

Lockwood, P.; Kunda, Z. (1997): Superstars and Me: Predicting the Impact of Role Models on the Self. In: *Journal of Personality and Social Psychology* 73 (1), S. 91–103.

Lockwood, P.; Jordan, C. H.; Kunda, Z. (2002): Motivation by Positive or Negative Role Models: Regulatory Focus Determines Who Will Best Inspire Us. In: *Journal of Personality and Social Psychology* 83 (4), S. 854–864.

Lüdendonk (2009): Lüdendonk@-Marktsegmentstudie 2009: Der Markt für Rekrutierung, Vermittlung und Steuerung Freiberuflicher IT-Experten in Deutschland. Pressemitteilung. Online verfügbar unter http://luenendonk.

de/pressefeed/nachfrage-nach-freiberuflichen-it-experten-ungebrochen, zuletzt geprüft am 15.05.2012.

Lüdendonk (2011): Freiberufliche IT-Projektmitarbeiter stark gefragt. Online verfügbar unter http://www.projektmagazin.de/news/freiberufliche-it-projektmitarbeiter-stark-gefragt, zuletzt geprüft am 06.08.2012.

Madauss, B. (2000): Handbuch Projektmanagement. Mit Handlungsanleitungen für Industriebetriebe Unternehmensberater und Behörden. 6. überarb. u. erw. Auflage. Stuttgart: Schäffer-Poeschel.

Maister, D. (1997): True Professionalism, the courage to care about your people, your clients, and your career. New York: Free Press.

Mallon, M.; Duberley, J. (2000): Managers and professionals in the contingent workforce. In: *Human Resource Management Journal* 10 (1), S. 33–47.

Mannix, E.; Neale, M. A. (2005): What differences make a difference? In: *Psychological Science in the Public Interest* 6 (2), S. 31–55.

Manz, C. C.; Sims, H. P. (1987): Leading workers to lead themselves: The external leadership of self-managing work teams. In: *Administrative Science Quarterly* 32 (1), S. 106–130.

March, J.; Sutton, R. I. (1997): Organizational performance as a dependent variable. In: *Organization Science* 6, S. 698–706.

Marks, M. A.; Mathieu, J. A.; Zaccaro, S. A. (2001): A temporally based framework and taxonomy of team processes. In: *Academy of Management Review* 26 (3), S. 356–376.

Marshall, N. (2003): Identity and Difference in Complex Projects: Why Boundaries Still Matter in the "Boundaryless" Organization. In: Neil Paulsen und Tor Hernes (Hg.): Managing Boundaries in Organizations: Multiple Perspectives. Basingstoke: Palgrave Macmillan, S. 55–75.

Martin, A.; Nienhüser, W. (2002): Neue Formen der Beschäftigung – personalpolitische Voraussetzungen und Effekte. In: Albert Martin und Werner Nienhüser (Hg.): Neue Formen der Beschäftigung – neue Personalpolitik? München: Hampp (Sonderband 2002 der Zeitschrift für Personalforschung), S. 1–16.

Martin, C. (1998): Lernen durch Teamarbeit. In: *Zeitschrift für Personalforschung* 12 (1), S. 67–78.

Mathieu, J. A.; Heffner, T.; Goodwin, G.; Salas, E.; Cannon-Bowers, J. (2000): The influence of shared mental models on team process and performance. In: *Journal of Applied Psychology* 85 (2), S. 273–283.

Matusik, S. (2002): Managing public and private firm knowledge within the context of flexible firm boundaries. In: Chun Wei Choo und Nick Bontis (Hg.): The strategic management of intellectual capital and organizational knowledge. Oxford: Oxford Univ. Press, S. 605–617.

Matusik, S.; Hill, C. (1998): The Utilization of Contingent Work, Knowledge Creation, and Competitive Advantage. In: *Academy of Management Review* 23 (4), S. 680–697.

Mayrhofer, W.; Meyer, M. (2002): "No more shall we part?" Neue Selbständige und neue Formen der Kopplung zwischen Organisationen und ihrem Personal. In: *Zeitschrift für Personalforschung* 16 (4), S. 599–614.

Mayring, P. (2008): Qualitative Inhaltsanalyse. Grundlagen und Techniken. 10., neu ausgestattete Aufl. Weinheim: Beltz.

Mayring, P. (2010): Qualitative Inhaltsanalyse. Grundlagen und Techniken. 11., aktualisierte und überarb. Aufl. Weinheim: Beltz.

McElroy, B.; Mills. C. (2000): Managing stakeholders. In: John Rodney Turner und J.R Simister (Hg.): Gower Handbook of Project Management. 3. Aufl. Aldershot: Gower, S. 757–775.

McGrath, J. E. (1962): Leadership behavior: Some requirements for leadership training. Washington, DC: U.S. Civil Service Commission.

McGrath, J. E. (1964): Social psychology: A brief introduction. New York: Holt, Rinehart and Winston.

McGrath, J. E. (1991): Time, Interaction, and Performance (TIP): A Theory of Groups. In: *Small Group Research* 22 (2), S. 147–174.

McGrath, J. E. A. H.; Berdahl, J. L. (2000): The study of groups: past, present, and future. In: *Personality and Social Psychology Review* 4 (1), S. 95–105.

McGrath, J. E.; Rotchford, N. (1983): Time and behavior in organizations. In: L.L Cummings und Barry M. Staw (Hg.): Research in organizational behavior. Greenwich, CT: JAI Press (5), S. 57–101.

McGrath, J. E.; Berdahl, J. L.; Arrow, H. (1995): Traits, Expectations, Culture, and Clout: The Dynamics of Diversity in Work Groups. In: Susan E. Jackson und Marian N. Ruderman (Hg.): Diversity in Work Teams. Research Paradigms for a Changing Workplace. Washington: APA, S. 17–45.

McIntyre, R. M.; Sala, E. (1995): Measuring and Managing for Team Performance: Emerging Principles from Complex Environments. In: R. A. Guzzo und E. et al Salas (Hg.): Team Effectiveness and Decision Making in Organizations. San Francisco: Jossey-Bass, S. 9–45.

Miles, M.B; Huberman A.M. (1994): Qualitative Data Analysis: An expanded Sourcebook. Thousand Oaks: SAGE.

Miles, R.; Snow, C.; Mathews, J.; Miles, G.; Coleman, H. (1997): Organizing in the knowledge age: Anticipating the cellular form. In: *Academy of Management Executive* 11 (4), S. 7–19.

Miles, R. E.; Snow, C. C.; Pfeffer, J. (1974): Organization-environment: Concepts and issues. In: *Industrial Relations* 13 (3), S. 244–264.

Miller, D. M.; Fields, R.; Kumar, A.; Ortiz, R. (2000): Leadership and Organizational Vision In Managing a Multiethnic and Multicultural Project Team. In: *Journal of Management in Engineering* 16 (6), S. 18–22.

Milliken, F.; Martins, L. (1996): Searching for common threads: Understanding the multiple effects of diversity in organizational groups. In: *Academy of Management Review* 21 (2), S. 402–433.

Mintzberg, H. (1978): Patterns in strategy formation. In: *Management Science* 24 (9), S. 934–948.

Miura, A.; Hida, M. (2004): Synergy between Diversity and Similarity in Group-Idea Generation. In: *Small Group Research* 35 (5), S. 540–564.

Mohrman, S. A.; Cohen, S. G.; Mohrman, A. M. (1995): Designing team-based organizations. New forms for knowledge work. San Francisco: Jossey-Bass.

Mullen, B.; Copper, C. (1994): The relationship between group cohesiveness and performance. In: *Psychological Bulletin* 115, S. 210–227.

Müller, S. (2000): Grundlagen der Qualitativen Marktforschung. In: Andreas Herrmann und Christian Homburg (Hg.): Marktforschung. Methoden, Anwendungen, Praxisbeispiele. 2., aktualisierte Aufl. Wiesbaden: Gabler (Gabler-Lehrbuch), S. 127–157.

Müller, S.; Lohmann, F. (1997): Qualitative oder quantitative Erfassung der Dienstleistungsqualität? Die Critical-Incident-Technique und die Gap-Analyse im Methodenvergleich. In: *ZfbF* 49 (11), S. 973–989.

Müller-Lindenberg, M. (2004): Führung in zeitkritischen und komplexen Projekten. Theoriebildung am Beispiel der Softwareentwicklung. Dissertation. 1. Aufl. Wiesbaden, Berlin: Dt. Univ.-Verl.

Müller-Stewens, G.; Drolshammer, J.; Kriegmeier, J. (1999): Professional Service Firms – Branchenmerkmale und Gestaltungsfelder des Managements. In: Günter Müller-Stewens, J. Drolshammer und J. Kriegmeier (Hg.): Professional service firms. Wie sich multinationale Dienstleister positionieren. 1. Aufl. Frankfurt am Main: FAZ Verl.-Bereich Buch, S. 11–153.

Nelson, P. (1970): Information and Consumer Behavior. In: *The Journal of Political Economy* 78, S. 311–329.

Nemeth, C. (1986): Differential contributions of majority and minority influence. In: *Psychological Review* 93, S. 23–32.

Nerdinger, F. W.; Blickle, G.; Schaper, N. (2008): Arbeits- und Organisationspsychologie. Berlin, Heidelberg: Springer Medizin Verlag Heidelberg.

Nesheim, T. (2003): Using External Work Arrangements in Core Value-Creation Areas. In: *European Journal of Management* 21 (4), S. 528–537.

Neuberger, O. (2002): Führen und führen lassen. Ansätze, Ergebnisse und Kritik der Führungsforschung. 6. Aufl. Stuttgart: Lucius & Lucius.

Nicolai, A.; Kieser, A. (2002): Trotz eklatanter Erfolglosigkeit: Die Erfolgsfaktorenforschung weiter auf Erfolgskurs. In: *Die Betriebswirtschaft* 62 (6), S. 579–596.

Nielsen, T. M.; Sundstrom, E. D.; Halfhill, T. R. (2005): Group Dynamics and Effectiveness: Five Years of Applied Research. In: Susan A. Wheelan (Hg.): The handbook of group research and practice. Thousand Oaks, Kalifornien: SAGE, S. 285–311.

Nienhüser, W.; Krins, C. (2005): Betriebliche Personalforschung. Eine problemorientierte Einführung. München und Mering: Hampp.

Nienhüser, W.; Baumhus, W. (2002): „Fremd im Betrieb“: Der Einsatz von Fremdfirmenpersonal als Arbeitskräftestrategie. In: Albert Martin und Werner Nienhüser (Hg.): Neue Formen der Beschäftigung – neue Personalpolitik? München: Hampp (Sonderband 2002 der Zeitschrift für Personalforschung), S. 61–120.

Nisbett, R.; Wilson, T. (1977): Telling more than we can know: Verbal reports on mental processes. In: *Psychological Review* 84 (3), S. 231–259.

Nonaka, I.; Takeuchi, H. (1995): The Knowledge-Creating Company: How Japanese Firms Create the Dynamics of Innovation. New York: Oxford University Press.

Nordenflycht, A. von (2010): What is a Professional Service Firm? Toward a Theory and Taxonomy of Knowledge-Intensive Firms. In: *Academy of Management Review* 35 (1), S. 155–174.

North, K.; Güldenberg, S. (2008): Produktive Wissensarbeit(er). Antworten auf die Management-Herausforderung des 21. Jahrhunderts Wissensarbeiter entwickeln. Wiesbaden: Gabler.

Olson, E. M.; Walker, J. O. C.; Ruekert, R. W. (1995): Organizing for Effective New Product Development: The Moderating Role of Product Innovativeness. In: *Journal of Marketing* 59 (1), S. 48–62.

O'Reilly, C.; Caldwell, D.; Barnett, W. (1989): Work group demography, social integration and turnover. In: *Administrative Science Quarterly* 34 (1), S. 21–37.

Orlikowski, B.; Hertel, G.; Konradt, U. (2004): Führung und Erfolg in virtuellen Teams: eine empirische Studie. In: *Zeitschrift für Arbeitsforschung, Arbeitsgestaltung und Arbeitspolitik* 13 (1), S. 33–47.

Panzer, R. (2012): Rechtliche Perspektiven des Einsatzes von Freelancern. In: Stephan Kaiser, Stefan Süß und Ingrid Josephs (Hg.): Freelancer als Forschungsgegenstand und Praxisphänomen. Betriebswirtschaftliche und psychologische Perspektiven. Frankfurt am Main u. a.: Peter Lang (Forschung und Praxis zukunftsfähiger Unternehmensführung (Herausgegeben von Stephan Kaiser, 2), S. 205–215.

Paulsen, N. (2003): "Who Are We Now?": Group Identity, Boundaries, and the (Re)Organizing Process. In: Neil Paulsen und Tor Hernes (Hg.): Managing Boundaries in Organizations: Multiple Perspectives. Basingstoke: Palgrave Macmillan, S. 14–34.

Paulsen, N.; Hernes, T. (2003): Epilogue. In: Neil Paulsen und Tor Hernes (Hg.): Managing Boundaries in Organizations: Multiple Perspectives. Basingstoke: Palgrave Macmillan, S. 302–308.

Paulus, P. (2000): Groups, teams, and creativity: The creative potential of idea-generating groups. In: *Applied Psychology: An International Review* 49 (2), S. 237–262.

Paust, R. (2012): Versteckte Rollen externer Unternehmensberater. Wahrscheinlichkeit, Erscheinungsformen und Konsequenzen unter besonderer Berücksichtigung der Change Management Beratung. Diss. Marburg: Tectum Verlag.

Paust, R.; Rössing, I. (2010): Der Einsatz „Externer" im Unternehmen. Studienbericht und Ergebnisse der Online-Befragung „Strategische Erfolgsfaktoren in fremden Händen?!". Neubiberg/ München.

Pearce, C. L. (2004): The future of leadership: Combining vertical and shared leadership to transform knowledge work. In: *Academy of Management Executive* 18 (1), S. 47–57.

Pearce, J. L. (1993): Toward an organizational behavior of contract laborers: Their psychosocial involvement and effects on employee co-workers. In: *Academy of Management Journal* 36 (5), S. 1082–1096.

Pelled, L. H. (1996): Demographic diversity, conflict, and work group outcomes: An intervening process theory. In: *Organization Science* 7 (6), S. 615–631.

Penrose, E. T. (1959): The Theory of the Growth of the Firm. New York: Wiley.

Perlow, L. A. (2001): Time to Coordinate: Toward an Understanding of work-Time Standards and Norms in a Multicountry Study of Software Engineers. In: *Work and Occupations* 28 (1), S. 91–111.

Perry-Smith, J. (2006): Social Yet Creative. The Role of Social Relationships in Facilitating Individual Creativity. In: *Academy of Management Journal* 49 (1), S. 85–101.

Peters, S.; Steckel, M. (2011): Führungsnachwuchs in Projektwelten. Metakompetenzen als Bewältigung neuer Herausforderungen in Projektorganisationen. In: Désirée H. Ladwig, Jürgen Kunze und Michael Hartmann (Hg.): Exit matters – Auf dem Weg in die Projektgesellschaft. Frankfurt am Main: Lang (Forum Personalmanagement, 10), S. 97–114.

Petersen, L.-E.; Six, B. (Hg.) (2008): Stereotype, Vorurteile und soziale Diskriminierung. Theorien, Befunde und Interventionen. 1. Auflage. Beltz Verlag: Weinheim, Basel.

Peterson, R.; Behfar, K. (2003): The dynamic relationship between performance feedback, trust, and conflict in groups: A longitudinal study. In: *Organizational Behavior and Human Decision Processes* 92, S. 102–112.

Pfeffer, J. (1983): Organizational demography. In: L.L Cummings und Barry M. Staw (Hg.): Research in organizational behavior. Greenwich, CT: JAI Press (5), S. 299–357.

Pfeffer, J.; Salancik, G. R. (1978): The external control of organizations. A resource dependence perspective. New York, NY: Harper and Row.

Picot, A.; Reichwald, R.; Wigand, R. T. (2003): Die grenzenlose Unternehmung. Information, Organisation und Management ; Lehrbuch zur Unternehmensführung im Informationszeitalter. 5., aktualisierte Aufl. Wiesbaden: Gabler.

Pinto, J. K.; Kharbanda, O. P. (1995): Project management and conflict resolution. In: *Project Management Journal* 26 (4), S. 45–54.

Pinto, J. K.; Slevin, D. P. (1998): Critical success factors. In: Jeffrey K. Pinto (Hg.): The Project Management Institute Project Management Handbook. San Francisco: Jossey-Bass, S. 379–395.

Pinto, M. B.; Pinto, J. K. (1990): Project team communication and cross-functional cooperation in new program development. In: *Journal of Product Innovation Management* 7 (3), S. 200–212.

Polivka, A. E. (1996): Contingent and alternative work arrangements, defined. In: *Monthly Labour Review* 119 (10), S. 3–9.

Polivka, A. E.; Nardone, T. (1989): On the Definition of "Contingent Work". In: *Monthly Labor Review* 112 (12), S. 9–16.

Prahalad, C.; Hamel, G. (1990): The core competence of the corporation. In: *Harvard Business Review* 68 (3), S. 79–91.

Preißner, A. (2004): Projektmanagement mit externen Mitarbeitern. 1. Aufl. s.l: Carl Hanser Fachbuchverlag.

Purcell, K.; Purcell, J. (1998): In-sourcing, Outsourcing and the growth of contingent labour as evidence of flexible employment strategies. In: *European Journal of Work and Organizational Psychology* 7 (1), S. 39–59.

Quinlan, M.; Bohle, P. (2004): Contingent work and occupational safety. In: Julian Barling und Michael R. Frone (Hg.): The psychology of workplace safety. 1. Auflage. Washington, DC: American Psychological Association, S. 81–105.

Raab-Steiner, E.; Benesch, M. (2008): Der Fragebogen. Von der Forschungsidee zur SPSS-Auswertung. Wien: UTB.

Rapoport, R.; Bailyn, L.; Fletcher, J.; Pruitt, B. (2002): Beyond work–family balance: Advancing gender equity and workplace performance. San Francisco, CA: Jossey-Bass.

Rassuli, A. (2005): Evolution of the Professional Contingent Workforce. In: *Journal of Labor Research* 26 (4), S. 689–710.

Ratcheva, V. (2009): Integrating diverse knowledge through boundary spanning processes – The case of multidisciplinary project teams. In: *International Journal of Project Management* 27 (3), S. 206–215.

Regnet, E. (2009): Kommunikatin als Führungsaufgabe. In: Lutz von Rosenstiel, Erika Regnet und Michel E. Domsch (Hg.): Führung von Mitarbeitern. Handbuch für erfolgreiches Personalmanagement. 6. Auflage. Stuttgart: Schäffer-Poeschel, S. 204–212.

Reichwald, R.; Möslein, K. (1996): Telearbeit und Telekooperation. In: Bullinger, Warnecke (Hg.): Neue Organisationsformen im Unternehmen. Berlin: Springer, S. 691–708.

Ringlstetter, M.; Kaiser, S. (2008): Humanressourcen-Management. München: Oldenbourg Wissenschaftsverlag GmbH.

Rosenstiel, L. von (2000): Grundlagen der Organisationspsychologie. Basiswissen und Anwendungshinweise. 4. Auflage. Stuttgart: Schäffer-Poeschel.

Rosenstiel, L. von (2004): Kommunikation in Arbeitsgruppen. In: Heinz Schuler (Hg.): Lehrbuch Organisationspsychologie. 3., vollst. überarb. u. erw. Bern, Göttingen: Huber (Aus dem Programm Huber: Psychologie-Lehrbuch), S. 387–414.

Rosenstiel, L. von (2009): Grundlagen der Führung. In: Lutz von Rosenstiel, Erika Regnet und Michel E. Domsch (Hg.): Führung von Mitarbeitern. Handbuch für erfolgreiches Personalmanagement. 6. Auflage. Stuttgart: Schäffer-Poeschel, S. 3–27.

Rosenstiel, L. von; Comelli, G. (2003): Führung zwischen Stabilität und Wandel. München: Vahlen.

Rosenstiel, L. von; Nerdinger, F. W. (2011): Grundlagen der Organisationspsychologie. Basiswissen und Anwendungshinweise. 7., überarbeitete Aufl. Stuttgart: Schäffer-Poeschel.

Rosenstiel, L. von; Braumandl, I.; Wastian, M. (2009): Einführung. In: Monika Wastian, Isabell Braumandl und Lutz von Rosenstiel (Hg.): Angewandte Psychologie für Projektmanager. Ein Praxisbuch für die erfolgreiche Projektleitung. Berlin, Heidelberg: Springer, S. 1–17.

Rosenstiel, L. von; Regnet, E.; Domsch, M. E. (2003): Führung von Mitarbeitern. Handbuch für erfolgreiches Personalmanagement. 5., überarb. Aufl. Stuttgart: Schäffer-Poeschel.

Rössing, I.; Kaiser, S. [Im Erscheinen, 2013]: Organizational maneuvers for exploring and exploiting external knowledge. In: *International Journal of Knowledge Management Studies.*

Rössing, I.; Kaiser, S. (2011): Pride and prejudice – the challenge of integrating external creativity in organisational teams. Paper zum Vortrag auf der 27. Jahreskonferenz der European Group of Organisation Studies (EGOS), 08.07.2011, Göteborg/Schweden.

Rössing, I.; Kaiser, S. (2012): Führung und Management von Freelancern in gemischten Teams. In: Stephan Kaiser, Stefan Süß und Ingrid Josephs (Hg.): Freelancer als Forschungsgegenstand und Praxisphänomen. Betriebswirtschaftliche und psychologische Perspektiven. Frankfurt am Main u. a.: Peter Lang (Forschung und Praxis zukunftsfähiger Unternehmensführung (Herausgegeben von Stephan Kaiser), 2), S. 151–168.

Rössing, I.; Paust, R. (2010): Der Einsatz Externer. Vortrag auf dem Regionalmeeting der Gesellschaft für Organisation GfO. Universität der Bundeswehr München. Neubiberg/ München, 13.09.2010.

Rousseau, Denise M. (1995): Psychological contracts in organizations. Understanding written and unwritten agreements. Thousand Oaks: SAGE.

Roye, W. (1970): Managin the development of large systems. IEEE Wescon, S. 1–9.

Ruiz Ben, E.; Claus, R. (2005): Offshoring in der deutschen IT Branche. Eine neue Herausforderung für die Informatik. In: *Informatik Spektrum* 23 ((Februar)), S. 34–39.

Rump, J. (2008): Mixed Teams – Treiber des Projekterfolgs? Projektteams mit Externen sind produktiver. In: *ZUb* (02).

Rump, J.; Schabel, F.; Alich, D.; Groh, S. (2011): Arbeits- und Organisationsstrukturen in Bewegung. Eine empirische Studie des Instituts für Beschäftigung und Employability (IBE) im Auftrag von Hays. Mannheim, Ludwigshafen.

Sackmann, S. (2007): Rückendeckung und Vertrauen: Erfolgreiche Führung in komplexen Situationen. In: *Wirtschaftspsychologie aktuell* 1, S. 36–37.

Sacramento, C. A.; Chang, M. W. S.; West, M. A. (2006): Team Innovation Through Collaboration. In: Michael M. Beyerlein, Douglas A. Johnson und Frances A. Kennedy (Hg.): Innovation through Collaboration. Amsterdam: Elsevier JAI (Advances in interdisciplinary studies of work teams, 12), S. 81–112.

Salas, E.; Dickinson, T. L.; Converse, S. A.; Tannenbaum, S. I. (1992): Toward an understanding of team performance and training. In: Robert W. Swezey (Hg.): Teams. Their training and performance. Norwood, N.J: Ablex Publ, S. 3–29.

Santos, F. M.; Eisenhardt, K. M. (2005): Organizational Boundaries and Theories of Organization. In: *Organization Science* 16 (5), S. 491–508.

Sawyer, S.; Guinan, P. J.; Cooprider, J. (2010): Social Interactions of information systems development teams: A Performance Perspective. In: *Information Systems Journal* 20 (1), S. 81–107.

Scachi, W. (2001): Process Models in Software Engineering. In: J. J. Marciniak (Hr.): Encyclopedia of Software Engineering. 2. aufl. New York: John Wiley and Sons.

Schabel, F. (2012): 8 Tipps zur Integration externer Mitarbeiter. Online verfügbar unter http://www.cio.de/projektmanagement/denken/2888829/, zuletzt aktualisiert am 09.08.2012, zuletzt geprüft am 15.12.2012.

Schabel, F.; Stiehler, A.; Rehm, S.; Hänig, S. (2012): Wissensarbeit und Unternehmen im Spannungsfeld.Ergebnisse einer empirischen Befragung unter festangestellten Wissensarbeitern. Oktober 2012.

Schade, C.; Schott, E. (1993): Instrumente des Kontraktgütermarketing. In: *Die Betriebswirtschaft* 53, S. 491–511.

Schade, C.; Schott, E. (1991): Kontraktgüter als Objekte eines informationsökonomische orientierten Marketing. Arbeitspapier. Frankfurt a.M.

Schaub, G.; Koch, U.; Linck, R. (2005): Arbeitsrechts-Handbuch. 11. Auflage. München: C.H. Beck.

Scherer, A.G (1995): Pluralismus im Strategischen Management. Der Beitrag der Teilnehmerperspektive zur Lösung von Inkommensurabilitätsproblemen in Forschung und Praxis. Wiesbaden: Dt. Univ.-Verl.

Schlick, C.; Bruder, R.; Luczak, H.; Mayer, M.; Abendroth, B. (2010): Arbeitswissenschaft. 3., vollst. überarb. und erw. Aufl. Berlin: Springer.

Scholl, W. (2005): Grundprobleme der Teamarbeit und ihre Bewältigung: Ein Kausalmodell. In: Martin Högl und Hans Georg Gemünden (Hg.): Management von Teams. Theoretische Konzepte und empirische Befunde. 3. Auflage. Wiesbaden: DUV Gabler Verlag, S. 33–66.

Schondelmayer, S. (2008): Stereotypisierung am Arbeitsplatz. Zur Handlungsrelevanz von Selbst- und Fremdbildern in der deutsch-polnischen Interaktion. Zugl.: Frankfurt (Oder), Europa-Univ., Diss., 2007. Münster: Waxmann.

Schreyögg, G. (2008): Organisation. Grundlagen moderner Organisationsgestaltung; mit Fallstudien. 5., vollst. überarb. und erw. Aufl. Wiesbaden: Gabler.

Schröder, M. N. (2010): Förderung der Leistungsbereitschaft in unternehmensübergreifenden Projektteams. Eine empirische Analyse. Helmut-Schmidt-Univ, Lohmar, Hamburg.

Schuler, H. (Hg.) (2004): Lehrbuch Organisationspsychologie. 3., vollst. überarb. u. erw. Bern, Göttingen: Huber.

Schulze-Wimmer, H. (2005): Projekte managen. Werkzeuge für effizientes Organisieren, Durchführen und Nachhalten von Projekten. Planegg: Hauffe.

Schulz-Hardt, S.; Jochims, M.; Frey, D. (2002): Productive conflict in group decision making: Genuine and contrived dissent as strategies to counteract biased information seeking. In: *Organizational Behavior and Human Decision Processes* 88, S. 563–586.

Schuster, M. (2005): Integration von Unternehmen. Ein Beitrag zur theoretischen Fundierung. München: Dt. Univ.-Verl.

Seers, A.; Woodruff, S. (1997): Temporal pacing in task forces: Group development or deadline pressure? In: *Journal of Management* 23 (2), S. 169–187.

Seers, A.; Petty, M.; Cashman, J. (1995): Team-member exchange under team and traditional management: A naturally occuring quasi-experiment. In: *Group & Organization Management* 20 (1), S. 18–38.

Selchert, M. (1997): Organisationsstrukturen und Professionalität. Univ, Hamburg, Mannheim.

Shalley, C.; Perry-Smith, J. (2001): Effects of Social-Psychological Factors on Creative Performance: The Role of Informational and Controlling Expected Evaluation and Modeling Experience. In: *Organizational Behavior and Human Decision Processes* 84 (1), S. 1–22.

Shalley, C.; Gilson, L. (2004): What Leaders Need to Know: A Review of Social and Contextual Factors that Can Foster or Hinder Creativity. In: *Leadership Quarterly* 15 (1), S. 33–53.

Shamir, B. (1999): Leadership in boundaryless organizations: Disposable or indispensable? In: *European Journal of Work and Organizational Psychology* 8 (1), S. 49–71.

Shaw, M. E. (1981): Group dynamics. The psychology of small group behavior. 3. Aufl. New York: McGraw-Hill.

Shenhar, A. J.; Tishler, A.; Dvir, D.; Lipovetsky, S.; Lechler, T. (2002): Refining the search for project sucess factors: A multivariate, typological approach. In: *R&D Management* 32 (2), S. 111–126.

Shenhar, A. J.; Dvir, D. (2007): Project Management Research – The challenge and opportunity. In: *Project Management Journal* 3 (2), S. 93–99.

Shostack, G. (1985): Planning the Service Encounter. In: J.A Czepiel, M.R Solomon und C.F Surprenant (Hg.): The Service Encounter. Lexington: Lexington Books, S. 243–253.

Shostack, G. (1977): Breaking Free from Product Marketing. In: *Journal of Marketing* 41 (2 (April)), S. 73–80.

Simon, P. (2002): Die Entwicklung eines Modells der Gruppeneffektivität und eines Analyseinstruments zur Erfassung des Leistungspotentials von Arbeitsgruppen. Landau: Verl. Empirische Pädagogik.

Simon, P. (2003): Wie sich Gruppen entwickeln: Modellvorstellungen zur Gruppenentwicklung. In: Siegfried Stumpf und Alexander Thomas (Hg.): Teamarbeit und Teamentwicklung. Göttingen: Hogrefe (Psychologie für das Personalmanagement), S. 35–55.

Simons, T.; Pelled, L. H.; Smith, K. A. (1999): Making use of difference: Diversity, debate, and decision comprehensiveness in top management teams. In: *Academy of Management Journal* 42 (6), S. 662–673.

Smith, G. (1999): Project Leadership: Why Project Management Alone Doesn't Work. In: *Hospital Materiel Management Quarterly* 21 (1), S. 88.

Smith, V. (2001): Teamwork versus tempwork: Managers and the dualisms of workplace restructuring. In: Daniel B. Cornfield, Karen E. Campbell und Holly J. McCammon (Hg.): Working in restructured workplaces: Challenges and new directions for the sociology of work. Thousand Oaks, Calif: Sage Publications.

Spector, M. D.; Jones, G. E. (2004): Trust in the Workplace: Factors Affecting Trust Formation Between Team Members. In: *Journal of Social Psychology* 144 (3), S. 311–321.

Staehle, W. H. (1999): Management. Eine verhaltenswissenschaftliche Perspektive. 8. Aufl. München: Vahlen.

Statistisches Bundesamt (2009): Niedrigeinkommen und Erwerbstätigkeit. Begleitmaterial zum Pressegespräch am 19. August 2009. Wiesbaden.

Stiehler, A. (2012): Wissensarbeiter und Unternehmen im Spannungsfeld. Ein Gemeinschaftsprojekt der HAYS AG, PAC, gfwm und i-kom. Studienbericht. Oktober.

Stock, R. (2003): Teams an der Schnittstelle zwischen Anbieter- und Kunden-Unternehmen. Eine integrative Betrachtung. Zugl.: Habil.-Schr. 1. Aufl. Wiesbaden: Dt. Univ.-Verl (Neue Betriebswirtschaftliche Forschung, 317).

Stock, R. (2005): Erfolgsfaktoren von Teams: Eine Analyse direkter und indirekter Effekte. In: *Zeitschrift für Betriebswirtschaft* 75 (10), S. 971–1004.

Stock, R. (2006): Interorganizational teams as boundary spanners between supplier and customer companies. In: *Journal of the Academy of Marketing Science* 34 (4), S. 588–599.

Stock-Homburg, R. (2008): Personalmanagement. Theorien – Konzepte – Instrumente. 1. Aufl. Wiesbaden: Gabler.

Stock-Homburg, R. (2010): Personalmanagement. Theorien – Konzepte – Instrumente. 2. Aufl. Wiesbaden: Gabler.

Storey, J.; Quintas, P.; Taylor, P.; Fowle, W. (2002): Flexible Employment Contracts and Their Implications for Product and Process Innovation. In: *The International Journal of Human Resource Management* 13 (1), S. 1–18.

Strauss, A. L.; Corbin, J. M. (1990): Basics of qualitative research. Grounded theory procedures and techniques. Newbury Park, Calif: SAGE.

Strauss, J.; Connerley, M.; Ammermann, P. (2003): The "threat hypothesis", personality, and attitudes toward diversity. In: *Journal of Applied Behavioral Science* 39 (1), S. 32–52.

Strübing, J. (2002): Just do it? Zum Konzept der Herstellung von Qualität in grounded theory basierten Forschungsarbeiten. In: *Kölner Zeitschrift für Soziologie und Sozialpsychologie* 54, S. 318–342.

Sumner, M. B. D. G. G. (2006): Exploring the linkage between the characteristics of IT project leaders and project success. In: *Information Systems Management* 23 (4).

Sundstrom, E.; Meuse, K. de; Futrell, D. (1990): Work Teams: Apllications and Effectiveness. In: *American Psychologist* 45 (2), S. 120–133.

Sudhakar, G. P.; Faroq, A.; Patnaik, S. (2011): Soft factors affecting the performance of software development teams. In: *Team Performance Management* 17 (3/4), S. 187–205.

Süß, S.; Kleiner, M. (2006): Diversity-Management in Deutschland. Mehr als eine Mode. In: *Die Betriebswirtschaft* 66 (5), S. 521–541.

Süß, S. (2006): Commitment freier Mitarbeiter: Erscheinungsformen und Einflussmöglichkeiten am Beispiel von IT-Freelancern. In: *Zeitschrift für Personalforschung* 20 (3), S. 255–275.

Süß, S. (2008): Arbeitsbezogene Erwartungen und Commitment von IT-Freelancern. In: *Zeitschrift für Management* 3 (2), S. 49–72.

Süß, S.; Becker, J. (2010): Freelancer. In: *Das Wirtschaftsstudium* 39 (10), S. 1314.

Süß, S.; Becker, J. (2012): Komponenten der Employability von Freelancern: Ergebnisse einer qualitativen Studie. In: Stephan Kaiser, Stefan Süß und Ingrid Josephs (Hg.): Freelancer als Forschungsgegenstand und Praxisphänomen. Betriebswirtschaftliche und psychologische Perspektiven. Frankfurt am Main u. a.: Peter Lang (Forschung und Praxis zukunftsfähiger Unternehmensführung (Herausgegeben von Stephan Kaiser), 2), S. 137–152.

Swart, J.; Kinnie, N.; Purcell, J. (2003): People and Performance in Knowledge Intensive Firms. London: CIPD Chartered institute of personnel & development.

Swart, J.; Kinnie, N.; Rabinowitz, J. (2007): Managing Across Boundaries. Human Resource Management Beyond the Firm. London: CIPD Chartered institute of personnel & development.

Sydow, J. (1992): Strategische Netzwerke, Evolution und Organisation. Wiesbaden: Gabler.

Taggar, S. (2002): Individual Creativity and Group Ability to Utilize Individual Creative Resources: A Multilevel Model. In: *Academy of Management Journal* 45 (2), S. 315–330.

Tajfel, H.; Turner, J. C. (1986): The social identity theory in intergroup behavior. In: S. Worchel und W. G. Austin (Hg.): Psychology of intergroup relations. Chicago: Nelson-Hall, S. 7–24.

Tashakkori, A.; Teddlie, C. (2003a): The past and the future of mixed methods research: From data triangulation to mixed model designs. In: A. Tashakkori und C. Teddlie (Hg.): Handbook of mixed methods in Social Behavioral Research. Thousand Oaks, Kalifornien: SAGE, S. 671–701.

Tashakkori, A.; Teddlie, C. (Hg.) (2003b): Handbook of mixed methods in Social Behavioral Research. Thousand Oaks, Kalifornien: SAGE.

Teddlie, C.; Tashakkori, A. (2003): Major issues and controversies in the use of mixed methods in the social and behavioral sciences. In: A. Tashakkori und C. Teddlie (Hg.): Handbook of mixed methods in Social Behavioral Research. Thousand Oaks, Kalifornien: SAGE, S. 3–50.

Thamhain, H. J. (2004): Team leadership effectiveness in technology-based project environments. In: *Project Management Journal* 35 (4), S. 35–64.

Thibaut, J. W.; Kelley, H. H. (1969): The social psychology of groups. 8. Aufl. New York: Wiley.

Tindale, R.; Dykema-Engblade, A.; Wittkowski, E. (2005): Conflict within and between groups. In: Susan A. Wheelan (Hg.): The handbook of group research and practice. Thousand Oaks, Kalifornien: SAGE, S. 313–328.

Tjosvold, D. (1984): Cooperation theory and organizations. In: *Human Relations* 37 (9), S. 743–767.

Tjosvold, D. (1995): Cooperation theory, constructive controversy, and effectiveness: Learning from crisis. In: R. A. Guzzo und E. et al Salas (Hg.): Team Effectiveness and Decision Making in Organizations. San Francisco: Jossey-Bass, S. 79–112.

Tordoir, P. P. (1995): The professional knowledge economy. The management and integration of professional services in business organizations. Dordrecht: Kluwer.

Trittin, W. (2003): Arbeitsvertrag im Wandel. Das Arbeitsergebnis ersetzt die Arbeitszeit, in: Kastner, M. (Hrsg.): Neue Selbstständigkeit in Organisationen.

Selbstbestimmung, Selbsttäuschung, Selbstausbeutung, München, S. In: Michael Kastner (Hg.): Neue Selbständigkeit in Organisationen. Selbstbestimmung, Selbsttäuschung, Selbstausbeutung? 1. Aufl. Mering: Hampp, S. 139–160.

Tsui, A. S.; Egan, T. D.; O'Reilly, C. A. (1992): Being different: Relational demography and organizational attachment. In: *Administrative Science Quarterly* 37 (4), S. 549–579.

Tuckman, B. W. (1965): Developmental sequence in small groups. In: *Psychological Bulletin* 63 (6), S. 384–389.

Tuckman, B. W. (2001): Developmental Sequence in Small Groups. In: *Group Facilitation: A Research and Applications Journal* 3, S. 66–81.

Tuckman, B. W.; Jensen, M. A. (1977): Stages of Small-Group Development Revisited. In: *Group & Organization Management* 2 (4), S. 419–427.

Turner, J. C.; Hogg, M. A.; Oakes, P. J.; Reicher, S. D.; Wetherell, M. S. (1987): Rediscovering the social group: A self-categorization theory. Oxford, UK: Blackwell.

Turner, J. R.; Müller, R. (2003): On the nature of the project as a temporary organization. In: *International Journal of Project Management* 21 (1), S. 1–8.

Turner, J. R.; Müller, R. (2005): The Project Manager's Leadership Style as a Success Factor on Projects: A Literature Review. In: *Project Management Journal* 36 (1), S. 49–61.

Turner, J.R (1999): The handbook of project-based management. Improving the processes for achieving strategic objectives. 2. Aufl. London: McGraw-Hill.

Turner, John C.: Rediscovering the social group. A self-categorization theory. Oxford: Basil Blackwell.

Urspruch, T. (2007): Management von IT-Freelancern – eine empirische Untersuchung. 1. Aufl. Lohmar: Josef EUL.

van der Vegt, G.; Bunderson, J. (2005): Learning and Performance in Multidisciplinary Teams. The Importance of Collective Team Identification. In: *Academy of Management Journal* 48 (3), S. 532–547.

van Dyne, L.; Kossek, E. E. (2007): Less need to be there: Cross-level effects of work practices that support work-life flexibility and enhance group processes and group-level OCB. In: *Human Relations* 60 (8), S. 1123–1154.

van Knippenberg, D. (2007): Understanding Diversity. No. EIA-2007–030-ORG. RSM Erasmus University Rotterdam (ERIM Report Series Reference).

van Knippenberg, D.; Schippers, M. C. (2007): Work group diversity. In: *Annual Review of Psychology* 58, S. 515–541.

van Knippenberg, D.; Ginkel, W. P. (2010): The Categorization-Elaboration Model of Work Group Diversity, Wielding the Double-Edged Sword. In: Richard J. Crisp (Hg.): The psychology of social and cultural diversity. Malden, Mass: Wiley-Blackwell (Social issues and interventions), S. 257–321.

van Knippenberg, D.; Dreu, C. K. W. de; Homan, A. C. (2004): Work Group Diversity and Group Performance: An Integrative Model and Research Agenda. In: *Journal of Applied Psychology* 89 (6), S. 1008–1022.

Vanselow, A. (2001): Neue Selbständige in der Informationsgesellschaft. Abschlussbericht eines Kooperationsprojektes des DGB- Bildungswerkes NRW e.V. und des Instituts Arbeit und Technik (IAT) im Wissenschaftszentrum NRW. Düsseldorf, Gelsenkirchen.

Vecchio, R. (2005): Explorations in employee envy: Feeling envious and feeling envied. In: *Cognition and Emotion* 19, S. 69–81.

Voelz, G. J. (2010): Contractors in the government workplace. Managing the blended workforce. Lanham, MD: Government Institutes.

Voigt, K.-I.; Thiell, M. (2003): Beschaffung wissensintensiver Dienstleistungen – Net Sourcing als alternative Bezugsform. In: Manfred Bruhn und Bernd Stauss (Hg.): Dienstleistungsnetzwerke. 1. Aufl. Wiesbaden: Gabler, S. 287–318.

Voss, A.; Eckrich, K. (2003): Projektmanagement – Aktionsfelder und grundlegende Anforderungen. In: Michel E. Domsch (Hg.): Führung von Mitarbeitern. Handbuch für erfolgreiches Personalmanagement. 5., überarb. Stuttgart: Schäffer-Poeschel, S. 400–409.

Wagner, D.; Voigt, B.-F. (Hg.) (2007): Diversity-Management als Leitbild von Personalpolitik. Wiesbaden: Dt. Univ.-Verl.

Wahl, D. (1979): Methodische Probleme bei der Erfassung handlungsleitender und handlungsrechtfertigender subjektiver psychologischer Theorien von Lehrern. In: *Zeitschrift für Entwicklungspsychologie und Pädagogische Psychologie* 11 (3), S. 208–217.

Wahren, H.-K. (1994): Gruppen- und Teamarbeit in Unternehmen. Berlin: de Gruyter.

Way, S. A.; Lepak, D. P.; Fay, C. H.; Thacker, J. W. (2010): Contingent workers' impact on standard employee withdrawal behaviors: Does what you use them for matter? In: *Human Resource Management* 49 (1), S. 109–138.

Webber, S. S. (2008): Blending Service Provider–Client Project Teams to Achieve Client Trust: Implications for Project Team Trust, Cohesion, and Performance. In: *Project Management Journal* 39 (2), S. 72–81.

Webber, S. S.; Donahue, L. M. (2001): Impact of Highly and Less Job-Related Diversity on Work Group Cohesion and Performance: A Meta-Analysis. In: *Journal of Management* 27 (2), S. 141–162.

Wegge, J. (2003): Heterogenität und Homogenität in Gruppen als Chance und Risiko für die Gruppeneffektivität. In: Siegfried Stumpf und Alexander Thomas (Hg.): Teamarbeit und Teamentwicklung. Göttingen: Hogrefe (Psychologie für das Personalmanagement), S. 119–141.

Wegge, J.; Schmidt, K.-H. (2009): Der Projektleiter als Führungskraft. In: Monika Wastian, Isabell Braumandl und Lutz von Rosenstiel (Hg.): Angewandte Psychologie für Projektmanager. Ein Praxisbuch für die erfolgreiche Projektleitung. Berlin, Heidelberg: Springer Berlin Heidelberg, S. 207–224.

Weiber, R.; Adler, J. (1995): Informationsökonomisch begründete Typologisierung von Kaufprozessen. In: *Schmalenbachs Zeitschrift für betriebswirtschaftliche Forschung* 47, S. 43–65.

Weibler, J.; Deeg, J. (2001): Personalführung. München: Vahlen (Vahlens Handbücher der Wirtschafts- und Sozialwissenschaften).

Weinert, Ansfried B. (1998): Organisationspsychologie. Ein Lehrbuch. 4., vollst. überarb. und erw. Weinheim: Beltz Psychologie Verl.-Union.

Wernerfeldt, B. (1984): A Resource-Based View of the Firm. In: *Strategic Management Journal* 5, S. 272–280.

West, M. A. (2002): Sparkling Fountains or Stagnant Ponds: An Integrative Model of Creativity and Innovation Implementation in Work Groups. In: *Applied Psychology: An International Review* 51 (3), S. 355–387.

Wheelan, Susan A. (1994): Group processes: A developmental perspective. Sydney: Allyn & Bacon.

Wiedemann, P. M. (1986): Erzählte Wirklichkeit. Zur Theorie und Auswertung narrativer Interviews. Weinheim: Beltz.

Wiendieck, G. (1992): Teamarbeit. In: Erich Frese (Hg.): Handwörterbuch der Organisation. Stuttgart: Poeschel, S. 2375–2382.

Wild, T. C.; Enzle, M. E. (2004): Social contagion in motivation orientations. In: Edward L. Deci und Richard M. Ryan (Hg.): Handbook of self-determination research. Rochester, NY: Univ. of Rochester Press, S. 141–157.

Wild, T. C.; Enzle, M. E.; Hawkins, W. L. (1992): Effects of Perceived Extrinsic Versus Intrinsic Teacher Motivation on Student Reactions to Skill Acquisition. In: *Personality and Social Psychology Bulletin* 18 (2), S. 245–251.

Wilke, H. (2000): Systemtheorie I:Grundlagen. Eine Einführung in die Grundprobleme der Theorie sozialer Systeme. 6. überarb. Aufl. Stuttgart: UTB.

Wilkens, U. (2004): Management von Arbeitskraftunternehmern. Psychologische Vertragsbeziehungen und Perspektiven für die Arbeitskräftepolitik in wissensintensiven Organisationen. Wiesbaden: DUV Deutscher Universitäts-Verlag.

Williams, K. Y.; O'Reilly, C. A. (1998): Demography and Diversity in Organizations. In: Robert I. Sutton und Barry M. Staw (Hg.): Research in Organizational Behavior. Stamford, CT: JAI (20), S. 70–140.

Williamson, O. E. (1991): Comparative economic organization: The analysis of discrete structural alternatives. In: *Administrative Science Quarterly* 36 (269–296).

Wiswede, G. (1998): Soziologie: Grundlagen und Perspektiven für den wirtschafts- und sozialwissenschaftlichen Bereich. 3. Aufl. Landsberg am Lech: Verlag Moderne Industrie.

Witzel, A. (1982): Verfahren der qualitativen Sozialforschung. Univ, Frankfurt am Main, Bremen.

Witzel, A. (1985): Das problemzentrierte Interview. In: Gerd Jüttemann (Hg.): Qualitative Forschung in der Psychologie. Grundfragen, Verfahrensweisen, Anwendungsfelder. Weinheim: Beltz, S. 227–256.

Woodman, R. W.; Sawyer, J. E.; Griffin, R. W. (1993): Toward a theory of organizational creativity. In: *Academy of Management Review* 18 (2), S. 293–321.

Woolley, A. W.; Gerbasi, M. E.; Chabris, C. F.; Kosslyn, S. M.; Hackman, J. R. (2008): Brinding in the Experts: How team composition and collaborative planning jointly shape analytic effectiveness. In: *Small Group Research* 39 (3), S. 352–371.

Wunderer, Rolf (2011): Führung und Zusammenarbeit. Eine unternehmerische Führungslehre. 9., neu bearb. Aufl. Köln: Luchterhand.

Wurst, K. (2001): Zusammenarbeit in innovativen Multi-Team-Projekten. Wiesbaden: Dt. Univ.-Verl. (Gabler Edition Wissenschaft).

Wurst, K.; Högl, M. (2001): Führungsaktivitäten in Teams. Ein theoretischer Ansatz zur Konzeptualisierung. In: Hans Georg Gemünden und Martin Högl (Hg.): Management von Teams. 2. Aufl. Wiesbaden: Gabler, S. 157–185.

Yeatts, D.; Hyten, C. (1998): High-Performance Self-Managed Work Teams: A Comparison of Theory and Practice.: Thousand Oaks.

Yin, R. K. (2009): Case study research. Design and methods. 4. Aufl. Los Angeles, Calif: Sage Publications.

Yukl, G. (2010): Leadership in Organizations. 7. Aufl. Upper Saddle River, NJ: Pearson.

Zaccaro, S. A.; Rittman, A. L.; Marks, M. A. (2001): Team leadership. In: *The Leadership Quarterly* 12, S. 451–483.

Zahn, E. (1996): Führungskonzepte im Wandel. In: Hans-Jörg Bullinger und Hans Jürgen Warnecke (Hg.): Neue Organisationsformen im Unternehmen. Ein Handbuch für das moderne Management. Berlin: Springer, S. 279–296.

Zahra, S. A.; George, G. (2002): Absorptive Capacity: A Review, Reconceptualization, and Extension. In: *Academy of Management Review* 27 (2), S. 185–203.

Zeithaml, V. A. (1982): The acquisition, meaning and use of price information by consumers of professional services. In: Ronald F. Bush und Shelby D. Hunt (Hg.): Marketing theory: philosophy of science perspectives. Chicago, Ill: American Marketing Assoc (Proceedings series / American Marketing Association), S. 237–241.

Zeithaml, V. A. (1981): How Customer Evaluation Process differ between Goods and Service. In: James H. Donnelly und William R. George (Hg.): Marketing of services. Chicago, Ill: American Marketing Association (Proceedings series / American Marketing Association), S. 186–190.

Zenger, T. R.; Lawrence, B. S. (1989): Organizational Demography: The Differential Effects of Age and Tenure Distributions on Technical Communication. In: *Academy of Management Journal* 32 (2), S. 353–376.

Zeutschel, U.; Stumpf, S. (2003): Projektgruppen. In: Siegfried Stumpf und Alexander Thomas (Hg.): Teamarbeit und Teamentwicklung. Göttingen: Hogrefe (Psychologie für das Personalmanagement), S. 431–445.

Zhou, J. (2003a): When the Presence of Creative Coworkers is Related to Creativity: Role of Supervisor Close Monitoring, Developmental Feedback, and Creative Personality. In: *Journal of Applied Psychology* 88 (3), S. 413–422.

Zhou, J. (2003b): When the presence of creative coworkers is related to creativity: Role of supervisor close monitoring, developmental feedback, and creative personality. In: *Journal of Applied Psychology* 88 (3), S. 413–422.

Dieses Werk enthält zusätzliche Informationen als Anhang. Sie können von unserer Website heruntergeladen werden: www.peterlang.com/?264373
Dazu müssen Sie den folgenden Freischaltcode eingeben: b91Kcm8H

Forschung und Praxis zukunftsfähiger Unternehmensführung

Herausgegeben von Stephan Kaiser

Band 1 Arjan M. F. Kozica: Personalethik. Die ethische Dimension personalwissenschaftlicher Forschung. 2011.

Band 2 Stephan Kaiser / Stefan Süß / Ingrid Josephs (Hrsg.): Freelancer als Forschungsgegenstand und Praxisphänomen. Betriebswirtschaftliche und psychologische Perspektiven. 2012.

Band 3 Martin Lothar Stolz: Work-Life-Balance in Professional Service Firms. Eine empirische Untersuchung der Wirkung von Work-Life-Balance-Initiativen und der arbeitsbezogenen Konsequenzen des Work-Life-Konflikts. 2012.

Band 4 Cornelia Ulrike Reindl: Managing Work and 'The Rest of Life'. The Role of Formal and Informal Demands and Resources for the Work-Life Conflict of Professionals. 2013.

Band 5 Thomas Decker: Strategische Positionierung eines Interim Managers. Ressourcen – Wettbewerb – Variable Vergütung. 2014.

Band 6 Ulrike Bonss: Hochqualifizierte externe Mitarbeiter als Wissensquelle. Ein Bezugsrahmen zur Nutzung des Wissens externer Mitarbeiter in dynamischen Umfeldern. 2014.

Band 7 Inga Rössing: Hochqualifizierte externe Mitarbeiter in gemischten Projektteams. Interaktionsparameter, Diversitätseffekte und Führungsherausforderungen. 2015.

www.peterlang.com